REIHE
GERMANISTISCHE
LINGUISTIK   297

Herausgegeben von
Mechthild Habermann und Heiko Hausendorf

Klaus-Michael Köpcke, Arne Ziegler (Hrsg.)

Schulgrammatik und Sprachunterricht im Wandel

De Gruyter

Reihe Germanistische Linguistik
Begründet und fortgeführt von Helmut Henne, Horst Sitta und Herbert Ernst Wiegand

ISBN 978-3-11-057890-4
e-ISBN 978-3-11-031617-9
ISSN 0344-6778

Bibliografische Information der Deutschen Nationalbibliothek

Die Deutsche Nationalbibliothek verzeichnet diese Publikation in der Deutschen National-
bibliografie; detaillierte bibliografische Daten sind im Internet über http://dnb.d-nb.de abrufbar.

© 2013 Walter de Gruyter GmbH, Berlin/Boston
Dieser Band ist text- und seitenidentisch mit der 2013 erschienenen gebundenen Ausgabe.

Gesamtherstellung: Hubert & Co. GmbH & Co. KG, Göttingen
∞ Gedruckt auf säurefreiem Papier

Printed in Germany

www.degruyter.com

Inhalt

Vorwort 1

Zum Geleit

Peter Eisenberg
Schulgrammatik –
Sprache für Schüler, Sprachwissen für Lehrer 7

Einsichten

Christian Braun
Zur Konzeptualisierung des Grammatikbegriffs.
Ein diachroner Zugang 17

Mechthild Habermann
Von der Schule zur Universität. Zum Funktionswandel von
Grammatik im BA-Studium 35

Jörg Kilian
Kritische Grammatik, sprachliches Lernen und sprachliche
Bildung. Über Sprachreflexion und Sprachkritik im
grammatikdidaktischen Sinne 61

Andreas Bittner
Grammatischer Wandel – (Wandel) in der
Grammatikdidaktik und im Grammatikunterricht?! 83

Maximilian Scherner
Grammatik im Deutschunterricht der Sekundarstufe II –
struktur- oder prozessorientiert? 101

Sabina Schroeter-Brauss
Die Bedeutung einer systematischen Sprachvermittlung für
das Lernen im Fachunterricht der Sekundarstufe I 127

Ruven Stahns & Albert Bremerich-Vos
Aspekte empirischer Unterrichtsforschung. Zur
Videographie bzw. Transkription von Grammatikunterricht 151

Aussichten

Georg Weidacher
Grammatikunterricht und Sprachreflexion – am Beispiel
von Konstruktionen des Bewertens..179

Christa Dürscheid
Schriftlinguistik im Sprachunterricht. Warum nicht? 205

Wolfgang Boettcher
Kooperative Kommasetzung aus Schreiber- und
Leserperspektive. Ein Beitrag zum integrativen
Grammatikunterricht..225

Klaus-Michael Köpcke & Constanze Spieß
Metaphern als Gelenkstück für einen integrativen
Grammatikunterricht..253

Arne Ziegler & Melanie Lenzhofer-Glantschnig
Jugendsprache(n) und Grammatikunterricht. Blinde Flecken
auf der Landkarte – Jugendsprachforschung in Österreich
als Chance für die Schulgrammatik?..287

Angelika Redder
Produktivität der Diskontinuität. Verbalkomplex und
komplexe Verben in der Bildungssprache 307

Maria Thurmair
Von schwer zu schließenden Lücken und erweiterten
Kompetenzen. Attribute mit Partizip und Modalpartizip............................329

Anja Binanzer, Jana Gamper & Verena Wecker
Kasus als Unterrichtsgegenstand in sprachlich heterogenen
Grundschulklassen 353

Adressen der Autorinnen und Autoren 375

Vorwort

Noch bis in die späten 60er Jahre des vergangenen Jahrhunderts hinein gab es ihn noch, den muttersprachlichen Grammatikunterricht als festen Bestandteil des Curriculums im Unterrichtsfach *Deutsch*. Der Unterricht war systematisch und an der lateinischen Grammatik ausgerichtet, und er war inhaltsbezogen im Sinne von Weisgerber und Glinz. Seine linguistische Note erfuhr dieser Grammatikunterricht durch eine dependenzgrammatische Orientierung. Eine erhellende und übersichtliche Darstellung der Geschichte der Sprachdidaktik liefert Glinz in seinem 2003 erschienen Handbuchartikel.[1]

Nach 1970 brachen für den Grammatikunterricht turbulente Zeiten an. Schlag auf Schlag ging es mit den Neukonzeptionierungen des Grammatikunterrichts. Der Grammatikunterricht war in einer Identitätskrise und wurde wie kaum ein zweiter Unterrichtsgegenstand einem Legitimationsdruck ausgesetzt. Nach einem sehr kurzen Intermezzo der Generativen Grammatik bekam man es mit der kommunikativ-pragmatischen Wende zu tun. Stellvertretend für viele seien hier Nündel, Wunderlich, Schlotthaus und Heringer genannt. Es folgte der ‚andere' oder situative Grammatikunterricht von Boettcher und Sitta und dann der funktionale und integrierte Grammatikunterricht.

In den Konzeptionen der 80er Jahre ist von Grammatikunterricht dann gar nicht mehr die Rede, stattdessen heißt es nun etwa bei Boueke oder Ingendahl *Reflexion über Sprache* und bei Neuland *Sprachbewusstheit*. Den text- und kontextorientierten Sprachunterricht favorisiert Ulrich. Eine Ausnahme in all diesem so vermeintlich Neuem scheint uns die von Eisenberg und insbesondere Menzel vertretene handlungsorientierte Konzeption der Grammatikwerkstatt zu sein. Explizit sind in der Grammatikwerkstatt die Grammatik und das Grammatische Unterrichtsgegenstand.

Die Grammatik drohte ihren Status als einen eigenständigen Unterrichtsgegenstand zu verlieren. Der Wechsel vom eigenständigen Unterrichtsgegenstand *Grammatik* hin zu einem quer zu den anderen Unterrichtsgegenständen (Lesen, Schreiben, Umgang mit Texten usw. usf.) gelegten Grammatikunterricht, so wie er sich auch an den Konzeptionen der Lehrpläne für das Unterrichtsfach *Deutsch* ablesen lässt, unterstützt diese Befürchtung nur. Unterricht ist sprachbasiert und manch einer mag aus dieser Binsenweisheit ablei-

---

[1] Glinz, Hans (2003): Geschichte der Sprachdidaktik. – In: Ursula Bredel/Hartmuth Günther/Peter Klotz/Jakob Ossner/Gesa Siebert-Ott (Hgg.): Didaktik der deutschen Sprache. Ein Handbuch. 1. Teilband. – Paderborn, München, Wien, Zürich: Schöningh. 17-29.

ten wollen, dass man vor diesem Hintergrund auch keinen eigenständigen Sprachunterricht geschweige denn Grammatikunterricht benötigt. Mit seinen Bezügen zu anderen Fächern oder anderen Gegenständen des Deutschunterrichts, und zwar nicht nur auf der Primarstufe, ist das Fach *Deutsch* fast schon naturwüchsig der Gefahr ausgesetzt, sein spezifisches (Fach-)profil zu verlieren.

Die Suche nach der fachlichen Identität und Integrität des Grammatikunterrichts im Curriculum des Unterrichtsfaches Deutsch ist vor dem Hintergrund der Diskussionen um anzustrebende Standards und Kompetenzen in gewisser Weise neu befeuert worden. Bei dieser Diskussion geht es weniger um den Aufbau von Wissensbeständen, als vielmehr um die Aneignung von und den Umgang mit Wissen. Schüler sollen exemplarisch Strukturen erkennen und parallel hierzu methodisches Handlungswissen erwerben, wobei Letzteres wiederum dazu befähigen soll, Strukturen überhaupt zu erkennen. Strukturen und Handlungswissen sollen also ineinander wirken. Nunmehr ist die Fachdidaktik gefordert, Unterrichtsgegenstände zu benennen, die die Kompetenzaneignung besonders fördern können. Das schließt selbstverständlich Gegenstände, Begriffe und Konzepte des Grammatikunterrichts ein.

Im Kern haben sich die Inhalte des Grammatikunterrichts kaum verändert: Wortarten, Satzglieder und Satzarten stehen nach wie vor im Mittelpunkt. Ob diese Gegenstände aber kompetenzfördernd sind und welche grammatischen/sprachlichen Gegenstände sonst Kompetenzförderung bewirken und warum sie das tun oder tun sollten, ist empirisch und konzeptionell für die meisten Bereiche der Grammatik eher unzureichend geklärt. Die Bildungsstandards unterstellen hier für die Schule und auch die Hochschule, also auch für die Deutschlehrerausbildung, einen Konsens, der aus unserer Sicht noch gar nicht gefunden worden ist.

Sprachwissenschaftliche Einsichten müssen vor dem Hintergrund der Kompetenzorientierung in Lehr- und Lernkonzepte eingebunden werden. Dabei gilt es zu überprüfen, ob sie Lernerfolge im Sinne eines Kompetenzzuwachses auf Seiten der Schüler überhaupt ermöglichen.

Aus unserer Sicht sollte die Diskussion um Kompetenzen als Chance aufgefasst werden, auch Traditionelles grundsätzlich zu überprüfen. Dazu zählt auch die Frage, ob Grammatikunterricht überhaupt notwendig ist und wenn *ja*, ist er dann als eigenständiger oder quergelegter Unterrichtsgegenstand aufzufassen. Eine Entscheidung hierüber beeinflusst letztlich auch die Frage, mit welcher didaktischen Konzeption und mit welchen Termini und vor allem mit welchen Kompetenzzuwächsen Grammatikunterricht betrieben werden soll.

Wohin steuert die Schulgrammatik/der Sprachunterricht? Kontinuität und Wandel – so lautete das Rahmenthema des internationalen Symposiums, das vom 24. bis 26. November 2011 am Germanistischen Institut der Universität

Münster stattgefunden und die oben skizzierten Fragestellungen und Problemfelder intensiv diskutiert hat. Der hier vorgelegte gleichnamige Sammelband publiziert die dort gehaltenen Vorträge in ausgearbeiteter und überarbeiteter Form ergänzt um einen Beitrag zum Geleit von Peter Eisenberg, der unter dem Titel *Schulgrammatik – Sprache für Schüler, Sprachwissen für Lehrer* in den Band einführt.

Insofern bietet der vorliegende Sammelband eine Synopse dieses dritten Symposiums, der seit dem Jahre 2005 andauernden Kooperation zwischen der Abteilung für Sprachdidaktik der Universität Münster und dem Institut für Germanistik der Universität Graz.

Impulsgebend für diese Kooperation war und ist bis heute unsere Überzeugung, dass nur eine fachwissenschaftlich ausreichend begründete Sprachdidaktik geeignet scheint, die immer wieder aufs Neue beklagten Defizite von Schulabgängern im Hinblick auf Sprach- und Grammatikwissen und – vor allem -kompetenzen – wenn auch nicht in Gänze zu beseitigen, so doch zumindest diesen mit entsprechendem Rüstzeug entgegenzutreten. Bis heute hat sich dabei das mitunter konfligierende Spannungsfeld zwischen Fachdidaktik und Fachwissenschaft als ausgesprochen fruchtbar erwiesen, wovon auch die in diesem Sammelband vorgelegten Beiträge zeugen.

Wir danken dem Verlag de Gruyter für die Bereitschaft der Aufnahme in das Verlagsprogramm und die effektive Zusammenarbeit. Bedanken möchten wir uns auch bei den Herausgebern der *Reihe Germanistische Linguistik* für Aufnahme in die Reihe und die Tatsache, dass sie mit der Publikation dieses Bandes nunmehr bereits zum dritten Mal unser Anliegen unterstützen. Bei Herrn Georg Oberdorfer, Frau Anna Weiß und Frau Elisabeth Zehetner möchten wir uns für die redaktionelle Betreuung, die mitunter mühevolle Formatierungsarbeit und den teils erheblichen und zeitintensiven Aufwand bei der Einrichtung der Beiträge bedanken. Ihre verdienstvolle Mitarbeit hat die Genese des Bandes erheblich befördert.

Und nicht zuletzt ist es uns ein aufrichtiges Anliegen, allen Kolleginnen und Kollegen für ihre konstruktive Zusammenarbeit sowie ihre Beiträge zu diesem Band zu danken; ohne sie wäre der Band in der vorliegenden Form natürlich nicht möglich gewesen. Verbunden mit unserem Dank an alle, die dieses Buch unterstützt haben, ist der Wunsch auf eine weiterhin gute Zusammenarbeit und die Hoffnung, dass Grammatik in Zukunft nicht nur ein Thema bleibt, über das Fachwissenschaftler und Fachdidaktiker trefflich diskutieren und streiten können, sondern zum realexistierenden Unterrichtsgegenstand gerät und wieder zur Basiskompetenz für das Unterrichtsfach *Deutsch* in Schule und Universität erhoben wird – und die Hoffnung stirbt bekanntlich ja zuletzt!

Graz/Münster, im Herbst 2012   Klaus-Michael Köpcke & Arne Ziegler

Zum Geleit

Peter Eisenberg

Schulgrammatik – Sprache für Schüler, Sprachwissen für Lehrer

0. Vorbemerkungen

Wie ein roter Faden ziehen sich Aussagen nicht nur über das *Wie*, sondern auch über das *Warum* von Grammatikunterricht durch die Beiträge des vorliegenden Bandes. Denn es gilt, wie Maria Thurmair schreibt, „als Konsens […], dass Grammatikunterricht niemals Selbstzweck haben sollte." Was man sich als Sinn und Nutzen vorstellen kann, was immer dazu ins Auge gefasst wird, kommt zur Sprache. Ausführlich und systematisch hergeleitet in den Beiträgen von Christian Braun, Sabina Schröter-Brauss, Georg Weidacher und Jörg Kilian, aber verstreut auch in anderen Beiträgen. Wer sich dafür interessiert, wie Grammatikunterricht gegenwärtig motiviert wird, erhält umfassend Auskunft.

Fast durchweg steht der Schulunterricht im Mittelpunkt. Das ist einerseits selbstverständlich, lenkt aber möglicherweise davon ab, dass wir selbst (die Autorinnen und Autoren mit den weiteren Teilnehmern an der Münsteraner Tagung) es in erster Linie nicht mit Schülern, sondern mit zukünftigen Lehrern zu tun haben. Ist von Schulgrammatik die Rede, dann in aller Regel von Grammatik im Schulunterricht und viel seltener von Grammatik im Hochschulunterricht. Man kann unter Schulgrammatik aber durchaus auch etwas wie ‚Grammatik für die Schule' verstehen und sollte es meiner Meinung nach unbedingt tun. Lehrer und insbesondere Deutschlehrer haben es mit der Sprache ihnen anvertrauter Schüler zu tun. Sie sollten in der Lage sein, diese Sprache auch in den Einzelheiten zu verstehen, schon um zu beurteilen, welcher Art sprachliche Defizite sind, welche Art von Dialektprägung vorliegt, wie Fehler systematisch zu erfassen sind, warum es zu Schreibhemmungen kommt, wie Interferenzen mit anderen Sprachen aussehen.

Deutschlehrer und mit Einschränkungen auch Lehrer anderer Fächer werden sich auf sprachliche Fähigkeiten ihrer Schüler umso eher einlassen, je mehr sie über deren Sprache wissen. Nicht ausschließlich, aber weitaus überwiegend handelt es sich dabei um grammatisches Wissen im engeren Sinn. Vornehmstes und vordringliches Ziel der Lehrerbildung ist die Vermittlung *dieses* Wissens. Schulgrammatik ist für uns erst einmal Grammatik für Lehrer. So einfach und einsichtig der Tatbestand ist, so wenig wird ihm

Rechnung getragen und so wenig werden wir ihn im Weiteren berücksichtigen können, auch wenn das Lehrerwissen hier und da zur Sprache kommt. Wir werden – wie es üblich ist – einfach voraussetzen, dass bei den Lehrern ein Wissen über Sprache vorhanden ist, auf das man quantitativ und qualitativ unbegrenzt zurückgreifen kann.

Was Schüler im Deutschunterricht lernen, welche Fähigkeiten, oder meinetwegen auch welche Kompetenzen, sie erwerben und entwickeln, das lässt sich für die sprachliche Seite übersichtlich so fassen:

1. Sprache können
2. Sprache reflektieren
3. Sprachwissen theoretisch fundieren
4. Sprachtheoretisches kennen und reflektieren

Wir schlagen eine Reihe von Kommentaren zum Buch im Folgenden über diesen Leisten, natürlich ohne einen Anspruch, den einzelnen Beiträgen damit vollständig gerecht zu werden.

1. Sprache können

Wie weit das erste und höchste Ziel des Deutschunterrichts mit explizitem Grammatikunterricht erreicht wird, bleibt die große Frage. Es gibt aber ein paar notwendige Bedingungen, die in diesem Zusammenhang gelten. Die erste ist, dass Grammatikwissen nicht von Sprachwissen getrennt wird. Mechthild Habermann macht die Untrennbarkeit mit der Leitfrage ihres Beitrags deutlich: „In welchem Umfang ist das Wissen über Sprache und Grammatik bei den Studierenden der Anfangssemester [...] vorhanden?" Falls dies als Voraussetzung für alles Weitere als trivial gelten kann, ist schon etwas erreicht. Selbstverständlich ist es nicht. Wir kommen darauf zurück.

Eine weitere, elementare Voraussetzung betrifft die Kooperation der Sprachwissenschaft mit ihrer Fachdidaktik. Wenn sie funktioniert, haben sich beide aufeinander eingelassen. Das praktische Haupthindernis liegt genau an dieser Stelle. Trägt die Sprachwissenschaft den Hochschulunterricht in Grammatik, dann interessiert sie sich oft genug kaum dafür, wie ihr Gegenstand in Hinsicht auf ‚Schulrelevanz' auszuformen ist. Fachdidaktiker ihrerseits sind durchaus nicht selten der Meinung, sie wüssten eigentlich selbst genug vom Gegenstand. Wie dem auch sei, steht nach wie vor das Transferproblem im Vordergrund, dessen Lösbarkeit den Kern der Relevanzdebatte bildet. Im Vorwort zu diesem Band heißt es dazu:

> Im Kern haben sich die Inhalte des Grammatikunterrichts kaum verändert: Wortarten, Satzglieder und Satzarten stehen nach wie vor im Mittelpunkt. Ob diese Gegenstände aber kompetenzfördernd sind und welche grammatischen/sprachlichen Gegenstände sonst Kompetenzförderung bewirken und warum sie das tun oder tun sollten, ist empirisch und konzeptionell für die meisten Bereiche der Grammatik eher unzureichend geklärt.
>
> Köpcke/Ziegler (Vorwort: 2)

Trifft das zu, dann besteht kein Anlass für Optimismus. Allerdings berechtigt allein die Vielfalt der grammatischen Themen, um die es im vorliegenden Band geht, doch zu einiger Hoffnung. Zumindest verfügen wir über ein Angebot, dass sich sehen lassen kann. Und umgekehrt ist eben auch nicht gesagt, Wissen über Wortarten und Satzglieder sei nutzlos. Man sehe sich dazu beispielsweise die Beiträge von Mechthild Habermann, Sabina Schröter-Brauss, Georg Weidacher sowie den von Ruvens Stahns und Albert Bremerich-Vos an.

Fast niemand spricht direkt vom Transferproblem, man kann das ja auch gar nicht mehr hören. Eher indirekt wird es aus unterschiedlichen Perspektiven und mit Bezug auf je konkrete grammatische Gegenstände thematisiert. Anja Binanzer, Jana Gamper und Verena Wecker bleiben ganz beim Kasussystem des Deutschen und diskutieren sowohl die sprachlichen als auch wichtige außersprachliche Randbedingungen seiner Vermittlung in der Grundschule. Ruvens Stahns und Albert Bremerich-Vos zeigen mit einer methodisch aktuellen Pilotstudie zum Umgang mit Präpositionalobjekten, wie die Lücke zwischen Aussagen internationaler Vergleichsstudien und Unterrichtspraxis über Kriterien für einen ‚guten Unterricht' (Unterrichtsführung, Sozialklima, kognitive Aktivierung) zu schließen wäre. Wie ein Lehrstück zum Umgang mit einem komplexen Gegenstand im Unterricht von Nichtmuttersprachlern führt Maria Thurmair partizipiale Attribute vor: Grammatische Explizitheit weitgehend auf dem Stand der Technik, aber trotzdem ohne Modellhuberei ist möglich.

An einem markanten Punkt zwischen Können von und Reflexion über Sprache ist Wolfgang Boettchers Beitrag zur Zeichensetzung angesiedelt. Die Anforderung eines Lehrplans zur Beherrschung von „Grundregeln der Zeichensetzung" setzt explizite Grammatik voraus, aber Boettcher schreibt auch: „Mir geht es darum, Kommasetzung als durchschaubar darzustellen." Vor einer Vermittlung steht die Darstellung von Sachverhalten in der Formulierung von Regeln. Zur Debatte steht letztlich das Verhältnis von grammatischer Regel und sprachlicher Regularität. Das geförderte Sprachwissen setzt, gerade wenn die orthographische Norm betroffen ist, ein erhebliches Selbstbewusstsein in der Sache voraus. Was wir über sprachliche Regularitäten wissen, ist nicht unbedingt mit vorgegebenen orthographischen Regeln vereinbar, sollte aber trotzdem vermittelt werden. Wir kommen auch darauf zurück.

2. Sprache reflektieren

Im Ansatz ist Reflexion über Sprache in Deutschland zunächst sprachkritisch gemeint gewesen und ist es teilweise noch, wie Jörg Kilian darlegt. Diese Form von Sprachkritik entzündet sich am Sprachgebrauch. Sie ist nur in wenigen, extremen Ausprägungen Kritik an der Sprache selbst, meist hat sie eher als Sprachgebrauchskritik zu gelten. Und als solche verträgt sie sich nach Auffassung vieler ihrer Protagonisten nicht mit Grammatik. Etwas wie ‚systematische Grammatik' kann geradezu zum Ausdruck von Stigmatisierung gemacht werden.

Kilian beschreibt ausführlich die eher komplizierte Geschichte, die das Verhältnis von Sprachreflexion und Grammatik bei uns hat. Neben dem Verhältnis zur Grammatik geht es – und zwar auch unabhängig von letzterer – wieder um den Transfer zum Sprachkönnen. Das Kritische an sich hat im Mainstream weitgehend ausgespielt. Umso wichtiger wird, dass Sprachreflexion und Grammatikunterricht zusammengebracht werden. Ausdrücklich widmet sich Georg Weidacher diesem Anliegen. Vielversprechend ist für ihn eine auf einem konsequent funktionalgrammatischen Ansatz beruhende Integration der beiden, was er praktisch an den sprachlichen Mitteln vorführt, wie sie wertend in einem berühmt gewordenen Text der Wiener Kronen Zeitung verwendet werden.

Vielfältig ist das Wissen, das über Sprachreflexion und Sprachbewusstheit aufgebaut wird. Dazu gehört bei einer ganzen Reihe von Beiträgen die Etablierung eines Sprachbegriffs, der den Standard, zumal den geschriebenen, als eine von vielen Ausprägungen des Deutschen versteht. Sprachvarietäten treten etwa bei Sabina Schröter-Brauss als Fachsprachen in Erscheinung, bei Andreas Bittner und Christian Braun als historisch sich verändernde Sprachzustände. Es geht nicht so sehr um Varietäten als solche, sondern es geht auch um weitergehende Fragestellungen, etwa um den Rückgriff auf implizites Sprachwissen für die Sprachlehre oder um einen Grammatikbegriff, mit dem das ewige Hin und Her von Defizitzuweisungen zwischen Schule und Hochschule bearbeitbar wird. Von Arne Ziegler und Melanie Glantschnig wird der Unterrichtsgegenstand *Jugendsprache* so entwickelt, dass ein Forschungsdesiderat deutlich wird. Praktische Anforderungen führen unmittelbar auf Forschungsvorhaben, eine absolut wünschenswerte Konstellation.

Und immer wieder fokussiert man die Sprachspezifik von Textsorten wie die Bedeutung von Textverstehensprozessen überhaupt, zentral im Beitrag von Maximilian Scherner. Zweierlei sticht ins Auge. Es fällt auf, dass bei aller Spezifik und Konkretheit der behandelten grammatischen Gegenstände regelmäßig die Forderung erscheint, diese nicht isoliert, sondern in einem größeren systematischen Zusammenhang zu sehen. Und weiter fällt auf, dass aus recht unterschiedlichen Richtungen die Einheit des Faches Deutsch und damit auch das Verhältnis zur Literaturwissenschaft berufen wird. Das läuft einerseits natürlich über den Textbegriff, wird andererseits aber von Klaus-Michael Köpcke und Constanze Spieß ganz explizit über den bestens geeigneten Gegenstand *Metapher* thematisiert. Die Sprachwissenschaft macht hier mit alltäglicher Arbeit Schritte, die von erheblicher Bedeutung für laufende Debatten zur Zukunft des Faches Germanistik sind.

3. Sprachwissen theoretisch fundieren

Wie weit wird Wissen über Sprache theoretisch explizit? Geht Sprachreflexion weiter als ein Wecken von Aufmerksamkeit und die Beschreibung des Wahrgenommenen mit Alltagsbegriffen, dann führt von da aus ein direkter Weg zu Begriffsbildungen innerhalb theoretischer Gebäude. Eben weil man sie braucht und die Kraft ihrer Ausdrucksmöglichkeiten erfährt, zeigt sich auch ihre Relativität: andere Theorien – andere Begriffe.

So wird an Grammatik wahrnehmbar, dass grammatiktheoretische Fundierung prinzipiell mit selektiver Sprachwahrnehmung verbunden ist. Man ist dann sehr nah bei einem wichtigen Gegenstand des Grammatikunterrichts überhaupt angekommen. Aus leidvoller Erfahrung im Rahmen der Debatten über Sinn und Unsinn unserer Orthographiereform kann ich nur an die Schwierigkeit erinnern, plausibel zu machen, dass man in der Sprache aufgespürte grammatische Regularitäten auf unterschiedliche Weise so formulieren kann, dass trotzdem dieselben Schreibungen erfasst werden. Gelingt es, diese Einsicht zu vermitteln, hat man auch bei der grammatischen Norm gewonnen. Sie gilt ja gelegentlich durchaus noch als verantwortlich für die Auffassung, „Sprache sei etwas Statisches" und sie führe zur „Nichtorientierung am tatsächlichen Gebrauch von Sprache", wie etwa Andreas Bittner es ausdrückt. Daran ist etwas Wahres, aber *wahr* ist es nicht. Der Standard als Grundlage einer expliziten Norm verfällt dem Verdikt allenfalls in Details. Und bei aller Liebe zu den vielen schönen Varietäten des Deutschen liegt es

– jedenfalls heute noch – im Interesse *aller* Schüler, sich im Standard bewegen zu können wie Fische im Wasser.

Wie weit man mit dem Anspruch auf das durch Grammatikunterricht Erreichbare (Transfer in einem weiten Verständnis) gehen kann, zeigt Angelika Redder mit ihrer konsequent und vielschichtig funktionalen Analyse diskontinuierlicher verbaler Einheiten. Sie beginnt mit einer vergleichenden Darstellung des Gegenstandes in einschlägiger Literatur, die Sprachreflexion vorführt und ein gutes Stück grammatiktheoretisch explizit ist, beides aber nicht gegen die funktionale Analyse ausspielt. Man sieht, wie ein Gang durch die Ebenen der Gegenstände als einer vom Abstrakten zum Konkreten aussehen kann.

4. Sprachtheoretisches kennen und reflektieren

Für Maximilian Scherner handelt es sich beim Deutschunterricht in der Sekundarstufe II um eine weitgehend von „Sprachbetrachtung und grammatischer Analytik freie Zone". Auf kaltem Weg kommt dem Deutschunterricht sein eigentlicher Gegenstand abhanden. Das ist schlimm genug, es trägt aber sogar dazu bei, dass man es erneut mit Theorien oder Modellen aus der Linguistik zu tun bekommt. Auf den ersten Blick scheinen ja Frustration und Verwirrtheit, wie sie mit der Linguistisierung des Deutschunterrichts verbunden waren, noch immer eine hohe Hürde darzustellen. Die Linguistik (von ‚Sprachwissenschaft' ist in diesem Zusammenhang kaum einmal die Rede) hat ihr Prestige verspielt, das kommt immer wieder einmal – mehr oder weniger nebenbei – zur Sprache.

Und es gibt noch andere Bewegungen in dieser Richtung. Sind wir nicht auf dem besten Weg, uns Lehramtsstudierenden gegenüber linguistisch restringiert auszudrücken und so zu tun, als seien wir damit auch auf dem Weg in die Schule? Das betrifft weniger oder kaum unsere Grammatiken, auch nicht die neueren. Sie setzen viel daran, direkt über Sprache zu reden und das notwendige theoretische wie methodische Rüstzeug auf ein Minimum zu begrenzen. Ganz anders sieht es schon bei den Büchern zur Syntax des Deutschen aus, gleichgültig, ob sie einführenden Charakter haben oder nicht. Syntax ohne ein ‚Modell' oder wenigstens Bezug zu einem oder mehreren solchen, die unmittelbar in der Beschreibung deutlich werden und dieser ihre intuitive Zugänglichkeit nehmen, kann es offenbar nach Auffassung der meisten Syntaxschreiber nicht geben.

Auch die Orthographie – insbesondere als Graphematik – muss aufpassen, dass sie ihren Status als aus praktischen Anforderungen geborener wissenschaftlicher Gegenstand nicht riskiert. Keineswegs muss alles ‚schulrelevant' sein, was dort erarbeitet wird, nur sollte bewusst bleiben, dass es mehr als genug Schulrelevantes für die Wissenschaft gibt. Vor diesem Hintergrund ist Christa Dürscheids Beitrag zur Schriftlinguistik zu lesen, zumal er direkt am kritischen Punkt ansetzt. Er scheint mir notwendig zu sein, denn Dürscheid kapriziert sich nicht ausschließlich auf eine – auf diesem Gebiet noch immer notwendige – Vermittlung von linguistischem Wissen, sondern sie macht auch den Schritt zurück von der Schule zur Wissenschaft unter der kaum bestreitbaren, unbedingt verbreitungswürdigen Devise: „Sprachbetrachtung ist immer auch Schriftbetrachtung."

Bleiben wir noch einen Moment bei der Sprachwissenschaft und ihrem Beitrag zur Lehrerbildung. Die Bologna-Reform hat insbesondere für das Bachelor-Studium in unserem Fach wie in anderen Fächern zu einer neuen Generation von Lehrbüchern geführt. Ein erheblicher Teil von ihnen beschäftigt sich nicht in erster Linie mit Sprache, sondern mit der Sprachwissenschaft. Den Studierenden wird etwa beigebracht, was die Psycholinguistik, die Phonologie, die Sprachgeschichtsforschung, die Textlinguistik usw. können. Es gibt natürlich für alles Sprachbeispiele, aber sie haben illustrativen Charakter und führen nicht zu einer weitergehenden Beschäftigung mit Sprache. Vorrangiger Gegenstand ist nicht die Sprache, sondern die Sprachwissenschaft. Im Prinzip wie gehabt.

Wir werden es schwer haben, einer gezielten Evaluierung des Faches zu erklären, warum unser Gegenstand allgemein und vor allem in der Lehrerbildung an den Rand gedrängt wird. Gerade wenn man diesen Gesichtspunkt ernst nimmt, darf wohl ohne Umschweife als erfreulich gelten, dass im vorliegenden Band die Sprache selbst im Vordergrund steht. Die Wissenschaft erfüllt eine Bringschuld. Sie sollte sich aber auch um das Wirksamwerden ihrer Vorstellungen und Ergebnisse in der Schule kümmern. Wenn wir halbwegs langfristig denken, verfügen wir mit der Lehrerbildung über einen Weg in die Praxis, um den uns manche Disziplin nur beneiden kann.

Einsichten

Christian Braun

Zur Konzeptualisierung des Grammatikbegriffs

Ein diachroner Zugang

1. Einleitung

Die Frage nach einer erfolgreichen Vermittlung von Grammatik stellt sich den Sprachwissenschaftlern,[1] die auf diesem Gebiet tätig sind, in regelmäßiger Häufigkeit, oft begleitet von der mehr oder weniger überprüfbaren Feststellung, dass die bisherige Vermittlung in der einen oder anderen Form nicht zufriedenstellend gelungen ist.[2] Man kann die Auffassung vertreten, dass die Aufgabe des Grammatikers darin besteht, die eigene Lehrfunktion an der Universität bestmöglich auszuüben, um so den berühmten Teufelskreis aus mangelhaft ausgebildeten Schülern, die zu desinteressierten Studierenden und dann zu zum Grammatikunterricht ungeeigneten Lehrern werden, an jener Stelle zu unterbrechen, an der man selbst Einfluss auszuüben vermag.

Obwohl ein solches Handeln als begrüßenswert zu erachten – und sicherlich anspruchsvoll genug – ist, erscheint es jedoch für das Ziel, zu einer dauerhaften und angemessenen Repräsentation des Wissensbereiches der Grammatik in der Gesellschaft sowie an Schulen und Universitäten beizutragen, nicht ausreichend zu sein.

Es ist zwar notwendig, aber nicht genug, sich nach Kräften zu bemühen, Schülern und Studierenden einen guten Grammatikunterricht anzubieten. Die Rahmenbedingungen müssen auch so gestaltet sein, dass die Lehrenden überhaupt in der Lage sind, Grammatikunterricht in angemessener Form anzubieten und die Lernenden sich in einer Situation befinden, diesen Unterricht auch wahrnehmen zu können.

Interessanterweise wird in den Beiträgen, die über Grammatikunterricht oder den Nutzen von Grammatik generell reflektieren, oftmals gar nicht exakt benannt, was denn genau an Zielvorstellungen im Raume steht. Oder anders formuliert: Postuliert man einmal eine – noch genauer zu spezifizie-

---

[1] Hier und in den folgenden Ausführungen wird das maskuline Genus aus stilistischen und platzökonomischen Gründen verwendet. Es sind in den spezifischen Fällen bei den außersprachlichen Bezugsobjekten beide Genera inkludiert.
[2] Vgl. hierzu beispielsweise die Überlegungen von Köpcke/Ziegler (2011: 1ff.).

rende – Grammatik-‚Lobby', welche Ziele genau würde diese Lobby denn eigentlich zu realisieren wünschen? Es macht nur wenig Sinn, regelmäßig die Ist-Zustände zu bedauern, ohne aber Auskunft darüber zu geben, wie eigentlich der Soll-Zustand auszusehen hat. Will man den Wirkbereich des Faches in die Gesellschaft weiter ausdehnen? Soll der Grammatikunterricht an Schulen zeitanteilig steigen? Ist man mit dem Wissensstand (der Schulabgänger/ der Studierenden/der Lehrerschaft/der Allgemeinheit) unzufrieden? Möchte man das Ansehen des Faches aufwerten? Den Status quo halten? Wenn es stimmt, dass „[f]ür die meisten Schülerinnen und Schüler und auch die meisten übrigen Sprecherinnen und Sprecher [...] die Grammatik ein Hassobjekt" ist (Habermann/Diewald/Thurmair 2009: 143), dann kann ja zumindest hinsichtlich der Breitenwirksamkeit kein Grund zur Klage bestehen. Grammatik wird an Schulen flächendeckend und verpflichtend unterrichtet, viele andere wissenschaftliche (Teil-)Disziplinen befinden sich nicht in einer solch komfortablen Situation. Überspitzt gefragt: Sollen jetzt alle Schüler Grammatik spannend finden, den Unterrichtsbeginn herbeisehnen und lebenslang vom disziplinübergreifenden, gesellschaftlichen Nutzen des Faches überzeugt sein?

Betrachtet man die Situation mit kritischer Gelassenheit, wird man feststellen, dass sich die Grammatik mehr oder weniger in der gleichen Lage befindet wie andere Fächer bzw. Wissensgebiete auch. Ihre mangelnde Beliebtheit müssen sich die Vertreter des Faches selbst zuschreiben, sie sind auch die einzigen, die hieran etwas ändern können.

Als aus Sicht des Grammatikers wünschenswert könnten folgende Aussagen wohl auf breite Zustimmung treffen: Grammatikunterricht soll an Schulen innerhalb des Faches Deutsch und an Universitäten im Rahmen des Studiums der Germanistik (weiterhin) in möglichst breiter Form verpflichtend verankert sein. Die Rahmenbedingungen sind hierbei so zu gestalten, dass der Unterricht in angemessener Form praktiziert werden kann, die Vermittlung des Stoffes erfolgreich ist und die Lernenden fundierte Kenntnisse erwerben. Die Qualität der Lehre ist oberstes Gebot, sie ist der Garant dafür, dass das Fach beim Lernenden nicht negativ konnotiert wird.

Folgt man einmal diesen – zugegebenermaßen sehr allgemein und übersichtlich gehaltenen – Zielvorgaben, dann wird schnell klar, dass sich die Grammatik als (Teil-)Gebiet unter (Teil-)Gebieten schlichtweg in einer Wettbewerbssituation auf mehreren Ebenen befindet. Wettbewerbssituationen ziehen in der Regel einen Verteilungskampf nach sich, der oft auch davon beeinflusst wird, den spezifischen Nutzen eines jeweiligen Teilnehmers am Wettbewerb klar herauszuarbeiten. Für unsere Belange kulminiert das dann beispielsweise in einer Frage wie *Grammatik wozu?* Interessanterweise scheinen die Antworten, die auf diese Frage gegeben werden, obwohl sie selbstverständlich alle der Wahrheit verpflichtet sind, doch immer auch adressatenspezifisch ein wenig zu divergieren. Letztendlich führt das Reflektieren über den Nutzen von Grammatik und die Frage *Grammatik wozu?* fast zwingend zu einer übergeordneten Fragestellung, die da lautet: *Was ist Grammatik?*

Im Folgenden soll deshalb ein Blick darauf geworfen werden, welche Auffassungen von Grammatik als Wissensbereich bzw. (Teil-)Disziplin vorliegen, sprich wie der Terminus *Grammatik* konzeptionalisiert ist (und war).

2. Grammatik aus zeitgenössischer Sicht

Die Fülle an Publikationen zum Thema *Grammatik* lässt eine umfassende und den Ansprüchen auf Vollständigkeit genügende Darstellung zugrunde liegender Konzepte nicht zu, schon gar nicht im Rahmen eines kleineren Beitrags wie dem vorliegenden. Deshalb werden exemplarisch die Positionen dreier aktueller Autoren vorgestellt, die eine große Bandbreite des Begriffs erfassen und jeweils auch unterschiedliche Schwerpunkte setzen.[3]

Prinzipiell ließen sich Aussagen zur Grammatik vielleicht dahingehend spezifizieren, indem man sie nach

1. solchen zum Gegenstandsbereich der Grammatik,
2. solchen zu Aufgabengebieten und Erkenntnismöglichkeiten sowie
3. solchen zum Nutzen von Grammatikwissen

unterscheidet. Eine derartige Trennung funktioniert jedoch nicht in letzter Konsequenz, da sich die einzelnen Punkte wechselseitig bedingen und Überschneidungen auftreten. In Ermangelung besserer Alternativen soll aber, zumindest theoretisch, an ihr festgehalten werden.

Im Hinblick auf die Wettbewerbssituation, in der die Grammatik sich als Disziplin befindet, können folgende Bereiche des Stattfindens angenommen werden:

1. in der Gesellschaft allgemein
2. in der Schule

---

[3] In diesem Kapitel sollen die Positionen der ausgewählten Autoren ausführlich auch in ihren eigenen Worten vorgestellt werden, wodurch eine gewisse Häufigkeit von Zitaten unvermeidlich ist.

3. an den Universitäten
   a) innerhalb der Teildisziplin
   b) im Verhältnis zu anderen Teildisziplinen

Im gesellschaftlichen Bereich befindet sich die Grammatik im Wettbewerb zu allen anderen Bereichen des menschlichen Lebens generell. In der Schule steht die Gewichtung des Grammatikunterrichts im Verhältnis zu anderen Fächern des Deutschunterrichts im Vordergrund, an den Universitäten findet einerseits innerhalb der Disziplin ein Wettbewerb einzelner Grammatiktheorien untereinander statt, andererseits geht es um die Gewichtung von Grammatik prinzipiell im Verhältnis zu anderen Teildisziplinen des Faches.

Es zeichnet sich deutlich ab, man mag dies positiv oder negativ bewerten, dass zumindest bei den Punkten 1., 2. und 3.b) Erfolg oder Misserfolg im Rahmen des Verteilungskampfes wesentlich an der Beantwortung nach dem Nutzen von Grammatik festgemacht werden können.

2.1 Grammatik bei Habermann

Im Fokus der Aufmerksamkeit sollen die Aussagen der beiden Beiträge Habermanns (2010a; 2010b) im Sammelband *Grammatik wozu? Vom Nutzen des Grammatikwissens in Alltag und Schule* stehen, dessen Zielsetzung am gewählten Titel klar erkennbar ist. Die Publikation wendet sich an eine außeruniversitäre Öffentlichkeit, und kündigt an, dieser den ‚Nutzen' eines Wissens über Grammatik darzulegen, und zwar den unmittelbaren Nutzen nicht nur in der Schule, sondern auch im Alltag. Es handelt sich somit gewissermaßen um eine Werbeschrift in Sachen *Grammatik*, vielleicht auch, wenn man den Stellenwert, den die Grammatik in der Gesellschaft innehat, als zu gering veranschlagt, um eine Vorausverteidigung.

Gleich zu Anfang verweist Habermann auf die wichtige Rolle, die Sprache für die Menschheit spielt, indem sie den Zusammenhang von Sprache und Denken hervorhebt und die Frage nach dem Wechselspiel beider zueinander stellt. Es wird somit die gesellschaftliche Relevanz sprachwissenschaftlicher Forschung generell betont, wobei der grammatische Aspekt durch eine gleichrangige Nuklei-Reihung („Sprache oder Grammatik") dezidiert in den Vordergrund gerückt wird:

> Da Sprache das wichtigste Instrument des Menschen ist, ist es von zentraler Bedeutung, zu wissen, auf welchen Bahnen Gedanken überhaupt in Sprache umgesetzt werden können und – umgekehrt – inwiefern Sprache oder Grammatik Einfluss auf die Gedanken eines Menschen haben kann.
>
> Habermann (2010a: 7)

Die folgenden Aussagen sind vor dem Hintergrund der Wichtigkeit von Kommunikation für unsere Gesellschaft eher auf den schulischen Bereich gerichtet. Hier wird ein gezielter Zusammenhang einerseits von Wissen über Sprache und andererseits Verbesserung der kommunikativen Kompetenzen hinsichtlich der Sprachproduktion und -rezeption postuliert. Dieses Argument kommt im Diskurs sehr häufig vor und wird mindestens genauso oft relativiert oder gar zurückgezogen. Habermann formuliert aber im dritten Satz zumindest eine Teilbegründung für den Zusammenhang. Insgesamt wird hier eine Aufgabe an die Schulen gestellt, nämlich die zur Befähigung zum bewussten und kompetenten Umgang mit Sprache.

> Ohne Wissen um die Wirkungsweise grammatikalischer Elemente können wir nicht sinnvoll, d.h. (sprach)bewusst, kommunizieren – weder mündlich noch schriftlich. Die Kompetenz sowohl des Verfassens als auch des Verstehens von Texten wird wesentlich durch die Kenntnis der grammatikalischen Mittel und deren Funktion bestimmt. Denn durch die Wahl entsprechender grammatischer Strukturen werden bestimmte Informationen transportiert, die auf den ersten Blick, da sie unterschwellig wirken, nicht sichtbar sind.
>
> Habermann (2010a: 7)

Im Anschluss verweist Habermann auf ein Aufgabengebiet, dessen Wichtigkeit nicht genug betont werden kann. Eventuell mag man die Aussagen als ein wenig zugespitzt erachten. Es ist ja nicht so, dass die Diktatoren dieser Welt als Erstes immer den Grammatikunterricht abschaffen. Zuerst fällt die Pressefreiheit – aber nicht, weil in den Zeitungen primär grammatische Phänomene diskutiert werden. Aber es ist in der Tat wahr, dass grammatisches Wissen ‚auch' seinen Teil dazu beiträgt, ein Sprachbewusstsein zu entwickeln, welches die Bürger mündig und urteilsfähig im Hinblick auf Manipulation durch Sprache macht.

> Über Sprache und die Auswahl entsprechender grammatikalischer Mittel versuchen Menschen auch, andere zu manipulieren. Es ist zentrale Aufgabe demokratischer Gesellschaften, die sprachlichen Möglichkeiten der Meinungsäußerung auf der einen Seite und ihres Missbrauchs auf der anderen Seite aufzudecken.
>
> Habermann (2010a: 7)

Neben der Faktizität ist der zweite Grund, warum dieses Argument im Diskurs so wichtig ist, der, dass es sich hierbei um ein gesellschaftlich-politisches handelt. Wenn man als Politiker und damit in der Regel als sprachwissenschaftlicher Laie vor der Wahl steht – sehr pointiert formuliert –, ob man sich für die Rettung des Dativs oder doch lieber für die Griechenlands engagieren soll, werden sprachwissenschaftliche Belange eher mit niedriger Priorität behandelt werden. Wenn aber im Raume steht, dass Sprachbewusstsein die demokratische Gesellschaft stabilisiert, indem es gegen Manipulation durch Sprache resistenter macht, dann tritt eine politische Relevanz zutage, der von Seiten der Politik Rechnung getragen werden muss.

Habermann hält hier also ein sehr wirkmächtiges Plädoyer pro domo, indem sie sowohl die wissenschaftliche und gesellschaftliche als auch die schuldidaktische sowie die gesellschaftspolitische Relevanz eines Wissens um Grammatik herausstreicht und in alle drei, durchaus voneinander verschiedenen Bereiche hinein argumentiert. Am Ende ihrer Ausführungen überzeugt so dann auch das Fazit: „Die Vermittlung von Grammatikwissen muss als zentrale Aufgabe schulischer Ausbildung erhalten bleiben" (ebd.: 8).

Die soeben besprochenen Ausführungen werden in Habermann (2010b) aufgegriffen und vertieft. Für den wissenschaftlichen Bereich wird herausgestellt,

> dass Grammatik [...] der essentielle Teil von dem ist, was Sprache in ihrem Kern ausmacht. Ihn zu beschreiben, Ähnlichkeiten und Unterschiede zwischen dem grammatischen Bau der Sprachen festzustellen, ist eine[s] der zentralen Aufgabenfelder der Sprachwissenschaften.
>
> Habermann (2010b: 9)

Die Bereiche, in die hinein argumentiert wird, bleiben in der Kapitelstruktur erhalten:

1. Grammatik im Alltag
2. Grammatik in der Schule
3. Grammatik in der Wissenschaft

Erneut wird implizit ein Zusammenhang von Wissen über Sprache und Sprachkompetenz hergestellt und letztere als grundlegend für gesellschaftlichen Erfolg und damit Anteilhabe am gesellschaftlichen Gestalten ausgewiesen: „Das Beherrschen einer korrekten Grammatik ermöglicht im Sinne einer sprachpraktischen Kompetenz – noch immer – Zugang zu privilegierten Positionen und ist damit ein Instrumentarium der Macht" (ebd.: 10).

Hier Chancengleichheit zu ermöglichen, wird als Aufgabe an den Deutschunterricht weitergeleitet:

> Schulische Ausbildung muss die Chancengleichheit aller in einer demokratischen Gesellschaft zum Ziel haben. Es ist eines der höchsten Ziele jeglichen Schulunterrichts, die mündliche und schriftliche Ausdruckskompetenz in einem grammatikalisch richtigen Deutsch zu steigern.
>
> Habermann (2010b: 10)

Im Folgenden wird innerdisziplinär unter anderem in der Auseinandersetzung mit Ingendahls Forderung nach Sprachreflexion statt Grammatikunterricht betont, dass der funktionale Aspekt der Grammatik „implizit schon immer, explizit seit dem 19. Jahrhundert und verstärkt seit den 60er-Jahren des 20. Jahrhunderts – in gleicher Weise im Vordergrund steht" (ebd.: 11). Auf diese Weise wird die Anbindung der Grammatik an die pragmatische Wende betont und einer Abstufung systemlinguistischer Aspekte vor dem Hintergrund eines Paradigmenwechsels entgegengetreten: „Grammatik ist und bleibt das Kerngeschäft der Sprachwissenschaft" (ebd.: 13). Diese Aussage ist sicherlich dem Wettbewerb zwischen den linguistischen Disziplinen geschuldet.[4]

Betrachtet man die beiden Beiträge (2010a; 2010b) zusammen, so wird die Argumentation im ersten von der wissenschaftlichen über die schulische zur gesellschaftlichen Ebene hin, im zweiten von der gesellschaftlichen über die schulische zur wissenschaftlichen Ebene zurückgeführt. Dies trägt zur inhaltlichen Überzeugungskraft bei, erfreut aber auch stilistisch. Der zweite Beitrag schließt somit auch mit Anmerkungen zu jenem Aspekt, mit denen der erste eröffnet wird: „Zu verstehen, wie die Grammatik einer Sprache funktioniert, heißt, zu verstehen, wie unser sprachlich verfasstes Denken funktioniert" (Habermann 2010b: 14).

2.2 Grammatik bei Portmann

In den Ausführungen von Portmann (2011) liegt der Fokus auf den Themen *Aufgabenbereiche* und *Nutzen von Grammatikunterricht*. Portmann unterscheidet hierbei ganz prinzipiell zwischen dem Einsatz von Grammatikunterricht für den Erst- und den Zweitspracherwerb. Im Hinblick auf den Erstspracherwerb formuliert er die Aufgaben des Grammatikunterrichts wie folgt:

> Grammatikunterricht hat [...] zwei Aufgaben zu erfüllen, die so oder anders in den meisten Lehrplänen angesprochen werden. Auf der einen Seite soll er den vor sich gehenden Spracherwerb feinsteuern. [...] Um in dieser Hinsicht strukturierte Hinweise machen zu können und um die Normenverpflichtung der Sprachbenutzer nachvollziehbar zu machen, muss er anderseits eine einigermaßen kohärente

---

[4] Es darf bezweifelt werden, dass sich die Vertreter anderer Teildisziplinen dieser Aussage anschließen werden. Je nach Standpunkt wird man wohl den Drang verspüren, *Grammatik* durch *Sprachgeschichte, Semantik, Kommunikation* etc. zu ersetzen.

Vorstellung über fundamentale Regularitäten vermitteln, die in der Sprache wirksam sind, und damit einen Einblick in die Strukturiertheit sprachlicher Phänomene überhaupt zu erzeugen.

Portmann (2011: 72)

Portmann bezweifelt jedoch, dass die auf diese Weise an den Grammatikunterricht gestellten Aufgaben tatsächlich als Leistung erbracht werden können:

> Ob und auf welche Weise die systematische Auseinandersetzung mit Grammatik die ihr zugeschriebene Rolle in der Sprachentwicklung tatsächlich erfüllen kann, ist allerdings keineswegs sicher. Ein reibungsfreies Zusammenspiel der beiden Perspektiven auf Grammatik ist nur dann zu erwarten, wenn grammatisches Wissen im Umgang mit sprachlichen Phänomenen und in Problemsituationen einigermaßen unbehindert zur Geltung gebracht werden kann. Gerade dies wird aber nicht nur durch viele Erfahrungen von Lehrerinnen und Lehrern, sondern auch durch lerntheoretische Überlegungen in Frage gestellt.
> [...] Die *Information über Sprache* [...] ist offensichtlich etwas, das nicht in die spontan funktionierenden Mechanismen der Sprachproduktion eingebettet ist, sondern etwas diesen gegenüber Exterritoriales, das durch eine besondere Anstrengung in den sprachlichen Produkten erst zur Geltung gebracht werden muss.

Portmann (2011: 72f.)

Es stellt sich somit die Frage, ob der Unterricht von Grammatik überhaupt die – von den Grammatikern selbst – gestellten Anforderungen erfüllen kann; gewisse Zweifel scheinen an dieser Stelle doch berechtigt. Hierbei handelt es sich um eine sehr problematische Angelegenheit, da sich auf die formulierten Erwartungen ja nicht nur die Strukturierung des Unterrichts, sondern eine Beschäftigung mit Grammatik prinzipiell gründen. Mögen allzu optimistische Zielsetzungen das Fach im Wettbewerb zu Anfang vielleicht aufwerten, kann das inhärent angelegte Scheitern an den Vorgaben langfristig nur schaden.

Das Fazit Portmanns fällt dann auch sehr differenziert und eher bescheiden aus:

> Was Sprachunterricht kann, ist (im guten Falle) vorbildhaft intensive und lernreiche Spracherfahrungen zu ermöglichen, und was Grammatikunterricht kann, ist (im guten Falle) Hilfsmittel zu liefern, die diese Spracherfahrung besser zu beobachten erlauben.

Portmann (2011: 83)

Gegen Ende seines Beitrages widmet sich Portmann einer anderen Art von Wertigkeit des Gegenstandbereichs, die nicht auf einen wie auch immer gearteten konkreten Nutzen zielt, sondern von gänzlich anderer Qualität ist. Indem er darauf hinweist, dass die Beschäftigung mit Grammatik zu Entdeckungen über Sprache generell führt, argumentiert er, ähnlich wie Habermann zu Beginn ihres ersten (2010a) und zum Ende ihres zweiten Beitrages (2010b), mit Blick auf den Eigenwert grammatischer Erkenntnisse:

> Dieses Wissen ist zunächst eines über die Gegenstände, ein theoretisches, wenn man so will, und sollte auch als solches gesehen werden. [...] Es gibt nun weniges in der Erfahrungswelt der Lernenden, das dieses Wissen unentbehrlich macht. Aber um solche Notwendigkeiten geht es gar nicht – das Ziel liegt anderswo: Dieses Wissen soll die Weise verändern, mit der die Erfahrungswelt überhaupt wahrgenommen werden kann und soll. [...] Es ist nicht zu sehen, warum nicht auch Sprache (und ich möchte hinzufügen: Kommunikation) in ähnlicher Weise Gegenstand von Wissen werden soll, und warum dieses Wissen nicht ähnlich gewertet und gepflegt werden soll wie das über Physik, Geographie etc.
>
> Portmann (2011: 85)

2.3 Exkurs: Arten des Nutzens

Bereits die etwas genauere Beschäftigung mit nur zwei verschiedenen Argumentationen pro domo hat aufgezeigt, dass man den Gegenstandsbereich der Grammatik, ihre Aufgabengebiete und Erkenntnismöglichkeiten sowie den Nutzen von Grammatikwissen sehr differenziert betrachten muss. Greift man allein den dritten Punkt, i.e. die Frage nach dem Nutzen, auf, ergeben sich doch sehr unterschiedliche Aspekte. Die Wirkmächtigkeit bzw. überhaupt die Anführung derselbigen, und das scheint unmittelbar einzuleuchten, hängen auch vom jeweiligen – genauer: jeweils intendierten – Adressatenkreis ab.

Insofern sind die diversen Nutzen zumindest noch nach zwei Gruppen zu spezifizieren. Stellt man das wissenschaftliche Trachten nach Erkenntnisgewinn in den Vordergrund, indem man es als *Primärnutzen* bezeichnet, argumentiert man im Grunde mit der Gleichwertigkeit des Gegenstandes *Grammatik* im Hinblick auf andere Gegenstände und Disziplinen und dem Wert um das Wissen um diesen Gegenstand generell.

Dies scheint ja ganz offensichtlich nicht ausreichend zu sein, und deshalb wird eine Fülle weiterer Nutzen formuliert, die alle betonen, dass Grammatik als Hilfsmittel für andere Belange einsetzbar ist. In diesen Fällen könnte man von *Sekundärnutzen* oder *Kollateralnutzen* sprechen. Interessant ist, dass das Aufzeigen dieser Kollateralnutzen für ein erfolgreiches Abschneiden im Wettbewerb wahrscheinlich sogar zweckdienlicher ist, als der Hinweis auf den Primärnutzen. Das heißt, der der Wissenschaft verpflichtete Grammatiker befindet sich in der Position, jeweils dem Zeitgeist entsprechende Kollateralnutzen herauszuarbeiten und zu propagieren, um seinem Fache dienlich zu sein.

2.4 Grammatik bei Eisenberg

In den Ausführungen zu Beginn des zweiten Bandes seines Grundrisses der deutschen Grammatik behandelt Eisenberg (2006) zuvorderst den Aufgabenbereich einer Grammatik (bzw. seiner Grammatik), die Frage nach dem Nutzen wird eher implizit beantwortet. Letzterer lässt sich dann auch eher dem als Primärnutzen bezeichneten Bereich zuordnen, weitere Einsatzmöglichkeiten werden nur kurz aufgelistet, ohne dass im Verlauf weiter auf sie eingegangen wird.

> Der ‚Grundriss' will die Sprache so beschreiben, wie sie heute verwendet wird. Sein Adressat ist der kompetente Sprecher des Deutschen. Die Grammatik wendet sich an Sprecherinnen und Sprecher, die etwas darüber wissen möchten, wie ihre Sprache gebaut ist und wie sie funktioniert. Ein solches Interesse kann für sich bestehen, ist meistens aber auch praktisch motiviert. Man braucht Grammatiken im Sprachunterricht, für das Studium von Spracherwerb und Sprachverlust, für Sprachtechnologien aller Art, für die Sprachbewertung, die Sprachbetrachtung, den Sprachenvergleich und vieles andere.
>
> Eisenberg (2006: VIII)

Vor dem Hintergrund wachsenden Sprachbedarfs werden die beiden Auffassungen eines deskriptiven und eines präskriptiven Zugangs zu Grammatik einander gegenübergestellt. Eisenberg spricht sich klar für ersteren aus, weist aber darauf hin, dass auch deskriptive Grammatiken normativ wirken und daher präskriptiv eingesetzt werden können. Zudem obliegt es auch deskriptiven Grammatiken, wenn auch aus anderen Gründen, „zwischen richtig und falsch für eine Sprache zu unterscheiden" (ebd.: 3). Eventuell könnte Missverständnissen bzw. unerwünschten Überlappungen vorgebeugt werden, wenn man die Termini *richtig* und *falsch* einfach durch *grammatisch* und *ungrammatisch* ersetzen würde.

Neben dieser Unterscheidung von richtig und falsch sieht es Eisenberg als eine weitere – zentrale – Aufgabe einer Grammatik an, die Strukturen der Sprache zu beschreiben. Dies wird mehrfach betont (vgl. ebd.: 3ff.), exemplarisch sei die folgende Aussage angeführt: „Die eigentlich wichtige und interessante Aufgabe einer Grammatik ist es, etwas über die Struktur der Einheiten einer Sprache mitzuteilen" (ebd.: 5).

Eine bloß strukturell-systemische Sprachbeschreibung wird von Eisenberg aber als unzureichend angesehen, sofern nicht als ganz wesentliche Ergänzung die Offenlegung der funktionalen Dimensionen der beschriebenen Strukturen hinzutritt. Auch verweist mehrfaches Aufgreifen des Themas, welche Bedeutung Eisenberg dem funktionalen Aspekt bzw. der Verbindung struktureller und funktionaler Aspekte innerhalb einer Grammatik beimisst (vgl. ebd.: 6ff.). Hier sollen ebenfalls zwei Auszüge genügen:

> Die immanente Funktionalität von Struktureigenschaften einer Sprache muss man verstehen, wenn man ihr Gesamtsystem verstehen will. Durch bloßes Aufzählen dessen, was ist, erreicht man ein Verständnis nicht.
>
> Eisenberg (2006: 7)

> Damit ist die Zielstellung klar: Die Grammatik soll die Form sprachlicher Einheiten so beschreiben, dass der Zusammenhang von Form und Funktion deutlich wird. […] Es interessiert der Zusammenhang, seine Explikation ist das Ziel einer funktionalen Grammatik.
>
> Eisenberg (2006: 12)

Diese Auffassung ist sicher in weiten Bereichen der Forschergemeinschaft konsensfähig und wird heutzutage wohl auch nicht mehr als besonders spektakulär angesehen. Was hier aber gelingt, ist die Verbindung der traditionellen Systemlinguistik mit den neuen Ansätzen der pragmatisch-kommunikativen Wende. Dass man Paradigmenwechsel eher als konstruktive, wechselseitige Ergänzung denn als Verdrängung des Alten durch das Neue sieht, ist mittlerweile zwar ebenfalls weit verbreite Auffassung. Gleichwohl darf es unserer Aufmerksamkeit nicht entgehen, dass auf diese Weise eine Veränderung ganz prinzipieller Natur stattfindet: Der Gegenstandsbereich der Grammatik wird erweitert. Dies ist insofern von Belang, da die Grammatik – faszinierenderweise – im Laufe der Jahrhunderte eine Vielzahl unterschiedlicher Einsatzmöglichkeiten erfuhr, ihr Gegenstandsbereich aber kaum (bzw. gar keinen) Veränderungen unterworfen war. Dass hier als Reaktion auf die Entwicklungen der siebziger Jahre des letzten Jahrhunderts eine solche Gegenstandserweiterung vorliegt, an Eisenberg als einem der einflussreichen Vertreter dieser Entwicklung exemplarisch aufgezeigt, ist evident.

3. Grammatik im Wandel der Zeit

Wenn man sich mit verschiedenen Konzeptionen von Grammatik befasst, ist es unabdingbar, zumindest einen kurzen wissenschaftshistorischen Blick auf das Fach zu werfen. Oftmals ist das Wissen um die geschichtliche Entwicklung von Grammatik als Disziplin bei Studierenden (aber auch Lehrenden) weniger ausgeprägt, als man gemeinhin annimmt. Dies liegt zu einem großen Teil sicher daran, dass in zeitgenössischen Grammatiken, sowohl in umfangreichen Standardwerken als auch in eher als Einführungen gedachten Publikationen, eigene Kapitel hierzu selten zu finden sind. Ein historischer Abriss wird nicht als Aufgabe im Rahmen einer gegenwartsorientierten Darstellung aufgefasst, das spezifische Wissen müsste eigeninitiativ in einem zweiten Schritt aus diversen Fachpublikationen zusammengetragen werden. Vor dem Hintergrund der allgemeinen Debatte um das Grammatikwissen von Studierenden erscheint dies zwar wünschenswert, ist aber nicht zu erwarten.

Auch im Folgenden wird keine umfassende Darstellung, sondern nur ein knapper Abriss zum Zwecke genereller Orientierung gegeben.[5] Fragt man nach dem Gegenstand, so ist zuerst zu überlegen, ob man von einer bestimmten Auffassung von Grammatik ausgeht und im Anschluss sucht, ob sich das Zugehörige vielleicht in Teilen auch beispielsweise von der Rhetorik oder der Dialektik stofflich behandelt findet, oder ob man das jeweils unter dem Grammatikbegriff Gefasste betrachtet.

Wählt man letztgenannten Zugang, so kann auch hier die Grammatik keinesfalls isoliert, sondern muss im Rahmen zumindest des Triviums, betrachtet werden. Der Terminus der *Artes liberales* ist, obwohl bereits vorbereitet von Cicero und Seneca, im Grunde einer des frühen Mittelalters, die Idee der Festlegung eines ideellen Kanons für den Schulunterricht stammt aber bereits von den Sophisten und wurzelt somit in der griechischen Antike. So attraktiv die Siebenzahl ist (Trivium: Grammatik, Rhetorik, Dialektik; Quadrivium: Arithmetik, Musik, Geometrie, Astronomie), variiert die Anzahl der Fächer im Kanon je nach Autor und Zeit doch beträchtlich. Neben Medizin, Recht und Architektur ist im Mittelalter die übergeordnete Theologie zu beachten, wird der Begriff der *Logik* synonym zu dem der Dialektik herangezogen und ganz generell stellt sich das Problem der Einbindung weiterer Fächer, die folgend dann unter die *Artes mechanicae* oder die *Artes magicae* subsumiert werden.

Überlieferungsgeschichtlich ist im Hinblick auf die die Grammatik behandelnden Texte zwischen Sammelwerken der Artesreihen und Einzelstudien zu unterscheiden, wobei oftmals wechselseitige Beziehungen vorliegen. Verfolgt man die Geschichte der Grammatik im Abendland anhand von Autoren, so sind in erster Linie Dionysios Thrax, Apollonius Dyskolos, Marcus Terentius Varro, Aelius Donatus, Caesareanus Priscianus, Alexander de Villa-Dei und Eberhard von Béthunes zu nennen, auch Isidor von Sevilla, mit Blick auf die *Artes liberales* als Ganze Anicius Manlius Severinus Boethius, Magnus Aurelius Cassiodor und Martianus Capella. Wissenschaftsgeschichtlich be-

---

[5] Zu genauerem Studium sei auf folgende, selbstverständlich ebenfalls nur eine Auswahl darstellende Werke verwiesen, auf die sich die hier getätigten Aussagen stützen: Arens (1969), Bammesberger (1984), Beuerle (2010), Brunhölzl (1975), Covington (1984), Ganslmayer (2010), Haage/Wegner (2007), Helbig (1979), Lindgren (2004), Linke (1977) und Robins (1997). Sowohl bei den Darstellungen zur Geschichte der Sprachwissenschaft im Allgemeinen (Arens, Helbig, Robins), als auch bei jenen zu den *Artes* muss gezielt auf die Grammatik hin gelesen werden.

deutsam, aber wirkungsgeschichtlich wenig einflussreich sind noch die Modisten zu erwähnen, als Stellvertreter sollen die Namen Martinus und Boethius de Dacia fungieren.

Dionysios Thrax besorgte die erste Grammatik im 2. Jahrhundert v. Chr. Es handelte sich hierbei um eine Laut- und Formenlehre, Syntax wurde nicht behandelt. Erst im 2. Jahrhundert n. Chr. wurde ihr durch Apollonius Dyskolos Aufmerksamkeit zuteil. Die Römer adaptierten beide Autoren. Varro,

> der gebildeteste Mann des letzten vorchristlichen Jahrhunderts, [schrieb] seine Disciplinarum libri IX [...], die leider verloren sind, auf die aber die ganze Tradition der Artes liberales zurückgeht [...]. Es war das erste Mal, dass überhaupt der Versuch gemacht wurde, die gesamten theoretischen Wissenschaften der Griechen in einem einzigen Werk niederzulegen. Außer den sieben Artes liberales wurden auch Medizin und Architektur behandelt. [...] Ein vergleichbares Werk – allerdings wohl auf sehr viel niedrigerem Niveau – wurde erst in der Spätantike von einem der letzten nichtchristlichen Autoren, Martianus Capella, um 400. n. Chr. verfasst [...]. Es wurde ein Standardwerk mittelalterlicher Schulbildung.
>
> Lindgren (2004: 34f.)

Isidor von Sevilla räumt in seinen Etymologien der Grammatik großzügig Platz ein, sein Wissen geht zurück auf Überlegungen Platons, tradiert über Varro (*De lingua latina*) und Augustin (*De dialectica*), Boethius scheint von ihm nicht rezipiert worden zu sein (vgl. Lindgren 2004: 17, 47).

Lehrbücher speziell zur Grammatik werden von Donat (4. Jahrhundert n. Chr.) und Priscian (6. Jahrhundert n. Chr.) verfasst, sie bzw. auf sie fußende Werke bleiben viele Jahrhunderte in Gebrauch. Donats *Ars grammatica* wird in zwei Ausgaben bearbeitet, der *ars minor*, die als Auszug nur die acht Redeteile (*partes orationis*) zum Gegenstand hat, und der *ars maior* als vollständiger Ausgabe, gegliedert in die drei Teile der Phonologie, Morphologie und Stilistik. Priscians *Institutiones grammaticae* in 18 Bänden wird ebenfalls zweigegliedert, der *Priscianus maior* umfasst die ersten sechzehn Bände, der *Priscianus minor* nur die letzten beiden. Die Bedeutung des letzteren liegt in der Behandlung der Syntax begründet, die als Gegenstand sonst stark vernachlässigt bzw. gar nicht behandelt wird. Donat und Priscian basieren auf den Arbeiten von Dionysios Thrax und Apollonius Dyskolos und dienen selbst wieder als Vorlage für Alexander de Villa-Deis *Doctrinale* (1199) und Eberhard von Bethunes' *Graecismus* (1212), den beiden erfolgreichsten Grammatiklehrbüchern des späteren Mittelalters (vgl. Beuerle 2010: 162).

Betrachtet man den begrifflichen Umfang von *Grammatik*, kann man zwei verschiedene Bilder zeichnen. Zum einen offenbart sich epochenübergreifend ein sehr weites Verständnis des Begriffs. Dieses inkludiert den Erwerb basaler Schreib- und Lesetechniken, ein allgemeines philologisch-text-exegetisches Arbeiten, etymologische Betrachtungen, aber auch sprachlogische

Überlegungen. Fokussiert man andererseits auf den rein sprachwissenschaftlichen Aspekt, so erscheint die Grammatik über einen sehr langen Zeitraum sowohl hinsichtlich ihres stofflichen Gegenstandbereiches (Laut- und Formenlehre, Syntax in geringem Maße), als auch im Blick auf ihre ‚Unterrichtsmaterialien' als erstaunlich konservativ.

Im Gegensatz hierzu ergeben sich, blickt man auf ihre Anwendungsbereiche, aber auch auf die ‚Zielgruppen', epochenspezifisch starke Unterschiede. In der griechischen Antike wendet sich der Grammatikunterricht an Muttersprachler, bei den Römern entwickelt sich durch die kulturelle Orientierung am griechischen Vorbild auch der Grammatikunterricht erst einmal hin aufs Griechische und ist auch auf dessen Erwerb hin konzipiert. Im primären Fokus der Aufmerksamkeit steht somit der Unterricht des Griechischen als Zweitsprache (GAZ). Das am Griechischen Gelernte wird auf das Lateinische übertragen, so wie die Fächer des Trivium dann auch generell in den Dienst der römischen Rechtskultur gestellt werden. Grammatikunterricht erfolgt also in den beiden Bereichen der Erst- und der Zweitsprache.

Im frühen Mittelalter verlagert sich die Zielrichtung des Grammatikunterrichts zuerst rein auf den Zweitspracherwerb – Latein als Zweitsprache (LAZ) – und den Umgang mit und in dieser Sprache. Die Rolle, die das Griechische für die römischen Eliten gespielt hat, wird nun bei den aufstrebenden europäischen Völkern vom Lateinischen eingenommen, allerdings ohne dass letztere bereits über nennenswerte Schriftkultur in der Muttersprache verfügen. In der Frühen Neuzeit werden die ersten deutschen Grammatiken zur Hilfe beim Lateinunterricht herangezogen, stehen also immer noch im Dienste des LAZ-Unterrichts. Die ersten Grammatiken des Deutschen wiederum sind auf Latein und wenden sich an Nichtmuttersprachler, so dass man von klassischem DAF-Unterricht sprechen könnte.

Die ersten Versuche zu deutschen Grammatiken des Deutschen für Muttersprachler ab ca. dem 16. Jahrhundert sind vor dem Hintergrund des Versuchs der Etablierung einer volkssprachigen Schriftkultur zu sehen. Betrachtet man zudem beispielsweise die Entwicklung der Kanzleisprachen, so können die Normierungstendenzen mit der Zielrichtung hin zu einer gesamtdeutschen Standardsprache verstanden werden, was sich bis ins 17. und 18. Jahrhundert fortsetzt. An die gelungene Etablierung einer gesamtdeutschen Standardsprache schließen sich dann folgerichtig die Versuche einer Emanzipation der eigenen Muttersprache im Hinblick auf das Lateinische, später Französische an.

So unterschiedlich all diese genannten Punkte, Aufgaben, Zielsetzungen usw. auch sind, sie haben doch alle eines gemeinsam: Der präskriptive Impetus des Grammatikunterrichts ist durch die Zielsetzung zwingend vorgegeben. Erst seit dem 18. Jahrhundert und der Aufklärung wird die Grammatik – und kann die Grammatik ja auch erst (wieder) – Schritt für Schritt in den

Dienst einer wissenschaftlichen Sprachbetrachtung treten und deskriptive Ansätze entwickeln. Für die Aufgaben des Lesen- und Schreiben-Lernens, des Zweitspracherwerbs, der Etablierung eines Standards und der Aufwertung desselben ist eine rein deskriptive Haltung nicht zweckdienlich.

4. Fazit

Die vorliegenden Ausführungen sind als skizzenhafter Ausschnitt anzusehen, der zwar einige wesentliche Aspekte grammatischer Konzeptualisierungen anführt, jedoch keinen Anspruch auf vollständige Darstellung erhebt. Insbesondere die Darstellung zeitgenössischer Grammatikauffassungen bleibt punktuell. Aus der Fülle relevanter Publikationen sei nur auf die (vielleicht etwas weniger bekannten) Arbeiten von Döhmann (1977), Lesch (1978), Köller (1988) oder Gnutzmann/Königs (1995) verwiesen. Gewinnträchtig, wenn auch rahmensprengend, wären weiterhin auch Auseinandersetzung und kontextuelle Verortung mit zugespitzten Thesen wie beispielsweise Weisgerbers „Das Zeitalter der Grammatik ist vorbei" (Weisgerber 1951: 7) oder Standops Urteil von der „offenkundigen Nutzlosigkeit – wenn nicht gar Schädlichkeit – grammatischer Reflexionen für den Spracherwerb" (Standop 1991: 87) gewesen.

Insbesondere die Überlegungen bei Lesch erscheinen erstaunlich aktuell zu sein. Kritische Augen könnten darin ein Zeichen erkennen, dass die Diskussion um Grammatik sich nur im Kreise dreht und nicht von der Stelle kommt, einem wohlwollenden Blick hingegen offenbart sich das permanente Ringen um den Gegenstandsbereich, die Aufgaben, den Sinn und den Zweck von Grammatik als Ausdruck von Vitalität.

Generell befindet sich die Grammatik als Gegenstand der Auseinandersetzung im Wettbewerb um Aufmerksamkeit und Ressourcen mit anderen Gegenständen. Diese Auseinandersetzung wird auf verschiedenen Ebenen, d.h. in der Gesellschaft allgemein, an den Schulen und an den Universitäten, geführt. Im Hinblick auf das Konzept *Grammatik* sollte zwischen dem Umfang des Gegenstandes, den Aufgabengebieten sowie dem Nutzen, den Grammatikwissen mit sich bringt, prinzipiell unterschieden werden, wenngleich eine Abgrenzung im Einzelnen oftmals nur schwer zu ziehen ist. Hinsichtlich des Gegenstands sind zwei Feststellungen von Belang:

1. Der Gegenstand war zwar inhaltlich viele Jahrhunderte lang so gut wie keinen Veränderungen unterworfen und erstreckte sich weitgehend auf

Laut- und Formenlehre, hatte aber je nach Epoche und Gesellschaft eine Fülle unterschiedlicher Aufgaben und Zwecke zu erfüllen.

2. Erst im Verlauf moderner wissenschaftlicher Auseinandersetzung wurden am Gegenstand selbst verschiedene Veränderungen vorgenommen. Nach Einbeziehung der Ergebnisse der kommunikativ-pragmatischen Wende scheinen aber größere revolutionäre Neuerungen nicht mehr zu erwarten.

Hinsichtlich der Aufgaben und Nutzen ist prinzipiell nach den drei genannten Bereichen *Gesellschaft – Schule – Universität* zu unterscheiden, ebenso zwischen einem Einsatz im Rahmen der Erstsprache und einem der Zweitsprache. Was die Zweckmäßigkeit des Grammatikwissens betrifft, ist weiterhin zwischen fachlich-wissenschaftlichem *Primärnutzen* und schulisch-didaktischem sowie gesellschaftspolitischem *Sekundärnutzen* zu differenzieren.

Ist dem Primärnutzen eine gewisse Stabilität zu unterstellen, sind die Sekundärnutzen zeitgeistabhängig, wie eine Beobachtung der diversen Argumentationen der letzten ca. 60 Jahre nahelegt. All diesen Argumentationen ist zu eigen, dass Grammatik als Hilfsmittel für bzw. im Dienste von anderen Interessen eingesetzt wird, sei es im Dienste

- der Rechtschreib- und Zeichensetzungsnormen
- des Erwerbs kommunikativer Fähigkeiten in der Erstsprache
- der Textverarbeitungskompetenz
- des Fremdspracherwerbs
- der Erziehung zu mündigen Bürgern der demokratischen Gesellschaft
- der Nivellierung sozialer Ungerechtigkeiten
- der Erlangung beruflichen Erfolges usw.

Für den Deutschunterricht führt dies dazu, dass der Einsatz des Grammatikunterrichts im Schulfach *Deutsch* immer aufs Neue diskutiert und der Gegenstand *Grammatik* darüber hinaus auch immer einem Wettbewerbsprozess unterzogen sein wird. Für ein erfolgreiches Reüssieren in diesem Wettbewerb erscheint die Kommunikation der Sekundärnutzen mindestens genauso wichtig zu sein wie die des Primärnutzens. Selbstverständlich ergibt sich hierbei die Frage, ob es die inhaltliche Relevanz oder die antizipierte Effektivität im Wettbewerb ist, die den Ausschlag für die Anführung des jeweiligen Nutzens gibt.

Problematisch erscheint, dass eine Zuspitzung etwaiger Nutzen kurzfristig hilfreich sein mag, das Argument langfristig aber unglaubwürdig macht und zu Enttäuschungen führt, weil geweckte Erwartungen nicht erfüllt werden können. Eine realistische Relativierung des Nutzens wiederum schwächt das Argument von vorneherein dahingehend, dass die Grammatik bzw. der Grammatikunterricht dann vermehrt in Konkurrenz zu anderen Gegenständen tritt, die auch relativen Nutzen für die spezifische Angelegenheit haben. Auch ist darauf zu achten, nicht jeden Bagatell-Nutzen aufzulisten, damit sich die Grammatik nicht mit einem Male in Konkurrenz zu nicht satisfaktionsfähigen Gegenständen wiederfindet.

Als momentan erkennbares Muster offenbart sich m.E., dass im Diskurs zuerst die Tendenz zur Zuspitzung vorhanden ist, dann eine Phase der Relativierung oder gar Falsifizierung eintritt und schließlich das Argument in abgeschwächter Form als Teilnutzen wieder aufgegriffen wird.

Literatur

Arens, Hans (1969): Sprachwissenschaft. Der Gang ihrer Entwicklung von der Antike bis zur Gegenwart. Bd.1: Von der Antike bis zum Ausgang des 19. Jahrhunderts. – Freiburg/München: Athenäum Fischer Taschenbuch-Verlag.

Bammesberger, Alfred (1984): Lateinische Sprachwissenschaft. – Regensburg: Pustet (Eichstätter Materialien 6; Abteilung Sprache und Literatur 2).

Beuerle, Angela (2010): Sprachdenken im Mittelalter. Ein Vergleich mit der Moderne. – Berlin/New York: de Gruyter (Studia linguistica Germanica 99).

Brunhölzl, Franz (1975): Geschichte der lateinischen Literatur des Mittelalters. Bd. 1: Von Cassioder bis zum Ausklang d. karoling. Erneuerung. – München: Fink.

Covington, Michael A. (1984): Syntactic Theory in the High Middle Ages. Modistic models of sentence structure. – London u.a.: Cambridge University Press (Cambridge studies in linguistics 39).

Döhmann, Ursula (1977): Untersuchungen zum Grammatikunterricht. – Tübingen: Niemeyer (Linguistische Arbeiten 56).

Eisenberg, Peter (2006): Grundriss der deutschen Grammatik. Bd. 2: Der Satz. 3., durchgesehene Auflage. – Stuttgart/Weimar: Metzler.

Ganslmayer, Christine (2010): Tradition und Entwicklung einer deutschen Grammatik. – In: Mechthild Habermann (Hg.): Grammatik wozu? Vom Nutzen des Grammatikwissens in Alltag und Schule. – Mannheim u.a.: Dudenverlag (Thema Deutsch 11), 31-46.

Gnutzmann, Claus/Frank G. Königs (1995): Grammatikunterricht im Spiegel der Entwicklung. – In: Frank G. Königs/Claus Gnutzmann (Hgg.): Perspektiven des Grammatikunterrichts. – Tübingen: Narr (Tübinger Beiträge zur Linguistik 404), 11-26.

Haage, Bernhard D./Wolfgang Wegner (2007): Deutsche Fachliteratur der Artes in Mittelalter und Früher Neuzeit. – Berlin: Erich Schmidt (Grundlagen der Germanistik 43).

Habermann, Mechthild (2010a): Vorwort. – In: Mechthild Habermann (Hg.): Grammatik wozu? Vom Nutzen des Grammatikwissens in Alltag und Schule. – Mannheim u.a.: Dudenverlag (Thema Deutsch 11), 7-8.

– (2010b): Was ist eigentlich „Grammatik"? – Eine Einführung. – In: Mechthild Habermann (Hg.): Grammatik wozu? Vom Nutzen des Grammatikwissens in Alltag und Schule.. – Mannheim u.a.: Dudenverlag (Thema Deutsch 11), 9-14.

Habermann, Mechthild/Gabriele Diewald/Maria Thurmair (2009): Duden – Fit für das Bachelor-Studium. Grundwissen Grammatik. – Mannheim u.a.: Dudenverlag.

Helbig, Gerhard (1979): Geschichte der neueren Sprachwissenschaft. – Reinbek bei Hamburg: Rowolth (rororo-Studium 48).

Housholder, Fred W. (1981): The syntax of Apollonios Dyskolus. Translated and with commentary. – Amsterdam: Benjamins (Studies in the History of the Language Sciences 23).

Köller, Wilhelm (1988): Philosophie der Grammatik. Vom Sinn grammatischen Wissens. – Stuttgart: Metzler.

Köpcke, Klaus-Michael/Arne Ziegler (Hgg.) (2011): Grammatik – Lehren, Lernen, Verstehen. Zugänge zur Grammatik des Gegenwartsdeutschen. – Berlin/Boston: de Gruyter (Reihe Germanistische Linguistik 293).

Lesch, Hans-Wolfgang (1978): Grammatikunterricht – Legitimationsprobleme und neue Ansätze. Ergebnisse aus der Arbeit der Niedersächsischen Lehrerfortbildung. Herausgegeben vom Niedersächsischen Kultusministerium. – Hannover u.a.: Schroedel (Ergebnisse aus der Arbeit der niedersächsischen Lehrerfortbildung 28).

Lindgren, Uta (2004): Die Artes liberales in Antike und Mittelalter. Bildungs- und wissenschaftsgeschichtliche Entwicklungslinien. – Augsburg: Rauner (Studien zur Geschichte der Mathematik und der Naturwissenschaften 8).

Linke, Konstanze (Hg.) (1977): Dionysios Thrax grammaticus. Die Fragmente des Grammatikers Dionysios Thrax. Berlin/New York: de Gruyter (Sammlung griechischer und lateinischer Grammatiker 3).

Portmann-Tselikas, Paul (2011): Spracherwerb, grammatische Begriffe und sprachliche Phänomene. Überlegungen zu einem unübersichtlichen Lernfeld. – In: Klaus-Michael Köpcke/Arne Ziegler (Hgg.): Grammatik – Lehren, Lernen, Verstehen. Zugänge zur Grammatik des Gegenwartsdeutschen. – Berlin/Boston: de Gruyter (Reihe Germanistische Linguistik 293), 71-90.

Robins, Robert H. (1997): A short History of Linguistics. 4. Auflage. – London/New York: Longman (Longman linguistics library).

Schönberger, Axel (2008): Die *Ars minor* des Aelius Donatus. Lateinischer Text und kommentierte deutsche Übersetzung einer antiken Elementargrammatik aus dem 4. Jahrhundert. – Frankfurt a.M.: Valentia (Bibliotheca romanica et latina VI).

– (2009): Die *Ars maior* des Aelius Donatus. Lateinischer Text und kommentierte deutsche Übersetzung einer antiken Lateingrammatik des 4. Jahrhunderts für den fortgeschrittenen Anfängerunterricht. – Frankfurt a.M.: Valentia (Bibliotheca romanica et latina VII).

Standop, Ewald (1991): Grammatik und Fremdsprachenunterricht. – In: Praxis des Neusprachlichen Unterrichts 38/1, 87-89.

Weisgerber, Leo (1951): Das Tor zur Muttersprache. – Düsseldorf: Schwann.

Mechthild Habermann

Von der Schule zur Universität

Zum Funktionswandel von Grammatik im BA-Studium

1. Fragestellung

Der Hochschulunterricht bei Anfangssemestern des Studienfachs *Germanistik/Deutsch* im Bachelor- oder Lehramtsstudium offenbart, dass explizites Grammatikwissen nicht in dem gewünschten Umfang abrufbar ist wie noch vor einiger Zeit. Es ist ein Mangel an Wissen über Wortarten, Satzglieder, grammatische Kategorien festzustellen sowie ein Mangel an Wissen über operationale Verfahren wie etwa Verschiebe- oder Ersetzungsproben, um grammatisches Wissen über Form und Funktion sprachlicher Elemente im Satz zu erwerben. Die Gründe hierfür sind vielfältig: Als ein entscheidender Grund kann wohl die Abwertung des Stellenwerts von Grammatik als explizitem Wissen gelten, die seit geraumer Zeit den muttersprachlichen Unterricht im Zuge der pragmatischen Wende und einer beinahe ausschließlich funktionalen Betrachtung von Sprache prägt.[1] Ingendahl (1999) forderte programmatisch die Ersetzung des Grammatikunterrichts durch einen Unterricht der Sprachreflexion. Seit längerer Zeit wird insbesondere in sprachdidaktischen Darstellungen der Begriff *Grammatik* nicht um seiner selbst willen, sondern fast immer zusammen mit Sprachbetrachtung, *sprachlichem*

---

[1] In der Beschreibung des Fachprofils *Deutsch* für das achtstufige Gymnasium in Bayern wird z.B. auf das Wort *Grammatik* verzichtet. Demgegenüber wird als eine der wesentlichen Aufgaben des Deutschunterrichts festgelegt, „in Wort und Schrift verständlich, sach-, situations- und adressatengerecht sowie stilsicher zu formulieren und Sprache als gestaltbares Medium zu verstehen. Im Verlauf der Gymnasialzeit erlangen sie [die Schüler, M. H.] auf der Basis gefestigter orthographischer, grammatischer und stilistischer Kenntnisse sowie eines ausdifferenzierten Wortschatzes Sicherheit und Geläufigkeit im Sprechen und Schreiben sowie im Erfassen und Verstehen sprachlicher Äußerungen [...]. Systematische Sprachbetrachtung festigt und erweitert die mündliche und schriftliche Sprachfertigkeit und vermittelt Einsichten in die Entwicklung und Struktur der deutschen Sprache" (Online-Version: http://www.isb-gym8-lehrplan.de/contentserv/3.1.neu/g8.de/index.php?StoryID=26358 [Letzter Zugriff: 10.04.2012]).

Wissen oder *sprachlicher Bewusstheit* genannt.² Ein weiterer Grund liegt ferner in der Abwertung der klassischen Sprachen, insbesondere Latein, das nicht mehr in gleichem Ausmaß zum gymnasialen Bildungskanon gehört wie noch vor einiger Zeit. Die im Lateinunterricht notwendige morphologische Bestimmung der einzelnen Wortformen, über die allein das Verständnis des Satzes erschließbar ist, führte zu Analyseroutinen und einem über Jahre gewachsenen Grundwissen über die lateinische Schulgrammatik, von der auch der muttersprachliche Grammatikunterricht profitieren konnte.³ Ein entscheidender Punkt ist nicht zuletzt auch der, dass expliziter Grammatikunterricht im Fach *Deutsch* mit der Sekundarstufe 1 endet, sodass mit Abschluss der 8. Gymnasialklasse die grammatikalische Reflexion über die Muttersprache in dem hier verstandenen engeren Sinn zu einem Abschluss gekommen ist.⁴ In den restlichen fünf (bei neunjähriger gymnasialer Ausbildung = G9) bzw. vier Schuljahren (bei achtjähriger gymnasialer Ausbildung = G8) bis zum Abitur ist explizite Grammatikbetrachtung kaum Gegenstand gymnasialen Unterrichts.⁵

Die jetzigen Verhältnisse sollen nicht zu einem Lamento über den Verlust der alten besseren Zeiten führen, sie sollen vielmehr zu einer neuen Reflexion über Grammatik in Schule und Universität verleiten. Hierbei soll der Grammatikunterricht der Schule der Maßstab dafür sein, mit wie viel Wissen über Grammatik die Studierenden der Anfangssemester an die Universitäten kommen. Diese Fragestellung bildet den Ausgangspunkt der nachfolgenden Un-

---

² Vgl. hierzu das VI. Kapitel: „Sprachbetrachtung und Grammatik" in: Bredel u.a. (2006).
³ Hierbei soll keineswegs behauptet werden, dass die lateinische Schulgrammatik das beste Grammatikmodell für den Deutschunterricht darstellt. Es soll vielmehr darauf verwiesen werden, dass die Vermittlung der lateinischen Schulgrammatik mit einer Analysekompetenz einhergeht, die ein gesichertes Wissen über Wortarten, Satzglieder und grammatische Kategorien in Form und Funktion zum Ziel hat.
⁴ Für den Unterricht am achtjährigen Gymnasium in Bayern gab das Staatsinstitut für Schulqualität und Bildungsforschung 2008 eine Handreichung mit dem Titel „Grammatik und Rechtschreibung im Deutschunterricht" heraus.
⁵ Ein Vergleich der Lehrpläne für das Fach *Deutsch* an Gymnasien zeigt, dass bis zur Jahrgangsstufe 8 Kenntnisse in Sprachlehre, Rechtschreibung und Zeichensetzung eine entscheidende Rolle spielen. Von Jahrgangsstufe 9 bis 12 stehen lediglich das „Wiederholen und Differenzieren von Grammatik, Rechtschreibung und Zeichensetzung" bzw. „Vertiefen" (Jahrgangsstufe 11) oder „Abrunden" (Jahrgangsstufe 12) auf dem Programm. Bis zur 7. Jahrgangsstufe ist das „Beherrschen zentraler grammatischer Begriffe und Methoden, Sicherheit in Rechtschreibung und Zeichensetzung" ein explizit genanntes Lernziel; in Jahrgangsstufe 9 sollen die Schüler zum letzten Mal „grammatische und stilistische Phänomene an einfachen Beispielen erläutern" und „Fachbegriffe verwenden". (Online-Version: http://www.isb-gym8-lehrplan.de/contentserv/3.1.neu/g8.de/index.php?StoryID=26172 [Letzter Zugriff: 10.04.2012]).

tersuchung: In welchem Umfang ist das Wissen über Sprache und Grammatik bei den Studierenden der Anfangssemester im Fach *Germanistik/Deutsch* im Bachelor- bzw. Lehramtsstudiengang vorhanden? In welchen Bereichen liegen die Stärken, in welchen die Schwächen? Über welche Kompetenzen verfügen die Studierenden und welche Kompetenzen sind weniger stark ausgeprägt?[6] Ausgangspunkt der Untersuchung bietet der „Jahrgangsstufentest Deutsch 2010 – Gymnasium – Jahrgangsstufe 8",[7] der in der 8. Jahrgangsstufe mit den Schülerinnen und Schülern an bayerischen Gymnasien durchgeführt werden kann und der im Wintersemester 2011/12 mit den Studierenden der Anfangssemester im Fach *Germanistik/Deutsch* an der Universität Erlangen-Nürnberg durchgeführt wurde. Im ersten Teil der Untersuchung werden die Ergebnisse der Studierenden im „Jahrgangsstufentest Deutsch 2010 – Gymnasium – Jahrgangsstufe 8" vorgestellt. Im zweiten Teil sollen einige Überlegungen zum zukünftigen Stellenwert von Grammatik im Germanistikstudium geboten werden. Diese resultieren aus den Ergebnissen des Sprachtests.

2. Der „Jahrgangsstufentest Deutsch 2010 – Gymnasium – Jahrgangsstufe 8" an Gymnasien in Bayern

In zwei Jahrgangsstufen, in der 6. und 8. Klasse, werden an bayerischen Gymnasien Jahrgangsstufentests abgehalten. Während der „Jahrgangsstufentest Deutsch" in der Jahrgangsstufe 6 obligatorisch ist, ist die Durchführung

---

[6] Mit diesen Fragestellungen knüpft die Untersuchung an vergleichbare Studien wie die von Frentz/Lehmann (2002) oder Dürscheid (2007) an. Ausgangspunkt bildet auch ein ‚Grammatiktest', der im Wintersemester 2006/2007 mit Anfangssemestern des Faches *Germanistik/Deutsch* an bayerischen Universitäten durchgeführt wurde und wegen schlechter Ergebnisse seinerzeit ein großes Medienecho hervorrief. (Online-Version des Grammatiktests 2006/07: http://www.spiegel.de/unispiegel/studium/0,1518,477966,00.html [Letzter Zugriff: 10.04.2012]).

[7] Der Jahrgangsstufentest ist unter http://www.isb.bayern.de/isb/download.aspx?DownloadFileID=92b6040ef361b18c955317dfa6dab152 [letzter Zugriff: 10.04.2012] abrufbar.

des Tests in der Jahrgangsstufe 8 freiwillig. Dennoch nehmen etwas mehr als 43 % der bayerischen Gymnasien auch an dem Jahrgangsstufentest der 8. Klassen teil.[8]

Laut Auskunft des Staatsinstituts für Schulqualität und Bildungsforschung, München, gilt der „Jahrgangsstufentest Deutsch" als eine „schulartspezifische, auf den jeweiligen Fachlehrplänen basierende Orientierungshilfe für Lehrer, Eltern und Schüler" und dient somit der „Qualitätssicherung an bayerischen Schulen". Primäres Ziel sei „eine nachhaltige und individuelle Förderung der Schülerleistungen und eine Konzentration auf langfristiges Lernen".[9]

In Verbindung mit einem Text (im Jahr 2010 *Der Wunderhund* von Michail Sostschenko in Übersetzung von Thomas Reschke)[10] werden 15 Aufgaben gestellt, die – im Hinblick auf die Bildungsstandards der Kultusministerkonferenz (= KMK) – „kompetenz- und anwendungsorientiert" sind. Hierbei werden vier Kompetenzbereiche unterschieden, nämlich:

I. Textzusammenfassung und Textverständnis (mit 5 Aufgaben),
II. Ausdrucksvermögen (mit 4 Aufgaben),
III. Formale Sprachbeherrschung (mit 3 Aufgaben),
IV. Rechtschreibung und Zeichensetzung (mit 3 Aufgaben).

Innerhalb der Kompetenzbereiche gibt es nicht nur eine unterschiedliche Anzahl von Aufgaben, sondern auch eine unterschiedliche Gewichtung, wie aus Tabelle 1 hervorgeht:

---

[8] Auswertung unter: http://www.isb.bayern.de/isb/download.aspx?DownloadFileID =fe33f3dc841db4bf04d560194f8eebd8 [Letzter Zugriff: 10.04.2012]. Obwohl die Durchführung des Jahrgangsstufentests 8 in den Schulen auf freiwilliger Basis erfolgt, haben wir uns aufgrund des anspruchsvolleren Inhalts für einen Vergleich mit der Jahrgangsstufe 8 entschieden. Für die Bearbeitung des Tests standen den Schülern und den Studierenden 45 Minuten (zusätzlich fünf Minuten Einlesezeit) zur Verfügung. Um eine bayernweite Vergleichbarkeit zu gewährleisten, sind die Korrekturvorschriften vorgegeben. Sie wurden auch bei der Bewertung der Tests der Studierenden strikt eingehalten.
[9] Jahrgangsstufentests am Gymnasium. Information für Eltern unter: http://www. isb.bayern.de/isb/download.aspx?DownloadFileID=89a586cc75ad525f9b80a7d7fb f59858 [Letzter Zugriff: 10.04.2012].
[10] Text unter: http://www.isb.bayern.de/isb/download.aspx?DownloadFileID=1255f0 1fb38003c09860c9c8ffaff5de [Letzter Zugriff: 10.04.2012].

Nr. Kompetenzbereich/Aufgabenstellung	Punkte
I. Textzusammenfassung und Textverständnis	**26**
1 Erfassen wesentlicher Inhalte	5
2 Erfassen von inhaltlichen Zusammenhängen	6
3 Erkennen der Struktur eines Textes	5
4 Erfassen und Interpretieren ausgewählter Textstellen	4
5 Ermitteln von Aussagen in nicht-linearen Texten	6
II. Ausdrucksvermögen	**21**
6 Ermitteln und Verbessern von Ausdrucksfehlern	5
7 Bilden von Antonymen	6
8 Verbessern von Wiederholungsfehlern	6
9 Ermitteln von Synonymen	4
III. Formale Sprachbeherrschung	**19**
10 Ermitteln und Verbessern von Grammatikfehlern	8
11 Formulieren und Klassifizieren von adverbialen Bestimmungen	6
12 Bilden korrekter Verbformen	5
IV. Rechtschreibung und Zeichensetzung	**19**
13 Ermitteln und Verbessern von Rechtschreibfehlern	8
14 Anwenden von Rechtschreibregeln	7
15 Erkennen und Setzen bedeutungsdifferenzierender Kommas	4
Summe	**85**

Tab. 1: „Jahrgangsstufentest Deutsch 2010": Kompetenzbereiche mit Aufgabenstellung

Die Kompetenzbereiche I (Textzusammenfassung und Textverständnis) und II (Ausdrucksvermögen) umfassen 47 der insgesamt zu erreichenden 85 Punkte (55,3 %). Dagegen treten die Aufgaben zu den Kompetenzbereichen III (Formale Sprachbeherrschung) und IV (Rechtschreibung und Zeichensetzung) mit insgesamt 38 Punkten zurück (44,7 %).

Vergleicht man den Jahrgangsstufentest des Jahres 2010 mit einem Test der früheren Jahre (2001), so ist der Anteil des grammatischen Bereichs „Formale Sprachbeherrschung" in knapp zehn Jahren von 40 % (2001) auf

22 % im Jahr 2010 herabgestuft worden.[11] Wie auch immer man die Reduzierung dieses Bereichs bewerten mag, so spiegeln die Zahlenwerte doch unmissverständlich den Stellenwert formaler Sprachbeherrschung im Deutschunterricht der Sekundarstufe I an bayerischen Gymnasien wider.

Im Kompetenzbereich III werden folgende sprachwissenschaftliche Aufgaben gestellt:

Aufgabe 10   8 Punkte
Der folgende Text enthält a c h t Grammatikfehler. Verbessere sie in der Zeile daneben! Der Sinn des Textes darf dabei nicht verändert werden!
Korrekturhinweis: Für jede grammatikalisch korrekte Verbesserung erhält der Prüfling einen Punkt.

Neben **hervorragenden** Riechvermögen zeichnet	**hervorragendem**
dem Polizeihund Schnelligkeit aus. Dies bestätigen	**den**
auch viele **langjährigen** Diensthundeführer der	**langjährige**
Kriminalpolizei. Besonders ein ausgeprägter Beutetrieb	
qualifizieren die Polizeidiensthunde. Die	**qualifiziert**
Spürhunde stammen zum **großem** Teil aus dem	**großen**

---

[11] Im Vergleich zu drei Aufgaben (2010) im Kompetenzbereich III gab es 2001 noch sieben Aufgaben, und zwar Umformen von Hauptsätzen in Satzgefüge, Bestimmen der Nebensätze (9 Punkte), Umformen der wörtlichen in die indirekte Rede (6 Punkte), Bestimmen von Satzgliedern (6 Punkte), Bilden des richtigen Kasus, Bestimmen des Kasus (6 Punkte), Ermitteln von Wortarten (5 Punkte), Bestimmen des Tempus, Setzen von Verben in ein angegebenes Tempus (4 Punkte) und Umformen vom Aktiv ins Passiv bzw. vom Passiv ins Aktiv (4 Punkte). Konnten 2010 insgesamt maximal 19 Punkte in diesem Bereich erreicht werden, waren es 2001 noch 40 Punkte, sodass von einer Halbierung des formalgrammatischen Anteils ausgegangen werden muss. Zum Jahrgangsstufentest 2001 vgl. http://www.isb.bayern.de/isb/download.aspx?DownloadFileID=e8a5877007276bf0ff8df44c8d9ed0a1 [Letzter Zugriff: 10.04.2011]. Von drei der am schlechtesten bearbeiteten Aufgaben des Tests von 2001 gehörten zwei dem sprachwissenschaftlichen Bereich an: Aufgabe 6 (Umformen der Hauptsätze in Satzgefüge, Bestimmen der Nebensätze: 52,72 % richtige Lösungen), Aufgabe 5 (Rechtschreiben und Zeichensetzen: 57,52 %) neben Aufgabe 1 (Zusammenfassen von Inhalten: 48,01 %). Vgl. hierzu http://www.isb.bayern.de/isb/download.aspx?DownloadFileID=6fff68e4c74e4f8b85968bdd3e7eee13 [Letzter Zugriff: 10.04.2012].

Bestand der **Schutzhunden**. Aufgenommen werden nur die Tiere, die zuvor am besten bei der Grundausbildung **abschneideten**. Am Ende müssen die ausgebildeten Hunde das beherrschen, was der Hundestar „Kommissar Rex" im Fernsehen zu können **vorgebe**.	**Schutzhunde** (auch: **an** Schutzhunden) **abschnitten; auch: abgeschnitten haben** **vorgibt; auch: vorgab, vorgegeben hat**

Neben dieser Überprüfung grammatikalischer Kenntnisse des Deutschen, die für eine adäquate Produktion von Texten essentiell sind, wird in Aufgabe 11 (Formulieren und Klassifizieren von adverbialen Bestimmungen) auch nach explizitem Grammatikwissen gefragt:

Aufgabe 11   6 Punkte
Ersetze in den Teilaufgaben a-c den unterstrichenen Nebensatz durch eine nicht satzförmige adverbiale Bestimmung und gib die Art des Adverbials an!
Korrekturhinweis: Für jede passende Umformung sowie für jede korrekte Bestimmung gibt es einen Punkt. Rechtschreibfehler werden nicht gewertet.

a.) Obwohl sie eigensinnig sind, sind Dackel doch sehr liebenswerte Hunde.
   Trotz ihres/des Eigensinns; auch mit Dativ zu akzeptieren
   Art des Adverbials: **konzessiv**

b.) Bevor man mit ihm spazieren geht, sollte der Hund gefressen haben.
   Vor dem Spaziergang/Spazierengehen
   Art des Adverbials: **temporal**

c.) Wenn man anderen Hunden begegnet, kann es zu Auseinandersetzungen kommen.
   Bei der/Im Falle einer Begegnung mit anderen Hunden
   Art des Adverbials: **temporal/konditional**

In weiteren sprachwissenschaftlich relevanten Aufgaben wird das Einsetzen einer angegebenen Verbform unter Berücksichtigung des richtigen Modus und Tempus (Aufgabe 12) überprüft.[12] Zwei Aufgaben beziehen sich auf die Orthographie, indem Rechtschreibfehler in einem Text gefunden und verbessert (Aufgabe 13)[13] oder korrekte Buchstaben in Wörter aus einem Text ein-

---

[12] Beispiel: „Wenn vom Gesetzgeber schon früher **reagiert worden wäre** (reagieren), hätten sich einige Personenschäden durch Kampfhunde vermeiden lassen."
[13] Z.B. die Korrektur von „im weißen Haus" in „im Weißen Haus", „stuben rein" in „stubenrein", „ideall" in „ideal" etc.

getragen werden müssen (Aufgabe 14);[14] eine Aufgabe ist der Interpunktion mit dem korrekten Einsetzen und Interpretieren von Kommas gewidmet (Aufgabe 15).[15]

3. Der „Jahrgangsstufentest Deutsch 2010 – Gymnasium – Jahrgangsstufe 8" mit Studierenden des Faches *Germanistik/Deutsch*

3.1 Die TeilnehmerInnen

Der „Jahrgangsstufentest Deutsch 2010 – Gymnasium – Jahrgangsstufe 8" wurde mit 357 Studierenden der Anfangssemester des Faches *Germanistik/Deutsch* im Bachelor- bzw. Lehramtsstudium zu Beginn des Wintersemesters 2011/2012 durchgeführt, die an den Einführungskursen „Deutsche Sprachwissenschaft" an der Universität Erlangen-Nürnberg teilgenommen haben.[16] Das Zurückgreifen auf einen in der Schule erprobten Test ermöglicht in allen Punkten eine Vergleichbarkeit mit dem Abschneiden der SchülerInnen der achten Jahrgangsstufe an bayerischen Gymnasien. Zugleich bot die Durchführung des Tests die Gelegenheit, erstmals StudienanfängerInnen, die das achtjährige Gymnasium in Bayern besucht haben, mit StudienanfängerInnen des neunjährigen Gymnasiums zu vergleichen. Die Durchführung des Tests erfolgte an keiner Stelle aus der Intention heraus, SchülerInnen, Studierende, LehrerInnen oder Dozierende an den Pranger zu stellen, sondern in der Absicht, zu erfahren, mit welchen Vorkenntnissen Studierende an die Universitäten kommen und welche Kompetenzen bei den Studierenden im Hochschulunterricht vorausgesetzt werden können. Der Zweck des Experiments ist also eine Optimierung des Studienerfolgs.

Die Gruppe der Studierenden, die sich diesem Test unterzogen haben, setzt sich wie folgt zusammen (vgl. Tab. 2):

---

[14] Vgl. hierzu Kapitel 3.3.2, Tab. 9.
[15] Vgl. hierzu Kapitel 3.3.2.
[16] Die Testergebnisse ausländischer Studierender gingen nicht in die Bewertung ein.

TeilnehmerInnen / Kurse	Anzahl
Studierende der Einführungskurse „Deutsche Sprachwissenschaft"	357 (in 17 Kursen)
Abitur im Bundesland Bayern	255
davon G8	150
davon G9	96
ohne Angabe	9
Abitur außerhalb Bayerns	102

Tab. 2: TeilnehmerInnen am „Jahrgangsstufentest Deutsch 2010 – Gymnasium – Jahrgangsstufe 8" zu Beginn des WS 2011/2012 (Universität Erlangen-Nürnberg)

Die Anzahl der getesteten Studierenden stellt mit 357 eine nur geringe Vergleichsgruppe gegenüber den 19.078 SchülerInnen der achten Jahrgangsstufe dar, die sich 2010 dem Test unterzogen haben.[17] Dennoch ist die Gruppe der Studierenden signifikant groß, um Aufschluss über Tendenzen geben zu können. Selbstverständlich wäre es wünschenswert, zur Untermauerung der Ergebnisse noch weitere Erhebungen durchzuführen.

---

[17] Zu den Teilnehmerzahlen der SchülerInnen vgl. http://www.isb.bayern.de/isb/download.aspx?DownloadFileID=4296cd1fcad0356076c68b2178326ea7 [Letzter Zugriff: 10.04.2012].

3.2 Auswertung der Ergebnisse der Gruppe der Studierenden

Die Testergebnisse der Studierenden werden in Tabelle 3 dargestellt:

Bewertung	Note / Punkte
Gesamtdurchschnitt (Note)	**2,36**
Bester Kursdurchschnitt (Note)	1,69
Schlechtester Kursdurchschnitt (Note)	3,50
Gesamtdurchschnitt (Punkte)	62,11 (von 85)
Bester Kursdurchschnitt (Punkte)	69,46 (von 85)
Schlechtester Kursdurchschnitt (Punkte)	49,25 (von 85)
Beste Punktzahl	81 (von 85)
Schlechteste Punktzahl	6 (von 85)

Tab. 3: Bewertung der Gesamtergebnisse des „Jahrgangsstufentests Deutsch 2010" – Gymnasium – Jahrgangsstufe 8" (Studierende)

Wenn auch der Notendurchschnitt bei den Studierenden mit 2,36 auf den ersten Blick als akzeptabel beurteilt werden kann, so muss doch berücksichtigt werden, dass sich das Ergebnis auf einen Test bezieht, der für die Jahrgangsstufe 8 konzipiert wurde und der sich normalerweise an 13-Jährige und nicht an 18- und 19-Jährige richtet, die zudem das Studienfach *Germanistik/Deutsch* gewählt haben.

Aus dem Vergleich mit den SchülerInnen geht hervor, dass die Studierenden 0,7 Notenwerte besser als die SchülerInnen waren, die einen Gesamtdurchschnitt von 3,19 erreichten. Überraschenderweise verteilen sich die Bewertungen bei den Studierenden wie bei den SchülerInnen auf alle sechs Notenstufen (vgl. Tab. 4):

Note	Ergebnis Studierende	Ergebnis SchülerInnen
1	12,61 %	1,97 %
2	**56,58 %**	26,62 %
3	20,45 %	**35,15 %**
4	5,32 %	23,88 %
5	2,52 %	11,77 %
6	2,52 %	0,61 %
Summe	100 %	100 %

Tab. 4: Notenverteilung der Ergebnisse des „Jahrgangsstufentests Deutsch": Vergleich Studierende vs. SchülerInnen[18]

3.3 Analyse der Testergebnisse

3.3.1 Testergebnisse zu den einzelnen Kompetenzbereichen

Betrachtet man das Abschneiden der Studierenden genauer, dann ergeben sich je Kompetenzbereich aufschlussreiche Unterschiede (vgl. Tab. 5):

---

[18] Zu den Ergebnissen bei den SchülerInnen vgl. http://www.isb.bayern.de/isb/download.aspx?DownloadFileID=4296cd1fcad0356076c68b2178326ea7 [Letzter Zugriff: 10.04.2012].

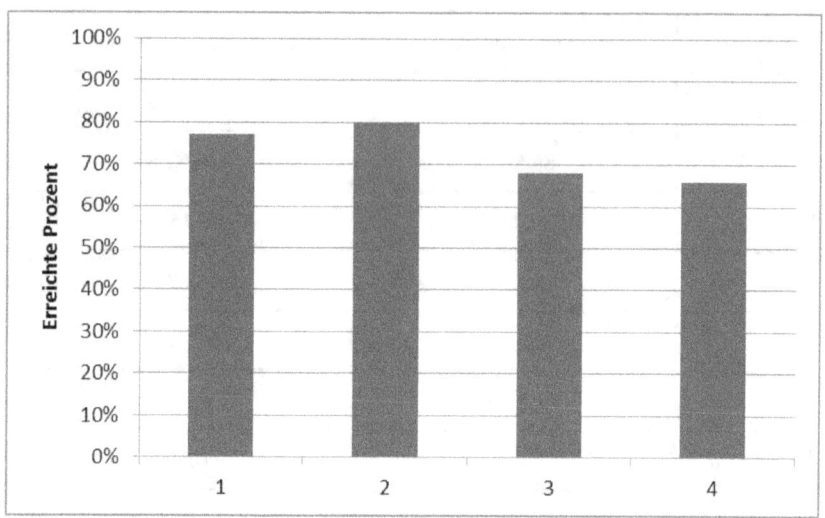

Tab. 5: Durchschnittlich erreichte Punkte in Prozent pro Kompetenzbereich (Studierende)

Die Aufgaben sind in keinem der vier Kompetenzbereiche zu mehr als 80 % erfolgreich gelöst worden. Hierbei liegen die Kompetenzbereiche I (Textzusammenfassung und Textverständnis) und II (Ausdrucksvermögen) mit 77 % und 80 % im oberen Bereich, die Kompetenzbereiche III (Formale Sprachbeherrschung) und IV (Rechtschreibung und Zeichensetzung) mit 68 % und 66 % im unteren Bereich.

Während sich also im Aufgabenfeld zu Textverständnis und Ausdrucksvermögen mit vier Fünftel eine recht gute Erfolgsquote zeigt, bewegt sie sich im Aufgabenfeld zur formalen Sprachbeherrschung sowie zur Rechtschreibung und Zeichensetzung nur im zwei Drittel-Bereich.

An dieser Stelle muss allerdings doch eingeräumt werden, dass die Fragen zu Kompetenzbereich I und II, in denen es um die Erfassung der Texthandlungsmuster und des gedanklichen Aufbaus, um die Zuordnung von Aussagen über den Erzähler im Multiple Choice-Verfahren sowie um die Verbesserung von Ausdrucksfehlern, Bildung von Antonymen und Findung von Synonymen geht, für Studierende keine echte Herausforderung mehr darstellen (sollten), waren sie doch für Heranwachsende im Alter von 13 Jahren konzipiert, die nach Jean Piaget gerade am Beginn der formal-operationalen Phase, der Phase des abstrakten Denkvermögens, stehen.[19]

---

[19] Nach Piaget/Inhelder ist die formal operationale Phase durch eine „Transformation des Denkens" gekennzeichnet, „die den Umgang mit Hypothesen und das Nachdenken über Aussagen, die von der konkreten und aktuellen Feststellung losgelöst sind, möglich macht" (2004: 131).

Vergleicht man die Testergebnisse zu den einzelnen Teilaufgaben, so bestätigt sich diese Vermutung, zeigt aber ein noch differenzierteres Bild (vgl. Tab. 6):

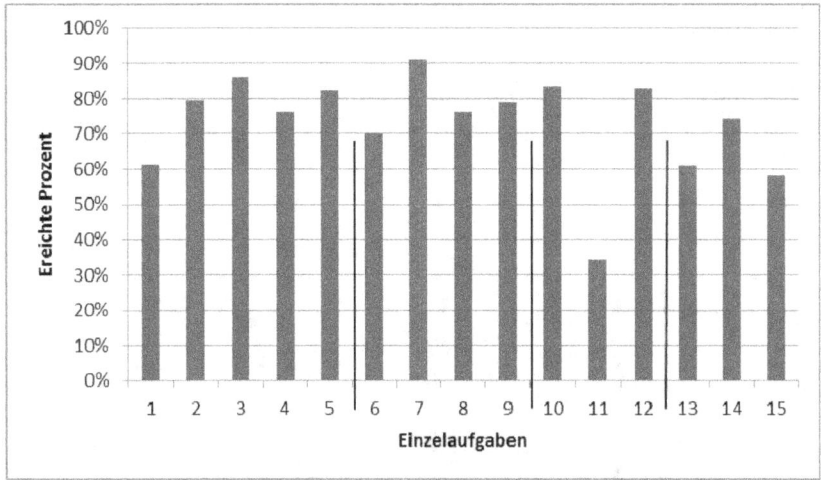

Tab. 6: Durchschnittlich erreichte Punktzahl (in Prozent) pro Aufgabe (Studierende)

Besonders gut, d.h. mit Werten von über 80 %, sind in absteigender Reihenfolge die Aufgaben 7 (Antonyme bilden: 91 %), 3 (Gedanklichen Textaufbau erfassen – Multiple Choice: 86 %), 10 (Grammatikfehler finden und verbessern: 83 %), 12 (Konjugation vorgegebener Verbformen: 83 %), 5 (Aussagen in nicht-linearen Texten anhand einer Statistik erfassen – Multiple Choice: 82 %) und 2 (Texthandlungsmuster zuordnen – Multiple Choice: 80 %) ausgefallen.

Besonders schlecht wurden hingegen die Aufgaben 11 (Nebensätze durch nicht satzförmige Adverbiale ersetzen und Art des Adverbials bestimmen: 35 %), 15 (Kommasetzung – teilweise Multiple Choice: 58 %), 1 (Kerngedanken eines Textabschnitts erfassen – Multiple Choice: 61 %) und 13 (Rechtschreibfehler finden und ersetzen: 61 %) gelöst.

3.3.2 Testergebnisse zu den Kompetenzbereichen III und IV

Unter den vier am schlechtesten beantworteten Aufgaben sind drei aus den Kompetenzbereichen III und IV: Grammatik sowie Rechtschreibung und Zeichensetzung. Aufgabe 11 (Nebensätze durch nicht satzförmige Adverbiale ersetzen und Art des Adverbials bestimmen) hat mit ca. einem Drittel richtiger Lösungen (35 %) mit weitem Abstand am schlechtesten abgeschnitten.

Vergleicht man hierzu die Ergebnisse der SchülerInnen, dann ist insbesondere diese Aufgabe 11 um 16 Prozentpunkte besser (51 % gegenüber 35 % bei den Studierenden) ausgefallen. Dieser höhere Wert hängt vermutlich mit der vorhandenen Übungsroutine der Schüler zusammen, auf die die Studierenden nicht zurückgreifen können.

Tabelle 7 zeigt die Ergebnisse der Umformung der Nebensätze in nicht satzförmige Adverbiale bei den Studierenden:

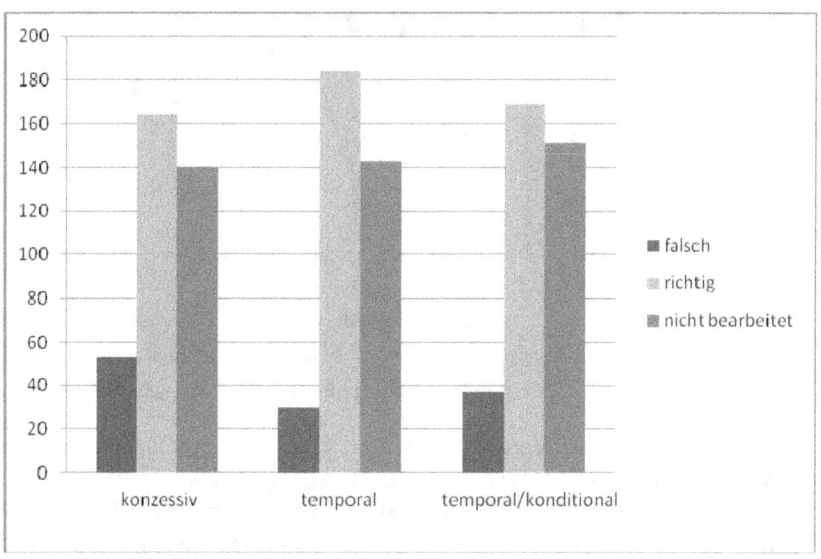

Tab. 7: Umformung der Nebensätze in nicht satzförmige Adverbiale (Studierende; Aufgabe 11a)

Knapp die Hälfte der Studierenden vermochte die Nebensätze in nicht satzförmige Adverbiale zu überführen. Diese Gruppe ist demnach mit dem operationalen Verfahren der Umformung vertraut, während ein großer Teil der Studierenden offenbar bereits mit der Fragestellung überfordert war. Ein noch schlechteres Ergebnis zeigt sich bei der Angabe der semantischen Klasse des Adverbials (vgl. Tab. 8):

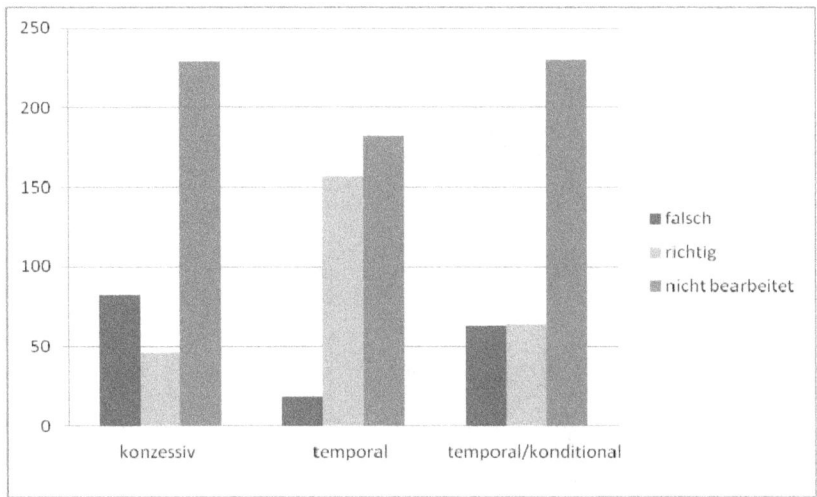

Tab. 8: Benennung der Adverbialbestimmungen (Studierende; Aufgabe 11b)

Nur etwa 50 Studierende (insgesamt 14,01 %) konnten das konzessive und temporale bzw. konditionale Adverbial korrekt benennen. Die geringe Quote bei der semantischen Bestimmung der Adverbiale ist umso erstaunlicher, als es sich um zentrale Funktionen von Adverbialen handelt. Es muss deutlich herausgestellt werden, dass nur hier die Benennung grammatischer Phänomene gefordert wird. Nur Aufgabe 11b) verlangt explizites Grammatikwissen.[20]

Aufgabe 14, bei der fehlende Buchstaben ergänzt werden sollten, ist insgesamt besser als die Orthographiefrage 13 ausgefallen, weist aber signifikante Orthographieschwächen auf (vgl. Tab. 9):

---

[20] Ein Vergleich mit der zentralen Prüfung zur Aufnahme in Kurzgymnasien des Kantons Zürich, die in der 8. Jahrgangsstufe an Zürcher Kantonsschulen abgelegt werden, ist der Anteil an explizitem Grammatikwissen erheblich höher. Während die Benennungsleistung der Adverbiale im bayerischen Test mit drei Punkten bewertet wird, werden im Schweizer Test für 21 Punkte anhand eines Beispieltexts die Bestimmung und Benennung von Kasus, die Bestimmung von Subjekten und Objekten (mit genauerer Bezeichnung der Objekte), die Bestimmung der grammatischen Zeit (Zeitformen) sowie die Ermittlung von vier Partikeln mit genauerer Bestimmung der Wortart gefordert. Online-Version der Aufgaben des Tests 2010 unter: http://www.zentraleaufnahme pruefung.ch/tl_files/zap_pdf/pruefungsaufgaben/Kurzgymnasien_10/KG_D_Spr_Aufg.pdf [Letzter Zugriff: 10.04.2012]. Für diesen Hinweis danke ich Christa Dürscheid.

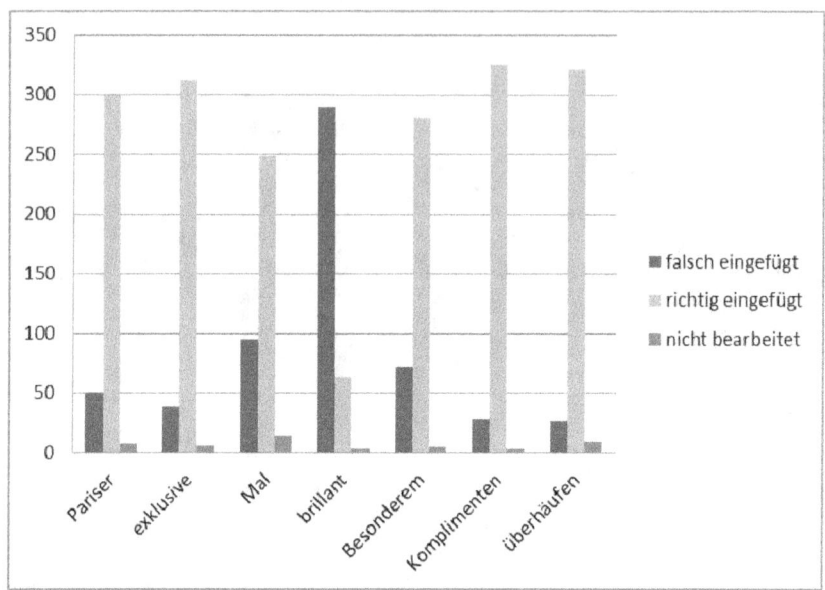

Tab. 9: Ergänzung korrekter Buchstaben (Rechtschreibung; Aufgabe 14)

Auch wenn die Lösungen von Aufgabe 14 insgesamt recht gut ausgefallen sind, so zeigt sich doch, dass das Wort *brillant* überwiegend falsch geschrieben wird. Auch existieren Schwierigkeiten bei der Großschreibung des substantivischen Gebrauchs von *Mal* in *dieses Mal* und bei *Besonderem* in der Wendung *zu etwas wirklich Besonderem*. Die Probleme zeigen sich darüber hinaus bei der Fremdwortschreibung (auch *exklusive* ist signifikant häufig falsch geschrieben) und generell in der Groß- und Kleinschreibung (vgl. die Fehlschreibungen von *Pariser* in *am Pariser Flughafen*).

Besonders signifikant sind die Fehler bei der Kommasetzung (Aufgabe 15). Hier ist die Fehlerquote mit 42 % an falschen Antworten ebenfalls sehr hoch. In diesem Bereich geht es um folgende Fragestellungen:

Aufgabe 15   4 Punkte
Manchmal ist die Bedeutung von Sätzen von der Kommasetzung abhängig.

   a.) *Führe im folgenden Satz die Kommasetzung so durch, dass sich als Bedeutung ergibt, dass sich zwei Personen auf dem Hundetrainingsplatz befinden.*
      Korrekturhinweis: Nur wenn beide Kommas richtig gesetzt werden, gibt es einen Punkt.
      Herr Maier [,] der Hundetrainer [,] und der Hundebesitzer sind auf dem Trainingsplatz.

Von der Schule zur Universität 51

> *b.) Führe im folgenden Satz die Kommasetzung so durch, dass betont wird, dass die Klasse das Informationsmaterial besorgen soll.*
> **Korrekturhinweis: Nur wenn das Komma richtig gesetzt wird, gibt es einen Punkt.**
> Der Schulleiter rät der Klasse [,] Informationsmaterial für den Besuch der Hundeausstellung zu besorgen.
>
> *c.) Führe im folgenden Satz die Kommasetzung so durch, dass betont wird, dass die Klasse mit Informationsmaterial versorgt werden soll.*
> **Korrekturhinweis: Nur wenn das Komma richtig gesetzt wird, gibt es einen Punkt.**
> Der Schulleiter rät [,] der Klasse Informationsmaterial für den Besuch der Hundeausstellung zu besorgen.
>
> *d.) Welcher der folgenden drei Sätze verdeutlicht, dass alle Bilder von Hunden im Buch „Brehms Tierleben" farbig sind? Kreuze den zutreffenden Satz an!*
> **Korrekturhinweis: Für das richtig gesetzte Kreuz gibt es einen Punkt. Wird mehr als eine Antwort angekreuzt, gibt es für diese Teilaufgabe null Punkte.**
> ○ Im Buch „Brehms Tierleben" finden sich viele farbige Bilder von Hunden, und außerdem kann man allerlei Interessantes über diese Tiere nachlesen.
> ✗ Im Buch „Brehms Tierleben" finden sich viele, farbige Bilder von Hunden und außerdem kann man allerlei Interessantes über diese Tiere nachlesen.
> ○ Im Buch „Brehms Tierleben" finden sich viele farbige Bilder von Hunden und außerdem kann man allerlei Interessantes über diese Tiere nachlesen.

Im Fall a) muss man wissen, dass die Annahme einer Apposition die Personen von drei auf zwei reduziert und Appositionen durch Kommas abgegrenzt werden. Bei b) und c) geht es darum, *der Klasse* durch Kommasetzung einmal als Dativobjekt zu *raten* zu erkennen und zum anderen als Dativobjekt zu *besorgen* in der erweiterten Infinitivkonstruktion. Fall d) thematisiert die Hierarchie der Attribute in der Nominalphrase.

Besonders hervorzuheben ist, dass der „Jahrgangsstufentest Deutsch 2010" gerade auch bei den Fragen zur Rechtschreibung und Kommasetzung keineswegs die Reproduktion auswendig gelernten Wissens verlangt. Vielmehr wird auf die Anwendung operationaler Handlungen zur Erkennung grammatischer Strukturen großer Wert gelegt, und beinahe jede Fragestellung ist unter funktionalen Gesichtspunkten erschließbar. Dieser Aspekt wird bei den Fragen zur Kommasetzung besonders deutlich, da sie der ‚Vereindeutigung' von Satzbedeutungen dient.

Wie der Test zeigt, ist explizites Grammatikwissen, das sich in der Benennung der semantischen Klasse von Adverbialen hätte zeigen können, kaum vorhanden. Auch das operationale Wissen zur Umformung von Satzgliedern ist schwach ausgeprägt. Grammatische Terminologie wird zudem nur in einer Aufgabe (11 b) gefordert, sodass von vorneherein ihr geringer Stellenwert im Jahrgangsstufentest und wohl auch in der schulischen Ausbildung erkennbar ist.

3.4 Ergebnisauswertung auf der Grundlage statistischer Signifikanzwerte

Im Folgenden soll auf die auffälligsten signifikanten Unterschiede im Rahmen der Auswertung der Testergebnisse hingewiesen werden, ohne dass der Befund weitergehend interpretiert werden soll.

Hinsichtlich des Gesamtergebnisses besteht ein statistisch signifikanter Unterschied zwischen bayerischen und nichtbayerischen Studierenden: Studierende mit bayerischem Abitur haben im Durchschnitt eine höhere Gesamtpunktzahl (64,76) erreicht als Studierende ohne bayerisches Abitur (59,84) (t = −4,64; df = 323; p ≤ 0,05). Ein signifikanter Unterschied zeigt sich ausgerechnet wieder bei Aufgaben, bei denen generell schlechte Punktwerte erzielt wurden: Zum einen bei Aufgabe 11 (Adverbialbestimmungen), da Studierende aus Bayern im Durchschnitt eine höhere Punktzahl (2,58) erreicht haben als von außerhalb Bayerns kommende Studierende (1,40) (t = −4,60; df = 323; p ≤ 0,05), und zum anderen bei Aufgabe 13 (Rechtschreibfehler). Auch dort haben Studierende aus Bayern durchschnittlich eine höhere Punktzahl (5,20) als Studierende ohne bayerisches Abitur erreicht (4,63) (t = −2,62; df = 323; p ≤ 0,05).[21]

Es stellt sich nun die Frage, ob Unterschiede zwischen Studierenden mit achtjähriger Gymnasialzeit und neunjähriger Gymnasialzeit bestehen. In zweierlei Hinsicht können signifikante Abweichungen beobachtet werden: Zum einen besteht hinsichtlich des Gesamtergebnisses ein signifikanter Unterschied zwischen AbsolventInnen des G8 und G9: AbiturientInnen des G9 haben im Durchschnitt eine höhere Gesamtpunktzahl (66,32) erreicht als AbsolventInnen des G8 (64,36) (t = 1,98; df = 244; p ≤ 0,05). Zum anderen besteht ein signifikanter Unterschied bei der Lösung von Aufgabe 15 (Kommasetzung) zwischen AbsolventInnen des G8 und des G9: AbsolventInnen

---

[21] Hingegen besteht bei Aufgabe 14 (Rechtschreibfehler) kein signifikanter Unterschied: Studierende aus Bayern haben im Durchschnitt keine signifikant höhere Punktzahl (5,35) erreicht als Studierende mit nichtbayerischem Abitur (5,19) (t = −1,08; df = 323; p ≥ 0,05). Ebenso besteht auch bei Aufgabe 15 (Kommasetzung) kein signifikanter Unterschied: Auch dort haben Studierende aus Bayern im Durchschnitt keine signifikant höhere Punktzahl (2,49) erreicht als Studierende mit nichtbayerischem Abitur (2,24) (t = −1,64; df = 323; p ≥ 0,05).

des G9 haben dort durchschnittlich eine signifikant höhere Punktzahl (2,68) erreicht als AbsolventInnen des G8 (2,39) (t = 1,99; df = 244; p ≤ 0,05).

4. Folgerungen für den Hochschulunterricht im Anfangsstudium

4.1 Vom Nutzen des expliziten Grammatikwissens

Die Ergebnisse aus dem „Jahrgangsstufentest Deutsch 2010 – Gymnasium – Jahrgangsstufe 8" haben gezeigt, dass die Studierenden der Anfangssemester im Fach „Germanistik"/„Deutsch" um 0,7 Notenwerte im Durchschnitt auf der einen Seite besser abgeschnitten haben als die SchülerInnen der 8. Jahrgangsstufe. Auf der anderen Seite ist dieses Ergebnis für Germanistikstudierende jedoch alarmierend. Dabei kann mit Christa Dürscheid festgestellt werden:

> Wenn es zutrifft, dass bei vielen Studenten das metasprachliche Wissen nicht oder nur implizit vorhanden ist, dann drängt sich natürlich die Frage auf, a) warum dieses Wissen in den Schulen nicht vermittelt wurde und b) was sich dagegen unternehmen lässt. Das freilich sind die falschen Fragen. Denn zweifellos sind die meisten Termini im Deutschunterricht eingeführt worden.
>
> Dürscheid (2007: 49)

Obwohl grammatische Kompetenzen im Lehrplan verankert sind, sind diese bei Studierenden in der Form des Tests nicht abrufbar. Dies ist genau genommen wenig überraschend: Denn zum einen wird auf die Nachhaltigkeit grammatischen Wissens insbesondere in der gymnasialen Oberstufe in der Regel kaum Wert gelegt. Zum anderen aber wird zudem von Seiten der HochschullehrerInnen schon seit Jahren ein vollzogener Paradigmenwechsel im Grammatikunterricht an den Gymnasien festgestellt. Ein Grund für nicht vorhandene bzw. nicht abrufbare schulgrammatische Kompetenzen mag in der Tatsache liegen, dass Grammatikunterricht nicht um seiner selbst willen gelehrt wird, sondern unter dem Stichwort *integrativer Deutschunterricht* in die allgemeine Arbeit am Text eingebettet ist.

Gerade die integrative Betrachtung von Sprache und Stil am Text führt nämlich nicht dazu, dass die SchülerInnen ein systematisches Grammatikwissen in ihrer Muttersprache aufbauen (vgl. Dürscheid 2007: 51), zielt er doch daraufhin ab, Kompetenzen handlungspraktisch und aktiv zu erwerben.

Vergleicht man die derzeit meist diskutierten vier didaktischen Modelle des gymnasialen Grammatikunterrichts, so kann nach Ursula Bredel (2007: 226ff.) die in Tabelle 10 gebotene Eigenschaftszuweisung vorgenommen werden:

Grammatikunterricht			
Traditionell	Situativ (Boettcher/Sitta ²1981)	Funktional (Köller ⁴1997)	Die Grammatik-Werkstatt (Eisenberg & Menzel 1995)
Sprachsystem	Sprachgebrauch	Sprachgebrauch	Sprachsystem
handlungsentlastet	handlungspraktisch	handlungspraktisch	handlungsentlastet
präskriptiv	deskriptiv	deskriptiv	deskriptiv
deklarativ	operativ	operativ	operativ
autonom	integriert	autonom	autonom
deduktiv	induktiv	induktiv	induktiv

Tab. 10: Vergleich grundlegender Modelle des Grammatikunterrichts (nach Bredel 2007)

Aus der Übersicht wird erkennbar, dass sich neuere Ansätze des Grammatikunterrichts von der traditionellen Schulgrammatik in drei wesentlichen Punkten unterscheiden: Sie sind nicht präskriptiv, sondern deskriptiv orientiert, sie sind nicht deklarativ, sondern operativ ausgerichtet, und sie gehen nicht deduktiv, sondern induktiv vor. Zum traditionellen Grammatikunterricht schreibt Bredel:

> Als vorrangiges Ziel des traditionellen Grammatikunterrichts gilt die Vermittlung eines (vorab festgelegten) Wissens über den Bau der Sprache. In Bezug auf die curriculare Entfaltung des Lerngegenstandes, also des Sprachsystems, geht der traditionelle Grammatikunterricht den Weg vom Einfachen zum Zusammengesetzten, also vom Wort zum Satz und von dort aus teilweise zum Text oder zur Äußerung.
>
> Bredel (2007: 227f.)

Demnach stimmen alle neueren Modelle des Grammatikunterrichts darin überein, dass präskriptive, der Sprachnormierung dienende Ansätze, die deklaratives Wissen in deduktiver Vermittlung auf sprachliche Strukturen übertragen, nicht dem Verständnis von Sprache und/oder Grammatik entsprechen. Man ist sich darin einig, dass der Ausgangspunkt bei den sprachlichen Strukturen zu suchen ist, die deskriptiv erfasst werden sollen und die dazu dienen, mittels operativer Verfahren induktiv Erkenntnisse über Sprache und Grammatik zu gewinnen. Dass Sprache Handeln bedeutet, nehmen insbesondere der situative und funktionale Grammatikunterricht ernst, die die ko- und kontextuelle Einbettung von Äußerungen zu Recht als zentrale Dimensionen begreifen. Die grammatische Beschreibung der Phänomene in engerem Sinn tritt in den Dienst textueller und/oder situativer Funktionalität.

Die Studierenden von heute haben einen Grammatikunterricht genossen, der mehr oder weniger erkennbar situations- und funktionsorientiert ist, der aber formales und metasprachliches Wissen über Sprache eher an die Peripherie rückt.

Obwohl Situationsorientierung und Funktionsorientierung auf den ersten Blick positiv besetzte Begriffe sind, vermag eine solche Sprachbetrachtung nicht, explizites Wissen abrufbar zu vermitteln. Zugleich schafft es aber auch der integrative Deutschunterricht nicht, eine positive Einstellung der SchülerInnen zum Gegenstand *Grammatik* zu bewirken. Mit negativen Assoziationen und Vorurteilen wie z.B. *langweilig, zu schwer, das kann ich nicht* usw. werden die Dozierenden an den Hochschulen von Studierenden der Anfangssemester konfrontiert.

Zwar lässt sich darüber streiten, wie viel explizites Grammatikwissen eine Schülerin oder ein Schüler im Deutschunterricht erwerben muss. Einigermaßen merkwürdig berührt es aber schon, dass jede schulische Disziplin die Kenntnis der fachwissenschaftlichen Terminologien und Kategorien als wichtigen Bestandteil der Ausbildung erachtet, nicht jedoch der Sprachunterricht in der Muttersprache.

Für Studierende gilt aber Folgendes: Es ist eine Conditio sine qua non, dass Germanistikstudierende nicht nur über handlungspraktische Kompetenzen, sondern auch über explizites Grammatikwissen verfügen müssen. Im Rahmen ihres Studiums müssen die Studierenden die Sinnhaftigkeit metasprachlichen Wissens erkennen, denn nur dieses ermöglicht eine Ausschöpfung des Kompetenzpotentials, um das sich ExpertInnen eines Faches lebenslang selbständig und eigenverantwortlich bemühen müssen.

In der Wissenserwerbsforschung gilt nahezu unbestritten, dass insbesondere Handlungen und Beobachtungen primär zum Erwerb von implizitem Wissen führen, während Instruktionen eher zum Erwerb von explizitem Wissen beitragen. Lerneffekte, die durch implizites Lernen zustande gekommen sind, sind spontan nicht explizierbar. Nach Polanyi (1998) sind beide Wissensformen aber nicht klar voneinander getrennt, sondern komplementär zueinander zu verstehen, auch wenn in Tabelle 11 eine klare Abgrenzung versucht wird:

Explizites Wissen	Implizites Wissen
Theoriewissen (systematisches Wissen)	Erfahrungswissen
Artikulierbar und archivierbar	Nicht in Worte zu fassen und nicht archivierbar
Nicht an Personen gebunden und kontextunspezifisch	Personengebunden und kontextspezifisch
Weitergabe durch formale systematische Sprache (Regelwissen, Lehrbuchwissen)	Erwerb durch Beobachtung, Imitation und durch gemeinsame Übung

Tab. 11: Merkmale expliziten und impliziten Wissens (nach Dietzen 2008: 37)[22]

Verbal vorhandenes Metawissen, in expliziter oder deklarativer Form, ist für den universitären Grammatikunterricht jedoch essentiell. Es beinhaltet eine sinnvolle Abstraktion, die von der reinen Inhaltsebene und ihren Performanzmöglichkeiten zu einer abstrakteren, ‚höheren' Form des Wissens führt (vgl. Lemke 2003: 78ff.). Dieses Kategorienwissen ist im Moment beinahe ausschließlich dem Hochschulunterricht vorbehalten.

Nach der „Spirale des Wissens" von Nanoka/Takeuchi (1995) ist Voraussetzung der Schaffung von Wissen die Umwandlung von implizitem in explizites Wissen, das wiederum die Voraussetzung für die Umwandlung in implizites Wissen darstellt. Erst der Kreislauf von implizitem und explizitem Wissen lässt neues Wissen entstehen und führt zu einer Erweiterung bestehenden Wissens. Auch wenn der Wissenserwerb bei SchülerInnen in der neueren Fachdidaktik weitgehend durch eine Kompetenzorientierung ersetzt wurde, kann diese nur dann sinnvoll erfolgen, wenn die Lehrpersonen eindeutig über explizites Wissen verfügen, das auf der Basis von implizitem Wissen erworben ist und den Erwerb neuen impliziten Wissens ermöglicht.

---

[22] In Anlehnung an Nonaka/Takeuchi (1997) und Polanyi (1958/1998).

4.2 Forderungen für den Grammatikunterricht an den Hochschulen

Wie schaffen wir es, Studierende vom impliziten Wissen zum expliziten, deklarativen Wissen zu führen? Wie schaffen wir es, im Grammatikunterricht eine gewisse Systematik und ein gewisses Bewusstsein für Sprachstrukturen und ihre möglichen Benennungen entstehen zu lassen? Wie gelingt es uns, Studierende für die Beschäftigung mit Grammatik zu begeistern?

Der Grammatikunterricht in den Anfangssemestern muss die Studierenden darin unterstützen, das Wissen der Schule wieder aufzufrischen bzw. das Niveau der Sekundarstufe I wieder zu erreichen. Einführungskurse erfüllen in erster Linie die Aufgabe grammatischer Propädeutika mit dem Ziel, die Studierenden für sprachwissenschaftliche Fragestellungen zu sensibilisieren und ihnen Zugänge zur Beschäftigung mit Grammatik aufzuzeigen, die in einen angstfreien Umgang mit der Materie mündet.

Was die Grammatikterminologie betrifft, so müssen ausgebildete GermanistInnen und zukünftige DeutschlehrerInnen am Ende ihres Studiums eine fachwissenschaftliche Expertise besitzen und über ein begriffliches Instrumentarium verfügen, mit dem Sprache beschrieben, erklärt und notfalls auch bewertet werden kann. Hierzu gehören Wissen über grammatische Kategorien sowie der sichere Umgang mit Fachtermini und Kenntnisse über das Sprachsystem. Arbeit mit linguistischen Fachtermini sowie die Bestimmung von Wortformen und Satzgliedern dürfen dabei nicht als Selbstzweck missverstanden werden, sondern müssen als Mittel fungieren, grammatische Phänomene als solche überhaupt wahrzunehmen.

Ist erst einmal das grammatische Grundwissen gefestigt und sind grundlegende Termini und Kategorien erworben, kann eine vertiefende Auseinandersetzung mit Termini anschließen, die auf die Vielfalt der Terminologien im Rahmen der einzelnen Teildisziplinen und Schulen der Linguistik vorbereitet, so dass in den höheren Semestern eine vertiefte Beschäftigung mit weiterführenden Fragestellungen einsetzen kann, die die Pluralität theoretischer Ansätze erschließen hilft.[23]

Weiterhin muss im Hochschulunterricht den Studierenden die Sinnhaftigkeit metasprachlichen Wissens plausibel gemacht werden. Dies ist ein möglicher Weg, Studierende für die Beschäftigung mit Grammatik zu motivieren und dem negativen Image von Grammatik entgegenzutreten. Auch dies ist eine Herausforderung für alle Dozierenden, denn das, was früher selbstverständlich war, muss nun einer Rechtfertigung unterzogen werden. Da explizites Grammatikwissen als ‚Wert an sich' in der Sprachdidaktik umstritten ist, stellt sich für Dozierende die Aufgabe, Nutzen und Sinn von

---

[23] Im Übrigen muss häufig selbst das Lesen von Grammatiken und Wörterbüchern geübt werden, deren Fachterminologie meist erläuterungsbedürftig ist.

Grammatikwissen mit den Studierenden zu diskutieren (vgl. Habermann 2010). Oft wandelt sich das negative Image von Grammatik durch überraschende neue Einsichten und Aha-Effekte bei vielen Studierenden von selbst.

Nicht zuletzt muss Grammatikunterricht selbstverständlich auch an der Hochschule vermitteln, dass Grammatikkenntnisse nicht auf den Selbstzweck reduziert werden können, sondern insbesondere auch Mittel zum Zweck sind:

- für angemessenes sprachliches Handeln,
- für die Produktion von Texten,
- für den Gebrauch unterschiedlicher Register, Stile und Diskurse,
- für die Rezeption/Interpretation von Texten auch literarischer Art,
- für das Aufdecken von Manipulationspotential in Gesprächen, Texten und Diskursen,
- für die Beurteilung sprachlicher Zweifelsfälle,
- für das Bewerten von Texten.

In diesem Sinne ist ein funktionaler Grammatikunterricht, dem sich die Schulen ja auch verschrieben haben, essentiell. Die dargebotenen Ausführungen sollen nicht als Kritik an einem Unterricht verstanden werden, der Funktion und Situationsabhängigkeit sprachlicher Mittel zum Thema macht. Schließlich ist Sprache das wichtigste Werkzeug der Auseinandersetzung des Menschen mit anderen Menschen und mit der Welt. Die dargebotenen Ausführungen sind aber als Kritik dahingehend zu verstehen, dass die Sprachbetrachtung an sich, in Aufbau und Systematik, bei einer allzu schnellen Fokussierung auf funktionale und situative Kontextualisierung nahezu vollständig ‚auf der Strecke bleibt'. Punktuelle Einblicke sind kontextabhängig und verhindern den Aufbau über das Zusammenwirken einzelner sprachlicher Elemente im System. Erst die Kenntnis über die Systematik von Sprache führt zu einer tieferen Einsicht über das unerschöpfliche Potential von Sprache als Voraussetzung für Kommunikation und Kultur.

Literatur

Bildungsdirektion des Kantons Zürich (2012): ZAP 2012 – Zentrale Aufnahmeprüfung der Zürcher Kantonsschulen. Prüfungsaufgaben Kurzgymnasium und HMS+ 2010. [Online-Version: http://www.zentraleaufnahmepruefung.ch/tl_files/zap_pdf/ pruefungsaufgaben/Kurzgymnasien_10/KG_D_Spr_Aufg.pdf] Letzter Zugriff: 10. 04.2012.

Boettcher, Wolfgang/ Horst Sitta (1981): Der andere Grammatikunterricht. 2., durchges. Aufl. – München/Wien/Baltimore: Urban & Schwarzenberg (U-&-S-Pädagogik).

Bredel, Ursula (2007): Sprachbetrachtung und Grammatikunterricht. – Paderborn u.a.: Schöningh (UTB 2890).
Bredel, Ursula/Hartmut Günther/Peter Klotz/Jakob Ossner/Gesa Siebert-Ott (Hgg.) (2006): Didaktik der deutschen Sprache. Ein Handbuch. 2 Bde. 2., durchges. Aufl. – Paderborn u.a.: Schöningh (UTB 8235).
Dietzen, Agnes (2008): Zukunftsorientierte Kompetenzen: wissensbasiert oder erfahrungsbasiert? – In: BIBB BWP 2, 37-41. [Online-Version: www.bibb.de/veroeffentlichungen/de/publication/download/id/1336] Letzter Zugriff: 10.04.2012.
Dürscheid, Christa (2007): Damit das grammatische Abendland nicht untergeht. Grammatikunterricht auf der Sekundarstufe II. – In: Klaus-Michael Köpcke/Arne Ziegler (Hgg.): Grammatik in der Universität und für die Schule. Theorie und Modellbildung. – Tübingen: Niemeyer (RGL 277), 45-65.
Eisenberg, Peter/ Wolfgang Menzel (1995): Grammatik-Werkstatt. – In: Praxis Deutsch 129, 14-26.
Frentz, Hartmut/ Christian Lehmann (2002): Der gymnasiale Lernbereich ‚Reflexion über Sprache' und das Hochschulzugangsniveau für sprachliche Fähigkeiten. – In: ASSidUE, Arbeitspapiere des Seminars für Sprachwissenschaft der Universität Erfurt 3, 1-19. [Online-Version: http://www.christianlehmann.eu/publ/ ASSidUE 03.pdf] Letzter Zugriff: 10.04.2012.
Habermann, Mechthild (Hg.) (2010): Grammatik wozu? Vom Nutzen des Grammatikwissens in Alltag und Schule. – Mannheim u.a.: Dudenverlag (Thema Deutsch 11).
Ingendahl, Werner (1999): Sprachreflexion statt Grammatik: ein didaktisches Konzept für alle Schulstufen. – Tübingen: Niemeyer (RGL 211).
Köller, Wilhelm (1997): Funktionaler Grammatikunterricht. Tempus, Genus, Modus: wozu wurde das erfunden? 4., neubearb. u. erg. Aufl. – Baltmannsweiler: Schneider.
Kurztest zum Grammatikwissen. [Online-Version: http://www.spiegel.de/unispiegel /studium/0,1518,477966,00.html] Letzter Zugriff: 10.04.2012.
Lemke, Bettina (2003): Nichtbewusste Informationsverarbeitungsprozesse und deren Bedeutung für das Lernen Erwachsener. – In: Literatur- und Forschungsreport Weiterbildung 26/3, 71-83. [Online-Version: http://www.die-bonn.de/doks/lemke 0301.pdf] Letzter Zugriff: 10.04.2012.
Nonaka, Ikujiro/ Hirotaka Takeuchi (1995): The Knowledge-Creating Company. How Japanese Companies Create the Dynamics of Innovation. – New York: Oxford University Press.
Piaget, Jean/ Bärbel Inhelder (2004): Die Psychologie des Kindes. Aus dem Französischen von Lorenz Häfliger. 9. Aufl. – München: Deutscher Taschenbuchverlag.
Polanyi, Michael (1998): Personal Knowledge. Towards a Post Critical Philosophy. – London: Routledge.
Staatsinstitut für Schulqualität und Bildungsforschung (Hg.) (2008): Grammatik und Rechtschreibung im Deutschunterricht. Eine Handreichung für das achtjährige Gymnasium. – Wolznach: Kastner.
Staatsinstitut für Schulqualität und Bildungsforschung (München) (2004): Fachprofile. Deutsch. [Online-Version: http://www.isb-gym8-lehrplan.de/contentserv/3.1. neu/g8.de/index.php?StoryID=26358] Letzter Zugriff: 10.04.2012.

Staatsinstitut für Schulqualität und Bildungsforschung (München) (2004): Jahrgangsstufenlehrplan. [Online-Version: http://www.isb-gym8-lehrplan.de/contentserv/3.1.neu/g8.de/index.php?StoryID=26172] Letzter Zugriff: 10.04.2012.

Staatsinstitut für Schulqualität und Bildungsforschung (München) (2012): Jahrgangsstufentest Deutsch. [Online-Version: http://www.isb.bayern.de/isb/index.aspx?MNav=6&QNav=11&TNav=0&INav=0&Fach=12&VTyp=1] Letzter Zugriff: 10.04.2012.

Jörg Kilian

Kritische Grammatik, sprachliches Lernen und sprachliche Bildung

Über Sprachreflexion und Sprachkritik im grammatikdidaktischen Sinne

1. Kritische Grammatik im Deutschunterricht – Zur Einführung

Die Hessischen Rahmenrichtlinien von 1969 führten nicht nur erstmals den Begriff *Reflexion über Sprache* offiziell in einem Lehrplan, sondern ließen in ihrem Umfeld auch erste Ansätze einer kritischen Grammatik entstehen (vgl. Kilian/Niehr/Schiewe 2010: 100ff.). An prominenter Stelle zu nennen sind in diesem Zusammenhang das Buch *Kritischer Deutschunterricht* (1969; 2. Aufl. 1970) von Hubert Ivo, der auch an der Formulierung der Hessischen Rahmenrichtlinien beteiligt war, und das Buch *Elemente eines emanzipatorischen Sprachunterrichts* (1972; 2. Aufl. 1975) von Bernhard Weisgerber, das ein sehr umfangreiches Kapitel unter dem Titel „Lernziel: Sprachkritik" führt.

Der in einem engeren Sinne sprachkritische Zugriff dieser Ansätze bestand vornehmlich darin, dass Schülerinnen und Schüler nicht allein über Sprache nachdenken (,reflektieren') sollten, sondern zur Einnahme einer sprachkritischen Position herausgefordert wurden. Der sprachkritische Zugriff wurde auf diesem Wege zugleich als sprachdidaktischer Zugriff instrumentalisiert insofern, als mit der didaktischen Herausforderung zum begründeten sprachkritischen Urteil eine Förderung des sprachlichen Lernens und der sprachlichen Bildung verbunden wurde.

Dieser sprachkritisch-sprachdidaktische Zugriff wurde jedoch schon in den 1970er Jahren wieder zunehmend zurückgenommen bzw. gemildert. Dies ist zum einen darauf zurückzuführen, dass die didaktische Sprachkritik der 1970er Jahre einer sprachtheoretischen und sprachwissenschaftlichen Grundlage der kritischen Sprachbetrachtung weitgehend entbehrte. Ansätze für eine solche Grundlage, die im Übrigen den aktuellen Ansätzen der funktionalen Angemessenheit kaum nachstehen, hatte Peter von Polenz in seiner klugen, sprachtheoretische, sprachwissenschaftliche und sprachdidaktische Perspektiven bündelnden Abhandlung *Sprachkritik und Sprachnormenkritik* im Jahr 1973 geboten. Diese Abhandlung wurde indes in sprachdidaktischen Kreisen kaum rezipiert. Die Zurücknahme bzw. Milderung des im engeren Sinne sprachkritischen Anspruchs des Deutschunterrichts, und ganz besonders des Grammatikunterrichts, ist zum anderen zurückzuführen auf die sogenannte kommunikative Wende in der Sprachdidaktik der 1970er Jahre, derzufolge die Erzeugung einer kommunikativen Kompetenz als vornehmstes Ziel der Didaktik des Deutschen als Erstsprache betrachtet wurde (vgl. Boueke 1984: 335ff.). Sprachliche Angemessenheit, mithin gar grammatische Korrektheit waren mit diesem Ziel allenfalls mittelbar noch verbunden.

Was von der Reflexion über Sprache übrig blieb, war eine Ausrichtung des Grammatikunterrichts auf überwiegend induktive Methoden; die Bezeichnung *Reflexion über Sprache* wurde mithin annähernd synonym mit *Grammatikunterricht* – und ist es bis heute weitgehend geblieben (vgl. Ossner 2007a: 134). Der Begriff der Reflexion hat in diesem Zusammenhang jedoch bislang keine sprachtheoretische Begründung im engeren Sinne erfahren. Diese hätte er erfahren können zum Beispiel im Anschluss an Wilhelm von Humboldts Ausführungen zur Selbstreflexivität der Sprache und – da Sprache für Humboldt stets Faktor und nicht allein Indikator der menschlichen ‚Weltansichten' ist – in Form einer grammatikdidaktischen Modellierung dieser Humboldt'schen Ausführungen zum Zweck der kritischen Bewusstmachung der eigenen sprachlichen Position im grammatischen Sprachleben der Gesellschaft (vgl. Steinbrenner 2007; Kilian 2008). Damit würde der Begriff der Reflexion auch wieder näher an eine Befähigung zur kritischen Sprachbetrachtung im engeren Sinne herangerückt. Stattdessen ist der Begriff der Reflexion über Sprache in Bezug auf den Grammatikunterricht zunehmend allgemeiner als ‚Nachdenken über Sprache' oder noch allgemeiner als ‚Sprachbetrachtung' gefasst worden. Dieses Nachdenken über Sprache ist der erste Schritt auf dem Weg zu den damit verbundenen grammatikdidaktischen Zielen, wie sie spätestens seit Mitte der 1980er Jahre im Begriff der Sprachbewusstheit kulminieren (vgl. Kilian/Niehr/Schiewe 2010: 101ff.). Peter Klotz hat das vornehmste Ziel in diesem Rahmen der Sprachreflexion bzw. Sprachbetrachtung ganz treffend als „Sprachreflexionskompetenz" bezeichnet (Klotz 2004), Jakob Ossner spricht nicht weniger zutreffend davon, dass das Ziel des Nachdenkens über Sprache im Grammatikunterricht „letztlich immer in der Metakognition" liege (Ossner 2007b: 167).

Eine Herausforderung der sprachreflexionskompetenten Schülerinnen und Schüler zu einer linguistisch begründeten sprachkritischen Positionierung im Sprachleben der Gesellschaft ist jedoch im Vergleich mit den früheren Ansätzen eines kritischen Deutschunterrichts kaum mehr gegeben, zumindest spürbar in den Hintergrund geraten. Man kann es auch etwas zugespitzter formulieren: Das ‚Nachdenken über Sprache', insbesondere über grammatische Strukturen, Varianten und Funktionen, wurde in Bezug auf das Ergebnis unverbindlich gemacht; es wurde dadurch aber zugleich seiner eigentlichen didaktischen Stärke beraubt. Mithin geriet die Grammatik gar zu einem mehr oder minder beliebigen Gegenstand der Sprachreflexion überhaupt (vgl. Ingendahl 1999). Damit einher ging, dass der schulische Grammatikunterricht zunehmend gelöst wurde von einem didaktisch begründeten systematischen (spiral)curricularen Weg des grammatischen Lernens und der grammatischen Bildung und zunehmend konzentriert auf ein Nachdenken über einzelne grammatische Phänomene oder gar über sprachliche Einzelfälle. Eine systematische Verortung derselben innerhalb der grammatischen Struktur der deutschen Standardsprache oder der grammatisch anders kodierten Strukturen von Varietäten unterblieb in der Regel.

Seit dem Ende des 20. Jahrhunderts sind zahlreiche Publikationen zum Grammatikunterricht erschienen, die die alten Fragen nach der Legitimation des Grammatikunterrichts, nach seinen Gegenständen bzw. Inhalten und nach den zu erzeugenden Kompetenzen erneut aufgreifen und vor dem Hintergrund der Ergebnisse aktueller Sprachleistungsmessungen neu zu beantworten suchen. Der Begriff der Sprachreflexion wird in einigen dieser Arbeiten zum Teil ersetzt, zum Teil ergänzt durch die Begriffe *Sprachbewusstsein* oder *Sprachbewusstheit*, wobei allerdings zu beachten ist, dass *Sprachreflexion* grundsätzlich nicht auf derselben Ebene liegt wie die beiden letztgenannten Begriffe, sondern in einer Art Kausalbeziehung zu diesen steht (vgl. Gornik 2011; Ossner 2007a). Die Unschärfe der Termini und die Überschneidungen der mit ihnen verbundenen grammatikdidaktischen Konzeptionen sind immer wieder Gegenstand der wissenschaftlichen Diskussion.[1] Insgesamt wird man feststellen dürfen, dass auch die neueren Publikationen nach wie vor vom dunklen Schatten der alten Fragestellungen umgeben sind, namentlich den Fragestellungen nach dem Verhältnis zwischen deklarativem und prozeduralem grammatischen Wissen, den Fragestellungen nach systematischen und curricularen Ansätzen für einen nachhaltigen Grammatikunterricht, den Fragestellungen nach der Effizienz und Effektivität des Grammatikunterrichts für die Sprachproduktion und – etwas entlegener – die Sprachrezeption (vgl. auch Gornik 2011: 233). Andere Fragen, wie etwa die

---

[1] Vgl. die Überblicke in Kilian/Niehr/Schiewe (2010: 102f.) und in Bredel (2007: 31ff.) Bredel selbst ist auch wegen dieser terminologischen Vielfalt und Unbestimmtheit in einer jüngeren Monographie zum Begriff der Sprachbetrachtung zurückgekehrt, den sie als allgemeine Bezeichnung für „sprachbezogene Tätigkeiten" verstanden wissen will, die die Eigenschaften „Distanz, Dekontextualisierung, Deautomatisierung" aufweisen (Bredel 2007: 31ff.). Christa Dürscheid greift zum Begriff des Grammatikbewusstseins, um grammatische Inhalte und Kompetenzen deutlicher herauszustellen und abzugrenzen im Rahmen eines allgemeinen Sprachbewusstseins (vgl. Dürscheid 2010).

Frage nach einer Heranführung des Grammatikunterrichts an den aktuellen Stand der grammatischen Forschung, werden nach wie vor weitaus weniger pointiert gestellt.

Unter den aktuellen Publikationen finden sich allerdings auch solche, die diese alten Fragen aus der – wie oben gezeigt: ebenfalls nicht neuen – Perspektive der kritischen Sprachbetrachtung neu stellen. In ihnen wird grundsätzlich ein grammatischer Zweifelsfall als ein zugleich didaktisch motivierender wie sprachlich bildender Ausgangspunkt des Grammatikunterrichts gewählt.[2] Diese Arbeiten suchen grundsätzlich gezielt einen Anschluss des Grammatikunterrichts an aktuelle Ergebnisse korpusbasierter linguistischer Untersuchungen und liefern wesentliche Argumente für die didaktische Nutzung grammatischer Zweifelsfälle, zumal solcher Zweifelsfälle, die auf sprachhistorisch und/oder varietätenlinguistisch erklärbare Normenkonflikte rückführbar sind. Der grammatische Zweifelsfall als Ausgangspunkt besitzt in der Tat motivierendes Potenzial, weil er den Grammatikunterricht mit der gesellschaftlichen Sprachwirklichkeit verknüpft. Dass Kritik, d.h. die kritische Betrachtung und Analyse eines Phänomens und die darauf ruhende Einnahme einer begründeten Position zu diesem Phänomen, sprachdidaktisches Potenzial besitzt, sprachliche Bildung und sprachliches Lernen unterstützt, weil sie eine metasprachliche Distanznahme und Reflexion voraussetzt, ist überdies seit langem unstrittig (vgl. Kilian/Niehr/Schiewe 2010: 98ff.). Der grammatische Zweifelsfall lenkt die Aufmerksamkeit bei der Sprachbetrachtung gerade auf solche Stellen, an denen die auf der Grundlage prototypischer Vertreter gebildeten grammatischen Kategorien nicht zu greifen scheinen, weil zum Beispiel der Sprachgebrauch eine andere Auswahl aus den Möglichkeiten des Sprachsystems trifft als die Sprachnorm es vorgibt. Das ist ein klassischer kognitiver Konflikt. Klaus-Michael Köpcke und Christina Noack haben für eine solche didaktische Konzeption die Bezeichnung *Problemorientierter Grammatikunterricht* vorgeschlagen (vgl. Köpcke/ Noack 2011: 7).

Die genannten jüngeren Vorschläge für einen Grammatikunterricht, der didaktisch auf grammatischen Zweifelsfällen gründet, sind anregend, weiterführend und schon daher höchst verdienstvoll. Aus der Perspektive einer Theorie der linguistischen Sprachnormenkritik wie auch aus der Perspektive eines sprachdidaktischen Gesamtzusammenhangs für das sprachliche Lernen und die sprachliche Bildung in den Sekundarstufen verbleiben auch sie

---

[2] Vgl. z.B. Dürscheid 2011; Klein 2011; Köpcke/Noack 2011; Peschel 2009; Kilian 2012; Grundlagen zur Theorie des linguistischen Zweifelsfalls bieten Antos 2003 und Klein 2003. Klein (2003: Kap. 3) gibt zudem Hinweise auf ältere, zumeist präskriptive Sammlungen sprachlicher Zweifelsfälle von und für „Pädagogen, die für den muttersprachlichen Deutschunterricht nach sinnvollen Unterrichtsgegenständen suchten" (ebd.: 26).

gleichwohl grundsätzlich jenseits (spiral)curricularer Erwägungen zumeist im Status der Erarbeitung sprachkritischer Positionen zu isolierten grammatischen Phänomenen. Drei Gründe sind dafür ausschlaggebend:

1. Der Befund ist erstens darauf zurückzuführen, dass die gewählten konkreten grammatischen Gegenstände nach der Analyse und Urteilsbildung nur selten zurückgebunden werden an die allgemeinere grammatische Kategorie und das grammatische System. Dies wiederum ist darin begründet, dass nicht grammatisches und sprachkritisches Wissen und Können im Zentrum des Lehr-/Lernziels bzw. der Kompetenzerzeugung stehen, sondern eine allgemeine Sensibilisierung für sprachliche Zweifelsfälle.[3] Als Gegenstände werden grundsätzlich solche grammatischen Phänomene gewählt, die sich nicht in das prototypische grammatische Paradigma der jeweiligen Kategorie fügen (z.B. *oft*: zwar ein Adjektiv, aber nicht prädikativ verwendbar; *Milch*: zwar ein Substantiv, aber standardsprachlich ohne Plural; *bräuchte*: zwar ein regelmäßiges Verb, aber mit Umlautbildung im Konjunktiv II) oder/und sich in einem Stadium des sprachlichen Wandels befinden, in dem mehrere Varianten nebeneinander existieren und standardsprachlich einen Normenkonflikt initiieren (z.B. Übergang von unregelmäßiger zu regelmäßiger Konjugation: *molk/melkte;* oder Schwankung zwischen Nebenordnung und Unterordnung bei Konjunktionen: *weil, obwohl*). Das sind durchaus didaktisch motivierende und linguistisch herausfordernde grammatische Zweifelsfälle. Damit der Grammatikunterricht nicht allein zu Erkenntnissen jeweils über den Einzelfall führt, sondern auch zu Erkenntnissen über den Gesamtzusammenhang, müssen die Ergebnisse der Erkundungen zu grammatischen Zweifelsfällen jedoch jeweils zur grammatischen Kategorie zurückgeführt werden. Diese Rückführung stellt beinahe die größte didaktisch-methodische Herausforderung im Zuge der Erzeugung von Sprachkritikkompetenz dar,

---

[3] Vgl. z.B. Klein (2011), dessen Unterrichtsvorschlag und Unterrichtsmaterialien als wesentliches Ziel die Bewusstmachung grammatischer Zweifelsfälle verfolgen und insgesamt sehr anregend sind. Dazu versammelt Klein allerdings relativ wahllos grammatische Zweifelsfälle (z.B. Schwankungen in der Pluralbildung und beim Genus von Substantiven; Schwankungen bei der Perfektbildung mit *haben* oder *sein*; Schwankungen in der Kongruenz), ohne dieselben systematisch mit dem jeweiligen grammatischen Paradigma zu verknüpfen und ohne die grammatischen Kategorien curricular zu verorten. Der Vorschlag und die Materialien sind des Weiteren allgemein für die Sekundarstufe II ausgewiesen. Eine Begründung dafür fehlt und wäre auch schwer zu leisten, da die gewählten grammatischen Gegenstände gemäß Bildungsstandards und landesspezifischen Lehrplänen bereits in früheren Klassenstufen zu behandeln sind und die kritische Sprachbetrachtung durchaus auch Schülerinnen und Schülern der Sekundarstufe I zugetraut werden kann.

darf die Rückführung des kritisch betrachteten Phänomens an die Kategorie doch gerade nicht im Sinne einer ‚Ausnahme', einer ‚Abweichung' oder gar bloß eines ‚Fehlers' erfolgen, sondern muss als kollektiv genutzte Variante mit eigenem Recht auf funktionale Angemessenheit bewusst (gemacht) werden. Erst innerhalb dieses Rahmens kann die grammatische Form dann auf prototypentheoretischer Grundlage als mehr oder weniger guter Vertreter für eine grammatische Funktion oder mithin auch gemäß einer bipolaren Wertung als ‚richtig' oder ‚falsch' beschrieben werden. Darüber hinaus sollte eine kritische Grammatik im Deutschunterricht aber auch unabhängig von Zweifelsfällen dazu befähigen, die Funktionen und Leistungen grammatischer Zeichen kritisch betrachten zu können.

2. Der zweite Grund, weshalb Vorschläge zur kritischen Sprachbetrachtung im Grammatikunterricht nicht selten im Status von isolierten Einheiten verbleiben, ist, dass sie zumeist ohne Einbettung in einen grammatikdidaktischen Gesamtzusammenhang und ohne curricularen ‚roten Faden' unterbreitet werden. Die fehlende Einbettung ist durchaus auf den Forschungsstand zurückzuführen. Denn ein sprachdidaktischer Gesamtzusammenhang, in den diese Einbettung erfolgen könnte – etwa im Sinne eines ‚Denkrahmens' für die sprachlich-literarische Bildung in der Deutschdidaktik (vgl. Steinbrenner 2007) – ist noch nicht in Sicht. Es ist überdies einzuräumen, dass bislang auch keine empirisch gesicherten Daten vorliegen, die einen didaktisch modellierten sprachkritischen roten Faden (vgl. schon Linke/Voigt 1995: 21) spiralcurricular begründen könnten. Die fehlende curriculare Entfaltung mag daher auch forschungsbedingt sein. Hin und wieder werden die Vorschläge mit Angaben zu einer Jahrgangsstufe, zumeist der Sekundarstufe II, versehen (vgl. z.B. Weingarten 2006: 10.-12. Schuljahr; Köpcke/Noack 2008: 11.-13. Klasse; Klein 2011: Sekundarstufe II), oft werden die Sekundarstufen im Allgemeinen angeführt, wozu auf entwicklungspsychologische Ergebnisse Piagets und Wygotskis zurückgegriffen wird, die nahelegen, dass eine Befähigung zu formalen bzw. abstrakten Operationen mit dem Beginn der Pubertät einsetze (vgl. dazu ausführlicher Kilian/Niehr/Schiewe 2010: 119). Beobachtungen zum sprachkritischen Spiel, das Vorschulkinder mit semantischen und pragmatischen Zeichen treiben, wecken Zweifel an der Allgemeingültigkeit dieser Altersangabe in Bezug auf den Anfang der Entwicklung einer Sprachkritikkompetenz (vgl. Andresen/Januschek 1995; Riegler 2006: 96ff.). Für die Befähigung zur Kritik grammatischer Zeichen scheint dieselbe indes nach wie vor maßgeblich – was allerdings auch bedeutet, dass die kritische Sprachkritik den Grammatikunterricht vom Beginn der Sekundarstufe I an begleiten sollte.

3. Der dritte Grund schließlich für die eher isolierte Konzeption sprachkritischer Einheiten im Grammatikunterricht scheint darin zu bestehen, dass für die kritische Sprachbetrachtung als didaktisch-methodischer Zugriff zum sprachlichen Lernen und zur sprachlichen Bildung noch keine Operationalisierung im Sinne von Lernstrategien entwickelt wurde. Die Entwicklung einer solchen Operationalisierung ist durchaus schwierig, komplex und kompliziert. Wenn man einmal Klafkis Differenzierung zwischen materialem, formalem und kategorialem Bildungskonzept folgt, die Wilhelm Köller für den Grammatikunterricht aufgreift (vgl. Köller 1988: 408ff.), müsste diese Operationalisierung zum einen formales Bildungsgut sein, nämlich methodisches Behelfsmittel zum Zweck des Verstehens und Durchdringens der grammatischen Struktur, die als materiales Bildungsgut firmiert. Das ist gleichsam stofforientiert gedacht. Sodann aber soll die Operationalisierung selbst auch materiales Bildungsgut sein, soll als wissenschaftlich fundierte Methode der Sprachbetrachtung selbst erworben, gewusst und gekonnt werden und zur Sprachkritikkompetenz führen. Das ist gleichsam kompetenzorientiert gedacht. Eine Zusammenführung von formaler und materialer Bildung im Sinne der kategorialen Bildung erscheint in Bezug auf eine kritische Grammatik im Deutschunterricht in der didaktisch-methodischen Modellierung noch schwieriger als in der philosophischen Reflexion dieser Modellierung, da der Gegenstand selbst zweifelhaft und nicht feststehend ist und die Methode zwar operationalisiert, indes nicht zum erstarrten Mechanismus werden soll (vgl. Köller 1988: 410).

Im Folgenden wird gleichwohl der Versuch unternommen, ein Konzept für eine systematische kritische Sprachbetrachtung im Grammatikunterricht zu skizzieren. Dafür sollen die drei genannten Gründe für die bisher grundsätzlich isolierte kritische Betrachtung grammatischer Phänomene, zumal grammatischer Zweifelsfälle, im Deutschunterricht als Ausgangspunkt dienen. Im Anschluss an eine im engeren Sinne sprachdidaktische Grundlegung der kritischen Grammatik soll die Aufmerksamkeit deshalb erstens der Zusammenstellung von Gegenständen und Inhalten, zweitens einer (spiral)curricularen Konzeption eines sprachkritischen roten Fadens und drittens der Vorstellung einer Operationalisierung durch eine lernstrategische ‚Schrittfolge' der kritischen Sprachbetrachtung gewidmet sein.[4]

---

[4] Das folgende Konzept beruht auf verschiedenen Vorarbeiten, die Thomas Niehr, Jürgen Schiewe und ich in den letzten Jahren veröffentlicht haben; vgl. dazu die Beiträge von Kilian (2009), Niehr (2009) und Schiewe (2009) im Themenheft *Sprachkritik in der Schule* der Zeitschrift *Aptum*; vgl. auch Kilian (2011), Niehr/Funken (2011), Schiewe in Arendt/Kiesendahl (2011) sowie Kilian/Niehr/Schiewe (2010).

2. Zur didaktischen Wertigkeit der kritischen Sprachbetrachtung im Grammatikunterricht

Folgt man Ergebnissen aus Untersuchungen zu Anfragen und Erwartungen von Menschen, die sich an Sprachberatungsstellen wenden, dann gehören grammatische Strukturen zu den Phänomenen, denen das Alltagswissen bzw. Laienwissen in Form disjunktiver Fragen und axiologischer Bewertungen nur zwei Zustände zuspricht: Sie können demnach nur richtig oder falsch sein (vgl. zur Arbeit in der Sprachberatung Geier 2009). Klein (2003: Kap. 2.3) vermutet gewiss nicht zu Unrecht, dass es sich dabei um „konzeptuelle Folgelasten der Schriftlichkeit" handele, da die Schrift unerbittlich Entscheidungen verlange darüber, ob und wie ein Zeichen geschrieben werde oder nicht.

Man darf unterstellen, dass in weiten Teilen der Elternschaft und der Schülerschaft ähnliche Sprachnormeinstellungen existieren. Untersuchungen zu Sprachnormeneinstellungen von Lehrkräften deuten darauf hin, dass auch Lehrerinnen und Lehrer bei der Bewertung der Grammatikalität und/oder Akzeptabilität grammatischer Strukturen grundsätzlich die beiden Pole der Bewertungsskala, ‚richtig' und ‚falsch', als Maßstab ansetzen (vgl. Kilian/Niehr/Schiewe 2010: 104f.).

Ein wesentliches didaktisches Ziel der kritischen Sprachbetrachtung im Grammatikunterricht ist es, solches Laienwissen bei Schülerinnen und Schülern durch Expertenwissen zu ersetzen, indem sie Ansätze und Methoden der kritischen Sprachbetrachtung im Bereich der Grammatik kennenlernen und Strategien erwerben, ihr metasprachliches Urteilsvermögen auf dem Fundament linguistisch begründeter Ansätze der sprachlichen Angemessenheit aufzubauen. Dieses Ziel ist als Sprachkritikkompetenz zu benennen. Den Weg zu diesem Ziel soll die Befähigung zur wissenschaftlich begründeten Untersuchung und Beurteilung von Sprache und Sprachgebrauch im Bereich der Grammatik bereiten; zum Zweck dieser Befähigung wiederum sind didaktisch-methodische Operationalisierungen zu erarbeiten.

Die Erzeugung von Sprachkritikkompetenz durch eine systematische kritische Sprachbetrachtung im Deutschunterricht setzt ein gewisses Niveau sprachlichen Könnens voraus, aber auch ein gewisses Niveau expliziten grammatischen Wissens. Die kritische Grammatik im Deutschunterricht kann und soll auch aus diesem Grund eine systematische Erarbeitung von Inhalten zentraler Lern- und Kompetenzbereiche des Deutschunterrichts, wie zum Beispiel den der Grammatik, nicht ersetzen, sondern sie soll zum Zweck der nachhaltigen Verfügung über dieses Wissen und Können ihr didaktisch-methodischer Schlüssel sein. Das kann sie namentlich im Wege der Erschließung dessen, was Peter von Polenz einmal als die Eröffnung von Möglichkeiten bezeichnet hat: „für den gleichen Sachverhalt Eigenes, Neues, vom Konformismus des Sprachbrauchs Abweichendes zu sagen, und zwar durch Anderssagen [...] oder durch Genauersagen" (von Polenz 1973: 146). Kritische Grammatik vermag dies zum Beispiel durch Erschließung und Bewusstmachung der nicht prototypischen Vertreter einer grammatischen Kategorie zu leisten, wodurch die linguistische Bildung dieser Kategorie wiederum geschärft werden kann.

Mit dieser Gewichtung der kritischen Grammatik als didaktisch-methodischer Schlüssel zur Sprachkritikkompetenz ist eine Tendenz zu einer höheren Bewertung des *Lernweges* (z.b. Kritik grammatischer Zeichen zur Erzeugung problemlösenden Wissens) im Sinne des Konzepts der formalen Bildung als des *Lerngegenstandes* (z.B. Kritik grammatischer Zeichen zur Erzeugung deklarativen grammatischen Wissens) im Sinne eines materialen Konzepts der Bildung verbunden. Diese Tendenz ist vor der Gefahr des von Köller beschriebenen Paradoxes zu schützen, dass formale Bildungskonzepte „leicht wieder in materiale umschlagen, weil nun statt materialer Sachkenntnisse bestimmte Terminologie- und Verfahrenskenntnisse zu materialen Unterrichtsinhalten werden" (Köller 1988: 410). Wie Köller selbst mit Klafkis Begriff der *kategorialen Bildung* zum Ausdruck bringt, gehören Lernweg und Lerngegenstand indes innig zusammen. Im Fall der kritischen Grammatik ist diese Zusammengehörigkeit allein schon durch den linguistischen Zweifel am grammatischen (Lern)gegenstand auf die kritische linguistische Analyse als Lernweg zurückverwiesen; denn erst die kritische Analyse des zweifelhaften grammatischen Gegenstandes konstituiert in ihrem Ergebnis die Beschreibung und Erklärung des grammatischen Phänomens sowie die Möglichkeiten und Grenzen seiner Erfassung mittels grammatischer Kategorien. Mehr noch:

> Insofern, als die linguistische Sprachkritik in Bezug auf die differenzierte Begründung von Entscheidungen und Positionierungen vor nicht geringen Schwierigkeiten steht, wird man von der didaktischen Sprachkritik nicht die Lösung der einzelnen sprachlichen „Zweifelsfälle" erwarten dürfen. Es ist überdies nicht Aufgabe der didaktischen Sprachkritik, die Sprachfragen und sprachlichen „Zweifelsfälle" eindeutig zu beantworten. In Bezug auf das sprachliche Lernen und die sprachliche Bildung ist vielmehr der Weg der Erarbeitung der Entscheidung, Begründung und Positionierung das Ziel.
>
> Kilian/Niehr/Schiewe (2010: 132)

Auf dem Weg zu dieser Entscheidung, Begründung und Positionierung kann das deklarative grammatische Wissen didaktisch gesteuert systematisch eingeführt oder als bereits eingeführtes vertieft werden (vgl. Schritt 5 der im weiteren Verlauf dieses Beitrages erläuterten ‚Schrittfolge').

3. Zu Gegenständen/Inhalten der kritischen Sprachbetrachtung im Grammatikunterricht

Die Gegenstände einer kritischen Grammatik im Deutschunterricht müssen so gewählt sein, dass sie sprachliches Lernen und sprachliche Bildung mit Bezug auf die Grammatik der deutschen Standardsprache auslösen können. Damit ist die innere und äußere Mehrsprachigkeit des Deutschen keinesfalls aus dem Grammatikunterricht ausgeschlossen, im Gegenteil: Es ist grundsätzlich gerade die sprachliche Vielfalt, das Nebeneinander einzelsprachlicher Varietäten und Varianten sowie grammatischer Strukturen verschiedener Sprachen und das Nacheinander sprachhistorischer Formen grammatischer Zeichen, die Anlass zur kritischen Sprachbetrachtung geben (vgl. Klein 2003: Kap. 2.3; Kilian 2006: 76). Die gesprochene und namentlich die geschriebene deutsche Standardsprache sind indes die einzigen Varietäten, die grundsätzlich nicht als ‚natürliche' im ungesteuerten Spracherwerb, sondern als ‚künstliche' im gesteuerten Spracherwerb erworben werden (sollen). Die Standardsprache ist deshalb als Ausgangs- und Zielpunkt der kritischen Sprachbetrachtung im Deutschunterricht unabdingbar. Da der Grammatikunterricht nicht sprachliche Bildung allein, sondern auch sprachliches Lernen fördern soll, ist dies umso bedeutsamer für Schülerinnen und Schüler, je weiter entfernt ihre Familiensprache von der deutschen Standardsprache ist (vgl. Kilian/Niehr/Schiewe 2010: 97).

In einem Konzept, das für die kritische Sprachbetrachtung im Deutschunterricht entwickelt wurde (vgl. Kilian/Niehr/Schiewe 2010: Kap. 4.2), werden sprachliche Phänomene ausgewählt und Gegenstandsfeldern zugewiesen, die einen Bezug zu den Inhalten und Kompetenzen aufweisen, die in den nationalen Bildungsstandards und in Lehrplänen der Bundesländer für den Deutschunterricht der Sekundarstufen formuliert sind. Auch damit ist ein deutliches Bekenntnis dazu signalisiert, dass die kritische Sprachbetrachtung im Deutschunterricht keinen Nebenlehrplan darstellt, sondern einen didaktisch-methodischen Zugriff. Als solcher soll sie die Schülerinnen und Schüler dazu herausfordern, sich in Fragen u.a. zu ausgewählten Gegenständen des Grammatikunterrichts zu positionieren und diese Positionen fachlich zu begründen. Auf diese Weise soll auch erreicht werden, dass der Grammatikunterricht an den aktuellen Stand der germanistischen Linguistik als Bezugswissenschaft des Sprachunterrichts herangeführt wird und dass laienlinguistische Sprachnormeinstellungen von Schülerinnen und Schülern durch linguistisch begründetes Sprachnormenwissen und Konzepte der funktionalen Angemessenheit abgelöst werden.

	Sprachbeschreibungsebenen				
	Existenzweisen von Sprache (Sprachkritik als Sprachgebrauchs-, Sprachnormen-, Sprachsystem-Kritik sprachlicher Zeichen sowie als Kritik sprachlicher Zeichen als solcher)				
	Gegenstandsbereich: **Kritik grammatischer Zeichen**	Gegenstandsbereich: Kritik lexikalisch-semantischer Zeichen	Gegenstandsbereich: Kritik kommunikativ-pragmatischer (stilistischer, rhetorischer) Zeichen	Gegenstandsbereich: Kritik textueller (intertextueller, diskursiver) Zeichen in unterschiedlichen Medien	Gegenstandsbereich: (erkenntnistheoretische, philosophische) Kritik der kommunikativen und kognitiven Leistung von Sprache als solcher
Existenzformen von Sprache (Sprachkritik als Kritik diatopischer, diastratischer, diaphasischer, diachronischer Varianten sprachlicher Zeichen)	Zu Beginn der Sek. I z.B. zur Kritik grammatischer Varianten (vgl. z.B. von Polenz 1973: 136); Eisenberg/Voigt 1990).	Zu Beginn der Sek. I z.B. zur Kritik lexikalisierter assoziativer Stereotype (vgl. z.B. Kilian 2005, 2008b).	Zu Beginn der Sek. I z.B. zur metakommunikativen Kritik der Verletzung von Gesprächsregeln (vgl. Boueke 1984: 341; Grundler 2008: 60).	Zu Beginn der Sek. I z.B. zur Kritik von Kohäsionsmitteln in Schüleraufsätzen (vgl. Fix 2006, Kapitel 3.4.2; Janle/Klausmann 2009)	Zu Beginn der Sek. I z.B. Kritik der Perspektivierung, Konstruktion und Archivierung von »Weltansichten« (vgl. z.B. Kilian 2008a).
	Am Ende der Sek. I/in der Sek. II z.B. zur Kritik »grammatischer Ordnungsmuster« (vgl. z.B. Koller 1997)	Am Ende der Sek. I/in der Sek. II z.B. zur Kritik lexikalisch-semantischer Sprachnormen (vgl. z.B. Dieckmann 2006 [zu *ausländerfrei*]).	Am Ende der Sek. I/in der Sek. II z.B. zur Kritik von Formen illokutionärer Akte und Sprechakttypen, z.B. in juristischen Normtexten (vgl. z.B. Nussbaumer 2006).	Am Ende der Sek. I/in der Sek. II z.B. zur Kritik der diskursiven Vernetzung von Texten (vgl. z.B. Niehr/Funken 2009: 145f. [zu: »Afghanistan-Krieg«])	Am Ende der Sek. I/in der Sek. II z.B. Grundlagentexte der philosophischen Sprachkritik (vgl. z.B. Kilian 2009a; Wilczek 2009)

Abb. 1: Entwurf einer systematischen Ordnung von Gegenständen der didaktischen Sprachkritik und Ansätze ihrer curricularen Entwicklung (aus: Kilian/Niehr/Schiewe 2010: 113)

Das Gegenstandsfeld *Kritik grammatischer Zeichen* bildet im Rahmen dieser Konzeption eines von insgesamt fünf Gegenstandsfeldern (vgl. Abb. 1; zu näheren Angaben zur Genese und Begründung der Gegenstandsfelder vgl. Kilian/Niehr/Schiewe 2010: 110ff.).

Um den in der Abbildung angedeuteten sprachkritischen roten Faden zu spannen und die kritische Sprachbetrachtung als didaktisch-methodischen Zugriff im Grammatikunterricht gleichsam spiralcurricular zu implementieren, bedarf es einer didaktisch fundierten Auswahl und Anordnung von Gegenständen der kritischen Grammatik auf der Grundlage der Inhalte und Kompetenzen, die in Bildungsstandards und Lehrplänen für den Grammatikunterricht in den Sekundarstufen vorgesehen sind. Dabei handelt es sich in Bezug auf die *Existenzweisen* von Sprache (vgl. Abb. 1: rechte Spalte) vornehmlich um grammatische Phänomene und Zweifelsfälle auf der Ebene der Sprachnormen und des kollektiven Sprachgebrauchs (z.B. Genusschwankungen), sodann auch um mehr oder minder grundsätzliche grammatische Phänomene und Zweifelsfälle auf der Ebene des Sprachsystems (z.B. Leistungen grammatischer Zeichen im Zuge der Entwicklung von synthetischen zu analytischen Formen, wie z.B. die synthetische Konjunktiv II-Form im Vergleich zur *würde*-Periphrase). Eine der Leitfragen lautet dann, ob und wie das grammatische Phänomen bzw. der einzelne Zweifelsfall mit der systematischen grammatischen Struktur zusammengeführt und in deren Rahmen beschrieben und erklärt werden kann. Die systematische grammatische Struktur, den Rahmen, stecken die *Existenzformen* von Sprache ab (vgl. Abb. 1: linke Spalte), die diatopischen, diastratischen, diaphasischen, diachronischen Varianten zum jeweiligen (Zweifels-)Fall. Relativ dazu ist dann über Akzeptabilität und sprachliche Angemessenheit zu entscheiden; relativ zu den grammatischen Strukturen der deutschen Standardsprache über Grammatikalität und sprachliche Korrektheit.

Die Auswahl der einzelnen Gegenstände soll, wie erwähnt, den aktuellen Bildungsstandards und Lehrplänen folgen, um die kritische Sprachbetrachtung systematisch als didaktisch-methodischen Zugriff zu implementieren. Damit ist keineswegs eine unkritische Rezeption der institutionellen Normentexte verbunden, im Gegenteil. Der in den Bildungsstandards für den Deutschunterricht entfaltete Kompetenz-Begriff etwa ist relativ eng auf einen unmittelbaren Gebrauchswert bzw. eine unmittelbare Nützlichkeit des grammatischen Wissens und Könnens konzentriert (vgl. KMK 2004: 6).[5] Ein da-

---

[5] Siehe dazu KMK (2004: 9): „Die Schülerinnen und Schüler denken über Sprache und Sprachgebrauch nach, um das komplexe Erscheinungsbild sprachlichen Handelns – des eigenen und fremden – und die Bedingungen, unter denen es zustande kommt bzw. aufgenommen wird, zu verstehen und für die eigene Sprachentwicklung zu nutzen."

hinter stehender Begriff der sprachlich-literarischen Bildung innerhalb eines sprachdidaktischen Gesamtkonzepts ist nicht unmittelbar erkennbar. Der kritischen Grammatik im Rahmen einer didaktischen Sprachkritik liegt ein im Vergleich dazu weiterer Kompetenz-Begriff zugrunde:

> Didaktische Sprachkritik zielt nicht unmittelbar auf die Veränderung eines Sprachgebrauchs, einer Sprachnorm oder gar des Sprachsystems. Didaktische Sprachkritik zielt vielmehr auf eine Veränderung der sprachlichen und sprachkritischen Kompetenzen des sprechenden und hörenden, schreibenden und lesenden Mitglieds einer Sprachgesellschaft. Sie versucht dieses Ziel im Wege der Erzeugung von Wissen über Sprache, Sprachnormen und Sprachgebrauch zu erreichen: deklaratives, d.h. auf den sprachlichen Gegenstand bezogenes Sachwissen; problemlösendes, d.h. auf Ansätze und Methoden der kritischen Sprachbetrachtung bezogenes strategisches Wissen; prozedurales, d.h. die Angemessenheit oder Unangemessenheit eines Sprachgebrauchs automatisiert beurteilendes Wissen; metakognitives, d.h. die eigenen Fähigkeiten und Schwierigkeiten bei der kritischen Textproduktion und Textrezeption überschauendes Wissen. Dieses Wissen über Sprache, Sprachnormen und Sprachgebrauch sucht die didaktische Sprachkritik zu erzeugen, indem sie Lernende zu linguistisch begründeten Entscheidungen und Positionierungen in Bezug auf die kommunikativen und kognitiven Leistungen von Sprache, Sprachnormen und Sprachgebrauch herausfordert.
>
> Kilian/Niehr/Schiewe (2010: 95)

Der Grammatikunterricht im Fach Deutsch in den Sekundarstufen wird dominiert von den Gegenständen *Wortarten* und *Satzglieder*, jeweils einschließlich ihrer einzelnen Kategorien (wie z.B. Tempus, Modus, Genus verbi u.a. Kategorien der Wortart *Verb*). Explizit genannt oder implizit mitgemeint sind in den nationalen Bildungsstandards sowie in den meisten Bildungsplänen, Lehrplänen und Kerncurricula der Bundesländer zudem die Gegenstände *Satzarten, Satzreihe, Satzgefüge, Wortbildung* und *Wortformenbildung*.[6] Es ist hier nicht der Ort, die didaktische Berechtigung dieser Dominanz kritisch zu diskutieren. Die Fülle, die die nationalen Bildungsstandards wie auch die Lehrpläne der Bundesländer für den Deutschunterricht in der Sekundarstufe I an grammatischen Gegenständen und Kategorien, Inhalten und Kompetenzen aufweisen, scheint indes oft nicht wahrgenommen zu werden. Gelänge es, diese Fülle, die bereits eine didaktisch reduzierte Fülle ist, im Laufe der Sekundarstufen in nachhaltiges grammatisches Wissen und Können der Schülerinnen und Schüler zu überführen und dieses Wissen und Können nicht allein im Sinne des die Bildungsstandards dominierenden Anwendungs- oder Problemlösungswissens zu erzeugen, sondern auch als deklaratives Wissen mit

---

[6] Vgl. KMK 2004: 16; die Lehrpläne für das Fach Deutsch in der Sekundarstufe I in den Bundesländern sind zusammengestellt unter http://www.bildungsserver.de/Bildungsplaene-der-Bundeslaender-fuer-allgemeinbildende-Schulen-400.html [Letzter Zugriff: 27.02.2012].

eigenem Bildungswert, so wäre damit ohne Zweifel ein wissenschaftlich begründetes Fundament gelegt sowohl für die eigenständige sprachliche Lösung kommunikativer und kognitiver Aufgaben wie auch für eine bewusste und kritische, gar auch ästhetisch vergnügliche Produktion und Rezeption sprachlicher Strukturen.

Die kritische Grammatik greift aus dieser Fülle solche Gegenstände heraus, mit denen exemplarisch, aber auch repräsentativ für die jeweilige grammatische Kategorie grammatisches Wissen und Können erzeugt werden können. Es handelt sich dabei vornehmlich um Gegenstände, an deren Beispiel die Leistungsfähigkeit grammatischer Zeichen kritisch geprüft werden kann (z.B. die Leistungsfähigkeit der schwachen bzw. regelmäßigen Bildung des Konjunktivs II in Bezug auf die Markierung von Potentialität oder Irrealität) sowie solche Gegenstände, für die in der Grammatik der deutschen Gegenwartssprache ein Zweifelsfall im Sinne eines Normenkonflikts konstatiert werden kann. Es liegen mittlerweile einige Vorarbeiten zur Linguistik und Didaktik grammatischer sprachlicher Zweifelsfälle vor, die sich im Bereich der Gegenstände der Sekundarstufe I bewegen.[7] Diese Vorarbeiten sollen genutzt werden, um die in den Bildungsstandards und Lehrplänen angeführten grammatischen Gegenstände der didaktischen Modellierung einer kritischen Grammatik zuzuführen. Kritische Grammatik wird auf diese Weise zu einem didaktisch-methodischen Zugriff, der das einholt, was Klaus-Michael Köpcke und Christina Noack als „zweiten Schritt" in ihren *Perspektiven für den Sprachunterricht* bezeichnet haben. Köpcke/Noack kritisieren, dass im Grammatikunterricht nach wie vor die Suggestion trennscharfer linguistischer Kategorien aufrechterhalten werde und diese Kategorien nur an konstruierten Musterbeispielen Eingang in den Unterricht fänden. Dies könne allenfalls ein erster Schritt sein:

> Die Arbeit mit Musterbeispielen/dem Regelhaften (man könnte in diesem Zusammenhang von ‚Prototypen' sprechen) ist hervorragend geeignet, Schülern die als relevant erachteten kategoriellen Merkmale eines sprachlichen Phänomens herausarbeiten zu lassen. – In einem zweiten Schritt aber wird es erst richtig spannend. Sobald die Schüler mit Grenzfällen konfrontiert werden, werden die erarbeiteten

---

[7] Vgl. z.B. zu Wortarten: Substantiv: Köpcke (2005) und Peschel (2009, zu Unterlassungen der Deklination bei schwachen Maskulina), ähnlich auch Rothstein (2010: 148, auf der Grundlage von Thieroff); Verb: Modus: Rothstein (2010: 141ff., zur Varianz zwischen Konjunktiv II und *würde*-Periphrase), Tempus: Weingarten (2006, zur Varianz der Partizip II-Bildungen in Bezug auf die Position des {ge-}-Morphems); Wortbildung: Rothstein (2010: 146, auf der Grundlage von Nübling zur Varianz in Bezug auf das Fugenmorphem in Substantivkomposita); zur Syntax: Dürscheid (2010: 27f.).

kategoriellen Merkmale auf den Prüfstand gestellt. Dabei lässt sich die Erfahrung machen, dass eine Zuordnung zu einer Kategorie immer dann schwierig ist, wenn das in Frage stehende Analyseobjekt Merkmale verschiedener Kategorien aufweist.

Köpcke/Noack (2011: 5)

4. Zum Curriculum und zu den Methoden einer kritischen Sprachbetrachtung im Grammatikunterricht

Die grammatischen Phänomene und Zweifelsfälle sind, dies sei erneut hervorgehoben, relativ zu den Inhalten und Kompetenzen der nationalen Bildungsstandards und der Lehrpläne auszuwählen und anzuordnen. Je mehr dabei Phänomene und Zweifelsfälle berücksichtigt werden können, die gesellschaftlichen Sprachthematisierungen oder aber der situativen Sprachaufmerksamkeit der Schülerinnen und Schüler entspringen, umso besser. Zur Veranschaulichung dieses Gedankens sei die Überlegung eines Kompetenzmodells der didaktischen Sprachkritik herangezogen (vgl. Abb. 2; zur Genese vgl. Kilian/Niehr/Schiewe 2010: 118ff.).

Die Rahmen dafür sind in den Bildungsstandards und den meisten Lehrplänen angelegt. In den KMK-*Bildungsstandards im Fach Deutsch für den Mittleren Schulabschluss* wird als Kompetenz in Bezug auf grammatische Gegenstände ausgeführt, die Schülerinnen und Schüler sollen

Leistungen von Sätzen und Wortarten kennen und für Sprechen, Schreiben und Textuntersuchung nutzen [können, J.K.]
- Satzstrukturen kennen und funktional verwenden: Hauptsatz, Nebensatz/Gliedsatz, Satzglied, Satzgliedteil,
- Wortarten kennen und funktional gebrauchen: z.B. Verb: Zeitlichkeit, Modalität; Substantiv/Nomen: Benennung; Adjektiv: Qualität,
- grammatische Kategorien und ihre Leistungen in situativen und funktionalen Zusammenhängen kennen und nutzen, insbesondere Tempus, Modus (Indikativ, Konjunktiv I/II), Aktiv/Passiv; Genus, Numerus, Kasus; Steigerung.

KMK (2004: 6)

Am Beispiel des grammatischen Phänomens *Wortarten* im *Lehrplan für die Sekundarstufe I der weiterführenden allgemeinbildenden Schulen Hauptschule, Realschule, Gymnasium, Gesamtschule: Deutsch* des Landes Schleswig-Holstein sei der curriculare rote Faden konkreter veranschaulicht: Nachdem in der Klassenstufe 3 die Schülerinnen und Schüler die Kompetenz erworben

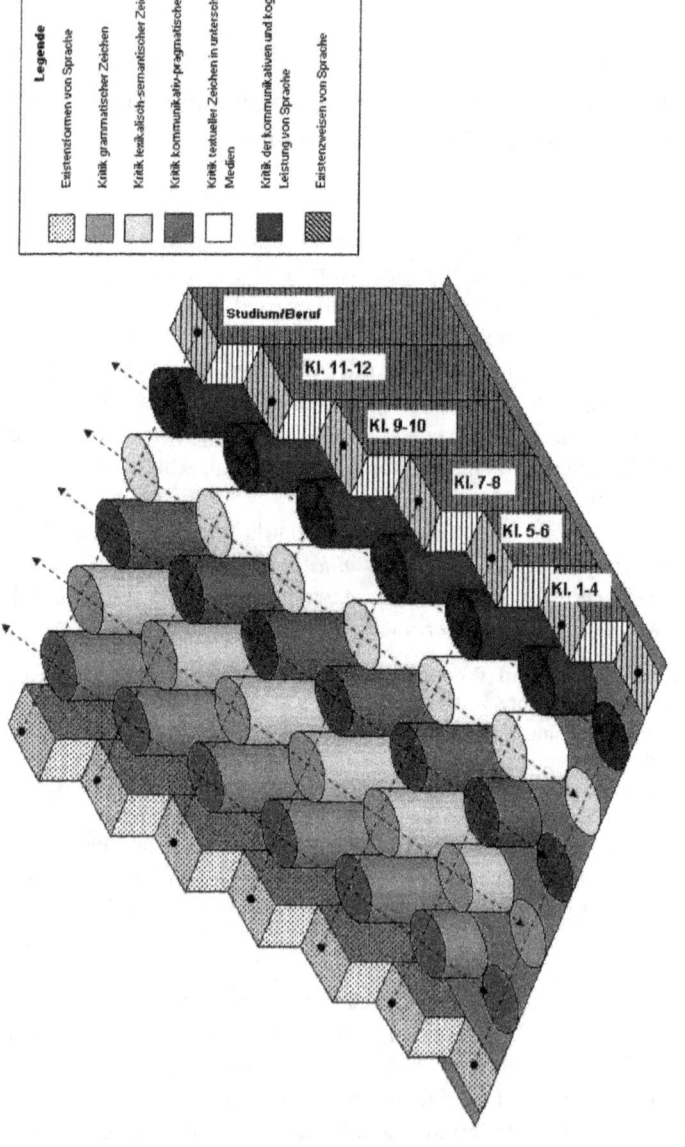

Abb. 2: Kompetenzmodell der didaktischenSprachkritik (aus: Kilian/Niehr/Schiewe 2010: 120)

haben (sollen), „Wortarten und ihre Funktion [zu] kennen und [zu] nutzen" (www.http://lehrplan.lernnetz.de/intranet1/links/materials/index.php?wahl=152 [letzter Zugriff: 02.03.2012]), wird daran in der Sekundarstufe 1 wie folgt angeschlossen (www.http://lehrplan.lernnetz.de/intranet1/links/materials/in-dex.php?wahl=125 [letzter Zugriff: 02.03.2012]): Die Schülerinnen und Schüler sollen in den Klassenstufen 5/6 die „wichtigsten Wortarten (Nomen, Pronomen, Verb, Adjektiv, Präposition, Konjunktion) und deren Funktionen kennen" sowie „[g]rundlegende Flexionsformen von Nomen, Pronomen, Adjektiv, Verb kennen". In den Klassenstufen 7/8 sollen sie „Tempus, Modus und Genus im Textzusammenhang erkennen und Funktionen wahrnehmen" und „Tempus, Modus und Genus bei der eigenen Textproduktion zunehmend differenziert und sicher verwenden" können sowie „Sicherheit im Umgang mit Zeitformen und -stufen, mit Modus und Genus gewinnen". In den Klassenstufen 9/10 schließlich soll dieses Wissen angewandt werden können: Die Schülerinnen und Schüler sollen

[w]esentliche sprachliche Phänomene beschreiben, benennen und in ihrer Funktion erfassen; dabei grammatische Kenntnisse und Einsichten im Blick auf Sprachverwendung und -reflexion sowie auf die Auseinandersetzung mit Texten erweitern und vertiefen.

(Ebd.)

Diese Angaben in den Bildungsstandards und Lehrplänen zeichnen zu den Wortarten ein Bild von Grammatik, das einem geordneten Setzkasten gleicht. Es werden eindeutige Fächer (Kategorien) ausgewiesen, in die grammatische Phänomene wie Figuren eindeutig einzuordnen sind. Nicht wenige Ansätze der Reflexion über Sprache folgen einem solchen Verständnis insofern, als sie zwar, zum Beispiel, die Kriterien zur Findung der Kategorien als Anleitung zum Bau der Fächer nacherforschen lassen, indes vom Prinzip der geordneten Fülle nicht abgehen. Die Einordnung der Phänomene erfolgt dann gleichsam nach einer durch Kriterien geleiteten Checkliste. Im Zentrum des Lernens stehen in diesem Fall zumeist die Kriterien, das heißt: die Anleitung; nicht oder eben nur vermittelt aber das, worum es eigentlich geht: die grammatischen Zeichen und die Beurteilung ihrer Leistungen und Funktionen in der Sprache und im Sprachgebrauch. Im Rahmen der kritischen Grammatik soll dieses Verhältnis umgekehrt werden, indem gerade das Sperrige, Andere fokussiert wird und die Kriterien auf den kritischen Prüfstand gestellt werden. Als Beispiele aus dem Bereich der Wortartenerkundung in den Klassenstufen 5/6 könnten dazu zum Beispiel die von Köpcke/Noack (2011: 6) genannten „atypische[n] Adjektive/Adverbien" untersucht werden („oft, gern → komparierbar, aber nicht attributiv verwendet", „schrittweise, mutmaßlich → nicht komparierbar, nur attributiv verwendet" u.a.). Da die nennlexikalischen Wortarten bereits Gegenstand des Deutschunterrichts der Primarstufe waren, könnte in der 5. und 6. Klassenstufe damit begonnen werden, den roten Faden für eine Sprachkritikkompetenz im Bereich grammatischer Zeichen der nennlexikalischen Wortarten aufzunehmen. Dazu werden solche in den Bildungsstandards und Lehrplänen genannten Gegenstände didaktisch nun so modelliert, dass die Schülerinnen und Schüler auf der Grundlage aktueller Ansätze der linguistischen Sprachkritik zu linguistisch begründeten Positionen herausgefordert werden. Für die grammatische Kategorie *Modus*, insbesondere den Konjunktiv, könnten zum Beispiel Rothsteins (2010) Untersuchungen zum Verhältnis zwischen Konjunktiv II und *würde*-Periphrase als Grundlage für die kritische Sprachbetrachtung im Rahmen der Behandlung der Kategorie *Modus* in den Klassenstufen 7/8 herangezogen und Positionierungen im Sinne des Konzepts der funktionalen Angemessenheit erarbeitet werden.

Als Methode der kritischen Sprachbetrachtung im Deutschunterricht sind zu Recht wiederholt Schrittfolgen vorgeschlagen worden (vgl. Kilian/Niehr/ Schiewe 2010: Kap. 4.4.1). Ausgehend von einem konkreten Textbeispiel mit einer ‚atypischen' Verwendung von *oft* sei abschließend eine solche Schrittfolge als Methode der kritischen Sprachbetrachtung im Deutschunterricht angeführt:

NON09/JUL.00939 Niederösterreichische Nachrichten, 01.07.2009, S. 15; Rockige Sonnwende
Franz Forthofer stellte den beiden Bands sein Gasthaus „Zum Laterndl" in Neupurkersdorf als Konzertstätte zur Verfügung. Dort überzeugte die Band „Homogen" mit ihrem ungewöhnlichen Jam-Session-Stil (zwangloses Zusammenspielen mehrerer Musiker ohne Notenvorgabe), in dem sie verschiedenste Musikstile gekonnt vereinbarte. „The Routemasters" – nach den Doppeldeckerbusen aus London benannt – begeisterten mit ihren rockigen Hits wie „Confusion" oder „On the Sun" und verstanden es, mundartliche und englische Stücke in ihrem Programm zu vereinen. Auch der **öftere** Wechsel der Bands bestach die Zuhörer. Zum besonderen Konzert-Feeling trugen auch die Videoinstallationen von John Silence bei, die als Bühnenhintergrund dienten. Zur Geisterstunde waren dann beide Bands zu einer verschmolzen und sorgten noch bis 1.30 Uhr für tolle Stimmung beim Publikum.

https://cosmas2.ids-mannheim.de/cosmas2-web/ [Letzter Zugriff: 02.03.2012]

1. Abgabe einer spontanen Stellungnahme zu den wahrgenommenen oder zur Wahrnehmung gebrachten Unterschieden, Konflikten, Störungen auf der Grundlage impliziten Sprachwissens bzw. des Sprachgefühls.
2. Versuch der Begründung der spontanen Stellungnahme ohne Hilfsmittel (im Plenum oder in Gruppen).
3. Überprüfung der Begründung der spontanen Stellungnahmen auf der Grundlage von Korpora sowie durch kontrastiven Vergleich mit historischen Erscheinungsformen des betrachteten sprachlichen Zeichens (sprachhistorische Perspektive) und mit ähnlichen Strukturen, Inhalten und Funktionen anderer

sprachlicher Zeichen in anderen Varietäten des Deutschen und ggf. in anderen Sprachen (Perspektive der inneren und äußeren Mehrsprachigkeit).
4. Benennung des sprachlichen Phänomens und Beschreibung der Unterschiede, Konflikte, Störungen mit Hilfe von Referenzwerken zur deutschen Sprache (Grammatiken, Wörterbüchern u.a.; in Gruppen- oder in Einzelarbeit; Perspektive der [standard]sprachlichen Normen).
5. Formulierung einer linguistisch begründeten sprachkritischen Beurteilung des Unterschieds, des Konflikts, der Störung auf der Grundlage des Vergleichs mit einer Sprachnorm oder einer Regularität des Sprachsystems.

Kilian/Niehr/Schiewe (2010: 126)

Es ist, wie eingangs erwähnt, dafür Sorge zu tragen, dass die Schrittfolge nicht zum materialen Unterrichtsinhalt wird, sondern stets als methodischer (formaler) Zugriff erkennbar bleibt und auch dabei nicht zum Mechanismus erstarrt. Im Rahmen der Erzeugung einer Sprachkritikkompetenz wird die Schrittfolge zwar zu Recht durchaus auch materialer Unterrichtsgegenstand, allerdings im Sinne des operationalen Verfahrens, das zu eigenen sprachkritischen Urteilen führen soll.

Durch die Herausforderung zur sprachkritischen Positionierung im Bereich der Kritik grammatischer Zeichen sowie der wissenschaftlichen Überprüfung, ggf. Revision und Begründung der Positionierung können Schülerinnen und Schüler in – und an – diesem Fall

a) mit Strukturen der deutschen Wortartengrammatik (wieder) vertraut gemacht werden;

b) dazu angeleitet werden, die Funktionen und Leistungen der Wortarten, aber auch der Kriterien der wissenschaftlichen Kategorien zu bewerten;

c) dazu befähigt werden, im Rahmen der eigenen Sprachproduktion im Bedarfsfall sprachbewusst und auf der Grundlage des sprachkritischen Kriteriums der funktionalen Angemessenheit die Wahl zwischen verschiedenen grammatischen Zeichen zu treffen;

d) dazu befähigt werden, im Rahmen der Sprachrezeption im Bedarfsfall sprachbewusst und auf der Grundlage des sprachkritischen Kriteriums der funktionalen Angemessenheit den Sprachgebrauch Anderer zu beurteilen;

e) am Beispiel grammatischer Normenkonflikte Arbitrarität und Konventionalität grammatischer Zeichen und ihre kognitive und kommunikative Leistungsfähigkeit beurteilen lernen;

f) im Umgang mit sprachwissenschaftlichen Referenzwerken und Untersuchungsmethoden vertraut gemacht werden;

g) dazu angeleitet werden, die Ergebnisse der Untersuchung dieses Phänomens auf vergleichbare Phänomene derselben Kategorie zu übertragen.

Literatur

Andresen, Helga/Franz Januschek (1995): Mit Sprache spielen: Sprachbewußtheit – Sprachkritik. – In: Praxis Deutsch 132, 23-27.

Antos, Gerd (2003): „Imperfektibles" sprachliches Wissen. Theoretische Vorüberlegungen zu „sprachlichen Zweifelsfällen". – In: Linguistik online 16/4, 35-46 [Online-Version: http://www.linguistik-online.de/16_03/antos.pdf] Letzter Zugriff: 27.02.2012.

Dürscheid, Christa (2010): Grammatik und Grammatikbewusstsein. – In: Der Deutschunterricht 62/6, 20-29.

– (2011): Zweifeln als Chance? Zweifeln als Problem? Sprachliche Zweifelsfälle im Deutschunterricht. – In: Klaus-Michael Köpcke/Arne Ziegler (Hgg.): Lehren, Lernen, Verstehen. Zugänge zur Grammatik des Gegenwartsdeutschen. Berlin/Boston: de Gruyter (Reihe Germanistische Linguistik 293), 155-173.

Geier, Ruth (2009): Wen fragen zu Risiken und Nebenwirkungen? – In: Mitteilungen des Deutschen Germanistenverbandes 56/1, 86-94.

Gornik, Hildegard (2011): Über Sprache reflektieren: Sprachthematisierung und Sprachbewusstheit. – In: Volker Frederking/Hans-Werner Huneke/Axel Krommer/Christel Meier (Hgg.): Taschenbuch des Deutschunterrichts. Bd. 1: Sprach- und Mediendidaktik. Hrsg. von Hans-Werner Huneke. Baltmannsweiler: Schneider Verlag Hohengehren, 232-249.

Ingendahl, Werner (1999): Sprachreflexion statt Grammatik. Ein didaktisches Konzept für alle Schulstufen. – Tübingen: Niemeyer (Reihe Germanistische Linguistik 211).

Ivo, Hubert (1970): Kritischer Deutschunterricht. 2. Aufl. Frankfurt a.M./Berlin/München: Diesterweg (Diesterwegs rote Reihe).

Kilian, Jörg (2006): Standardnorm versus „Parlando" in Schüler/innen-Chats. Kontrastiv-kritische Spracharbeit im Bereich mündlich und schriftlich entfalteter Schriftlichkeit. – In: Der Deutschunterricht 58/4, 74-83.

– (2008): Kritische Semantik, sprachliches Lernen und sprachliche Bildung. Aspekte einer linguistisch fundierten kulturwissenschaftlichen Sprachdidaktik. – In: Gerhard Härle/Bernhard Rank (Hgg.): „Sich bilden, ist nichts anders, als frei werden". Sprachliche und literarische Bildung als Herausforderung für den Deutschunterricht. – Baltmannsweiler: Schneider, 261-283.

– (2009): Didaktische Konzepte zur Sprachkritik im Unterricht des Deutschen als Erstsprache. – In: Aptum 5/2, 106-129.

- (2011): Durch Sprachkritik lernen. Sprachdidaktische Beiträge einer Kritik der Sprache. – In: Birte Arendt/Jana Kiesendahl (Hgg.): Sprachkritik in der Schule. Theoretische Grundlagen und ihre praktische Relevanz. – Göttingen: V&R unipress, 31-49.
- (2012): Grammatikunterricht, Sprachreflexion und Sprachkritik. – In: Hildegard Gornik (Hg.): Sprachreflexion und Grammatikunterricht. – Baltmannsweiler: Schneider (Deutschunterricht in Theorie und Praxis 6) [im Druck].

Kilian, Jörg/Thomas Niehr/Jürgen Schiewe (2010): Sprachkritik. Ansätze und Methoden der kritischen Sprachbetrachtung. – Berlin/New York: de Gruyter (Germanistische Arbeitshefte 43).

Klein, Wolf Peter (2003): Sprachliche Zweifelsfälle als linguistischer Gegenstand. Zur Einführung in ein vergessenes Thema der Sprachwissenschaft. – In: Linguistik online 16/4, 5-33 [Online-Version: http://www.linguistik-online.de/16_03/klein.pdf] Letzter Zugriff: 27.02.2012.
- (2011): Orientierung bei sprachlichen Zweifelsfällen. – In: Der Deutschunterricht 64/2, 24-28.

Klotz, Peter (2004): Sprachreflexionskompetenz und kompetenter Sprachgebrauch. – In: Michael Kämper-van den Boogaart (Hg.): Deutschunterricht nach der PISA-Studie. Reaktionen der Deutschdidaktik. – Frankfurt a.M. u.a.: Lang (Beiträge zur Literatur- und Mediendidaktik 6), 153-168.

KMK = Konferenz der Kultusminister der Länder der Bundesrepublik Deutschland (2004): Bildungsstandards im Fach Deutsch für den Mittleren Schulabschluss. [Online-Version: http://www.kmk.org/fileadmin/veroeffentlichungen_beschluesse/2003/2003_12_04-BS-Deutsch-MS.pdf] Letzter Zugriff: 02.03.2012.

Köller, Wilhelm (1988): Philosophie der Grammatik. Vom Sinn grammatischen Wissens. – Stuttgart: Metzler.

Köpcke, Klaus-Michael (2005): „Die Prinzessin küsst den Prinz" – Fehler oder gelebter Sprachwandel? – In: Didaktik Deutsch 18, 67-83.

Köpcke, Klaus-Michael/Christina Noack (2008): „Hau weg den Ball!" – Ausklammern oder nicht? – In: Der Deutschunterricht 61/2, 26-31.
- (2011): Zweifelsfälle erwünscht: Perspektiven für den Sprachunterricht. – In: Klaus-Michael Köpcke/Christina Noack (Hgg.): Sprachliche Strukturen thematisieren. Sprachunterricht in Zeiten der Bildungsstandards. – Baltmannsweiler: Schneider (Diskussionsforum Deutsch 28), 3-12.

Lehrplan für die Sekundarstufe I der weiterführenden allgemeinbildenden Schulen Hauptschule, Realschule, Gymnasium, Gesamtschule: Deutsch des Landes Schleswig-Holstein. [Online-Version: http://lehrplan.lernnetz.de/intranet1/links/materials/index.php?wahl=125] Letzter Zugriff: 02.03.2012.

Linke, Angelika/ Gerhard Voigt (1995): Sprache kritisieren – Sprachkritik. – In: Praxis Deutsch 132, 18-23.

Niehr, Thomas (2011): Von der „Fremdwörterseuche" bis zur „Sprachpanscherei". Populäre Fremdwortkritik gestern und heute. – In: Birte Arendt/Jana Kiesendahl (Hgg.): Sprachkritik in der Schule. Theoretische Grundlagen und ihre praktische Relevanz. – Göttingen: V&R unipress, 91-104.

Niehr, Thomas/Jan Funken (2009): Sprachkritik im Unterricht. Das Beispiel „Lexik und Semantik". – In: Aptum 5/2, 130-148.

Ossner, Jakob (2007a): Sprachbewusstheit: Anregung des inneren Monitors. – In: Heiner Willenberg (Hg.): Kompetenzhandbuch für den Deutschunterricht. Auf der empirischen Basis des DESI-Projekts. – Baltmannsweiler: Schneider, 134-147.
- (2007b): Grammatik in Schulbüchern. – In: Klaus-Michael Köpcke/Arne Ziegler (Hgg.): Grammatik in der Universität und für die Schule. Theorie, Empirie und Modellbildung. – Tübingen: Niemeyer (Reihe Germanistische Linguistik 277), 161-183.
Peschel, Corinna (2009): Grammatische Zweifelsfälle als Thema des Deutschunterrichts? Das Beispiel der ‚schwachen Maskulina'. – In: Mathilde Hennig/Christoph Müller (Hgg.): Wie normal ist die Norm? Sprachliche Normen im Spannungsfeld von Sprachwissenschaft, Sprachöffentlichkeit und Sprachdidaktik. – Kassel: university press, 39-59.
Polenz, Peter von (1973): Sprachkritik und Sprachnormenkritik. – In: Gerhard Nickel (Hg.): Angewandte Sprachwissenschaft und Deutschunterricht. – München: Hueber, 118-167.
Riegler, Susanne (2006): Mit Kindern über Sprache nachdenken – eine historischkritische, systematische und empirische Untersuchung zur Sprachreflexion in der Grundschule. – Freiburg im Breisgau: Fillibach.
Rothstein, Björn (2010): Sprachintegrativer Grammatikunterricht. Zum Zusammenspiel von Sprachwissenschaft und Sprachdidaktik im Mutter- und Fremdsprachenunterricht. – Tübingen: Stauffenburg (Stauffenburg Linguistik 51).
Schiewe, Jürgen (2009): Sprachkritik in der Schule. Vorüberlegungen zu Möglichkeiten und Zielen eines sprachkritischen Unterrichts. – In: Aptum 5/2, 97-105.
- (2011): Was ist Sprachkritik? Einige programmatische Überlegungen. – In: Birte Arendt/Jana Kiesendahl (Hgg.): Sprachkritik in der Schule. Theoretische Grundlagen und ihre praktische Relevanz. – Göttingen: V&R unipress, 19-30.
Steinbrenner, Marcus (2007): Freiheit und Bindung – Sprachlich-literarische Bildung und die Suche nach einem Denkrahmen für die Deutschdidaktik. – In: Susanne Gölitzer/Jürgen Roth (Hgg.): Wirklichkeitssinn und Allegorese. Festschrift für Hubert Ivo zum achtzigsten Geburtstag. – Münster: Monsenstein und Vannerdat, 390-420.
Weingarten, Rüdiger (2006): Downgeloadet oder gedownloadet? Zur grammatischen und orthographischen Integration von Fremdwörtern ins Deutsche. – In: Praxis Deutsch 198, 54-59.
Weisgerber, Bernhard (1975): Elemente eines emanzipatorischen Sprachunterrichts. 2., durchges. und erw. Aufl. – Heidelberg: Quelle & Meyer (Uni-Taschenbücher 144).

Andreas Bittner

Grammatischer Wandel – (Wandel) in der Grammatikdidaktik und im Grammatikunterricht?!

> what we really need is a window on the form
> of linguistic competence that is not obscured
> by factors like performance [...] In linguistic
> change we have precisely such a window.
>
> Kiparsky (1968: 174)

1. Ausgangsüberlegungen

In der folgenden Skizze geht es um die Beschreibung grammatischer Wandelprozesse. Das geschieht im Hinblick auf die Frage, welche Einsichten sie in das Werden und Sein real existierender grammatischer Strukturen einer Sprache liefern, die eigentlich originärer Gegenstand der Grammatikdidaktik und somit des Grammatikunterrichts sein müssten.

Der schulische Grammatikunterricht erweist sich trotz vieler Reformbemühungen und unterschiedlicher Herangehensweisen als wenig nachhaltig. Vielleicht liegt es daran, dass die in den Schulen vermittelte Grammatik in der Regel sowohl für den Lehrenden als auch für den Lernenden den Blick auf die implizite Grammatik von Sprechern verstellt (vgl. Bittner 2011). Wie dieses implizite grammatische Wissen überhaupt aussieht und wie Sprecher damit operieren, darüber könnten sprachliche Wandelprozesse Auskunft geben. Es geht also zunächst um die Verifikation des Gegenstands des Grammatikunterrichts und daraus resultierend dann um seinen Wandel.

Das heißt auch, dass in diesem Beitrag keine Vorschläge für den schulischen Grammatikunterricht gegeben werden. Die Kritik an der Darstellung von Grammatik in einigen Lehrwerken, die auf kurzen Analysen von vier Lehrwerken beruht, hat zunächst die ‚Ausbildung' von Deutschlehrern im Blick und stellt sich die Frage, in welcher Beziehung eine grammatische Bildung von Lehramtsstudierenden zum Grammatikunterricht steht, den sie halten sollen. Eine Antwort wäre: Wenn Lehramtsstudierenden kein anderes Verständnis von Grammatik eröffnet wird, können sie auch nicht kritisch mit den üblichen tradierten schulischen Grammatikdarstellungen umgehen, folglich auch nichts anderes vermitteln.

Der schulische Grammatikunterricht, wenn er denn stattfindet, ist geprägt von der bequemen Orientierung an der schriftstandardsprachlichen Norm und nutzt unkritisch und ohne zu hinterfragen ein feststehendes externes kategorielles Beschreibungsgerüst. Er ist grundsätzlich synchron ausgerichtet und vermittelt den Eindruck, Sprache sei etwas Statisches, Invariables. Das widerspricht nicht nur den sprachlichen Erfahrungen der Lerner. Die Nichtorientierung am tatsächlichen Gebrauch von Sprache ‚verschenkt' auch Möglichkeiten der Bezugnahme auf individuelles implizites grammatisches Wissen, das aus dem Können einer Sprache, also aus ihrem (mündlichen) Erwerb resultiert. Sie vernachlässigt zudem einen zentralen Wesensaspekt von Sprache, den der Prozessualität, der sich mit Begriffen wie Entwicklung, Dynamik, Variation und Wandel beschreiben lässt. Vor allem aber führt die fehlende diachrone Perspektive zum Verzicht auf grundlegende Einblicke in Bauprinzipien und Strukturen von Sprache.

2. Zielvorstellungen – theoretische Anknüpfungspunkte

Mit der Einbeziehung von Spracherwerb und Sprachwandel, mit der Analyse vollzogener und sich noch oder gerade vollziehender Sprachwandelprozesse geht es um eine Annäherung an das Thema der mentalen Repräsentation sprachlichen (morphologischen) Wissens bzw. Wissens über Sprache und den Versuch seiner Modellierung. Konkret soll dargelegt werden, was aus der Untersuchung von grammatischen Wandelprozessen über ein grammatisches System bzw. Teilsystem, seine Struktur und seine sprecherseitige Repräsentation zu erfahren ist. Aus der Analyse der sprachhistorischen Entwicklung sollen und können Strategien und Konzepte von Sprechern abgeleitet werden, die für die Beschreibung grammatischen Wissens und für die Vermittlung von Wissen über Grammatik essentiell sind. Als Untersuchungsbereich dient die deutsche Verbflexion, die sich mit dem noch immer andauernden Prozess des Übertritts von starken zu den schwachen Verben für eine exemplarische Analyse besonders eignet. Die Datenanalyse fußt auf historischen Grammatiken des Deutschen (vgl. Literaturliste), Duden-Grammatik (2005), Bittner (1996, 1998), Wurzel (2000), Grimm (1854ff.) und Duden (2000).

Das zugrunde gelegte theoretische Instrumentarium ist gebrauchsorientiert. Es lässt sich synchronisch auf Überlegungen zum Usage-Based Model beziehen und diachronisch im Rahmen von Natürlichkeits- und Präferenztheorien unter dem Gesichtspunkt der Markiertheit grammatischer Erscheinungen und ihrer Rolle im Sprachwandel verorten. Dabei sind zwei Grundannahmen gebrauchsbasierter Modelle wichtig. Zum einen, dass der Gebrauch sprachlicher Formen in Produktion und Perzeption die mentale Repräsentation linguistischen Wissens beeinflusst, zum anderen, dass nicht alle Wörter und Wortformen im mentalen Gedächtnis des Sprechers aufgelistet sind, sondern durch (abstraktere) Muster bzw. Schemata repräsentiert (in ihnen zusammengefasst) werden (vgl. Barlow/Kemmer 2000).

Die operationalisierbare Grundannahme präferenztheoretischer Konzepte lautet: Sprachliche Veränderungen sind in ihrem Auftreten dadurch motiviert, dass durch sie grammatische Komplexität abgebaut wird, die die menschliche Sprachkapazität (unnötig) belastet. Sie führen – spezifischen und jeweils nur für sie gültigen Kriterien der sprachlichen Ebenen Phonologie, Morphologie und Syntax folgend – zu weniger komplexen, präferenteren grammatischen Strukturen – wobei diese Veränderungen aufgrund der relativen Autonomie der einzelnen sprachlichen Ebenen gleichzeitig auf den jeweils anderen Ebenen die Entstehung komplexerer, weniger präferenter grammatischer Strukturen hervorrufen können (vgl. dazu vor allem Bailey 1973; Mayerthaler 1981; Vennemann 1990; Wurzel 2001, 1994; Dressler 1987 und Bittner 1996).

3. Warum Sprachgeschichte/Sprachwandel?

Warum soll nun gerade die Sprachgeschichte/der Sprachwandel zum besseren Verständnis des Gegenstands Grammatik und zu einer anderen Grammatikvermittlung beitragen können? Unser Umgang mit Sprachgeschichte/Sprachwandel ist ja bei weitem nicht unproblematisch: Edierte Texte stellen weitgehend die Quellen und Grundlagen der historischen grammatischen Beschreibung dar und liefern die Suggestion einer möglichen Standardisierung. Eine strukturierte Korpusbasierung, die Quellen nicht nur steinbruchartig auswertet, beginnt erst allmählich, ebenso das Bewusstsein für die Notwendigkeit der Datenpflege. Die Suche nach der Synchronie – Statik, Invarianten – in der Diachronie, eine kausale Auffassung von Sprachgeschichte, Datenpositivismus usw. stehen noch immer Prozessualität und Variation als Darstellungsziel im Wege. Das Diktum Hermann Pauls, dass in der Diachronie dieselben unveränderlichen Gesetze/Prinzipien wie in der Synchronie wirken, ist regelmäßig im o.g. Sinne missverstanden worden. Entsprechend ist das generelle Normverständnis beeinflusst: Die nur aus dem schriftsprachbezogenen synchronen Zustand gewonnenen Regeln normativer Grammatik entsprechen z.T. eben nicht der sprachlichen Realität. Indem man sie aber lehrt, werden sie auch in ihrer Unzulänglichkeit zu Reflexen und erzeugen als metasprachliche Eingriffe überdies unnatürliche Systeme. Normierung erscheint dann hauptsächlich als negative Sanktion und Vertikalisierung von Variation, die somit verdrängt wird und in der Etablierung von Varietäten ihren verfestigten, marginalen Ausdruck findet. Insofern trägt die Sprachgeschichtsforschung also ihren Anteil an der Verbreitung einer statischen Auffassung von Sprache.

Aber – und das sind die Kriterien, die ins Zentrum des Verständnisses auch von Sprachvermittlung rücken müssen – Sprachgeschichte und Sprachwandelprozesse liefern nicht nur aus Sicht präferenztheoretischer Konzepte Einblicke in kognitive Prozesse und ihre diskursiven Rahmenbedingungen. Sie besitzen in diesem Sinne psychische Realität. Sie lassen als Prozesse der Sprachoptimierung Prognosen mit Zeitdimension zu und sind, weil inhärent dynamisch und prozessual, biologisch, neurologisch, psychologisch und kognitiv fundier-, also erklärbar.

Sie bilden wie Erwerbsprozesse kognitive Strategien und sprachliche Kompetenzen ab und sind deshalb für die Ermittlung zugrundeliegenden grammatischen Wissens prädestiniert, denn „was sich im Wandel durchsetzt, muß erworben, also auch psychisch real sein" führt Mayerthaler (1981: 25) aus, der fortsetzt: „[...] es [gibt] kein adäquates Verständnis des Sprachwandels ohne das des kindlichen Spracherwerbs". Im Sprachwandelprozess spiegelt sich also das zur Anwendung kommende sprachliche Wissen von Sprechern.

Nutzbar gemacht werden soll die Einsichtnahme in dieses Wissen zunächst in der universitären Bildung, bei der eine weitere Zurückdrängung sprachhistorischer und die Sprachveränderung betreffender Bildungsinhalte verhindert werden muss, weil sonst leicht zu gewinnende grundlegende Einsichten in die Strukturierung und in das Funktionieren von Sprache vorenthalten bleiben. Letzteres beschreibt durchaus den gegenwärtigen Wissensstand von Lehramtsstudierenden. Eine Bewusstmachung des Prozesshaften, die Einblicke in grammatische Strukturen und kognitive Prozesse/Strategien eröffnet, für Sprache sensibilisiert und die Bewertung sprachlicher Operationen ermöglicht, muss jedoch notwendiger Teil universitärer Bildung sein.

Der Versuch, mithilfe der Analyse von grammatisch initiierten Sprachwandelprozessen grammatisches Strukturwissen aufzuspüren, ist außerdem ein Plädoyer für ein Grammatikverständnis, das vom Entdecken zur Kategorisierung schreitet und dabei sprachhistorisch verifizierte gebrauchsbasierte Beschreibungsmechanismen formuliert. Am Fallbeispiel der deutschen Verbflexion wird Sprachwandel – dem Spracherwerb vergleichbar – als aktiver Prozess des Aufbaus und der Anwendung sprachlichen Wissens dargestellt.

Gleichzeitig dient die Darstellung als Illustration möglicher Untersuchungs- und Rekonstruktionszugänge zu solchem Wissen, die Studierende (nach-) vollziehen können sollen.

4. Hypothesen zum Wandel in der deutschen Verbflexion

Das aus den Strategien sprachlichen Handelns in den Wandelprozessen erkennbar werdende implizite grammatische Wissen von Sprechern/Lernern soll bezogen auf die drei folgenden Hypothesen rekonstruiert werden, die davon ausgehen, dass es sich dabei um systematische, Komplexität ‚handhabbar' machende, motivierte und gebrauchsorientierte Wissensstrukturen handelt:

Hypothese 1:
Sprachhistorische Veränderungen/Sprachwandelprozesse verweisen darauf, dass Sprecher bezogen auf das jeweilige flexionsmorphologische (Teil)System einheitliche Strukturzüge anstreben, die flexionsklassenübergreifend operieren.

Hypothese 2:
Sprachhistorische Veränderungen/Sprachwandelprozesse verweisen darauf, dass Sprecher bezogen auf die Struktur von (Teil)Systemen die Spezifizierung des flexionsmorphologischen Verhaltens (Prinzipien der Zuordnung von Wörtern zu Flexionsklassen) im Rahmen paradigmatischer Strukturbedingungen (Paradigmen) vornehmen.

Hypothese 3:
Sprachhistorische Veränderungen/Sprachwandelprozesse verweisen darauf, dass Sprecher bezogen auf den Paradigmenaufbau und die segmentale Repräsentation der Lexeme im mentalen Lexikon diese Repräsentation auf der Basis von prädiktiven Kennformen (Schemata) realisieren.

5. Verifizierung der Hypothesen – Beobachtungen einschlägiger Sprachveränderungen im Übergang von den starken zu den schwachen Verben im Deutschen

5.1 Flexionsklassenübergreifende Strukturzüge

Beim Übergang starker Verben zu den schwachen werden sehr häufig nicht alle Formen eines bis dahin stark konjugierten Verbs gleichzeitig durch schwache Formen ersetzt. In der Regel erfolgt ein schrittweiser Übergang, also eine partielle Ersetzung der starken durch schwache Formen. Es genügt der Verweis auf einige aus der Literatur bekannte und wohl allen Sprechern präsente Beispiele: *salzen – er salzt – er salzte – gesalzen* (noch nicht: *gesalzt*), *melken – er melkt – er melkte – gemolken* (veraltet: *milkt* und *molk*), *gebären – sie gebärt – sie gebar – geboren* (veraltet: *gebiert*), *gären – es gärt – es gor – gegoren* (noch nicht: *gärte*). Dass solche partiellen Übergänge keine nur kurzfristigen Zwischenstufen der Sprachentwicklung darstellen, lässt sich wohl am besten am Beispiel von *mahlen* illustrieren: *er mahlt – er mahlte*, aber *gemahlen*.

Was lässt sich nun aus einem solchen Befund schlussfolgern? Die im beschriebenen Sprachwandelprozess entstehenden ‚Mischflexionen' (und eben nicht der direkte Übertritt in klar definierte und scharf abgegrenzte Flexionsklassen) verweisen auf die Existenz von Strukturregularitäten oberhalb der Ebene der Flexionsklassen, die sich auf das gesamte Teilflexionssystem beziehen und/oder für die Existenz ganz anderer Flexionsklassen sprechen, als von der traditionellen Grammatik angenommen. ‚Sprachwandelt' man etwas weiter, tun sich andere Evidenzen für die Existenz einheitlicher übergreifender Strukturzüge des deutschen Verbflexionssystems auf, hier sei wiederum nur beispielhaft auf einige dieser weiteren Wandelprozesse verwiesen:

- Vereinheitlichung der Symbolisierung der 2.Ps.Sg. am Verb durch die Ersetzung des Flexivs *-e*, das nur in der Flexion der 2.Ps.Sg.Prät.Ind. der starken Verben auftrat, durch das Flexiv *-(e)st* im Frühneuhochdeutschen: mhd. *du swümme, büge, næme, grüebe* > fnhd. *du schwamm(e)st, bog(e)st, nahm(e)st, grub(e)st* (Prät.Ind.)

- Vereinheitlichung des Präteritalvokals im Singular und Plural der starken Verben: mhd. *ich swam, du swümme, wir swummen* > fnhd. einheitlich *schwamm-*.

Diese beiden Beispiele belegen nicht einfach nur einen flexionsklassenübergreifenden paradigmatischen Ausgleich, sie stellen vielmehr die Herausbildung einer bis dahin nicht vorhandenen separaten Symbolisierung von Tempus/Modus einerseits und Numerus/Person andererseits dar (eigentlich geht es hier um die Kennzeichnung von ‚+/- Bestandteil des Sprechereignisses', d.h. +/- Distanz, und nicht um Numerus und Person; vgl. Bittner D. 2005), eine Veränderung der Kodierungsstruktur im gesamten Teilsystem, was wiederum auf das Wirken flexionsklassenübergreifender (für alle Flexionsklassen geltender) Strukturregularitäten schließen lässt: mhd. *swümm* (Prät.) *-e* (Prät., Ind., Sg., 2.Ps.) > fnhd. *schwamm* (Prät./Ind.) *-(e)st* (Sg./2.Ps.); fnhd. *sag-et* (Prät.) *-est* (Sg./2.Ps.); fnhd. *nahm* (Prät./Ind.) *-(e)t* (Pl./2.Ps.).

Es lassen sich mühelos weitere Wandelerscheinungen auflisten, die sich auf generelle Strukturregularitäten des Teilsystems der deutschen Verbflexion beziehen, genannt seien hier nur solche, die z.B. auf das Vorhandensein und die Beibehaltung universeller Wortstrukturregularitäten (Aspekt – Tempus – Modus; vgl. Bybee 1985) hindeuten, vgl. ahd. $[[[\text{suox}]_{St}\ t]_{Temp}\ i:]_{Mod}\ m]_{V\text{-Num/Ps}}$ > nhd. $[[[\text{su:x}]_{St}\ t]_{Temp/Mod}\ en]_{V\text{-Num/Ps}}$, und solche, die auf eine von den Sprechern hinsichtlich der Symbolisierungsfunktion und -validität vorgenommene Hierarchisierung von Markertypen in der Reihenfolge Dentalsuffix – Vokalwechsel – Konsonantenwechsel verweisen: mhd. *smecken – smahte > smacte* (konsonantische Präsensangleichung) > fnhd. *schmeckte* (Beseitigung des Rückumlauts). Gegenwärtig im Übergang befindlich: *senden – sandte, wenden – wandte > sendete, wendete.*

Die diskutierten Sprachwandelerscheinungen sprechen eindeutig für das Vorhandensein von auf das gesamte Teilsystem gerichteten Strukturzügen, die das Produkt des Sprechhandelns und somit Teil des sprachlichen Wissens der Sprecher sind, und an das schulische Grammatikvermittlung anknüpfen kann.

5.2 Paradigmatische Strukturbedingungen

Der Übergang von den starken zu den schwachen Verben im Deutschen lässt sich insgesamt als konsequent stufenweise verlaufender Prozess beschreiben:

	Imperativ	Präsens	Präteritum	Konjunktiv II	Partizip II
werfen	wirf	wirft	warf	wärfe /würfe	geworfen
werden	_werde_	wird	wurde	würde	geworden
heben	_hebe_	_hebt_	hob	höbe	gehoben
schinden	_schinde_	_schindet_	_schindete_	schünde	geschunden
melken	_melke_	_melkt_	_melkte_	_melkte_	gemolken
bellen	_belle_	_bellt_	_bellte_	_bellte_	_gebellt_

Es entstehen im Wandel des Flexionssystems deutscher Verben tatsächlich keine anderen Konstellationen der Verknüpfung von Verbformen, als die hier dargestellten. Deshalb kann davon ausgegangen werden, dass die grammatischen Kategorien und damit auch die sie repräsentierenden Wortformen in gerichteten implikativen Beziehungen zueinander stehen. Es lassen sich die folgenden beiden Implikationen formulieren:

(a) (i)   st.Imp.   ⊃ st.Präs.   (b) (i)   sw.Part.Perf. ⊃ sw.Konj.II.
    (ii) st.Präs. ⊃ st.Prät.   (ii) sw.Konj.II.   ⊃ sw.Prät.
    (iii) st.Prät. ⊃ st.Konj.II   (iii) sw.Prät.   ⊃ sw.Präs.
    (iv) st.Konj.II ⊃ st.Part.Perf.   (iv) sw.Präs.   ⊃ sw.Imp.

Die Notationen (a) und (b) unterscheiden sich durch ihre polaren Ausgangspositionen stark vs. schwach. Sie kennzeichnen und stellen nur die Wortformen (Paradigmenpositionen) in Relation zueinander, in denen die starke Flexion von der schwachen abweicht und umgekehrt. Zu lesen sind sie wie folgt: Sofern etwa ein starkes Präteritum nachweisbar ist, sollte auch starke Flexion beim Konjunktiv II und beim Partizip II auftreten, aber nicht ebenso notwendig auch bei der 3.Ps.Sg.Ind.Präs. Die skizzierten Implikationen sind Paradigmenstrukturbedingungen, die die Zuordnung von Wörtern zu Flexionsklassen ‚regeln' und den Rahmen für Veränderungen darstellen. Das Flexionsverhalten ergibt sich für die schwachen Verben quasi automatisch (alle neuen Verben des Deutschen werden schwach konjugiert), nur die davon abweichenden starken Verben müssen bezogen auf die implikativen Paradigmenstrukturbedingungen im mentalen Lexikon von Sprechern spezifiziert werden, z.B.: *heben* als *heben* [Ablaut/Prät.], *melken* als *melken* [Ablaut und -ən/Part. II]. Alle anderen Formen ergeben sich prädiktiv aus Worteigenschaften und Implikationsmustern – beides ist, wie Paradigmen selbst, psychisch real, d.h. Teil des Wissens und der Strategie von Sprechern.

Schwache und starke Verben können somit als ein Kontinuum, wenn man so will als eine auf paradigmatischen Strukturbedingungen basierende gemeinsame Flexionsklasse gedeutet werden.

Dass daneben eine weitere, semantisch motivierte Flexionsklasse der Modalverben existiert, kann aus Sprachveränderungen abgelesen werden, die das Verb *brauchen* betreffen, das im Frühneuhochdeutschen in negativen und restriktiven Kontexten modale Bedeutung ('gezwungen sein, etwas zu tun') annimmt. Dabei findet häufig ein Übergang in der 3.Ps.Sg.Ind.Präs. von (*er*) *braucht* zu (*er*) *brauch* statt – ein morphologischer (Angleichung an die Flexion der Modalverben) und kein phonologischer Wandel, denn die gleichlautende 2.Ps.Pl.Ind.Präs. ist von diesem Übergang nicht betroffen (**ihr brauch*). Auch hier wirkt also eine implikative Paradigmenstrukturbedingung, nämlich die für die Klasse der Modalverben (vgl. Bittner 1996: 107). Syntaktisch tendiert *brauchen* in modaler Bedeutung ebenfalls zum Übertritt in die Klasse der Modalverben (vgl. häufiges *Sie braucht nicht kommen* vs. *Sie braucht nicht zu kommen*).

5.3 Kennformen – Schemata

Das Unterscheidungskriterium verbaler Flexionsklassen des Althochdeutschen lag in den Formen der Infinitive, vgl. *geb**an***: starke Klasse, *suoch**en***: *jan*-Klasse, *salb**ōn***: *ōn*-Klasse und *hab**ēn***: *ēn*-Klasse. Diese distinktiven Infinitivmarker wurden im Übergang zum Mhd. durch phonologischen Wandel zu [-ən] neutralisiert, vgl. mhd. *geben, suochen, salben* und *haben*. Erst nach dieser phonologisch motivierten Vereinheitlichung der Infinitive, an denen die Flexionsklassenzugehörigkeit nun nicht mehr erkennbar war, beginnt ein bis heute anhaltender morphologischer Wandel, der sich im Übertritt starker Verben zu den schwachen äußert, vgl. fnhd. *bellen, kreischen, schmiegen – boll, krisch, schmog* (Prät.) > nhd. *bellte, kreischte, schmiegte*. Gegenwärtig sind ca. 50 starke Verben von diesem Klassenübergang betroffen (vgl. Bittner 1996: 111).

Aus diesem Wandelbefund lassen sich zunächst zwei Einsichten gewinnen. Zum einen wird deutlich, dass eine quasi nominale Form wie der Infinitiv zum Paradigma deutscher Verben gehört. Zum anderen weist er darauf hin, dass der Infinitiv die prädiktive Kennform deutscher Verben ist, die Grundform, aus der alle weiteren Verbformen des Paradigmas ableitbar sind. Das hat sich bis heute nicht geändert. Verbale Wortformen sind also nicht gleichwertig. Dieser Befund kann durch weitere Wandelerscheinungen in der Geschichte des Deutschen untermauert werden, wie z.B. durch die Vereinheitlichung im Präsensvokalismus der starken Verben, vgl. fnhd. *fliegen, ich fliege, du fleug(e)st, er fleug(e)t, wir fliegen* > nhd. *fliegen, ich fliege, du fliegst, er fliegt, wir fliegen* und fnhd. *kriechen, ich krieche, du kreuch(e)st, er kreuch(e)t, wir kriechen* > nhd. *kriechen, ich krieche, du kriechst, er kriecht, wir kriechen*. Oder anhand der Vereinheitlichung im Präsenskonsonantismus der starken Verben, vgl. fnhd. *sehen, ich sehe, du sichst, er sicht, wir sehen* > nhd. *sehen, ich sehe, du siehst, er sieht, wir sehen*. Beide Ausgleichsprozesse verallgemeinern die phonologische Struktur des Infinitivs. Dass beispielsweise zugehörige deverbale Nomina von diesem Ausgleich nicht erfasst werden – *sehen* vs. *Sicht*, *geschehen* vs. *Geschichte* – spricht wiederum für die Zugehörigkeit des Infinitivs zum Verbparadigma und das Vorhandensein eines morphologischen Wandels.

Eine weitere wichtige Schlussfolgerung erwächst für die Speicherung sprachlichen Wissens im mentalen Lexikon der Sprecher aus der Tatsache, mit dem Infinitiv die Grundform der deutschen Verbflexion fixiert zu haben: Flexionsmorphologisches Wissen ist in Form von Grundformen, d.h. durch Wortformen und nicht durch Basismorpheme, repräsentiert. Somit ist die verbale Flexionsmorphologie des Deutschen wortbasiert – und bei der Bildung abstrakterer Schemata zur Motivierung von Flexionsverhalten beziehen sich Sprecher auf die Ähnlichkeit nichtmorphologischer Eigenschaften von

Wortformen – wobei außerdem nicht sämtliche Flexionsformen des Paradigmas lexikalisch gespeichert werden müssen.

6. Zusammenfassung der Schlussfolgerungen zur Struktur sprachlichen Wissens

Welches Gesamtbild lässt sich nun also zusammenfassend aus den diskutierten Sprachwandelszenarien im Hinblick auf die in den Hypothesen formulierten Aspekte und damit vom Flexionswissen von Sprechern zeichnen? Folgendes ist wohl grundsätzlich als Erkenntnis festzuhalten, die eine Modellierung mentaler Repräsentation zu berücksichtigen hat:

- Flexionsmorphologisches Wissen ist in Form von Grundformen (Mustern/Schemata) im mentalen Lexikon von Sprechern repräsentiert, d.h. durch konkrete, gegliederte Wortformen, die als Ableitungsbasis dienen, wodurch nicht sämtliche Flexionsformen des Paradigmas lexikalisch gespeichert werden müssen. Als prädiktive Grundform der deutschen Verbflexion fungiert der Infinitiv.

- Die Flexionsweise der Lexeme ist also durch phonologische und/oder syntaktische und/oder semantische Eigenschaften ihrer Grundform bestimmt, davon abweichendes Flexionsverhalten wird im mentalen Lexikon der Sprecher durch zusätzliche Kennformen bzw. Kategorienmarker spezifiziert, die als Indikatoren der Flexionsklassenzugehörigkeit (Flexionsweise) fungieren, prädiktables Flexionsverhalten wird nicht spezifiziert.

- Die Relationen zwischen Flexionsformen sind gerichtet und implikativ. Sie bilden Strukturregularitäten (Paradigmenstrukturbedingungen) von Flexionsparadigmen.

- Bezugspunkt dieser Strukturregularitäten ist das gesamte (Teil-)Flexionssystem. Sprecher reflektieren klassen- und paradigmenübergreifende Zusammenhänge.

7. Deutsche Verbflexion im Grammatikunterricht

Präferieren und verfolgen die in den Unterrichtsgrammatiken gewählten Ausgangspositionen und Vermittlungsformen diese aus der Sprachveränderung zu gewinnenden Erkenntnisse über das implizite Wissen von Sprechern/Lernern und die von ihnen verfolgten Lern- und Gebrauchsstrategien? Knüpfen sie an ihnen an? Nehmen sie wenigstens Notiz von ihnen? Wenn ja, müsste bei der Vermittlung von den Grundformen ausgegangen werden. Anschließen sollte sich die implikative Verknüpfung von Formen, bei der paradigmatische Relationen und Regularitäten entstehen, die auf ein einheitliches systematisch strukturiertes Funktionsgefüge zielen. Die Annahme von Ableitungsstrategien auf der Basis von Ähnlichkeitsaspekten, die Erkenntnis, dass paradigmatische Anordnung eine psychisch reale kognitive Strategie darstellt, dass Sprecher/Lerner (Teil-)Systeme etablieren und zu deren Vereinheitlichung nach spezifschen Kriterien tendieren, dass sie die gerichtete Veränderung solcher (Teil-)Systeme vorantreiben, bedeutet für das deutsche Verbsystem, dass ein verbales Kontinuum zwischen starker und schwacher Konjugationsweise besteht und dass daneben nur eine semantisch motivierte Klasse (Modalverben) existiert, die ein eigenes, distinktives Paradigma aufweist. Es bedeutet weiterhin, dass von Sprechern ‚betriebene' Sprachveränderung sich an Parametern der Einheitlichkeit dieses funktionalen Systems über seine einzelnen Subklassen hinaus orientiert und dass das alles über die mentale Repräsentation weniger Grund- bzw. Kennformen geschieht (Infinitiv und Informationen spezifischer Wortformen), aus denen möglichst viele andere Formen abgeleitet werden können (vgl. Bittner 1996). Diese völlig andere Sicht auf ein natürlich immer noch komplexes System wäre Grundlage der Vermittlung von grammatischem Wissen in diesem Teilbereich, von der behauptet werden könnte, dass sie dem Vorwissen von Sprechern/Lernern adäquat ist.

Um eine Diskussion zu diesen Fragen anzustoßen, soll abschließend ein bisher wenig detaillierter Blick in die Darstellung der deutschen Verbflexion als Unterrichtsgegenstand geworfen werden. Für die Illustration der Art und Weise der Vermittlung liegen für den Grundschulbereich Bartnitzky (2005) und für den Grammatikunterricht in der Sek. I die Lehrbücher und Lehrerhandreichungen *Deutsch vernetzt 5 & 6* (2001), *Deutschbuch 5* (2004), *Praxis: Sprache & Literatur 5-7* (2006), *Wortstark 7 & 8* (2008) zugrunde. Pauschal lässt sich auf der Basis dieser Einblicke eine sehr identische Verfahrensweise erkennen. Der Zugang zur deutschen Verbflexion wie auch ihre Vermittlung erfolgt in allen vier Publikationen atomistisch auf das Benennen und Einüben einzelner Wortformen bezogen, die hinsichtlich ihres grammatischen und paradigmatischen Stellenwerts nicht unterschieden werden. Abweichungen in der Bildungsweise einzelner Formen mit gleicher grammatischer Funktion werden dabei natürlich registriert, aber kaum erklärend begleitet. Grammatische Kategorien werden getrennt und nacheinander in verschiedenen Schulphasen bearbeitet: Person, Numerus, dann Tempus in der Grundschule, Modus und Passiv erst in der Sekundarstufe I. Ob dabei die morphologische Form tatsächlich die unterstellte Kategoriensemantik, z.B. bei den Kategorien Person und Numerus, abbildet, steht nicht zur Debatte. Die vermutete Relation zwischen Form und Inhalt wird kritiklos als gegeben aus der externen Norm übernommen. Auch da, wo Dynamik in der Flexion thematisiert wird, erfolgt das unter dem Aspekt des Normbezugs und formaler Invarianz: Was bleibt gleich? Was ändert sich? Ist das bei allen Verben so? Terminologisch ist die Rede von starken und schwachen bzw. von regelmäßigen und unregelmäßigen Verben. Beide Einteilungen werden jeweils verknappt benannt, aber nicht erklärt, die darin enthaltene Auffassung von Regel vs. Ausnahme erfährt keine kritische Überprüfung. Dass keine Darstellung der Entwicklung erfolgt, aber auch in Bezug auf die Verwendung in nur synchronischer Sicht nicht auf den tatsächlichen Sprachgebrauch orientiert wird, verdeutlicht letztlich der Verweis auf Listen starker bzw. unregelmäßiger Verben.

Auch die in den Rahmenlehrplänen verschiedener Bundesländer geforderte Entwicklung der Fähigkeit, Tempusformen und später Modusformen aus anderen finiten (bzw. infiniten) ableiten zu können, veranlasst in der ‚Unzulänglichkeit' der vorgeschlagenen Ableitungsprozeduren, der Unklarheit, welche Form aus welcher abzuleiten ist bzw. ob überhaupt abgeleitet werden kann, nicht zur Auseinandersetzung mit grundsätzlicheren Fragen: Welche Kategorieninhalte werden tatsächlich symbolisiert? Stehen flexionsmorphologische Kategorien in hierarchischen Relationen zueinander? Müssen formübergreifende Zusammenhänge und damit die Unterschiedlichkeit des Stellenwerts einzelner Formen und Kategorien berücksichtigt werden? Fragen, die unterschiedliche Beispiele wie die folgenden aufwerfen:

(1) *werfen – wirft – warf – geworfen*; *wirft – werfe* (Konj. I); *warf – wärfe/würfe* (Konj. II); *wirfst – wirf* (Imp.),

(2) *hauen – haut – hieb/haute – gehaut/gehauen*; *haust – haue* (Konj. I); *hieb/haute – hiebe/haute* (Konj. II); *haust – hau(e)* (Imp.),

(3) *fechten – fechtet – fechtete/focht – gefechtet/gefochten*; *fechtet/ficht – fechte* (Konj. I); *fechtete/focht – fechtete/föchte* (Konj. II); *fechtest/fichst – fecht(e)/ficht* (Imp.),

(4) *bringen – bringt – brachte – gebracht*; *bringen – bringe* (Konj. I); *brachte – brächte* (Konj. II); *bringst – bring(e)* (Imp.),

(5) *sagen – sagt – sagte – gesagt*; *sagen – sage* (Konj. I); *sagte – sagte* (Konj. II); *sagst – sag(e)* (Imp.).

Die explizite Zielstellung aller vier Unterrichtswerke, eine vollständige Systematik der Flexionsmöglichkeiten ausdrücklich nicht anzustreben, wird mit dem nahezu völligen Verzicht auf die Darstellung systematischer Zusammenhänge verwechselt. Nicht nur der systematische Aufbau dieses sprachlichen Teilsystems und die Rolle struktureller Zusammenhänge bleiben unreflektiert. Aus der Annahme heraus, die Paradigmen- und Flexionsklassendarstellungen der traditionellen Grammatiken seien zu komplex, um von den Schülern verstanden zu werden, erfolgt generell keine paradigmatische Darstellung. Der Zweifel daran, dass sie, so wie sie in präskriptiven Grammatiken erscheinen, die sprachliche Realität abbilden, wird unreflektiert dahingehend umgedeutet, dass Paradigmen generell Konstrukte der externen Beschreibung von Sprache sind und keine psychisch realen Instrumente kognitiven Zugangs zu ihr.

Die Vermittlung der deutschen Verbflexion in diesen Unterrichtsbüchern orientiert sich eben nicht am aus dem Erwerb, aus dem ‚Können' einer Sprache resultierenden sprachlichen (Vor-)Wissen, sie knüpft demzufolge auch nicht an diesem an und hat auch nicht den tatsächlichen Gebrauch im Auge. Vielmehr wird mit der strikten Orientierung an der schriftsprachlichen Norm, dem Verzicht auf jedweden Systembezug, der Darstellung von Flexionsklassen und -paradigmen als psychisch nicht real und der fehlenden Operationalisierung der Unterscheidung von Grund- und abgeleiteter Form eine präskriptive Grammatik vermittelt, die den bisherigen sprachlichen Erfahrungen der Sprecher/Lerner nicht entspricht. Das führt zu Fremdheit, Distanz und Desinteresse bei der Beschäftigung mit Grammatik.

8. Fazit – Allgemeiner didaktischer Bezug

Die Beschäftigung mit Grammatik hat immer ein funktionales System zum Gegenstand, allerdings kein logisch-systematisches, sondern ein historisch gewachsenes, das Sprachebenen übergreifend ein zusammenhängendes Funktionspotential entfaltet. Grammatik liefert im Rahmen sprachlicher Differenzierungsprozesse der Sprachproduktion und -interpretation Orientierungs-, Interpretations- und Instruktionssignale. Es geht darum, sprachliche Zeichen zu deuten und zu reflektieren, eine kategoriale Erschließung der Wirklichkeit abzubilden, über Ordnungs- und Deutungsschemata nachzudenken und sie verändern zu können. Diese Prozeduren der Identifizierung, der Perspektivierung, der Funktionszuschreibung und der kritischen Bewertung sprachlicher Formen im Hinblick auf die Umsetzung dieser Funktionalität vollziehen Sprecher relativ unbewusst. Wenn sie im Unterrichtsprozess den Status des unhinterfragt Selbstverständlichen verlieren und als Funktionales/Geschaffenes erkannt werden sollen, muss dieser Prozess der Selbsterkenntnis – der Abstraktion, Verfremdung und externer Objektivierung gleichermaßen bedarf – an gewohnte Strategien des Sprachkönnens, also des Sprachwissens von Sprechern anknüpfen. Wie diese Strategien und Wissensstrukturen beschaffen sind, darüber können neben dem Spracherwerb Sprachwandel und Sprachgeschichte Auskunft geben. Sie werden somit zu einer wichtigen Begründungsinstanz für die Didaktisierung und die Vermittlung von Grammatik bzw. sprachlichem Wissen.

Daten aus grammatischem Sprachwandel und sprachgeschichtlicher Entwicklung grammatischer Systeme gestatten den Blick auf die kognitive Kompetenz der Sprecher, d.h. sie offenbaren deren Umgang mit sprachlichen Erscheinungen aus den Bereichen Phonologie, Morphologie und Syntax, die die menschliche Sprachkapazität durch ihre grammatische Komplexität mehr oder weniger belasten. Sie dokumentieren auch die von den Sprechern hierarchisch organisierten implikativen Beziehungen, die zwischen den sprachlichen Erscheinungen verschiedener Wandelebenen bestehen.

Der Verzicht auf diese Erkenntnisse über die grammatische (Vor-)Wissensstruktur der Sprecher erschwert das Verständnis und den Umgang mit dem Gegenstand ‚Sprache' und setzt wenig Erfolg versprechende Vermittlungsprämissen. Strukturelles Wissen über Flexionssysteme ist erworben und somit anwendungsbereit; die Fähigkeit, paradigmatische Zusammenhänge herzustellen, die aus Einzelformen abgeleitet werden können, gehört zu den kognitiven Strategien von Sprechern auch geringen Alters. Das Anknüpfen daran ist somit für den Lern- und Vermittlungsprozess mehr als ökonomisch. Weil Wissen über Sprachgeschichte und Sprachwandel zu solchen Erkenntnissen führen kann, muss es Gegenstand der universitären Bildung auch von Lehrern sein und bleiben.

Lehrwerke

Baurmann, Jürgen (Hg.) (2001): Deutsch vernetzt 5 & 6. – Frankfurt a.M.: Diesterweg.
Busse, August/Ingrid Hintz (Hgg.) (2008): Wortstark 7 & 8. – Braunschweig: Schroedel.
Menzel, Wolfgang (Hg.) (2006): Praxis: Sprache & Literatur 5 – 7. – Braunschweig: Westermann.
Schurf, Bernd/Wieland Zirbs (Hgg.) (2004) Deutschbuch 5. 1. Aufl., 3. Druck. – Berlin: Cornelsen.

Literatur

Bailey, Charles-James Nice (1973): Variation and Linguistic Theory. – Arlington: Center for Applied Linguistics.
Barlow, Michael/ Suzanne Kemmer (Hgg.) (2000): Usage-Based Models of Language. – Stanford: CSLI.
Bartnitzky, Horst (2005): Grammatikunterricht in der Grundschule. 1.-4. Schuljahr. – Berlin: Cornelsen.
Bittner, Andreas (1991): Präferenztheorie, Sprachwandel und Spracherwerb oder Wenn Spracherwerb Sprachwandel wär' ... – In: Armin Bassarak/Andreas Bittner/Dagmar Bittner: Innersprachliche Faktoren des Wandels (Arbeitspapiere des Projektes „Prinzipien des Sprachwandels" 5), 3-16.
- (1996): Starke „schwache" Verben – schwache „starke" Verben. Deutsche Verbflexion und Natürlichkeit. – Tübingen: Stauffenburg (Studien zur deutschen Grammatik 51).
- (1998): Variation in Flexionssystemen. – In: Matthias Butt/Nanna Fuhrhop (Hgg.): Variation und Stabilität in der Wortstruktur. Untersuchungen zu Entwicklung, Erwerb und Varietäten des Deutschen und anderer Sprachen. – Hildesheim/Zürich/New York: Olms (Germanistische Linguistik 141/142), 27-44.
- (2010): Aspekte diachronischer Fundierung. Historische Linguistik und mentale Repräsentation flexionsmorphologischen Wissens. – In: Arne Ziegler (Hg.): Historische Textgrammatik und Historische Syntax des Deutschen – Traditionen, Innovationen, Perspektiven. Unter Mitarbeit von Christian Braun. Bd. 1: Diachronie, Althochdeutsch, Mittelhochdeutsch. – Berlin /New York: de Gruyter, 237-260.
- (2011): Das Implizite ‚explizieren' – Überlegungen zum Wissen über Grammatik und zum Gegenstand des Grammatikunterrichts. – In: Klaus-Michael Köpcke/ Arne Ziegler (Hgg.): Grammatik – Lehren, Lernen, Verstehen. Zugänge zur Grammatik des Gegenwartsdeutschen. – Berlin/Boston: de Gruyter (Reihe Germanistische Linguistik 293), 17-35.
Bittner, Andreas/ Klaus-Michael Köpcke (2007): Überlegungen zur Repräsentation grammatischen Wissens am Beispiel der Verbmorphologie des Deutschen. – In: Claudio Di Meola u.a. (Hgg.): Perspektiven Zwei. Akten der 2. Tagung Deutsche Sprachwissenschaft in Italien (Rom, 9.-11.2.2006). – Roma: Istituto Italiano di Studi Germanici, 3-15.
- (2010): *Ich würde, wenn ich wüsste, dass ich könnte ...* Der deutsche Konjunktiv zwischen Synthese und Analyse. – In: Dagmar Bittner/Livio Gaeta (Hgg.): Kodierungstechniken im Wandel. – Berlin/NewYork: de Gruyter (Linguistik – Impulse und Tendenzen 34), 23-46.
Bittner, Dagmar (2005): Evidenzen für ein aspektuell basiertes Flexionsparadigma der deutschen Verben. – In: Gertraud Fenk-Oczlon/Christian Winkler (Hgg.): Sprache und Natürlichkeit. Gedenkband für Willi Mayerthaler. – Tübingen: Narr (Tübinger Beiträge zur Linguistik 483), 21-36.
Braune, Wilhelm (1987): Althochdeutsche Grammatik, 14. Auflage, bearb. von Hans Eggers. – Tübingen: Niemeyer (Sammlung kurzer Grammatiken germanischer Dialekte A/5).

Bybee, Joan L. (1985): Morphology: A Study of the Relation between Meaning and Form. – Amsterdam u.a.: Benjamins (Typological studies in language 9).
– (2001): Phonology and language use. – Cambridge u.a.: Cambridge University Press (Cambridge studies in linguistics 94).
Dressler, Wolfgang U. u.a. (1987): Leitmotifs in Natural Morphology. – Amsterdam u.a.: Benjamins (Studies in language/Companion series 10).
DUDEN (2000): Duden, Die deutsche Rechtschreibung. Herausgegeben vom wissenschaftlichen Rat der Dudenredaktion. 22. Auflage. – Mannheim u.a.: Dudenverlag (Der Duden 1).
– (2005): Duden, Die Grammatik. Unentbehrlich für richtiges Deutsch. Herausgegeben von der Dudenredaktion. 7., völlig neu erarb. und erw. Aufl. –Mannheim u.a.: Dudenverlag (Der Duden 4).
Ebert, Robert Peter u.a. (1993): Frühneuhochdeutsche Grammatik. Tübingen: Niemeyer (Sammlung kurzer Grammatiken germanischer Dialekte A/12).
Grimm, Jakob/Wilhelm Grimm (1854ff.): Deutsches Wörterbuch. – Leipzig: Hirzel.
Kiparsky, Paul (1968): Linguistic Universals and Linguistic Change. – In: Emmon Bach/Robert T. Harms/Charles J. Filmore (Hgg.): Universals in Linguistic Theory. – New York u.a.: Holt, Rinehart & Winston, 170-210.
Köller, Wilhelm (1997): Funktionaler Grammatikunterricht. Tempus, Genus, Modus: wozu wurde das erfunden? – Baltmannsweiler: Schneider.
Köpcke, Klaus-Michael (1998): Prototypisch starke und schwache Verben der deutschen Gegenwartssprache. – In: Matthias Butt/Nanna Fuhrhop (Hgg.): Variation und Stabilität in der Wortstruktur. Untersuchungen zu Entwicklung, Erwerb und Varietäten des Deutschen und anderer Sprachen. – Hildesheim/Zürich/New York: Olms (Germanistische Linguistik 141/142), 45-60.
Leiss, Elisabeth (1998): Über das Interesse der Grammatiktheorie an Sprachwandel und ihr Desinteresse an Sprachgeschichte. – In: ZAS Papers in Linguistics 13, 196-211.
Mayerthaler, Willi (1980): Morphologische Natürlichkeit. – Wiesbaden: Athenäum (Linguistische Forschungen 28).
– (1981): Warum historische Linguistik? – In: Klagenfurter Beiträge zur Sprachwissenschaft 7/1, 19-38.
Paul, Hermann (1917): Deutsche Grammatik. Bd. 2: Flexionslehre. – Halle a.S.: Niemeyer.
– (1975): Prinzipien der Sprachgeschichte. 9., unveränderte Auflage. – Tübingen: Niemeyer (Konzepte der Sprach- und Literaturwissenschaft 6).
– (1989): Mittelhochdeutsche Grammatik. 23. Auflage, neu bearb. von Peter Wiehl u. Siegfried Grosse. – Tübingen: Niemeyer (Sammlung kurzer Grammatiken germanischer Dialekte A/2).
Vennemann, Theo (1990): Language change as language improvement. – In: Vincenzo Orioles (Hg.): Modelli Esplicativi Della Diachronia Linguistica. Atti del Convegno della Società Italiana di Glottologia Pisa, 11-35.
Wunderlich, Dieter/ Ray Fabri (1995): Minimalist morphology. An approach to inflection. – In: Zeitschrift für Sprachwissenschaft 14/2, 236-294.
Wurzel, Wolfgang Ullrich (2001): Flexionsmorphologie und Natürlichkeit. Ein Beitrag zur morphologischen Theoriebildung. 2. Aufl. – Berlin: Akademie-Verlag (Studia grammatica 21).

- (1994): Grammatisch initiierter Wandel. Unter Mitarbeit von Bittner, Andreas & Bittner, Dagmar – In: Benedikt Jeßing (Hg.): Sprachdynamik. Auf dem Wege zu einer Typologie sprachlichen Wandels. Aus dem Projekt „Prinzipien des Sprachwandels" Berlin/Bochum/Essen/Leipzig. In acht Bänden. Gefördert durch die Volkswagenstiftung. – Bochum: Brockmeyer (Bochum-Essener Beiträge zur Sprachwandelforschung 23).
- (2000): „Dia-Synchronie" oder: Vom Wandel zur Struktur. In: Josef Bayer/Christine Römer (Hgg.): Von der Philologie zur Grammatiktheorie. Peter Suchsland zum 65. Geburtstag. – Tübingen: Niemeyer, 417-431.

Maximilian Scherner

Grammatik im Deutschunterricht der Sekundarstufe II – struktur- oder prozessorientiert?

1. Ausgangslage

Wenn man heute von Grammatikunterricht im Fach Deutsch auf der Sekundarstufe II spricht, redet man in zweierlei Hinsicht von einem Phantom: Einmal, weil es nach den verschiedenen Lehrplänen der einzelnen Bundesländer ein separates Aufgabenfeld *Grammatik* in dieser Schulstufe gar nicht gibt. Daran konnten auch Vorschläge und Forderungen, die aus dem Elfenbeinturm der Wissenschaft immer wieder erhoben werden (vgl. z.B. Köpcke/Ziegler 2007, insbesondere den Beitrag von Dürscheid) bislang nichts ändern. Zum andern, weil auch für die von den Lehrplänen heute durchgängig vorgeschriebene, in das Aufgabenfeld *Umgang mit Texten* integrierte Sprachbetrachtung Gleiches gilt: Trotz dieser curricularen Festschreibung handelt es sich nach allgemeiner Einschätzung beim Deutschunterricht der Sekundarstufe II weitgehend um eine von „Sprachbetrachtung und grammatischer Analytik freie Zone" (Scherner 2011: 363f.) und nach der empirischen Sichtung der Zentralabiturthemen der letzten Jahre ist in gleichem Sinn sogar von einer „sprachfreien Oberstufe" (Becker-Mrotzek/Kepser 2010: 16) gesprochen worden.[1]

Wenn ich hier die folgenden Überlegungen dennoch unter einen Titel stelle, der nach der Modalität des Grammatikunterrichts auf dieser Stufe fragt und damit einen solchen Unterricht als sinnvolle Realität unterstellt, dann beziehe ich mich auf Entwicklungen, die in anderen Fachzusammenhängen

---

[1] Auch wenn die ministeriellen Vorgaben in NRW für die Abiturjahre 2013 und 2014 ein Thema aus dem Bereich *Reflexion über Sprache* vorsehen, ist nicht an *Grammatik* gedacht, sondern an die Themenfelder *Spracherwerb und Sprachentwicklung* und *Sprachkritik, Sprachskepsis, Sprachnot*. Schon die Auswahl der zur Vorbereitung zu erarbeitenden Texte (Abschnitte aus J.G. Herders „Abhandlung über den Ursprung der Sprache" und aus H. von Hofmannsthals „Chandos-Brief") lässt vermuten, dass hier eher eine literar- und kulturgeschichtliche und weniger eine sprachsystemorientierte Perspektive intendiert ist. Auch für das weitere dort genannte Themenfeld *Sprachwandel in der Gegenwart* (unter dem Einfluss neuer Medien bzw. als Folge innerer Mehrsprachigkeit) dürfte nicht speziell an eine grammatische Fragestellung gedacht sein.

inzwischen eingetreten sind und die es möglich erscheinen lassen, grammatische Analytik nicht wie gegenwärtig üblich als akzidentellen und möglicherweise optionalen, also in der Regel auch verzichtbaren Beitrag beim Umgang mit Texten anzusehen, sondern sie als notwendigen, integralen Teil dieses unterrichtlichen Aufgabenfeldes zu begreifen.

Die inzwischen eingetretenen Veränderungen, die mich zu dieser Einschätzung gelangen lassen, möchte ich wie folgt nach drei Entwicklungslinien unterscheiden:

1. Innerhalb der hermeneutisch orientierten Literaturwissenschaft, die nach wie vor für den Großteil der gymnasialen Lehrerschaft im Fach Deutsch prägend wirkt, lässt sich in jüngster Zeit eine Umorientierung beobachten, die darin besteht, die Bedingungen für die Möglichkeit von Interpretationsaussagen nicht mehr ausschließlich philosophisch-hermeneutisch zu reflektieren, sondern diese Überlegungen mit Ansätzen aus der kognitionspsychologischen Verstehensforschung zu verbinden. So beantwortet z.B. Klaus Weimar (2002: 115) in den Mitteilungen des Deutschen Germanistenverbandes die Frage „Was ist Interpretation?" wie folgt:

> Interpretation soll [im Unterschied zur ersten Lektüre/zur ersten Rezeption eines Textes] heißen die zweite [...] Verarbeitung eines schon einmal (und anders) verarbeiteten Textes – der Schrift (des Gesehenen), der Sprache (des Gelesenen), der Textwelt (des Verstandenen).
>
> Weimar (2002: 115)

In dieser knappen Definition eines der literaturwissenschaftlichen Hermeneutik zuzurechnenden Autors zeigt sich das Resultat einer bemerkenswerten interdisziplinären Verbindung: Weimar beschreibt die eigene hermeneutische Tätigkeit mit zentralen Begriffen der Psycholinguistik, wenn er – was bislang im literaturwissenschaftlichen Diskurs nicht möglich erschien – im selben Satz gleich zweimal von mentaler „Verarbeitung" eines Textes spricht und das dadurch erzielte Verstehensresultat als eine im Kopf des Verarbeiters aufgebaute „Textwelt" bezeichnet. Gleichzeitig skizziert er einen mehrstufigen Weg dieses Verarbeitungsprozesses, der von der Wahrnehmung des *Schwarz-auf-weiß* auf dem Papier (Schrift) über die Verarbeitung der sprachlich strukturierten *textuellen Kette* (Gelesenes) zum Aufbau einer mentalen *Textwelt* (Verstandenes) führt. Mit dieser komprimierten Beschreibung wird wenigstens programmatisch ein deutlicher Wechsel von der herkömmlich praktizierten Interpretation hin zu einer systematischeren Beschreibung vollzogen, bei der die nach den genannten Ebenen unterschiedenen mentalen Prozesse der Textverarbeitung einbezogen werden. Damit gewinnt hier im Unterschied zu einer weithin praktizierten textferneren Literaturbetrachtung die Wahrnehmung der sprachlichen Basis der Texte, auch ihrer Grammatik, neues Gewicht.

2. Dem entspricht auf Seiten der Literaturdidaktik eine geänderte Zielsetzung für den Umgang mit Texten, die der Leitlinie, das „Verstehen verstehen zu lernen" folgt. Die damit geforderte Reflexion auf die eigenen mentalen Verarbeitungsprozesse beim Textverstehen korrespondiert mit der methodischen Forderung nach langsamem, verweilendem, genauem, ggf. mehrmaligem, eben nach „textnahem Lesen" (vgl. Belgrad/Fingerhut 1998; Paefgen 1998), bei dem „Literatur als Sprache" (vgl. Foerster 1998) wahrgenommen und damit der textuellen Sprachgebung, auch der Grammatik der Texte und der Reflexion ihrer mentalen Verarbeitung, erhebliche Beachtung beigemessen wird.

3. Schließlich ist eine Entwicklung zu beobachten, innerhalb derer kognitionspsychologische Ansätze für bisher anders betriebene Forschungsfelder zunehmend an Bedeutung gewinnen, z.B. für die Grammatikforschung (Blühdorn u.a. 2006 [mit dem bezeichnenden Titel „Text-Verstehen. Grammatik und darüber hinaus"]; vgl. auch Hennig 2011). Gleiches gilt auch für die Textanalytik (vgl. Hausendorf 2008), die Sprachdidaktik Deutsch (vgl. Scherner 2003, 2006; Steinig/Huneke 2002) und die empirische Literaturdidaktik (vgl. Groeben/Hurrelmann 2002). Alle diese Arbeiten orientieren sich an einem in der Psycholinguistik entwickelten Modell des Textverstehens, offenbar weil dem Bedürfnis nach einer solchen Gesamtschau der mentalen Operationen, die beim Umgang mit Texten zu leisten sind, bisher weder in der Linguistik noch in der Literaturwissenschaft entsprochen werden konnte.

2. Zum Stellenwert der Grammatik im Textverstehensprozess

Da die dargestellten Entwicklungen offensichtlich in diesem verstehenstheoretischen Ansatz zusammenlaufen, dem natürlich auch für das Arbeitsfeld des Umgangs mit Texten im Deutschunterricht eine wichtige Bedeutung zukommt, möchte ich dieses Konzept des Textverstehens hier kurz vorstellen, und zwar in einer schon älteren Modellversion nach Walter Kintsch (1977: 34, zit. n. Groeben 1982: 51), weil sich daran die verschiedenen Ebenen der Textverarbeitung, also auch die Rolle der grammatischen Ebene, gut unterscheidbar verdeutlichen lassen.

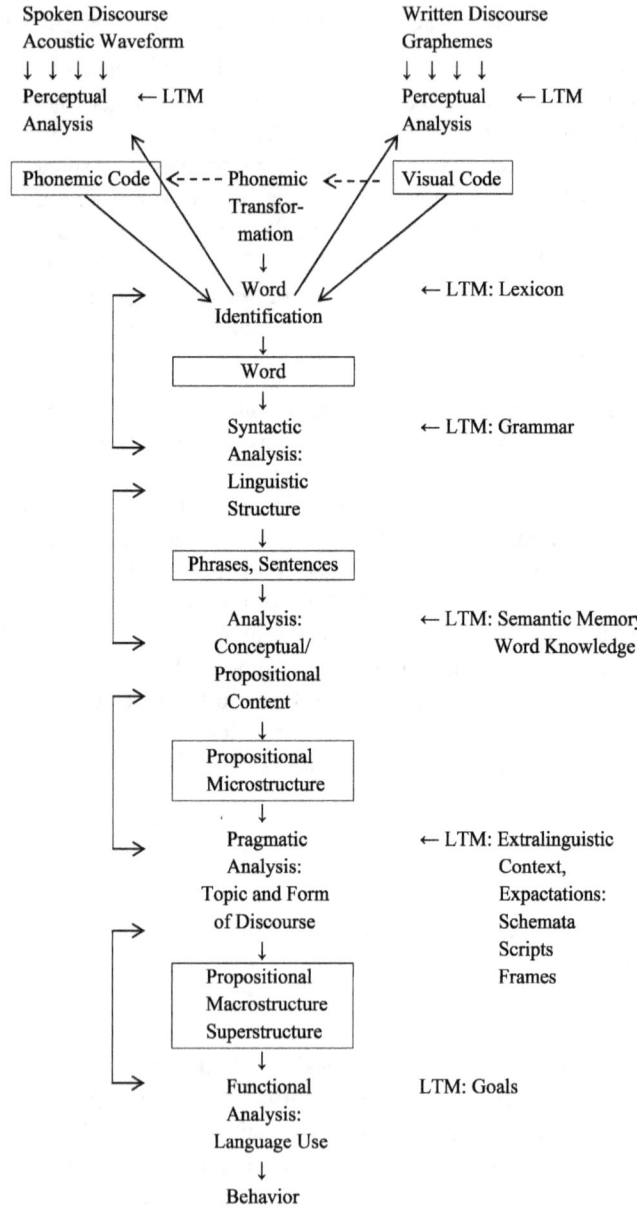

Abb. 1: Prozessebenen des Textverstehens (Kintsch 1977: 34; hier nach Groeben 1982: 51)

Dieses hier als Flussdiagramm dargebotene Modell stellt den gesamten Prozess des Textverstehens von der Wahrnehmung vertexteter mündlicher oder schriftlicher Sprache bis zum Aufbau der mentalen Repräsentation der konstruierten Textgehalte dar. Es kommt mir in diesem Zusammenhang nicht auf eine detaillierte und kritische Erläuterung dieses Diagramms und der dort verwendeten graphischen Zeichen an, sondern darauf, mit Hilfe dieses Modells zu verdeutlichen, mit welchem Maß an Komplexität man es zu tun hat, wenn man den Gesamtprozess des Textverstehens in den Blick nimmt, und welcher Platz darin der Grammatik zukommt. Daher beschränke ich mich auf eine knappe Erläuterung der hier unterschiedenen Verarbeitungsebenen:

Da ist zunächst die basale Ebene der Verarbeitung von akustisch-phonetischen Daten im Hörverstehensprozess oder die Verarbeitung von visuell-graphetischen Daten im elementaren Leseprozess; dieser erste Verarbeitungsprozess führt zur Erkennung des je einzelnen Wortes. Darauf baut die zweite Prozessebene, die semantisch-syntaktische Verarbeitung, auf. Sie ist das Operationsfeld der Grammatik im eigentlichen Sinne und führt zur Erkennung von Phrasen (Wortgruppen) und Sätzen. Diese ist die uns hier primär interessierende Ebene. Sie soll aber an dieser Stelle noch nicht herausgegriffen werden, weil zunächst ihre Einordnung und ihr Stellenwert im Gesamtrahmen des Textverstehens kenntlich werden soll. Die dritte Ebene ist bereits grammatikfrei, d.h. die eingelesene grammatische Bauform ist vergessen: Es bleiben kognitive Relationsgefüge aus Konzepten übrig, die den propositionalen, d.h. gedanklichen Gehalt der verarbeiteten syntaktisch-semantischen Strukturen repräsentieren (propositionale Mikrostruktur). Gleichzeitig werden diese Gehalte durch inferentielle und elaborative Propositionen angereichert, die nicht in der eingelesenen textuellen Kette formuliert sind, sondern (als Elemente von gekannten Mustern vom Typ *Frame*, *Script*, *Schema* u.ä.) aus dem Wissenshintergrund des Rezipienten, d.h. aus dem Speicher seines Langzeitgedächtnisses (LTM: long-term memory) stammen. Da die in der Rezeption schnell anwachsende Kette von Propositionen die Kapazität des Kurzzeitgedächtnisses überschreitet, kommt es auf einer vierten Ebene zu reduktiven Verarbeitungsprozessen, die die bisher entstandenen vielen Einzelpropositionen zu wenigen Makropropositionen kondensieren und diese Makrostruktur über die Aktivierung von konventionalisiertem Textsortenwissen einer Superstruktur zuordnen lassen. Neuere Modelle der Textverarbeitung (vgl. Schwarz 2008: 190ff.) münden in der Annahme einer komplexen geistigen Vorstellung (einer mentalen Repräsentation) des Gesamtgehaltes, der auf dem Weg der Verarbeitung des Ausgangstextes im Kopf des Rezipienten konstruktiv erzeugt worden ist. Schwarz gibt dafür folgende definitorische Beschreibung:

Beim Textverstehen erstellt [...] der Rezipient Rz auf der Basis des Textes T eine mentale Struktur S, indem er Informationen von T mit Informationen aus seinem Gedächtnis G so verbindet, dass ein Modell der in T dargestellten Welt W entsteht. S ist das Textweltmodell (TWM).

Schwarz (2000: 41)

Demnach tragen also alle genannten Prozessebenen dazu bei, dass eine ‚Textwelt' in unserer Kognition erzeugt wird, die als mentale Repräsentation des durch den Ausgangstext veranlassten Sinnzusammenhangs gelten kann.

Für das Verständnis eines solchen Gesamtmodells des Textverstehens, das den Verstehensprozess in einer Abfolge verschiedener Prozessebenen zu erfassen sucht, ist es wichtig, sich klarzumachen, dass alle hier unterschiedenen Prozesse nicht nacheinander, sondern parallel und simultan ablaufen. Das bedeutet, dass jede Prozessebene funktional auf das Zusammenwirken mit allen anderen Ebenen bezogen und nur in dieser Perspektive beschreibbar ist. Wenn wir hier in analytischer Sicht die Ebene der grammatischen Prozesse fokussieren, ist dies immer im Blick zu behalten.

Legt man also die Perspektive der aktuell laufenden Textrezeption zugrunde, bedeutet das für die Ebene der grammatischen Analyse, dass sie hier nicht das Ziel haben kann, die Bauform bestimmter Sprachstrukturen zu ermitteln, um sie als Spezifika des Sprachsystems zu erfassen und einzuordnen. Sie erfüllt ihre Funktion vielmehr darin, dass sie über die sukzessive Erfassung der jeweiligen Kombinatorik der textualisierten sprachlichen Elemente erkennen lässt, wie die Grammatik den mentalen Aufbau eines konzeptuellen Zusammenhanges steuert und dadurch zum Verstehen des jeweiligen Textes beiträgt. Auf Grund dieser Zielorientierung wird deutlich, dass es sich zur Beschreibung dieses Verarbeitungsprozesses nicht um eine offline-Grammatik handeln kann, die die textuelle Sprachgebung in ihrem strukturellen Aufbau als statische Bauformen analysiert und die gefundenen Einheiten dem im Langzeitgedächtnis gespeicherten sprachlichen Systemwissen zuordnet, wie es von der traditionellen strukturorientierten Schulgrammatik vorgemacht wird. Hier ist demgegenüber eine online-Beschreibung der grammatischen Verarbeitung gefordert, die das Einlaufen der textuellen Daten verfolgt und in ihrem Abgleichen mit dem im Langzeitgedächtnis gespeicherten grammatischen Musterwissen zum sukzessiven Aufbau von Phrasen und ihrer Kombination zu Sätzen führt. Gebraucht wird also eine Beschreibung, die dieser Rolle der Grammatik im aktuellen Verstehensprozess gerecht wird.

3. Ansätze einer prozessorientierten Grammatikbetrachtung

Wie eine solche Beschreibung des syntaktisch-semantischen Verarbeitungsprozesses vorgenommen werden kann, möchte ich nun an zwei exemplarischen Ansätzen, einem psycholinguistischen und einem textlinguistischen, verdeutlichen.

Als erstes Beispiel soll hier ein frühes und einfaches, in der Psycholinguistik entwickeltes Modell (Wimmer/Perner 1979; vgl. Ballstaedt u.a. 1981: 46ff.) vorgestellt werden, an dem sich – auch wenn hier nach dem Vorbild der seinerzeit vorherrschenden Generativen Transformationsgrammatik mit isolierten table-and-pencil-Sätzen gearbeitet wird – die Basiselemente des gewählten Verfahrens gut erkennen lassen. Die Grundidee dieses Konzepts lässt sich bereits an dem Diagramm ablesen, das Wimmer/Perner (1979: 124) zur Veranschaulichung bieten:

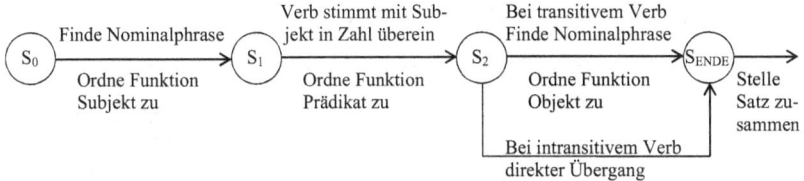

Abb. 2:   Schema der Satzverarbeitung nach Wimmer und Perner (1979: 124)

Der Verarbeitungsprozess eines Satzes wird hier durch einen von links nach rechts gerichteten Pfeil dargestellt, der eine Kette von sukzessiv zu vollziehenden Verarbeitungsprozessen repräsentiert. Diese verlaufen in Teilschritten, angefangen beim Satzanalysezustand$_0$ über weitere Stufen S_1, S_2 usw. bis zum Satzanalysezustand$_{ENDE}$ (Alle diese ‚Zustände' sind als Knoten in der Pfeilverbindung dargestellt.). Die einzelnen Operationen, die von einem Analysezustand zum nächsten führen, sind entlang der Pfeilstrecken in Textform angegeben. Im hier veranschaulichten Fall beziehen sie sich ausschließlich auf die Verarbeitung eines einfachen Aussagesatzes (in Grundreihenfolge). Wenn wir ein entsprechendes Satzbeispiel hinzufügen, z.B.

(1) *Der Affe frisst eine Banane.*

dann lassen sich die genannten Operationen darauf beziehen: der Rezipient ist durch den Anfangs-Input eines definiten Artikels und durch sein damit ebenfalls voraktiviertes grammatisches Wissen vom Muster eines möglicherweise damit initiierten Aussagesatzes aufgefordert, eine erste Nominalphrase zu erwarten; bei Eintreffen dieser Erwartung kann er dieser die Subjektfunktion zuordnen und damit den Satzanalysezustand S_1 abschließen. Auf Grund des aktivierten Satzmusters wird nun eine Verbform erwartet, bei der zu prüfen ist, ob sie mit dem Numerus des schon eingelesenen Subjekts kongruiert. Ist das der Fall, kann ihr die Funktion des Prädikats zugeordnet werden. Damit ist der Analysezustand S_2 erreicht. Wenn es sich bei diesem Prädikat um ein einstelliges oder ein einstellig gebrauchtes Verb handelt, kann der Rezipient direkt zum Analysezustand S_{ENDE} übergehen. Bei transitivem Verb wird aufgrund des aktivierten Satzmusters eine weitere NP erwartet, der die Funktion des direkten Objekts zuzuordnen ist. Wenn kein weiterer Input erfolgt, ist der Analysezustand S_{ENDE} erreicht und der Rezipient kann seine Verarbeitung abschließen, indem er die gefundenen Teileinheiten zum Gesamtsatz zusammenfügt. Dieses einfache Satznetzwerk wird bei Wimmer/Perner um ein Nominalphrasennetzwerk ergänzt, das jeweils mit den entsprechenden Satznetzwerken kooperiert. Für das Deutsche schlagen Wimmer/Perner folgendes Subnetzwerk für Nominalphrasen vor:

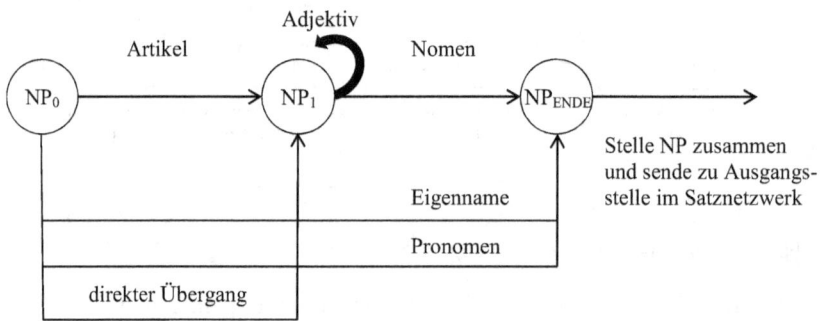

Abb. 3: Schema der Verarbeitung von Nominalphrasen nach Wimmer und Perner (1979: 124)

Danach ergeben sich mehrere Varianten für den rezeptiven Aufbau einer NP. Je nachdem, ob der Input mit einem Artikel, einem Pronomen, einem Eigennamen oder einem Nomen im Plural mit Nullartikel beginnt, sind andere Verarbeitungsprozesse erforderlich. Der Beginn mit einem Artikel markiert den ersten Analyseschritt zum Aufbau einer Nominalphrase NP_1. Folgt der mit der Artikelform gesetzten Erwartung ein kongruentes Nomen, ist der Verarbeitungsprozess der NP beendet, folgt der Artikelform eine deklinierte Adjektivform, verharrt die Analyse im Zustand NP_1 und wird erst im Folgeschritt durch ein erwartetes kongruentes Nomen beendet. Beim Nullartikel kann ein Adjektiv oder gleich ein pluralisches Nomen erwartet werden, bei einem Pronomen kann gleich zum Analysezustand NP_{ENDE} übergegangen werden.

Dieses Subnetzwerk wird jeweils an den entsprechenden Stellen des Satznetzwerks wirksam. Damit wird deutlich, dass die Phrase und der Satz die wichtigsten Einheiten der grammatischen Textverarbeitung sind, wie es ja auch im Gesamtmodell des Textverstehens bei Kintsch (vgl. Abb. 1) angenommen wird.

Prinzipiell in gleicher Weise wird die Verarbeitung anderer Satzmuster und komplexer Konstruktionen beschrieben, so dass in diesem Rahmen nicht weiter darauf einzugehen ist. Zusammenfassend zu diesem Konzept sei hervorgehoben, dass es rein syntaktisch orientiert ist. Das Zusammenspiel von einlaufenden Daten und hintergründigem Sprachwissen erfolgt in der Weise, dass der Rezipient einerseits textgeleitet die einlaufenden Daten wahrnimmt und andererseits wissensgeleitet aus seinem im Langzeitgedächtnis gespeicherten Reservoir an grammatischem Wissen die passenden Muster aktiviert, um die Daten zu Gruppen organisieren zu können und so zum Satzverständnis zu gelangen.

Das zweite Konzept einer prozessorientierten Sprachanalyse, das hier vorgestellt werden soll, ist von Harald Weinrich 1993 in Zusammenhang mit der Erarbeitung seiner *Textgrammatik der deutschen Sprache* (2005 in 3. Aufl.) entwickelt worden. Gegenüber der Orientierung der herkömmlichen Grammatikschreibung an der Struktur des Einzelsatzes, legt Weinrich eine komplette Grammatik vor, die auf die Strukturgröße des Satzes verzichtet. Da Weinrich aus textlinguistischer Sicht die Beschreibung des textuellen Informationsflusses im Blick hat, muss ihn eine Struktur, die die Erfassung dieser Dynamik nicht zulässt, weniger interessieren.

Der Satz wird in der Syntaxforschung als eine Struktureinheit begriffen, in der alle kombinierten Elemente gleichzeitig gelten, wie es in der auf Hennig Brinkmann (1969) zurückgehenden und danach häufig gebrauchten Formulierung vom „Nacheinander als Miteinander" (z.B. Heringer 1988: 8f.) zum Ausdruck kommt. Damit wird für jeden Satz durch das Wirksamwerden der Prädikation die Zeit gewissermaßen „angehalten und zum Stillstand gebracht" (Weinrich 2006: 225). Nach Peter Hartmann (1968) ist eine solche „Gleichzeitigkeit" geradezu die „strukturelle Grundkategorie aller Syntax". Weinrich möchte demgegenüber nicht den stillgestellten Zustand der Satzerkennung, der das Verstehen an den Satzgrenzen nur „ruckartig" (Weinrich 2006: 225) vorankommen lässt, beschreiben, sondern den prozesshaften Verlauf der textgesteuerten Sprachverarbeitung. Zu diesem Zweck greift er auf Textsegmente zurück, die unterhalb der Satzgröße liegen und in denen die Dynamik des Textfortschritts spürbar wird. Textsegmente dieser Art erkennt Weinrich in den in der deutschen Sprache in vielfältiger Weise vorkommenden Klammerkonstruktionen, insbesondere in der Nominalklammer, den zahlreichen Varianten der Verbalklammer und den Adjunktklammern, wie die Nebensatzklammern von Weinrich genannt werden. „Alle Formen der Textklammer bauen beim Hörer mit dem klammeröffnenden Sprachzeichen eine Erwartung auf, die erst mit dem klammerschließenden Sprachzeichen erfüllt wird" (Weinrich 2005: 23).

Das lässt sich am Beispiel einer Nominalklammer verdeutlichen:

[der Weg]
[der weite Weg]
[der sehr weite Weg]
[der wider Erwarten sehr weite Weg]
[der wider Erwarten sehr weite und für Fußgänger anstrengende Weg]

Weinrich (2006: 226)

Weinrich beschreibt den Verarbeitungsprozess einer solchen Klammer als Aufbau einer „Spannung" im kognitiven Bereich des Rezipienten:

> Mit dem klammeröffnenden Element wird die Spannung erzeugt. Sie verstärkt sich in dem Maße, wie die Klammer mehr und länger (im Grenzfall: bis zum Zerreißen) gedehnt ist. Mit dem klammerschließenden Element wird die Spannung abrupt abgebaut. Dieses Zusammenspiel der Klammerelemente macht den Text „spannend".

Weinrich (2005: 30)

Zentrale syntaktische Bedeutung kommt in diesem Klammerkonzept den verschiedenen Formen der Verbalklammer zu (Lexikalklammer, Grammatikalklammer, Kopulaklammer usw.), denn „durch die Verbalklammer" wird das „Umfeld eines zweiteiligen Verbs (>Satz<)" in „drei Felder gegliedert: Vorfeld, Mittelfeld und Nachfeld" (ebd.: 60). Obwohl diese Termini bei Drach (1937) vorgeprägt sind, verbindet sich mit ihnen hier eine Neudeutung: Weinrich geht von der prinzipiellen Zweiteiligkeit jeder finiten Verbform aus, so dass in jedem vorkommenden Fall eine Klammer gegeben ist, auch wenn die Schlussklammer eine Nullform ist:

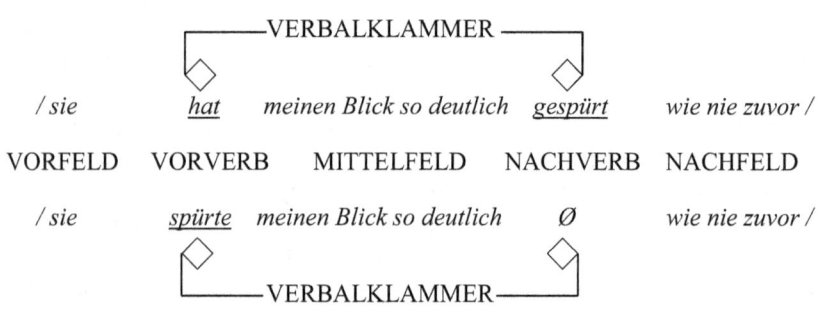

Abb. 4: Schema der Verbalklammer im Deutschen nach Weinrich (2005: 40)

Durch diese strukturelle Äquivalentsetzung erhält Weinrich ein durchgängig anwendbares Ablaufmodell von Klammerfeldern, das jeweils durch eine

Verbalklammer aus Vorverb und Nachverb (Neuprägungen Weinrichs) gegliedert ist:

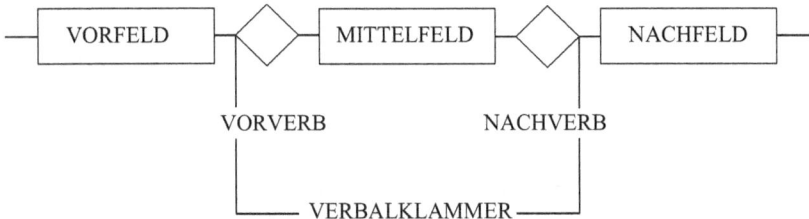

Abb. 5: Schema der Klammerfelder im Deutschen nach Weinrich (2005: 60)

Weinrich gibt dazu folgenden wichtigen Hinweis:

> Das Schaubild darf nicht dazu verleiten, sich die Verbalklammer als simultan und statisch vorzustellen. Es handelt sich, wie auch die Ausdrücke Vorverb und Nachverb erkennen lassen sollen, um eine Klammerbildung in der zeitlich memoriellen Abfolge des Textes. Das Vorverb versetzt dabei den Hörer in eine gewisse Spannung. Wenn der Hörer nämlich das Vorverb vernommen hat, so muss er die Bedeutung, die er nach seiner Kenntnis der Sprache mit diesem Sprachzeichen verbindet, offen halten für eine mögliche lexikalische Ergänzung, von der er noch nicht mit Sicherheit weiß, in welche Richtung sie sein Verstehen führen wird. So speichert er sie mit provisorischem Verständnis in seinem Kontextgedächtnis (>Kurzzeitgedächtnis<) und bildet eine Erwartung und Spannung aus, wie wohl die Ergänzung durch das Nachverb ausfallen wird.
>
> Weinrich (2005: 35)

Diese ausführliche Beschreibung, die natürlich auch für einen Leser gilt, lässt in aller Deutlichkeit erkennen, wie man sich den kognitiven Prozess der verstehenden Verarbeitung solcher Klammerbildungen vorzustellen hat.

Daran anschließbar ist dann die Funktion, die den jeweiligen Klammerfeldern im textuellen Verarbeitungsprozess zukommt. Während im Vorfeld „die Verbindung zu den Gegebenheiten des vorausgehenden Textes oder der vorgegebenen Situation" (ebd.: 40) hergestellt wird, finden sich im Nachfeld „vorzugsweise Ergänzungen und Nachträge" (ebd.: 72), die die Verbindung zum Folgetext ermöglichen. Das Mittelfeld ist demgegenüber in seinem Informationsfluss im Normalfall so angelegt, dass der Rezipient „progressiv seine Aufmerksamkeit steigern" (ebd.: 66) soll und auf diese Weise den mentalen Weg vom Bekannten zum Unbekannten/Neuen voranschreiten kann.

Die vorgestellte Skizze zweier unterschiedlicher Konzepte einer prozessorientierten Sprachbetrachtung soll hier in dieser Abbreviatur stehen bleiben, weil es in einem ersten Schritt nur darum gehen kann, den grundsätzlichen Ansatz eines derartigen Verfahrens zu verdeutlichen. Bei aller Unterschiedlichkeit der beiden Ansätze – Wimmer/Perner verbleiben ganz auf der Ebene der Grammatik, während Weinrich auch die semantisch-thematische Progression einbezieht – wird doch ihr gemeinsamer Kern erkennbar: Beide versuchen, das Fortschreiten der grammatischen Textverarbeitung während der Textrezeption beschreibbar zu machen. Insofern sind hier beide als exemplarische Ansätze einer prozessorientierten Grammatik vorgestellt worden.

4. Prozessorientierung in didaktischer Sicht

Auch wenn es erfahrungsgemäß sehr lange dauert, bis wissenschaftliche Neuansätze in der schulischen Unterrichtswirklichkeit Resonanz finden, lassen sich bereits vor dem Hintergrund dieser Skizze mehrere Aspekte der didaktischen Relevanz einer prozessorientierten Grammatikbetrachtung erkennen. Dazu muss hier nicht mehr eigens vorausgeschickt werden, dass es dabei nicht um die unterrichtliche Übernahme eines kompletten wissenschaftlichen Konzepts (im Sinne einer Abbilddidaktik) gehen kann, sondern um eine begründete Auswahl von in einem solchen Konzept enthaltenen fachlichen Aspekten, die für die Kompetenzentwicklung von Schülern relevant zu machen sind. So ist z.B. die bei Wimmer/Perner (vgl. oben) vorgeschlagene Sicht, die Verarbeitung der Grammatik eines Textes in Analogie zum Lese- bzw. Rezeptionsprozess zu betrachten, ein wichtiger neuer Aspekt beim Umgang mit Texten, weil damit die grammatische Sprachgebung nicht mehr auf der Ebene statischer Strukturen, sondern auf der gleichen dynamischen Betrachtungsebene wie die der übrigen rhetorisch-poetischen Sprachmittel (Beispiele dazu weiter unten) in den Blick kommt. Demgegenüber scheint die von Wimmer/Perner vorgenommene Funktionszuweisung der verarbeiteten grammatischen Einheiten, die bei deren Bestimmung als Subjekt, Objekt usw. stehen bleibt, eher an eine traditionelle strukturorientierte Grammatikbetrachtung zu erinnern. Im Unterschied dazu führt die im Konzept Weinrichs (vgl. oben) aus textgrammatischer Perspektive neu in den Blick kommende Berücksichtigung des Informationsflusses eines Textes wesentlich weiter in Richtung einer Textbehandlung, wie sie aus verstehenstheoretischer Sicht didaktisch erwünscht ist. Andererseits dürfte Weinrichs Vorgehen, bei seiner grammatischen Beschreibung auf die Einheit des Satzes völlig zu verzichten, kaum auf didaktische Gegenliebe stoßen, zumal der Satz als Grundeinheit des Grammatikunterrichts aller in der Schule vermittelten Sprachen fungiert. Sieht man nun einmal von dieser noch zu leistenden detaillierten fachdidaktischen Sichtung der prozessorientierten grammatischen Konzepte und ihrer je einzelnen Komponenten ab, lässt sich doch aus den vorgestellten Ansätzen immerhin erkennen, dass die grundlegende didaktische Relevanz einer prozessorientierten Sprachbetrachtung nicht mehr von der Hand zu weisen ist. Von zentraler Bedeutung ist dabei die Verbindung zur eingangs anlässlich der Skizze der Forschungsentwicklung bereits genannten didaktischen Zielsetzung, das Verstehen verstehen zu lernen. Das daraus abgeleitete methodische Grundprinzip des textnahen Lesens setzt nämlich grundlegend ebenfalls prozessorientiert an, weil damit das Fortschreiten der Textverarbeitung während der Textrezeption in den Blick kommt. Das textnahe Lesen hebt sich vom normalen Textverbrauchslesen dadurch ab, dass es auf Grund seines statarischen Charakters genügend Zeit sowohl für die genaue Wahrnehmung der einlaufenden Daten wie auch für die Reflexion ihrer mentalen Verarbeitung lässt. Das Bewusstmachen von dabei wirksamen Erwartungen und der damit einhergehenden kognitiven Spannung sowie die Beobachtung der Erfüllung oder Nichterfüllung des Erwarteten sind mentale Grundoperationen, die nicht nur für die propositionale Ebene, sondern ebenso auch für die syntaktische Verarbeitung gültig sind. Insgesamt handelt es sich bei diesen Grundoperationen der mentalen Textverarbeitung um kognitive Abläufe, die in der elementaren Arbeitsweise der menschlichen Kognition, insbesondere in der Intentionalität unseres Bewusstseins (E. Husserl) fundiert sind. Wenn diese Elementaroperationen am Fall der Reflexion von Prozessen des Textverstehens bewusst gemacht werden können, entspricht das in besonderem Maße anthropologischen Erfordernissen didaktischen Handelns.

Von daher soll im Folgenden wenigstens ansatzweise gezeigt werden, was es heißt, prozessbezogene Textanalyse und zugehörige textgrammatische Analyse – auch im Unterricht – zu betreiben. Dazu ist zunächst zu verdeutlichen, was mit der oben gebrauchten metaphorischen Vorstellung einer ‚online'-Beobachtung der Grammatik gemeint ist. Dieser Vergleich darf nicht zu dem Missverständnis führen, ein Rezipient könne während seines Leseprozesses gleichzeitig auch die Operationen seiner grammatischen Textverarbeitung bewusst verfolgen. Ein solches bewusstes Verfolgen der Textverarbeitung, das die Beschreibung dieser Verarbeitung als integrativen Teilaspekt der Interpretation des Textes nach sich zieht, ist immer nur als eine „zweite Verarbeitung" (s.o. Weimar 2002: 115) möglich. Diese soll aber nicht als eine Beschreibung statischer Strukturen, sondern als imaginativ nachvollzogener Prozess einer laufenden Textverarbeitung durchgeführt werden. Das bedeutet konkret, dass die grammatische Verarbeitung genau in der gleichen Weise wie die Verarbeitung anderer poetisch-rhetorischer Mittel (z.B. des Rhythmus eines Gedichtes, der Abfolge von Alliterationen, der Bewegung eines Enjambements usw.) sinnfällig nachzuvollziehen und entsprechend prozessorientiert zu beschreiben ist. Bei der grammatischen Verarbeitung besteht nun das Problem, dass die grammatische Textur in der Rezeptionssituation (im Unterschied zur Auffälligkeit anderer rhetorisch-poetischer Sprachmittel) normalerweise nicht bemerkt wird, weil sich das Leserbewusstsein sofort auf den zu konstruierenden propositionalen Gehalt richtet. Nur bei Normverstößen, sehr komplexen Konstruktionen oder abweichendem Gebrauch wird die grammatische Form einer Formulierung auffällig. Diese normale ‚Transparenz' der Grammatik in der Textrezeption dürfte auch ein Grund dafür sein, dass die Beobachtung der Grammatik bei der Textarbeit in der Sekundarstufe II weithin als überflüssig erachtet wird. Da der grammatischen Analyse aber – wie wir gesehen haben – für die Verstehenssteuerung grundlegende Relevanz zukommt, muss die Unsichtbarkeit (Transparenz) der Grammatik dadurch aufgehoben werden, dass man einen Blickwechsel bei der Textarbeit vornimmt, indem man nicht sogleich nach den erzeugten propositionalen Gehalten fragt, sondern danach, wie diese im Rezeptionsprozess zustande gekommen sind. Dabei kommt die gesamte Abfolge der Textverarbeitungsoperationen in den Blick und mit der syntaktisch-semantischen Verarbeitungsebene eben auch die grammatische Sprachgebung des Textes. Der Weg zum Bewusstmachen dieser sonst unauffällig bleibenden mentalen Operationalität führt zu allererst über eine Verlangsamung des Leseprozesses (in der zweiten Verarbeitung), gewissermaßen über eine zeitlupenartige Lektüre, die sich nicht sogleich auf den Inhalt des Gelesenen richtet, sondern bewusst danach fragt, wie und d.h. durch welche sprachlichen Mittel die Konstruktion der Textwelt im Kopf des Verarbeiters erzeugt und vorangetrieben wird. In Abwandlung von Kleists bekannter Titelformulierung könnte man hier von einer allmählichen Verfertigung der Gedanken (d.h. der mentalen Textwelt) beim ‚entschleunigten' Lesen sprechen. Der Gewinn, der sich bei einem solchen Vorgehen als ‚Mehrwert für das Textverständnis' ergibt, soll im folgenden Abschnitt an einem Beispieltext verdeutlicht werden.

5. Konkretisierung an einem Textbeispiel

Für eine im Rahmen dieses Beitrags wenigstens skizzenhaft zu leistende Konkretisierung der textgrammatischen Verarbeitung soll der dazu auszuwählende Beispieltext drei Voraussetzungen erfüllen: Er soll erstens die das Verstehen des Lesers steuernde Hand des Autors manifest werden lassen, und zwar nicht in der Weise, wie es jeder Text ohnehin tut, sondern als besondere, an mehreren Stellen aufscheinende metatextuelle Bezugnahme des Autors sowohl auf das Formulieren seines eigenen Textes als auch auf das Verarbeiten dieses Textes durch einen Rezipienten, damit die eingangs skizzierten Grundannahmen in Entsprechung zum oben vorgestellten Prozessmodell des Textverstehens deutlich konkretisiert werden können. Er soll zweitens möglichst viele unterschiedliche grammatische Phänomene aufweisen, an denen

Grammatik im Deutschunterricht der Sekundarstufe II 115

sich die verstehensleitende und interpretatorisch relevante Funktion der Grammatik verdeutlichen lässt. Schließlich soll er drittens geeignet erscheinen, als brauchbarer Unterrichtsgegenstand im Deutschunterricht der Sekundarstufe II akzeptiert zu werden.

Das folgende kurze Textbeispiel von Wilhelm Genazino (*1943) scheint mir den drei genannten Bedingungen zu entsprechen. Es stammt ursprünglich aus einer Zeitungskolumne, deren Einzeltexte inzwischen unter dem Titel „Achtung Baustelle" gesammelt in Buchform veröffentlicht sind (2006). Genazino geht darin in jedem einzelnen Text einer seiner Lesefrüchte nach. Die entsprechende Fundstelle wird jeweils als Überschrift, in Kursivschrift als Zitat ausgewiesen, präsentiert, der folgende Text gibt dann einen interpretatorischen Kommentar dazu. So auch im hier ausgewählten Beispiel, in dem Genazino eine kleine Fundstelle aus dem Nachlass Kafkas interpretiert. Die mögliche unterrichtliche Relevanz dieses Textes kann vorab einerseits darin gesehen werden, dass er im Rahmen der Kafka-Lektüre einen bestimmten Grundzug im biographischen Hintergrund Kafkas wie in seinem schriftstellerischen Schaffen zu erkennen hilft und dass er andererseits das fachmethodische Verfahren des Interpretierens explizit so vorführt, dass daraus auch ein Nutzen für die eigene Interpretationsarbeit der Schüler erwachsen kann.

Der Text Genazinos lautet wie folgt (die Nummerierung der Sätze ist von mir hinzugefügt):

„Vogerlsalat grüßt."

(1) Was sollen wir mit dieser merkwürdigen Mitteilung anfangen? (2) Die beiden Worte – und sonst nichts – stehen auf einer Postkarte, die ein heute hochgeschätzter Autor im Jahre 1916 verschickt hat. (3) Ich wiederhole: (4) Sonst steht nichts auf der Postkarte, keine Anrede, keine Grußformel, kein Absender. (5) Vermutlich gehören die zwei Worte zum Bestand einer Privatsprache, die außer dem Absender und dem Empfänger niemand versteht. (6) Der Absender gilt als todernster Schriftsteller; (7) er ist der Verfasser der vielleicht ausweglosesten Romane dieses Jahrhunderts. (8) Richtig! (9) Es ist Franz Kafka, der die Zwei-Worte-Postkarte geschrieben hat, und zwar an seine Schwester Ottla. (10) In den Anmerkungen des Bandes (Franz Kafka: *Briefe an Ottla und die Familie*, Frankfurt/Main und New York; 1974), in dem ich diesen (wahrscheinlich kürzesten) Text Kafkas fand, werden wir informiert, Vogerlsalat sei ein „österreichischer Ausdruck für Rapunzel- oder Ackersalat; Anspielung auf das vegetarische Essen". (11) Das mag sein, (12) nur geht die Erklärung am rätselhaften Kern der zwei Worte genau vorbei. (13) Irritierend ist nicht, dass Vogerlsalat ein Wort für Rapunzel- oder Ackersalat ist, sondern dass Vogerlsalat – wenn wir Kafka folgen – ein Salat ist, der „grüßt". (14) Genauer: (15) Der Absender rückt an die Stelle des schreibenden Subjekts einen so toten wie stummen Gegenstand. (16) Das heißt, bezogen auf die Schreibsituation: (17) Im Augenblick, als Kafka mit einer Postkarte seine Schwester grüßen wollte, versetzte ein Vogerlsalat sein Assoziationsvermögen in eine identifikatorische Bewegung. (18) Jetzt, vermute ich, befinden wir uns auf der wahren, der komischen

Spur der Mitteilung. (19) Wir wissen nicht, wie der Vogerlsalat auf Kafkas Teller ausgesehen hat, (20) aber wir können uns leicht vorstellen, dass es sich um ein hässliches kleines Durcheinander handelte, in dem Kafka ein Abbild seiner eigenen körperlichen Lächerlichkeit sah, unter der er, wie wir aus vielen Zeugnissen wissen, nicht wenig gelitten hat. (21) Dass er über diese Lächerlichkeit zugleich souverän verfügte und sie, zumindest für seine Schwester, dem Vergnügen anderer Menschen auslieferte, macht diese Zwei-Worte-Geschichte zum kürzesten komischen Text der Weltliteratur.

Genazino (2006: 19f.)

Dieser Text zeichnet sich dadurch aus, dass er die für jeden Text angestrebte Koppelung von Autor- und Leserbewusstsein nicht, wie meistens üblich, im Impliziten belässt, sondern dass dieser Bezug explizit durch grammatische Mittel zum Ausdruck gebracht wird. Daher soll der Text in seiner Gesamtheit zunächst daraufhin gesichtet werden, wie und mit welchen grammatischen Mitteln er die Etablierung eines dialogischen Prozesses zwischen Autor und Leser evoziert.

5.1 Textverarbeitung als dialogischer Prozess

Angesichts der Aporie, die die Kenntnisnahme der Äußerung Kafkas *„Vogerlsalat grüßt"* beim Leser hinterlässt, beginnt Genazino seine Beschäftigung mit diesem Kafkazitat mit einer einleitenden Frage, die als spezifische Ausprägung des Prototyps der Grundfrage jeder Textinterpretation gelten kann: (1) „Was sollen wir mit dieser merkwürdigen Mitteilung anfangen?" Durch die Verwendung des inklusiven *wir* wird der Leser gleich von Beginn an in den Suchvorgang nach einem sinnvollen Verständnis des Kafkazitats einbezogen. Schon die Tatsache, dass hier diese Ausgangsfrage formuliert wird, die genauso gut auch unausgesprochen hätte bleiben können (wie sie ja auch bei den meisten Interpretationstexten gar nicht vorangestellt wird, weil sie als selbstverständlich immer vorausgesetzt werden kann), lässt erkennen, dass Genazino hier den Leser direkt in seine Fragehaltung hineinzieht und ihm damit auch die explizite Verfolgbarkeit der im anschließenden Text gegebenen Antwort signalisiert. Dieses explizite Verfolgen des Textverlaufs zeigt sich im Detail auch daran, dass Genazino sich mit (3) „Ich wiederhole:" selbstreferentiell auf seinen eigenen Vortext bezieht und dem Leser damit explizit zu verstehen gibt, dass er etwas, das in seiner Kognition bereits aktiviert ist, zum zweiten Mal zu erwarten hat. In ähnlicher Weise beziehen sich die Wendungen (14) „Genauer:" (im Sinne von 'um es noch genauer zu sagen') und (16) „Das heißt" auf die Steuerung des eigenen Formulierungsprozesses im Verlauf der Produktion dieses Textes wie auf den Verarbeitungsprozess durch einen Leser, indem mit (14) verdeutlichende Präzisierungen und mit (16) weitere Erklärungen zum bisher bereits Konzeptualisierten angekündigt werden. Wie Genazino dabei außerdem das mitlaufende Denken, d.h. den Sinnherstellungsprozess des Lesers explizit mitverfolgt, wird greifbar daran, dass er die ‚elaborative Ergänzung' des Lesers, dass es sich beim „Verfasser der vielleicht ausweglosesten Romane dieses Jahrhunderts" (7) um Franz Kafka handelt, mit der Feststellung (8) „Richtig!" (im Sinne von 'Sie vermuten richtig!') wie in einem tatsächlichen Dialog bestätigt, obwohl diese Erkenntnis nicht formuliert, sondern nur als zwischen den Zeilen mitgedacht bzw. als vom Leser mitverstanden unterstellt werden kann. So wird der gesamte Gedankengang des Textes als Antwort auf die stellvertretend für den Leser gestellte Eingangsfrage kenntlich. Die Einbeziehung des Lesers manifestiert sich darüber hinaus insbesondere im wiederholt vorkommenden Gebrauch des inklusiven *wir* (sechsmal), das damit den gesamten Text grundiert und jeweils mit verstehenstheoretisch aussagekräftigen Verbalaussagen kombiniert begegnet:

(10) „werden wir informiert",
(18) „jetzt [...] befinden wir uns auf der wahren [...] Spur der Mitteilung",
(19) „Wir wissen nicht ...",
(20) „wir können uns leicht vorstellen",
(20) „wie wir [...] wissen".

Die hier verwendeten verbalen Lexeme beziehen sich insgesamt auf den Prozess der Sinnherstellung, d.h. auf den Verlauf eines kohärenten Informationsflusses, der sukzessiv über die Verarbeitung von (gegebenem/neuem und schließlich zu teilendem) Wissen erzeugt wird. – Über alle diese Textstellen wird greifbar, dass der Autor Genazino den Prozess der Verarbeitung seines Textes durch den Leser bewusst in seiner Formulierungsarbeit berücksichtigt.

5.2 Prozessorientierte Grammatik in der Textverarbeitung

Im folgenden Abschnitt soll genauer darauf eingegangen werden, wie die sukzessive Verarbeitung der grammatischen Anlage des Beispieltextes den Aufbau propositionaler Gehalte und ihrer spezifischen Bedeutungsdifferenzierungen steuert. Dazu sollen einige besonders aufschlussreiche Stellen herausgegriffen werden.

5.2.1 Beispiel 1: Zur Verarbeitung von Artikelformen

Hier zeigt sich gleich in der ersten Textpassage (Sätze 1-9), wie der Autor Genazino seine Steuerung des Lesers auch auf der Ebene der Textinformation fortsetzt. Er teilt dem Rezipienten nämlich die für jede Auseinandersetzung mit einem Text grundlegende Information über Autorschaft und Herkunft des Textes nicht einfach mit (etwa in einer Formulierung wie „Die beiden Worte stehen auf einer Postkarte, die Franz Kafka im Jahr 1916 an seine Schwester Ottla geschickt hat."), sondern er macht aus seinem diesbezüglichen Wissen ein sich über mehrere Sätze hinziehendes Rätselspiel für den Leser. Wie er sich dazu bestimmter grammatischer Mittel bedient, kann wie folgt verdeutlicht werden:

Die Eingangsfrage (Satz 1), mit der der Informationsfluss initiiert wird, fokussiert die Aufmerksamkeit des Lesers zunächst auf die am Ende des Mittelfeldes platzierte definite Präpositionalphrase „mit dieser merkwürdigen Mitteilung", mit der der Autor auf den Texttitel zurückverweist, und macht „diese merkwürdige Mitteilung" damit zum Thema des folgenden Textes. Auf diesen Ausgangspunkt des Informationsflusses greift Satz (2) gleich im Vorfeld mit der definiten Nominalphrase „Die beiden Worte", die den thematisierten Redegegenstand paraphrasiert beibehält, zurück und verknüpft sie prädikativ (*stehen* im Sinne von 'sind zu finden') mit der Präpositionalphrase „auf einer Postkarte", mit der die Postkarte zugleich als neuer Redegegenstand eingeführt wird. Allerdings reicht diese Neuinformation nicht aus, denn der zugehörige indefinite und in diesem Fall auch kataphorische Artikel signalisiert dem Leser, dass das notwendige Wissen zur Einordnung der Postkarte in den laufenden Informationsfluss erst im nachfolgenden Text zu erwarten sei. Der Folgetext, d.h. hier zunächst das als Relativsatz ausgebildete Nachfeld von Satz (2), gibt zwar den weiterführenden Aufschluss über die Herkunft der Postkarte, verschiebt aber die endgültige Information des Lesers weiter auf eine mit „ein Autor" wiederum neu eingeführte Instanz, wobei der kataphorische Artikel den Leser nochmals auf nachfolgende Information vertröstet, die er – wiederum nur scheibchenweise weitergeführt – durch das zum Nomen „Autor" hinzugefügte adjektivische Attribut „hochgeschätzt" und durch die Zeitangabe „im Jahr 1916" erhält. Der folgende Satz (4) bietet keinerlei neue Information. Er führt mit der Aufzählung der Konzepte *Anrede*, *Grußformel* und *Absender* nur inferentielle Details auf, die zum Rahmen- bzw. Schemawissen von *Postkarte* gehören und insofern durch die Erwähnung der „Postkarte " in Satz (2) beim Leser bereits latent voraktiviert sind. Satz (5) führt den Informationsfluss in Richtung auf des Rätsels Lösung ebenfalls nicht weiter, weil er lediglich eine mit dem Leser zu teilende Vermutung (im Sinne von 'wir können vermuten') ins Spiel bringt, die sich auf die Existenz einer Privatsprache für die Erklärung der Zwei-Worte-Mitteilung auf der Postkarte bezieht. Allein die hier zusätzlich erwähnte Inferenz eines „Absenders" gibt dem Autor Genazino die Möglichkeit, im folgenden Satz (6) gleich im Vorfeld mit einer definiten Nominalphrase „Der Absender" daran anzuknüpfen und – wiederum des Rätsels Lösung hinausschiebend – diesen Absender unbestimmt mit „einem todernsten Autor" zu identifizieren. Da das Attribut *todernst* wenig weiterhilft, bleibt der Leser auf Grund des abermals eingesetzten indefiniten Artikels wiederum auf die Auflösung im Folgetext verwiesen. Satz (7) führt das gleiche Spiel weiter: Die pronominale Wiederaufnahme *er* im Vorfeld hält „den Schriftsteller" in Erinnerung, nennt aber immer noch keinen Namen, sondern fügt in der Prädikation eine komplexe Nominalgruppe an, die den in Frage stehenden Autor als „Verfasser der wohl ausweglosesten Romane dieses Jahrhunderts" charakterisiert. Bemerkenswert ist, dass in dieser Nominalphrase nun ausschließlich definite, hier: anaphorische Artikelformen zu finden sind. Sie signalisieren dem Leser die Zugriffsmöglichkeit auf sein schon vorhandenes literarhistorisches Hintergrundwissen: mit der Zeitangabe „dieses Jahrhunderts" (gesehen aus der Perspektive der Entstehungszeit von Genazinos Text) und vor allem mit der Charakterisierung der Werke als den „vielleicht ausweglosesten Romanen" dieses Zeitraumes geht dem literarhistorisch gebildeten Leser ein Licht auf. Die entsprechende Reaktion Genazinos an dieser Textstelle („Richtig!") ist oben bereits besprochen worden. Es folgt der das ganze Rätselspiel auflösende Satz (9), der mit der Nennung des Namens „Franz Kafka" endlich die immer wieder hinausgezögerte Information über den Autor der in Rede stehenden Zwei-Worte-Äußerung bietet und im mit „und zwar" angeschlossenen Nachfeld auch die Adressatin der Postkarte, nämlich Kafkas Schwester „Ottla", namhaft macht.

Aus dieser ausführlichen Nachzeichnung des Informationsflusses in diesem Textabschnitt wird erkennbar, welche entscheidende Rolle die Wahl der entsprechenden grammatischen Mittel für die Lesersteuerung spielt. In diesem Fall ermöglicht dem Autor der Einsatz vor allem des Wechselspiels von definiten (anaphorischen) und indefiniten (kataphorischen) Artikelformen (vgl. dazu Weinrich 2005: 410ff.) in Verbindung mit mehr oder weniger an das vorhandene Leserwissen anknüpfbaren attributiven Informationen die Herstellung eines ganz allmählich verlaufenden textgesteuerten Wissensaufbaues, an dessen Ende der Leser dahin geführt wird, des Rätsels Lösung selbst beisteuern zu können.

Das ändert sich im zweiten Teil des Textes, der primär argumentativ voranschreitet und den Leser schließlich mit der angebotenen Deutung zu überzeugen sucht. Dazu soll nun auf einige ausgewählte Stellen Bezug genommen werden.

5.2.2 Beispiel 2: Zur Verarbeitung einer Verbalklammer

Nachdem Genazino die Erläuterung zu der thematisierten Stelle aus den Anmerkungen der Kafka-Ausgabe zitiert hat (10), folgt mit den Sätzen (11) und

(12) eine Satzreihe, die die darauf Bezug nehmende Argumentation Genazinos einleitet. Nach einer knappen Feststellung in Satz (11), mit der Genazino die Kommentarauskunft als eine in bestimmter Sicht mögliche Erläuterung wertet, folgt mit Satz (12) eine Feststellung, die die erklärende Funktion dieser Kommentarauskunft radikal abqualifiziert. Dieser Argumentationszug wird dem Leser in einem langen Spannungsbogen vermittelt, der den Aufschluss erst mit dem letzten zu verarbeitenden Wort bietet. Der Satz (12) beginnt mit einem betonten „nur", das als konzessives Adverb (im Sinne von 'freilich', 'allerdings') die Aufmerksamkeit des Lesers dahingehend steuert, dass er etwas gegenüber der Feststellung in Satz (11) Abweichendes erwartet. Nach diesem Aufmerksamkeitssignal, das allein das Vorfeld des Satzes ausmacht, erfolgt mit der finiten Verbform „geht" eine Klammeröffnung, die über die Verarbeitung der Nominalphrase „die Erklärung" als Subjekt, die weitere Verarbeitung der Präpositionalphrase „am rätselhaften Kern" und der als Attribut dazu fungierenden Nominalphrase „der beiden Worte" sowie der Adverbialphrase „genau", durch die die Schließung der Klammer noch einmal verzögert wird, führt und erst am Ende des Mittelfeldes mit der endlich erfolgenden und schon gespannt erwarteten Nennung von „vorbei" als des zweiten Verbteils (des Verbzusatzes oder des Nachverbs im Sinne von Weinrich 2005), der als klammerschließendes Element fungiert, den argumentativen Aufschluss des Satzes bietet. Der Leser muss also die Bedeutung von *geht* über die ganze Reihe der genannten Verarbeitungsportionen in der Schwebe halten, bis sich ihm am Klammerende das Verb als das zusammengesetzte Verb *vorbeigehen* im Sinne von 'nicht zutreffen' erschließt (vgl. dazu das oben von Weinrich zur Verarbeitung von Textklammern Gesagte). Der kognitive Verarbeitungsverlauf dieser grammatischen Konstruktion entspricht damit exakt dem, worauf Genazino den Leser hinführen will, nämlich zu der Erkenntnis der Abwegigkeit der Kommentarauskunft. So spiegelt sich in der grammatischen Anlage der Äußerung die argumentative Tendenz, die der Autor verfolgt.

5.2.3 Beispiel: Zur Verarbeitung eines komplexen Relativsatzgefüges

Ein anderes Verfahren zu einem ähnlichen Zweck zeigt sich für die Verarbeitung der Satzreihe (19)/(20). Die Abfolge der beiden Sätze führt geradezu vor, was sprachliche Verstehenssteuerung mit der Bearbeitung und Erzeugung von Wissen (im Sinne von kognitiven Gehalten) zu tun hat. Satz (19) verweist den Leser auf sein Nichtwissen über das konkrete Aussehen von Kafkas „Vogerlsalat". Mit der Konjunktion *aber* im Vorfeld von Satz (20) wird er zu einer möglichen folgenden Umpolung in seinem Wissenshaushalt aufgerufen, die darin besteht, sich imaginativ ein Bild davon als „ein hässliches kleines Durcheinander" vorzustellen. Diese durch den *dass*-Satz evozierte Vorstellung wird nun mit Hilfe eines darauf bezogenen Relativsatzes („in dem ... sah") weiterführend aus Kafkas eigener Sicht als „Abbild seiner eigenen lächerlichen Körperlichkeit" gedeutet, auf die wiederum relativisch Bezug genommen wird („unter der ... gelitten hat"), indem sie als biographisch belastender Leidensdruck Kafkas qualifiziert wird, eine Tatsache, an die nochmals in einem eingeschobenen abhängigen Vergleichssatz („wie wir wissen") als allgemein bekanntes Wissen über die Person Kafka erinnert wird. Die Herstellung dieses komplexen propositionalen Gesamtgehaltes, der die Konzepte der Vorstellung des konkreten Vogelsalats mit dem Konzept von Kafkas *körperlicher Lächerlichkeit* und dem Konzept von Kafkas diesbezüglichem Leidensdruck sowie dem allgemein bekannten Wissen darüber verknüpft, wird hier nicht über sprachlich auch mögliche logische Verschränkungen (z.B. kausaler o.a. Art) geleistet, sondern in ganz einfacher Weise über die Verarbeitung einer Kaskade von relativischen Bezugnahmen (vgl. Weinrich 2005: 782ff.) im Rahmen eines *dass*-Satzes, der in seiner fortlaufenden Verarbeitung diesen gedanklichen Gesamtzusammenhang sukzessive im Kopf des Lesers erzeugen lässt. So kann die in ihrer Serialität einfach zu verarbeitende Sprachgebung den an sich komplexen gedanklichen Zusammenhang als eine folgerichtige einfache Ableitung erscheinen lassen und damit die Plausibilität dieser Deutung stützen.

5.2.4 Beispiel 4: Zur Verarbeitung der Organisation syntaktischer Felder

Schließlich sei ein Blick auf den Schlusssatz des Textes geworfen, der das Fazit des ganzen Interpretationsgangs präsentiert. Es handelt sich dabei um ein Satzgefüge, bestehend aus dem Rahmen- oder Basissatz und einem *dass*-Satz (Inhaltssatz), der als Subjekt des Basissatzes und zugleich als dessen Vorfeld fungiert. Die sprachübliche und daher normale Reihenfolge einer solchen Konstruktion besteht in der Abfolge Basissatz – Inhaltssatz. Das wäre auch im vorgegebenen Fall – isoliert betrachtet – möglich: „[Es] macht diese Zwei-Worte-Geschichte zum kürzesten komischen Text der Weltliteratur, dass ...". Warum wählt Genazino in diesem Fall die Inversion? Der Inhalt des *dass*-Satzes knüpft mit „diese Lächerlichkeit" und der Tatsache, dass Kafka diese – mittelbar über seine Schwester – „dem Vergnügen anderer Menschen auslieferte", unmittelbar an Wissen aus dem Vortext an und entspricht mit dieser Besetzung der Aufgabe, die dem Vorfeld im Textzusammenhang prototypisch zukommt. Nach dieser gewissermaßen zusammenfassenden Präsentation des Gesamtgehaltes des Vortextes erwartet der Leser gespannt, welche Folgerung Genazino daraus ableitet. Er erfährt sie im abschließenden Basissatz, dessen Mittelfeld so arrangiert ist, dass es von „dieser" den ganzen Text lang in Rede stehenden und zunächst eigentlich unverständlich, wenn nicht sinnlos scheinenden „Zwei-Wort-Geschichte" zu ihrer Einordnung an einen singulären Platz „der Weltliteratur" führt. „Weltliteratur" als Informationshöhepunkt am Ende des Mittelfelds des Satzes und zugleich als letztes Wort des Textes gesetzt, bildet den Zielpol, zu dem Genazino das mitdenkende Bewusstsein des Lesers hinführt.

Mit der vorangehenden genaueren Betrachtung einiger ausgewählter Stellen des Beispieltextes sollte verdeutlicht werden, welch bedeutsame Rolle die so und nicht anders gestaltete Sprachgebung eines Textes für seine verstehende und interpretierende Verarbeitung spielt. Die steuernde Wirkung der gewählten sprachlichen Mittel hat der Sprachpsychologe Hans Hörmann (1976: 354) folgendermaßen verdeutlicht: „Sprache verstehen hat immer den befehlenden Charakter: ,dies sollst du denken'." Bezieht man diese Auffassung auf die grammatische Ebene eines Textes, dann wird nach den vorgestellten Beispielen deutlich, wie über die genaue Beachtung der grammatischen Gestaltung eines Textes ein Mehrwert im Denkergebnis und d.h. eben ein Mehrwert im mentalen Aufbau und in der Akzentuierung von propositionalen Gehalten sowie in der Wahrnehmung von Bedeutungsschattierungen und -nuancierungen bei der Erzeugung der Textwelt zustande kommt, der ohne diese Beobachtung, d.h. bei alleiniger Bezugnahme auf den unbewusst erzeugten propositionalen Gehalt eines Textes, nicht erreicht werden kann. Das Informationsprofil eines Textes, das dürfte deutlich geworden sein, besteht nicht in seinem überwiegend intuitiv zustande gekommenen propositionalen Gehalt, sondern es entwickelt sich wesentlich präziser, aspektreicher und differenzierter durch den reflektierten Nachvollzug seiner grammatischen Verarbeitung.

Was hier an einem kurzen Prosatext gezeigt werden konnte, das – dieser Schluss liegt nahe – vervielfacht sich noch einmal bei der Betrachtung poetischer Texte.

6. Sprachdidaktische Konsequenzen

Daher kann nun abschließend wenigstens andeutungsweise gezeigt werden, welche didaktischen Konsequenzen eine Orientierung des Deutschunterrichts an den vorgestellten grammatischen Denkansätzen haben könnte, insbesondere welcher didaktische Mehrwert gegenüber einer grammatiklosen Unterrichtspraxis sich daraus ergibt:

1. Die Orientierung an einem Gesamtmodell des Textverstehens kann den Umgang mit Texten auf eine neue Basis stellen, weil damit für die Unterrichtenden wie für die Schüler ein systematischer Durchblick durch die vielfältigen, bislang immer nur intuitiv praktizierten Verstehensprozesse ermöglicht wird. Gleichzeitig wird damit ein Instrumentarium zur Beschreibung der vielfältigen Operationen der Textverarbeitung zur Verfügung gestellt (vgl. Scherner 2006 u. 2008).

2. Bei einer systematischen Beachtung aller am Textverstehen beteiligten Prozessebenen kann die grammatisch-syntaktische Verarbeitung nicht mehr beiseitegelassen werden, weil sie die basale Steuerungsebene für den Aufbau von konzeptuellen Bezugnahmen und für die Zuordnung von Referenzen zueinander darstellt. Insofern liefert sie die Basisinformationen, die für das Verfolgen der referentiellen Bewegung und ihre Weiterverarbeitung im Textablauf notwendig sind. Wenn Verstehen ‚verstehbar' gemacht werden soll, gehört die Reflexion der grammatischen Ebene daher unverzichtbar dazu.

3. Wenn Grammatik beim Umgang mit Texten als Prozess in den Blick kommt, wird sie auch für unterrichtliche Arbeitsfelder relevant, die bisher als grammatikfrei gelten, z.B. das Vorlesen/Sprechen/Vortragen eines Textes, dessen Betonung und Pausensetzung deutlich in der syntaktischen Phraseneinteilung und in der syntaktischen Gewichtung des Satzverlaufs gründen.

4. Schon traditionell fußen zahlreiche Interpretationsaussagen in der Vorstellung vom Verlauf der Textverarbeitung, so z.B. Beobachtungen zum metrisch-rhythmischen Gang oder zum Verlauf des Klangbildes eines Textes. Darin zeigt sich das Bedürfnis, den Text im Währendstadium seiner Rezeption zu erfassen. Diese Sicht auf den Text-in-progress ist fundiert in einer prozessorientierten Beschreibung der Syntax, die die gedankliche Progression des Textes spiegelt. Insbesondere ermöglicht die Beobachtung, wie Sinnbildung im Rezeptionsprozess durch die Syntax gesteuert wird, den Aufbau einer kritischen Haltung gegenüber der weithin üblichen Praxis, nach der ersten Rezeption eines Textes sogleich mit einem freien Jonglieren mit intuitiv gewonnenen propositionalen Gehalten zu beginnen, die oft nur weitläufig mit der Textvorgabe in Verbindung zu bringen sind. Die genaue Orientierung am syntaktischen Fortschreiten des Textes lässt demgegenüber erkennen, wie die propositionalen Gehalte an die Verarbeitung der im Text gegebenen verbalen Kette rückgebunden sind. Eine textnahe Analyse erweist sich damit als notwendige Voraussetzung jeder darüber hinausführenden Textdeutung.

5. Wenn der Deutschunterricht beim Umgang mit literarischen Texten weiterhin daran interessiert ist, Texte nicht lediglich auf begriffliche Aussagen in Form abstrahierter gehaltlicher Extrakte zu reduzieren, sondern nach wie vor die Entwicklung und Förderung der ästhetischen Sensibilisierung und Erlebnisfähigkeit der Schüler/innen zum Ziel hat, dann bedeutet das eine Art des Umgangs mit Texten, die dem normalen alltäglichen transitorischen Lesen entgegenläuft. Sie bleibt dem Text permanent auf der Spur und dient damit dem Ziel, den Gesamtprozess der verstehenden Textverarbeitung bewusst werden zu lassen. Innerhalb dieses Operationsrahmens kann der reflexive Nachvollzug des syntaktischen Textfortschritts die basale grammatische Steuerungsebene des Textverstehens erlebbar werden lassen. Und dieses bewusste Nachführen der syntaktischen Textprogression gelingt – wie ich hier zu zeigen versucht habe – am besten mit einer prozessorientierten Sprachbetrachtung.

Literatur

Ballstaedt, Steffen-Peter u.a. (1981): Texte verstehen, Texte gestalten. – München/Wien/Baltimore : Urban & Schwarzenberg (U-&-S-Psychologie).
Becker-Mrotzek, Michael/Matthis Kepser (2010): Sprach-, kultur- und medienwissenschaftliche Themen im Zentralabitur. – In: Der Deutschunterricht 62, 14-18.
Belgrad, Jürgen/Karlheinz Fingerhut (Hgg.) (1998): Textnahes Lesen. Annäherungen an Literatur im Unterricht. – Baltmannsweiler: Schneider.
Blühdorn, Hardarik/Eva Breindl/Ulrich H. Waßner (Hgg.) (2006): Text – Verstehen. Grammatik und darüber hinaus. – Berlin u.a.: de Gruyter (IDS Jahrbuch).
Brinkmann, Hennig (1969): Der deutsche Satz als sprachliche Gestalt. – In: Hugo Moser (Hg.): Das Ringen um eine neue deutsche Grammatik. Aufsätze aus 3 Jahrzehnten. 2., überpr. reprograf. Nachdruck. – Darmstadt: Wissenschaftliche Buchgesellschaft (Wege der Forschung 25), 335-359.
Dürscheid, Christa (2007): Damit das grammatische Abendland nicht untergeht. Grammatikunterricht auf der Sekundarstufe II. – In: Klaus-Michael Köpcke/Arne Ziegler (Hgg.) (2007): Grammatik in der Universität und für die Schule. Theorie, Empirie und Modellbildung. – Tübingen: Niemeyer (RGL 277), 45-65.
Drach, Erich (1963): Grundgedanken der deutschen Satzlehre. 4., unveränd. Auflage. – Darmstadt: Wissenschaftliche Buchgesellschaft.
Förster, Jürgen (1998): Literatur als Sprache lesen. Sarah Kirsch ‚Meine Worte gehorchen mir nicht'. – In: Jürgen Belgrad/Karlheinz Fingerhut (Hgg.): Textnahes Lesen. Annäherungen an Literatur im Unterricht. – Baltmannsweiler: Schneider, 54-69.
Genazino, Wilhelm (2006): Achtung Baustelle. – München: Deutscher Taschenbuchverlag (dtv 13408).

Groeben, Norbert (1982): Leserpsychologie: Textverständnis – Textverständlichkeit. – Münster: Aschendorff.
Groeben, Norbert/Bettina Hurrelmann (Hgg.) (2002): Lesekompetenz. Bedingungen, Dimensionen, Funktionen. – Weinheim: Juventa (Lesesozialisation und Medien).
Hartmann, Peter (1969): Zur kategoriellen Grundlegung der Syntax. – In: Hugo Moser (Hg.): Das Ringen um eine neue deutsche Grammatik. Aufsätze aus 3 Jahrzehnten. 2., überpr. reprograf. Nachdruck. – Darmstadt: Wissenschaftliche Buchgesellschaft (Wege der Forschung 25), 423-445.
Hausendorf, Heiko (2008): Zwischen Linguistik und Literaturwissenschaft. Textualität revisited. – In: Zeitschrift für Germanistische Linguistik 36, 319-443.
Hennig, Mathilde (2011): Ellipse und Textverstehen. – In: Zeitschrift für Germanistische Linguistik 39, 239-271.
Heringer, Hans-Jürgen (1988): Lesen lehren lernen: Eine rezeptive Grammatik des Deutschen. – Tübingen: Niemeyer.
Hörmann, Hans (1976): Meinen und Verstehen. Grundzüge einer psychologischen Semantik. – Frankfurt: Suhrkamp (Suhrkamp Taschenbuch Wissenschaft 230).
Kintsch, Walter (1977): On Comprehending Stories. In: Patricia Carpenter/Marcel A. Just (Hgg.): Cognitive Processes in Comprehension. – Hillsdale: N. J., 33-62.
Köpcke, Klaus-Michael/Arne Ziegler (Hgg.) (2007): Grammatik in der Universität und für die Schule. Theorie, Empirie und Modellbildung. – Tübingen: Niemeyer (RGL 277).
Paefgen, Elisabeth K. (1998): Textnahes Lesen. 6 Thesen aus didaktischer Perspektive. – In: Jürgen Belgrad/Karlheinz Fingerhut (Hgg.): Textnahes Lesen. Annäherungen an Literatur im Unterricht. – Baltmannsweiler: Schneider Verlag Hohengehren, 14-23.
Scherner, Maximilian (2003): Grammatik und Textualität. – In: Ursula Bredel u.a. (Hgg.): Didaktik der deutschen Sprache. Ein Handbuch. Bd. 1. – Paderborn u.a.: Schöningh, 476-486 (UTB 8235).
– (2006): „Lesekompetenz" und „Interpretation". – In: Carmen Spiegel/Rüdiger Vogt (Hgg.): Vom Nutzen der Textlinguistik für den Unterricht. – Baltmannsweiler: Schneider, 69-84.
– (2008): Was „Interpretationsanalyse" über „Interpretationskompetenz" verrät und was das mit sprachlich-literarischer Bildung zu tun hat. – In: Gerhard Härle/Bernhard Rank (Hgg.): „Sich bilden ist nichts anders, als frei werden." Sprachliche und literarische Bildung als Herausforderung für den Deutschunterricht. – Baltmannsweiler: Schneider, 225-245.
– (2011): Über die Schulgrammatik hinaus: Von der Phrase zur Textverarbeitung. Ein integrativer Neuansatz für die Deutschdidaktik der Sekundarstufe II. – In: Klaus-Michael Köpcke/Arne Ziegler (Hgg.): Grammatik – Lehren, Lernen, Verstehen. – Berlin/New York: de Gruyter (RGL 293), 363-381.
Schwarz, Monika (2000): Indirekte Anaphern in Texten. Studien zur domänengebundenen Referenz und Kohärenz im Deutschen. – Tübingen: Niemeyer (Linguistische Arbeiten 413).
– (2008): Einführung in die kognitive Linguistik. 3., vollst. überarb. und erw. Auflage. – Tübingen/Basel: Francke (UTB 1636).
Steinig, Wolfgang/Hans-Werner Huneke (2002): Sprachdidaktik Deutsch. Eine Einführung. – Berlin: Erich Schmidt (Grundlagen der Germanistik 38).

Weimar, Klaus (2002): Was ist Interpretation? – In: Mitteilungen des Deutschen Germanistenverbandes 49/2, 104-115.
Weinrich, Harald (2005): Textgrammatik der deutschen Sprache. 3. rev. Aufl. – Hildesheim/Zürich/New York: Olms.
– (2006): Über syntagmatische Zeit in der deutschen Grammatik. – In: Roland Harweg/Franz Hundsnurscher/Eijiro Iwasaki (Hgg.): „getriwe ân allez wenken". Festschrift für Shoko Kishitani zum 75. Geburtstag. – Göppingen: Kümmerle (Göppinger Arbeiten zur Germanistik 730), 225-232.
Wimmer, Heinz/Josef Perner (1979): Kognitionspsychologie. Eine Einführung. – Stuttgart u.a.: Kohlhammer (Urban Taschenbücher 292).

Sabina Schroeter-Brauss

Die Bedeutung einer systematischen Sprachvermittlung für das Lernen im Fachunterricht der Sekundarstufe I

1. Einleitung – Fachunterricht und sprachliches Lernen in der Sekundarstufe I

> Wenn in einen gesättigten Wasser Kochsalz gibt, löst der Wasser nicht. Aber beim erhitzen löst sich und danach, wenn wir das Wasser abkühlt, kann man der Salz sehen.
>
> Chemieunterricht, Kl. 8; Vögeding (1995: 27)

„Jeder Fachlehrer [ist] zugleich auch Sprachlehrer", schrieben Steinmüller und Scharnhorst schon vor 25 Jahren (Steinmüller/Scharnhorst 1987: 9). Doch ist diese Aussage bis heute in den Fachdidaktiken nicht wirklich angekommen. Dem Thema Fachunterricht und Sprache wird erst seit wenigen Jahren verstärkt Aufmerksamkeit gewidmet. Viele Schülerinnen und Schüler scheitern am Fachunterricht (vgl. Ahrenholz 2010: 1) und vieles spricht dafür, dass sie Schwierigkeiten mit der im Unterricht verwendeten Sprache haben, und zwar unabhängig davon, ob sie Deutsch als Muttersprache oder als Zweitsprache sprechen. Allerdings sind Kinder und Jugendliche mit Zuwanderungsgeschichte in besonderem Maße betroffen, denn die „effektive Vermittlung von Fachinhalten in einer nur partiell beherrschten Vermittlungssprache [stellt sich] als große Herausforderung dar" (Grießhaber 2007: 1).

In der Auseinandersetzung mit den PISA-Studien seit 2000 wird der sprachlichen Entwicklung von Schülerinnen und Schülern mehr Aufmerksamkeit gewidmet. Kinder und Jugendliche mit Zuwanderungsgeschichte, aber auch aus bildungsfernen ‚alteingesessenen' Familien erhalten verstärkt Förderunterricht in der deutschen Sprache, in einigen Bundesländern bereits im Vorschulalter. Dabei handelt es sich zumeist um einen allgemeinen Sprachunterricht, dessen Ziele vorrangig Wortschatzerweiterung und Festigung der Strukturen im mündlichen Sprachgebrauch sind. In der Grundschule kommt dann ein Orthografietraining hinzu. Es wird also versucht, die allgemeinsprachlichen Kenntnisse der Kinder auszubauen. In diesem Artikel geht es nun um die Bedeutung der Sprachkenntnisse für das Lernen im Fachunterricht. Dabei ist der Zusammenhang von allgemeiner Sprachbeherrschung und erfolgreicher Aneignung fachlichen Wissens erst in Ansätzen erforscht (vgl. ebd.). Sicher scheint nur zu sein, dass die Trennung in sogenannte sprachbasierte Fächer wie Deutsch, Geschichte, Politik etc. und angeblich sprachunabhängige Fächer wie Mathematik, Naturwissenschaften, Kunst etc. trügerisch ist, da jedes Lernen sprachbasiert ist. „Die Fähigkeit, einen Fachtext zu verstehen und neue Informationen mit fachlichem Vorwissen zu verknüpfen, muss als Voraussetzung für fachliches Lernen in der Schule und in der beruflichen Bildung betrachtet werden" (Ohm/Kuhn/Funk 2007: 11). PISA 2006 hat jedenfalls deutlich gemacht, dass gerade in den naturwissenschaftlichen Fächern Handlungsbedarf besteht:

> Besorgnis erregend sind insbesondere Befunde zur naturwissenschaftlichen Kompetenz von fünfzehnjährigen Jugendlichen mit Migrationshintergrund. In keinem anderen OECD-Mitgliedsstaat ist der mittlere Kompetenzunterschied zwischen Jugendlichen ohne und solchen mit Migrationshintergrund größer als in Deutschland.
>
> Walter/Taskinen (2009: 186)

Schülerinnen und Schüler, deren Erst- oder Zweitsprache Deutsch nicht voll ausgebaut ist, benötigen im Fachunterricht sprachliche Unterstützung, um erfolgreich sprachlich handeln und dadurch die Fachinhalte aufnehmen zu können. Unterstützung ist dabei in allen sprachlichen Bereichen notwendig: Die Lernenden haben einen eingeschränkten Wortschatz, Schwierigkeiten beim Lese- und Hörverstehen sowie bei der Formulierung eigener mündlicher und schriftlicher Äußerungen oder beherrschen die Grammatik nicht auf die Weise, dass sie automatisch abrufbar ist. Dies betrifft alle Fächer.

Den Fachunterricht in der Sekundarstufe I aus sprachlicher Perspektive zu betrachten und Lösungsmöglichkeiten für die Sprachprobleme von Schülerinnen und Schülern aufzuzeigen ist das Ziel dieses Artikels. Die sprachlichen Anforderungen, die im Fachunterricht an die SchülerInnen gestellt werden, betreffen jedoch nicht nur den Fachunterricht selbst, sondern nehmen auch den Deutschunterricht in den Blick. Deshalb soll auch der Frage nachgegangen werden, welchen Beitrag der Deutschunterricht zur Steigerung der sprachlichen Fähigkeiten leisten kann.

1.1 Zielgruppen des Fachunterrichts in der Sekundarstufe I

Zunächst ist es hilfreich, sich die verschiedenen Zielgruppen des Fachunterrichts in der Sekundarstufe I vor Augen zu führen. Die Zielgruppen lassen sich wie folgt charakterisieren:

- Schülerinnen und Schüler mit Deutsch als Muttersprache
  - sprachlich stark
  - sprachlich schwach
- Schülerinnen und Schüler mit Deutsch als Zweitsprache
  - mit hohem Sprachstand in der Zweitsprache
  - mit niedrigem Sprachstand in der Zweitsprache
  - als Sprachanfänger (vor allem so genannte Seiteneinsteiger)[1]

Insgesamt kann von einer großen Heterogenität in Bezug auf den Sprachstand und die Lernvoraussetzungen ausgegangen werden. Es ist auch festzuhalten, dass die sprachliche Unterstützung der ‚sprachschwächeren' Zielgruppen an deutschen Schulen bisher nicht zufrieden stellend gelingt. Deshalb ist es hilfreich, einen Blick dorthin zu werfen, wo die sprachliche Vermittlung fachlicher Inhalte bereits seit langem Tradition ist: an deutschen Auslandsschulen bzw. weltweit an Schulen mit bilingualen Unterrichtsprogrammen.

1.2 Deutschsprachiger Fachunterricht – Traditionen im Ausland

Im Bereich Deutsch als Fremdsprache wird in Bezug auf den Fachunterricht der Zusammenhang zwischen der Vermittlung von Fachwissen und der Vermittlung entsprechender sprachlicher Strukturen bereits seit langem diskutiert (vgl. Ahrenholz 2010: 2; Kruczinna 2004: 45) und es liegt eine Vielzahl an wissenschaftlichen Untersuchungen, fachdidaktischen Reflexionen und Unterrichtsmaterialien vor. Die Zeitschrift *Zielsprache Deutsch* befasste sich bereits in den 1980er Jahren mit dem Thema, von Buhlmann/Fearns (2000) gibt es ein Handbuch zum Thema Fachsprachenunterricht, die Zeitschrift *Fremdsprache Deutsch* widmete dem Thema 2004 und 2009 jeweils ein eigenes Heft und Vögeding verfasste 1995 eine Dissertationsschrift zum deutschsprachigen Chemieunterricht in der Türkei. Für den Fachunterricht in deutscher Sprache liegen umfangreiche Materialien (Arbeitshefte, Lehrerhandreichungen) vor, die von örtlichen Institutionen der Schulentwicklung zusammen mit dem Goethe-Institut und der Zentralstelle für das Auslandsschulwesen (ZfA) entwickelt wurden, z.B. für Biologie, Mathematik, Geschichte oder Erdkunde in den höheren Klassen der Sekundarstufe in Polen, Ungarn oder Bulgarien. Auch das Methodenhandbuch von Josef Leisen (2003) gehört in diesen Zusammenhang.

---

[1] Zu berücksichtigen wäre auch der Sprachstand in der Erstsprache, aber da die Lehrkräfte die jeweilige Erstsprache in der Regel nicht beherrschen, spielt sie im Unterrichtsgeschehen keine Rolle.

Im Kontext der (deutschen) Auslandsschulen bzw. des bilingualen Unterrichts sind bestimmte Termini zur Bezeichnung dieser besonderen Art von Fachunterricht entstanden:

- DFU = Deutschsprachiger Fachunterricht
- CLIL = Content and language integrated learning/Integriertes Sprach- und Fachlernen
- Bilingualer Sachfachunterricht

Kruczinna charakterisiert die Arbeit erfolgreicher Lehrkräfte im Deutschsprachigen Fachunterricht folgendermaßen:[2]

> Sie haben bei der Vermittlung des Stoffs die Lernenden im Blick, beobachten ihr Sprachverhalten und sorgen dafür, dass es sich parallel zur fachlichen Progression weiter entwickelt. Sie machen sich methodenkompetent und schaffen Gelegenheiten, dass Schüler im Unterricht aktiv mit Fach und Sprache arbeiten. Mit dem Deutschlehrer suchen sie Kontakt […] und wissen bald, was sie von ihren Schülern sprachlich erwarten können.
>
> Kruczinna (2004: 47)

Inzwischen benutzt man Termini wie CLIL und DFU auch für den Unterricht für Schülerinnen und Schüler mit Migrationshintergrund im Inland und greift auf Veröffentlichungen aus dem Bereich Deutsch als Fremdsprache zurück. Gemeinsame Basis ist das Faktum, dass die Arbeitssprache im Unterricht für die Lernenden im Ausland und für einen Teil der Schülerinnen und Schüler im Inland nicht die Erstsprache ist und dass dies besondere Anforderungen an Sprache und Organisation des Unterrichts stellt.

Allerdings sind die Merkmale, die den Fachunterricht an bilingualen Schulen im Ausland und in einer ‚normalen' Sekundarstufe in Deutschland kennzeichnen, durchaus verschieden.

Für den CLIL-Unterricht können folgende Merkmale angenommen werden:

- Unterrichtsmethodische Vielfalt
- Starke Binnendifferenzierung
- Mittel- und langfristig eingeplante sprachliche Unterstützung der Lernenden
- L1-homogene Lerngruppen

Für den Fachunterricht in der Sekundarstufe I in Deutschland sind dagegen – aus Sicht der L2-Lernenden – folgende Eigenschaften kennzeichnend:

---

[2] Deutsche Lehrkräfte, die im Ausland ein Sachfach unterrichten, werden zuvor von der ZfA auf die Anforderungen im deutschsprachigen Fachunterricht vorbereitet.

Systematische Sprachvermittlung für das Lernen im Fachunterricht

- L2 als exklusive Unterrichtssprache und Sprache der Lehrbücher
- L2 als Muttersprache (L1) der Lehrkraft und eines Teils der Lernenden
- Keine oder höchstens kurzfristig eingeplante sprachliche Unterstützung der Lernenden
- L1-heterogene Lerngruppen

Diese sprachliche Situation im Fachunterricht stellt eine Herausforderung für Lehrende und Lernende dar. Die Erfahrungen, die mit dem deutschsprachigen Fachunterricht im Ausland gesammelt wurden, können die Überlegungen zu einem verbesserten – eben einem sprachliches und fachliches Lernen integrierenden – Fachunterricht in der Sekundarstufe I in Deutschland befördern, von dem nicht nur Schülerinnen und Schüler mit Zuwanderungsgeschichte, sondern auch ‚sprachlich schwächere' Muttersprachler profitieren.

2. Sprachregister im Unterricht

Wenn man ergründen will, was denn die im Unterricht verwendete Sprache so schwierig macht, ist es nicht zielführend, die Sprache nur unter dem Phänomen *Erst- und Zweitsprache* zu betrachten und davon auszugehen, dass sich die Probleme in dem Maße reduzieren, wie es dem Lernenden gelingt, seine Zweitsprache auf erstsprachliches Niveau zu heben. In der Schule werden verschiedene Sprachregister verwendet, wobei das allgemeinsprachliche/ alltagssprachliche Register, das die Lernenden außerhalb des Unterrichts in ihrer Alltagskommunikation verwenden, etwa ab dem 3./4. Grundschuljahr erweitert bzw. überlagert wird durch das Register der Bildungssprache und darüber hinaus durch das Register der Sprache des jeweiligen Fachs.[3] Quer zu diesen Sprachregistern gibt es noch eine spezifisch schulische Sprachform, die Unterrichtssprache (vgl. Chlosta/Schäfer 2008).

Unter *Allgemeinsprache/Alltagssprache* werden „die sprachlichen Ausdrucksmittel verstanden, die zur Bewältigung alltäglicher Kommunikation notwendig sind" (Ahrenholz 2010: 15). Der Begriff wird hier im Sinne von BICS (Basic Interpersonal Communicative Skills; vgl. Cummins 2000: 59) verwendet und meint eine in einen situativen Kontext eingebettete, konzeptionell mündliche Sprachverwendung.[4] Portmann-Tselikas/Schmölzer-Eibin-

---

[3] In der Sekundarstufe I spricht man vielleicht noch nicht von *Fachsprache*, jedoch mindestens von der *Sprache im Fach* (wie z.B. auf dem Fachdidaktischen Symposium der Friedrich-Stiftung/Universität Köln, 14./15.10.2011) oder von „fachspezifischen Merkmalen der Schulsprache" (Ohm/Kuhn/Funk 2007: 9).
[4] *Konzeptuell mündlich* im Sinne von Koch/Oesterreicher (1994).

ger (2009: 6f.) verstehen darunter den Bereich der Kommunikation, „in dem alle Menschen in einer Gesellschaft bis zu einem bestimmten Grad übereinkommen und den Kinder in ihrer sprachlichen Entwicklung zuerst kennen lernen". Gleichzeitig ist die mündliche Alltagskommunikation der Bereich, der im Fremdsprachenunterricht in der Regel die Anfängerstufe dominiert.

Für die Betrachtung der Sprachregister im Fachunterricht ist die Unterscheidung von Allgemeinsprache/Alltagssprache, Bildungssprache (vgl. 2.1) und Fachsprache/Sprache im Fach (vgl. 2.2) bedeutsam (vgl. Ahrenholz 2010: 15). Es werden alle Sprachregister verwendet, sodass es für die erfolgreiche Teilnahme am Unterricht nicht ausreicht, nur das Register der Alltagssprache zu beherrschen.

2.1 Bildungssprache

Unter dem Begriff *Bildungssprache*[5] – einer „Analogiebildung zu den im Englischen benutzten Termini *academic language* und *academic discourse*" (Gogolin 2009: 268) sei hier im Rückgriff auf Habermas dasjenige Sprachregister verstanden, „mit dessen Hilfe man sich mit den Mitteln der Schulbildung ein Orientierungswissen verschaffen kann" (Habermas 1977, zit. n. Gogolin 2009: 268). *Bildungssprache* ist ein Sprachregister, das an der Schriftsprache orientiert ist und von daher Ansprüche an die morphologische, syntaktische, lexikalische und textuelle Struktur der Redemittel stellt. Im Gegensatz zur Allgemeinsprache/Alltagssprache ist diese Sprachform entpersonalisiert und situationsunabhängig. Bildungssprache zeichnet sich durch einen genauen und differenzierten Wortschatz aus. Der Gebrauch von elaborierten morphosyntaktischen Formen ist dabei ebenso charakteristisch wie die Verwendung von Satzstrukturen, die logische Beziehungen herstellen. Auf der textuellen Ebene sind Kohärenz und Konstanz des Modus (z.B. einer Argumentation) als spezifische sprachliche Merkmale zu nennen (vgl. Ahrenholz 2010: 16f.; Gogolin 2009: 268ff.). Bildungssprache ist somit ein formelles Sprachregister, dessen Beherrschung während der Schullaufbahn entwickelt werden soll bzw. vom ‚erfolgreichen Schüler' erwartet wird (vgl. Gogolin 2009: 269). Der Begriff wird hier im Sinne von CALP (Cognitive Academic Language Proficiency; Cummins 2000: 59) verwendet und meint eine textuell geformte, konzeptionell schriftliche Sprachverwendung.

---

[5] Der Begriff wurde im Umfeld des FÖRMIG-Projekts von Gogolin als Übersetzung des Terminus *academic language* für das Deutsche vorgeschlagen (vgl. Ahrenholz 2010: 16; Gogolin 2009: 268).

2.2 Fachsprache

Als *Fachsprache/Sprache im Fach* werden im schulischen Kontext diejenigen sprachlichen Mittel bezeichnet, die für ein bestimmtes Schulfach typisch sind (vgl. Ahrenholz 2010: 16). Darunter sind keineswegs nur die jeweiligen Fachtermini und spezifischen Kollokationen zu verstehen, sondern auch die Charakteristika bestimmter Textsorten (z.B. Versuchsprotokolle im naturwissenschaftlichen Unterricht) und vor allem die komplexen sprachlichen Formen, die dieses Register kennzeichnen. Diese komplexen sprachlichen Formen sind vor allem in Lehrbuch- und Quellentexten zu finden. Schon die Beschreibung eines einfachen Reagenzglasexperiments oder eines Vulkanausbruchs stellt nach Kruczinna (vgl. 2004: 45) hohe fachsprachliche Anforderungen an die Schülerinnen und Schüler.

Die Fachsprache weist Besonderheiten in den Bereichen Wortschatz, Wortbildung, Morphologie und Syntax auf, die die lexikalischen, morphologischen und syntaktischen Strukturen der Alltagssprache überlagern. Zu diesen Spezifika gehören:

- Im Bereich der Lexik
  - Fachwörter: *die Luftzufuhr, der Chloroplast, die Linse*
  - Kompositabildung: *die Gas-, Dampfturbine; die Agrar-, Bevölkerungsentwicklung*
  - Funktionsverbgefüge mit bedeutungsschwachen Verben (Engin 2007; Kuplas 2010): *die Entstehung erfolgte > entstehen; zum Ausdruck bringen > ausdrücken*
  - Termini, die sich in ihrer Bedeutung von ähnlichen Ausdrücken in der Alltagssprache unterscheiden: *die Normalspannung ≠ 'normale Spannung', der Halbleiter ≠ 'halbe Leiter'*

- Im Bereich der Morphologie
  - Das Vorgangs- und Zustandspassiv sowie die Passiversatzformen (Engin 2007; Kruczinna 2004): *Die Flamme wird reguliert, ist reguliert, lässt sich regulieren, ist zu regulieren, ist regulierbar*
  - Adjektive auf *-reich, -arm, -bar, -los* (Engin 2007)
  - Attribuierungen durch Adjektive und Partizipien: *die kleine, glänzende, abgekühlte Natriumkugel*
  - Präfigierungen (Kuplas 2010): *auskristallisieren, hinführen*
  - Proformen

- Im Bereich der Syntax
  - Komplexe Satzstrukturen, in den Naturwissenschaften vor allem spezifische Nebensatzkonstruktionen
    - Kausalsatz: *Die Zellen werden sichtbar, weil ...*

- Konditionalsatz: *Wenn Wasser auf 100°C erhitzt wird, ...*
- Relativsatz: *Konstruiert ein Fahrzeug, das ...*

Die beiden Register Bildungssprache und Fachsprache sind nicht immer trennscharf. Je nach Schultyp und Klassenstufe ist der Grad der Spezialisierung (z.B. in Lehrbüchern) unterschiedlich hoch angesetzt (vgl. Ahrenholz 2010: 17).

2.3 Unterrichtssprache

Unterrichtssprache als spezifische Sprachform der Schule ist gewissermaßen ‚quer gelegt' zu den Registern der Alltags-, Bildungs- und Fachsprache. Leisen (1998c: 9) bezeichnet sie als „Sprache auf dem Weg zum Fach". Jeder Text und jedes Unterrichtsgespräch enthält in unterschiedlichem Maß Elemente der Alltags-, Bildungs- und Fachsprache. Unterrichtssprache ist gewissermaßen eine schülergemäße Sprachform. Sie wird verwendet, um den Lernenden den Weg zum Verstehen zu ebnen. Sachverhalte und Begriffe werden unter Einbezug der Alltagssprache geklärt und (erst) am Ende eines Unterrichtsprozesses in fachsprachliche Bezüge eingebettet. Leisen (2005: o.A.) verdeutlicht dies anhand eines Kapitels aus einem Physiklehrbuch:

> Einen Nichtschwimmer kannst Du mit einer Hand halten, wenn er sich dabei flach im Wasser ausstreckt. Außerhalb des Wassers wird dir das nicht gelingen. Die Person erscheint im Wasser leichter. (*Alltagssprache*)
> Miss die Gewichtskraft von Quadern gleicher Größe aus Messing, Eisen und Aluminium außerhalb von Wasser und bei ganz eingetauchtem Quader. (Übergangsform, bei Leisen *Unterrichtssprache*)
> Durch den Schweredruck erfährt jeder eingetauchte Körper eine nach oben wirkende Auftriebskraft. Sie verringert scheinbar die Gewichtskraft. [...] Die Auftriebskraft hat den gleichen Betrag wie die Gewichtskraft der durch den Körper verdrängten Flüssigkeit. (*Fachsprache*)

In Bezug auf eine (idealtypische) Stundenverlaufsplanung im Fachunterricht kann die Verwendung von Unterrichtssprache als Dreischritt betrachtet werden: In der Gruppenarbeit zu einer Aufgabenstellung oder während eines Versuchs tauschen sich die Schülerinnen und Schüler zunächst in der Alltagssprache aus, die möglicherweise von einigen Fachtermini durchsetzt ist. Bei der anschließenden Präsentation im Plenum nehmen Elemente der Bildungssprache zu, bzw. achtet die Lehrkraft auf einen erhöhten Anteil an bildungssprachlichen Formulierungen und Fachbegriffen. In einer sich daran anschließenden schriftlichen Ausgestaltung, z.B. einer Vorgangsbeschreibung oder einem Versuchsprotokoll, wird die Verwendung des bildungssprachlichen und des fachsprachlichen Registers angestrebt.

Dass die Verwendung von Unterrichtssprache in Lehrbüchern nicht immer gelingt, zeigt jedoch folgendes Beispiel aus einem Erdkundebuch. Das Thema *Erdbeben* wird im Lehrwerk Praxis Geographie in einen ‚sprachlichen Mischtext' eingebettet, der das Verständnis nicht unbedingt erleichtert:

> Die meisten Erdbeben entstehen an Plattengrenzen unserer Lithosphäre und zwar dort, wo sich zwei Platten aneinander vorbeibewegen oder an einer Subduktionszone. Sicher kannst du dir vorstellen, dass so starre Gebilde wie Lithosphärenplatten sich manchmal in einander verhaken. [...] Ist der Boden sehr sandig und locker, kann es zu einer Bodenverflüssigung kommen, durch die einfach alles wegsackt.
>
> Praxis Geographie (2008: 56)

Das ‚Parlando' des im Übrigen recht langen Textes täuscht darüber hinweg, dass nicht nur die fachsprachlichen Termini einer Erklärung bedürfen, sondern eventuell auch einige alltagssprachliche Formulierungen, die somit nicht zur Textvereinfachung beitragen. Ein kürzerer Text, gehalten im bildungssprachlich-fachsprachlichen Register, der die Basisinformationen bereithält, ist möglicherweise zielführender. Die jeweilige Bodenbeschaffenheit, die bei den Auswirkungen eines Erdbebens eine Rolle spielt, könnte anhand von Zeichnungen dargestellt werden.[6]

3. Sprachliche Anforderungen in den Naturwissenschaften – Kernlehrplan Gesamtschule NRW

2011 wurden in Nordrhein-Westfalen neue Kernlehrpläne für die Naturwissenschaften und die Gesellschaftslehre in der Sekundarstufe I erlassen. Dies bietet eine gute Möglichkeit zu überprüfen, inwieweit das Thema *Sprache im Fachunterricht* mittlerweile in den Curricula abgebildet wird, ob sprachliche Anforderungen formuliert werden und ob etwas darüber ausgesagt wird, auf welche Weise gegebenenfalls diese sprachlichen Anforderungen anzubahnen wären. Als Beispiel dient der „Kernlehrplan für die Gesamtschule – Sekundarstufe I in Nordrhein-Westfalen. Naturwissenschaften. Biologie, Chemie, Physik".[7]

---

[6] Die möglicherweise problematischen syntaktischen Strukturen des Textes seien an dieser Stelle außer Acht gelassen.
[7] Vom 16.06.2011; vgl. Online-Version: http://www.standardsicherung.nrw.de/ lehrplaene/kernlehrplaene/sek-i/gesamtschule/gesamtschule.html [Letzter Zugriff: 25.06.2012].

Zunächst ist festzustellen, dass der Kernlehrplan den sprachlichen Kompetenzen der Schülerinnen und Schüler eine große Bedeutung zumisst. Der fachsprachlichen Förderung wird ein eigener Abschnitt gewidmet:

> Sprache ist ein notwendiges Hilfsmittel bei der Entwicklung von Kompetenzen und besitzt deshalb für den Erwerb einer naturwissenschaftlichen Grundbildung eine besondere Bedeutung. Kognitive Prozesse des Umgangs mit Fachwissen [...] sind ebenso sprachlich vermittelt wie der kommunikative Austausch darüber [...]. In der aktiven Auseinandersetzung mit fachlichen Inhalten [...] erweitert sich der vorhandene Wortschatz und es entwickelt sich ein zunehmend differenzierter und bewusster Einsatz von Sprache. [...] Solche sprachlichen Fähigkeiten entwickeln sich nicht naturwüchsig auf dem Sockel alltagssprachlicher Kompetenzen, sondern müssen gezielt im naturwissenschaftlichen Unterricht angebahnt und vertieft werden.
>
> Kernlehrplan NRW (2011: 13)

Zu den Aufgaben des Fachunterrichts in der Sekundarstufe I gehört demnach genuin die fachsprachliche Förderung, innerhalb derer die Wortschatzerweiterung und die Entwicklung eines differenzierteren Einsatzes von Sprache explizit erwähnt werden. Zusätzlich wird an späterer Stelle auf die „Förderung der deutschen Sprache als Aufgabe des Unterrichts in allen Fächern" verwiesen (Kernlehrplan NRW 2011: 14).

Die im Lehrplan festgelegten Kompetenzerwartungen beziehen sich durchgehend sowohl auf fachliche als auch auf sprachliche Kenntnisse und Fähigkeiten, die bis zum Abschluss der Sekundarstufe I erworben werden sollen.

Die erwarteten sprachlichen Kompetenzen werden dabei durch Sprachhandlungsverben ausgedrückt. Im Einzelnen werden genannt:

- Beschreiben
- In vollständigen Sätzen verständlich erläutern, erklären
- Begründen
- Fachbegriffe angemessen und korrekt verwenden
- Texte sinnerfassend lesen und sinnvoll zusammenfassen
- Beobachtungen und Ergebnisse nachvollziehbar schriftlich festhalten
- Naturwissenschaftliche Zusammenhänge sachlich (...) strukturiert schriftlich darstellen
- Fragestellungen und Hypothesen formulieren
- Auswerten, interpretieren, deuten
- Dokumentieren, rekonstruieren, protokollieren
- Fachlich korrekt und überzeugend präsentieren
- Anderen zuhören und sachbezogen nachfragen (vgl. Kernlehrplan NRW 2011: Kap.1 und 2).

Insgesamt werden etwa 25 Sprachhandlungen genannt, die auf alle vier sprachlichen Fertigkeiten (*hören, sprechen, lesen* und *schreiben*) verteilt sind.

Zur Bewertung des Kernlehrplans: Es ist zu begrüßen, dass Politik und Bildungsadministration der Sprachlichkeit von (Fach-) Unterrichtsprozessen Bedeutung zumessen und den Erwerb fachsprachlicher Kompetenzen als Bestandteil des naturwissenschaftlichen Unterrichts betrachten.[8] Dies ist sicher auch ein Ergebnis der bildungspolitischen Diskussionen der vergangenen zehn Jahre, ausgelöst durch die PISA- und DESI-Studien.

Aus der Perspektive der Fachdidaktiken stellen sich allerdings in Bezug auf die erwarteten Sprachkompetenzen im naturwissenschaftlichen Unterricht einige Fragen:

- Mit welchen sprachlichen Mitteln können Schüler denn naturwissenschaftliche Fachinhalte beschreiben oder erläutern, Ergebnisse schriftlich festhalten, Hypothesen formulieren?
- Welche sprachlichen Voraussetzungen sind notwendig, um die o.g. Sprachhandlungen durchzuführen?
- Welche Unterrichtsarrangements und -materialien ermöglichen diese Sprachhandlungen?
- Wie kann Kompetenzzuwachs (sprachlich und fachlich) überhaupt ermöglicht werden?
- Was ist mit denjenigen Schülern, die ihre Zweitsprache Deutsch als Arbeitssprache im Fachunterricht benutzen (DFU/CLIL-Situation)?
- Wie können Fachlehrkräfte die spezifischen sprachlichen Unterstützungsbedarfe von Lernenden erkennen und darauf die Gestaltung ihres Unterrichts abstimmen (vgl. Vollmer/Thürmann 2010: 108)?
- Und die Hauptfrage: Wer ist verantwortlich für die Vermittlung der sprachlichen Kompetenzen?

In Kapitel 2.2 wurde bereits dargelegt, dass die Fachsprache strukturelle Besonderheiten aufweist, die das Gefüge der mündlich und dialogisch ausgerichteten Alltagssprache überlagern. Fachbezogene Verstehens- und Mitteilungsfähigkeiten stellen sich nicht von selbst ein, sondern müssen explizit und systematisch vermittelt werden (vgl. Becker-Mrotzek u.a. 2011). Im Fall des naturwissenschaftlichen Unterrichts müssten die erwarteten Verstehens-

---

[8] Das Gleiche gilt in NRW auch für die Gesellschaftslehre (Erdkunde, Geschichte, Politik).

und Mitteilungsfähigkeiten überhaupt erst einmal identifiziert werden. Ein Lehrplan ist zwar keine methodische Handreichung, aber die oben gestellten Fragen zeigen deutlich, dass ohne eine grundlegende Diskussion dieser (und womöglich weiterer) Punkte keine Kompetenzerwartungen formuliert werden können.

Das Hauptproblem besteht darin, dass das Sprachregister des Fachunterrichts in der Sekundarstufe I durch die Kompetenzbeschreibungen nicht explizit gemacht wird. In Bezug auf die sprachlichen Anforderungen besteht gar keine Transparenz. Ein Beispiel aus den übergeordneten Kompetenzerwartungen für die erste Progressionsstufe (Kl. 5-7):

> Schülerinnen und Schüler können [...] bei Untersuchungen und Experimenten Fragestellungen, Handlungen, Beobachtungen und Ergebnisse nachvollziehbar sprachlich festhalten.
>
> Kernlehrplan NRW (2011: 22)

„[...] nachvollziehbar sprachlich festhalten" – auf welche Weise? In Stichpunkten, in ganzen Sätzen, in der Alltagssprache, schriftsprachlich, fachsprachlich, im Präsens, Perfekt, Passiv ...? In Bezug auf das zu verwendende Register und die zu gebrauchenden sprachlichen Formen werden keine Angaben gemacht. So entsteht ein ‚geheimer Lehrplan', der die erwarteten Kompetenzen eher implizit voraussetzt als dass er ihre Anwendung explizit beschreibt. Auch Vollmer/Thürmann (2010: 111) stellen fest, dass die Institution Schule von den Lernenden verlange,

> das eigene Sprachverhalten an die für den Bildungsraum Schule üblichen Konventionen anzupassen und sich der fachunterrichtlich vorherrschenden Gebrauchsmuster zu bedienen. Sprache und Sprachverhalten sind [...] das geheime und entscheidende schulische Curriculum.
>
> Vollmer/Thürmann (2010: 111)

Allerdings besteht das Problem nicht nur in den Lehrplänen und auf der Ebene der Bildungsadministration. Im Grunde ist das im Unterricht verwendete Sprachregister linguistisch noch nicht systematisch erfasst und es können keine verlässlichen Aussagen darüber gemacht werden, welche sprachlichen Voraussetzungen notwendig sind, damit ein Schüler den Unterricht in der Sekundarstufe I erfolgreich besuchen kann. Es fehlt bisher ein ‚Gemeinsamer Referenzrahmen für das sprachliche Lernen in der Schule', weshalb zurzeit widersprüchliche Aussagen über die geforderten Sprachniveaus getroffen werden. Während die Kernlehrpläne in NRW den Aufbau fachsprachlicher Fähigkeiten während der Sekundarstufe I festlegen und die entsprechenden

Formulierungen ein Sprachniveau mindestens der Stufe B2[9] erwarten lassen, bietet das Goethe-Institut an, Jugendlichen die B1-Sprachprüfung in DaF abzunehmen, damit sie zur Erhöhung ihrer Chancen auf dem Lehrstellenmarkt das *Goethe-Zertifikat B1: Zertifikat Deutsch für Jugendliche* zusammen mit ihrem Abschlusszeugnis einreichen können. Das B1-Zertifikat formuliert die Kompetenzerwartungen eindeutig auf der Ebene der Alltagssprache:[10]

> Mit dem Bestehen des Goethe-Zertifikat B1 [...] kannst du zeigen, dass du über solide Grundkenntnisse in der deutschen Umgangssprache verfügst und dass du dich in allen wichtigen Alltagssituationen sprachlich zurechtfindest. Die Prüfung entspricht der dritten Stufe (B1) auf der sechsstufigen Kompetenzskala des Gemeinsamen europäischen Referenzrahmens für Sprachen.
>
> Goethe Institut Online[11]

Wie bereits oben festgestellt wurde, reicht die Beherrschung der Alltagssprache nicht dafür aus, um den sprachlichen Anforderungen im Unterricht zu genügen, jedenfalls nicht in Bezug auf die Kernlehrpläne. Weiterführend erscheinen folgende Überlegungen: Die vorausgesetzten bzw. notwendigen sprachlichen Kompetenzen sollten identifiziert und im Unterricht angebahnt werden. Die sprachlichen Anforderungen im jeweiligen Fach sollten im Kernlehrplan eindeutig formuliert werden; es empfiehlt sich, die Kompetenzbeschreibungen jeweils in fachliche und in sprachliche Angaben zu differenzieren, wie es z.B. Tajmel (2010) für die Lernziele im Physikunterricht gezeigt hat. Sie stellt fest, dass die Formulierung eines Lernziels wie „einen Vorgang beschreiben können" für einen sprachfördernden Unterricht zu allgemein sei, da sie „auf die fachsprachlichen Besonderheiten der Situation nicht Bezug nimmt" (Tajmel 2010: 147). Hilfreicher sei es, konkrete Satzstrukturen für eine Vorgangsbeschreibung zu vermitteln. Lernziele für die Klassen 5-6 zum Thema „Was schwimmt?" sehen dann folgendermaßen aus: Fachliches Lernziel (Physik): „Ob ein Gegenstand schwimmt oder nicht, hängt vom Material ab und nicht von seiner Größe." Sprachliches Lernziel: Konditionalsätze, Passiv. „Wenn ein Körper aus Holz ist, dann schwimmt er. [...] Wenn der Stein ins Wasser getaucht wird, dann [...]" (ebd.: 148f.). Das Beispiel zeigt auch die Möglichkeit des Transfers von Sprachkompetenzen,

---

[9] Nach der Skala des GER (Gemeinsamer Europäischer Referenzrahmen) des Europarats.
[10] Vgl. http://www.goethe.de/ins/de/prf/zdj/deindex.htm [Letzter Zugriff: 26.05. 2012]; hier soll nicht das Angebot einer Sprachprüfung kritisiert werden, die überdies auf alltagssprachlichem Niveau anspruchsvoll ist. Es geht um die jeweils unterschiedlichen Kompetenzerwartungen.
[11] Online Version: http://www.goethe.de/z/50/commeuro/303.htm [Letzter Zugriff: 26.05. 2012].

denn Konditionalsätze und Passivformen werden nicht nur für dieses Thema aus der Physik benötigt, sondern in allen Unterrichtsfächern.

Zusammenfassend ist festzuhalten, dass es überaus zielführend scheint, das im Fachunterricht verwendete sprachliche Register systematisch zu erfassen und in den Lehrplänen darzustellen. Das unterstützt nicht nur die Lernenden, sondern dient auch der Professionalisierung von Fachlehrkräften (vgl. Vollmer/Thürmann 2010: 129).

4. Fach und Sprache – Spracharbeit im Fachunterricht

An dieser Stelle können nun Überlegungen zu einem Fachunterricht ansetzen, der auch auf die Entfaltung der Sprachkenntnisse der Lernenden ausgerichtet ist. In der schulischen Praxis bestehen diesbezüglich zwei Problemfelder: Das eine betrifft die Lehrenden und ihre durch die Lehrerbildung vermittelten Vorstellungen über ‚guten Unterricht'. Zu letzteren gehört die Auffassung, dass die Bedeutung bzw. der Inhalt des jeweiligen Unterrichtsthemas Vorrang vor seiner sprachlichen Kodierung hat (Vollmer/Thürmann 2010: 111). Lehrkräfte betrachten ihr jeweiliges Fach in der Regel rein inhaltlich. Das gilt sogar für den Deutschunterricht, für den zurzeit Konsens darüber besteht, dass auch Grammatik nicht systematisch, sondern situativ und thematisch eingebettet, gewissermaßen beiläufig, vermittelt werden sollte. Lehrkräfte der verschiedenen Sachfächer fühlen sich darüber hinaus sprachlich nicht hinreichend ausgebildet, um die Lernenden methodisch bei der sprachlichen Bewältigung der jeweiligen Lernaufgaben zu begleiten. Dadurch wird der Sprachgebrauch der Lernenden nicht aktiv genug gesteuert. Lehrende akzeptieren sprachlich fehlerhafte oder sogar bruchstückhafte Äußerungen, wenn sie ‚inhaltlich akzeptabel' erscheinen. Das andere Problemfeld betrifft die Lernenden, deren Aufmerksamkeit von inhaltlichen *und* von sprachlichen Verstehensbemühungen in Anspruch genommen wird. Die Diskrepanz zwischen den (fremd-)sprachlichen und den kognitiven Möglichkeiten der Lernenden in den Sachfächern ist das Grundproblem im bilingualen bzw. deutschsprachigen Fachunterricht (vgl. Thürmann 2000: 75). Das sprachliche Verstehen bildet die Grundlage der unterrichtlichen Arbeit. Daraus folgt, dass das Verstehen durch geeignete Unterstützungshandlungen erleichtert werden muss (vgl. Bonnet 2007: 130). Damit ist die Spracharbeit im Fachunterricht gefragt.

4.1 Spracharbeit im Deutschsprachigen Fachunterricht (DFU) bzw. in den Sachfächern der Sekundarstufe I

„Spracharbeit geht im Fachunterricht von der Sache aus" (Kruczinna 2009: 29). Arbeit an der Sprache in einem Fach sollte explizit, aber „unaufdringlich" sein; sie erwächst aus der konkreten Beschäftigung mit einem Thema: beim Lesen eines Fachtexts, beim Durchführen eines Versuchs, bei der Arbeit mit dem Schulbuch, im Unterrichtsgespräch. Sie ist kontinuierlich notwendig, denn erst mit diesem Fach-Sprache-Kontext wird die Grundlage für die Verstehens- und Rekonstruktionsprozesse der Lernenden geschaffen (vgl. ebd.: 31). Dazu müssen Lehrkräfte Methoden kennen, um z.B. Fachbegriffe einzuführen und in einen Zusammenhang einzubinden. Es braucht Aufgaben und Materialien, die Lernenden aktive mündliche und schriftliche Sprachhandlungen ermöglichen; es braucht Aufgabenstellungen und Arbeitsformen, die ‚Antworten in ganzen Sätzen' funktional werden lassen und Lernenden selbst erstellte textuelle Ausformulierungen abverlangen (vgl. Grießhaber 2007: 4).

In Schulbüchern (und in Fachbüchern für die Berufsausbildung) spielen Texte eine große Rolle, weswegen der Umgang mit Fachtexten für Schülerinnen und Schüler eine notwendig zu erlangende Kompetenz darstellt. Ohm/Kuhn/Funk (2007: 32) stellen ‚Regeln' für die Arbeit mit Fachtexten auf, z.B. dass kein Text ohne Vorbereitung eingesetzt werden sollte. Im Gegensatz zu deutschen Schulbüchern, in denen ein (längerer, bebilderter) Text häufig den Ausgangspunkt des Wissenserwerbs zu einem Thema markiert (vgl. Abb. 1),[12] steht in den für den deutschsprachigen Fachunterricht im Ausland entwickelten Arbeitsheften ein Text in der Regel am Ende einer Unterrichtseinheit und fasst das gelernte Wissen zusammen, entweder als resümierender Lehrbuchtext oder als Aufgabe, in der die Lernenden (eventuell mit Hilfe eines Wortgeländers) selbst einen zusammenfassenden Text erstellen.[13]

Dass in Deutschland die Texte in Lehrbüchern ein Problem darstellen, formuliert eine Biologielehrerin an einer Gesamtschule im Ruhrgebiet folgendermaßen: „In der Klasse müssen Lehrbuchtexte grundsätzlich gemein-

---

[12] Ebenso ist das Biologiebuch *Natur plus* (Dobers u.a. 2011) ein aktuelles Beispiel für lange Texte und gehäufte Verwendung von Passivkonstruktionen.
[13] Vgl. z.B. Nauczanie dwujęzyczne/Bilingualer Fachunterricht. Arbeitshefte zur Biologie, Chemie, Physik, Geografie, Geschichte und Mathematik auf Deutsch in Polen. CD-ROM. CODN (Copyright), Goethe-Institut Krakau und ZfA 2008.

sam erarbeitet/erläutert werden und bedürfen einer sprachlichen Reduktion. Sachtexte im Biologieunterricht können meist nur bedingt eingesetzt werden" (zit. n. Tietze 2011: 157).[14]

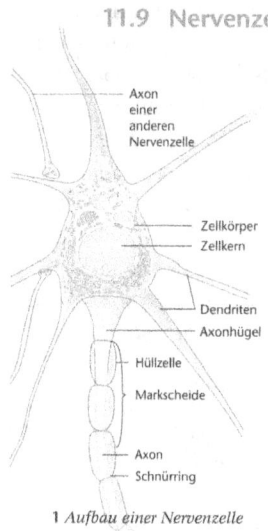

11.9 Nervenzellen

Eine Nervenzelle besteht aus dem Zellkörper mit Zellkern und anderen Zellorganellen (Abb. 1). Am Zellkörper befinden sich zahlreiche dünne Ausläufer, die man **Dendriten** nennt. Sie nehmen die elektrischen Signale von Sinneszellen oder anderen Nervenzellen auf und geben sie in Richtung des Zellkörpers weiter. Dies geschieht, indem sich an der Membran die elektrische Spannung geringfügig ändert. Die Spannungsänderungen sämtlicher Signale, die am Zellkörper ankommen, werden addiert. Bei einer gewissen Spannung wird an einer Region des Zellkörpers ein elektrischer Impuls ausgelöst. Diese Region wird Axonhügel genannt, weil hier ein langer Ausläufer beginnt, der als **Axon** bezeichnet wird. Der elektrische Impuls wird vom Axonhügel durch das Axon weitergeleitet. Viele Axone bilden einen Nerv (Abb. 2). Ein Axon kann von einer Markscheide umgeben sein. Diese besteht aus Hüllzellen, die sich um das Axon gewickelt haben und als Isolationsschicht dienen. Die Einschnürungen zwischen den Hüllzellen heißen Schnürringe. Axone mit Markscheide leiten elektrische Impulse schneller als Axone ohne Markscheide. Ein Axon endet in einer oder mehreren Verdickungen, die man Endknöpfchen nennt. Sie liegen an einer Zielzelle an.

1 *Aufbau einer Nervenzelle*

Abb. 1: Schulbuchseite zum Thema *Nervenzellen* (Biologie Kl. 7-10) (Hausfeld/ Schulenberg 2007: 226)

Eine Herausforderung für die Lernenden sind dabei sowohl die vielen Fachtermini[15] als auch die Textstrukturen in den Lehrbüchern. Der Vermittlung von Fachbegriffen kommt eine besondere Bedeutung zu, denn „von ihnen geht Verstehen, Denken, Begreifen und Weiterentwickeln der Sache aus" (Kruczinna 2009: 31). Im Kontext des CLIL/DFU gibt es grundlegende Methoden, Fachbegriffe zu vermitteln, die auch für den Fachunterricht in der Sekundarstufe I sinnvoll wären. An dieser Stelle seien einige Beispiele aufgeführt:

- Fachbegriffe werden als sogenannte *Bedeutungsinseln* vermittelt: Nomen werden immer mit Artikel und Pluralendung, als Funktionsverbgefüge und im Kontext (z.B. beim Versuch) angegeben: *der Kolben,-; der Kolbenprober,-; das Volumen mit dem Kolbenprober ermitteln.*

---

[14] Diese Aussage ist ein Beispiel für eine eher defensive Haltung gegenüber der Sprachvermittlung im Fachunterricht (vgl. Kruczinna 2004: 47).

[15] Ca. 500-1200 pro Lehrbuch; ca. 9 neue Begriffe pro Unterrichtsstunde (vgl. Engin 2007: 5; Kruczinna 2004: 32).

- Komposita werden nicht als Einzelfälle betrachtet, sondern die Kompositabildung gilt als fachsprachliches Prinzip, dessen Wortbildungsregeln erklärt werden: *die Brennerflamme, das Reaktion(s)produkt.*
- Die Lernenden werden auf Wortableitungsregeln aufmerksam gemacht: *die Lösung – lösen – lösbar – löslich – (sich) auflösen.*
- Fachbegriffe werden kurz und präzise erklärt: *körnig – wie Körner; erhitzen – heiß machen.*
- Die für ein Thema notwendigen Fachbegriffe werden in einem Vokabelverzeichnis aufgeführt, das Bestandteil der thematischen Einheit ist.[16]

Ebenso lassen sich häufig vorkommende morphologische und syntaktische Strukturen erklären und üben, z.B. reihenbildende Adjektive, Genitiv-Attribute oder Nebensatzkonstruktionen, bei denen die Konnektoren (in den Naturwissenschaften häufig *weil, da, wenn ... dann*, Relativpronomen) als *Signalwörter* vermittelt werden.

Es mag auf den ersten Blick ungewohnt, ja irritierend erscheinen, im Fachunterricht so viel Aufmerksamkeit (und Zeit) auf die Vermittlung von Sprachstrukturen zu verwenden. Aber genau diese Vorgehensweise ermöglicht es Lernenden, sich zunehmend unabhängig von der Lehrkraft Wissen anzueignen, auch aus Lehr- und Fachbüchern.

Eine morpho-syntaktische Struktur zeichnet sich dabei in den Sachfächern sowohl durch häufiges Vorkommen als auch durch hohe Komplexität aus: das Passiv. An ihm soll deshalb abschließend dargestellt werden, wie (Fach-) Thema und Sprache im Fachunterricht aufeinander bezogen werden können.

4.2 Sprachorientierter Fachunterricht: Die systematische Vermittlung von Passivformen im Biologieunterricht

Das Passiv ist eine Form, die im Zweitspracherwerb spät erworben wird; bei Landua/Maier-Lohmann/Reich (vgl. 2008: 186f.) gehört sie zur letzten Stufe des Verberwerbs, ebenso bei Diehl u.a. (vgl. 2000: 364). Im Unterricht Deutsch als Fremdsprache wird das Passiv in der Regel ab dem 3. Lernjahr unterrichtet (Vorgangspassiv auf der Niveaustufe B1).

In der Fachsprache wiederum ist das Passiv ein zentrales Ausdrucksmittel: als Vorgangs- und Zustandspassiv sowie als Passiversatzform wird es häufig verwendet (vgl. Kruczinna 2004: 46): *Die Flamme wird reguliert, ist reguliert, kann/sollte reguliert werden, lässt sich regulieren, ist zu regulieren, ist regulierbar.* Vorgänge und Sachverhalte lassen sich durch die Verwendung

---

[16] Das Fachwörterverzeichnis kann ein- oder zweisprachig geführt werden.

der Passivform entpersonalisieren und sind – im Deutschen – ein Kennzeichen sachbezogener Darstellung. In der Alltagssprache werden dagegen aktivische Ausdrucksformen bevorzugt.

Auffällig ist die Diskrepanz in der Verwendung des Passivs im Fachunterricht und seiner expliziten Thematisierung im Deutschunterricht. In den Deutschlehrwerken wird es in Klasse 7 (Gymnasium) bzw. in Klasse 8 (Realschule) behandelt, in Biologiebüchern tritt es jedoch bereits in Klasse 5 auf und zwar regelmäßig ab dem 1. Kapitel, z.B.: „H-Milch muss nicht gekühlt werden, da sie durch ein besonderes Verfahren [...] haltbar gemacht wurde" (Cieplik 2011: 33).

Das Passiv ist folglich ein Thema für den Fachunterricht. Die Abbildungen 2 und 3 zeigen, auf welche Weise das Passiv sprachlicher Lerngegenstand im Biologieunterricht sein kann.[17]

INFO: DAS PASSIV

Wenn man etwas (z.B. ein Experiment, einen Sachverhalt oder einen Vorgang) darstellen möchte und die ‚Person', die handelt, nicht wichtig, nicht bekannt oder sowieso bekannt ist, benutzt man das **Passiv**. Dadurch kann man den Inhalt verallgemeinern.

Das **Passiv** wird sehr häufig im Biologieunterricht und in anderen Fächern verwendet, vor allem in Fachtexten. Außerhalb der Schule benutzt du dagegen meistens das **Aktiv**.

Das **Aktiv** betont die **Person**, die handelt.	Das **Passiv** betont die **Handlung**.
Beispiele: Menschen nutzen Bakterien zur Nahrungsmittelproduktion.	Beispiele: Bakterien **werden** zur Nahrungsmittelproduktion **genutzt**.
Zuerst nehme ich ein Becherglas.	Zuerst **wird** ein Becherglas **genommen**.

➢ Das Passiv lässt sich auch umschreiben mit ‚**man**'. Dadurch entsteht ein unpersönlicher Ausdruck. Der Satz steht dann im Aktiv.
  Beispiel: Zuerst **nimmt man** zwei Bechergläser.

➢ **Achtung**: Das Passiv verwechselt man leicht mit dem Futur. Achte auf den Unterschied:
  Beispiel: Ich werde anrufen.   (= **Futur**: werden + Infinitiv)
              Ich werde angerufen.   (= **Passiv**: werden + Partizip Perfekt)

Abb. 2:   Informationsblatt zum Passiv (Biologie Kl. 9)

---

[17] Mein Dank gilt Jennifer Tietze, die ihre Zustimmung dazu gegeben hat, dass ich die von ihr entwickelten Arbeitsblätter verwenden darf. Sie hat sie für eine „sprachbewusste Unterrichtseinheit" im Fach Biologie in einer 9. Klasse (Gesamtschule) im Rahmen ihrer Masterarbeit (vgl. Literaturverzeichnis) entwickelt und erprobt.

Wie kann man Joghurt selbst herstellen?

Aufgabe: Beschreibe die Herstellung von Joghurt!

a) Ergänze zuerst die Verbtabelle!

Infinitiv	3. Person Singular Passiv
erhitzen	Beispiel: es wird erhitzt
geben	
einrühren	
verteilen	
verschließen	
stellen	

b) Beschreibe dann die Herstellung von Joghurt mit der Wortliste! Schreibe im Passiv und verwende die Verben aus der Tabelle!

Verwende auch die Wörter: *zuerst, nachdem, zum Schluss, anschließend, danach, dann* !

Wortliste

1 Liter Milch

Durch das Erhitzen werden schädliche Bakterien in der Milch abgetötet.

sich abkühlen
das Gefäß
3 Esslöffel Naturjoghurt; oder „Bioferment Joghurt"

Nachdem sich die Milch auf 42°C – 45°C abgekühlt hat,

die Mischung aus Milch und Joghurt
die Bechergläser

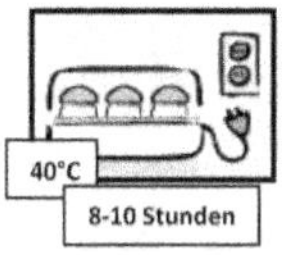

der Wärmeschrank

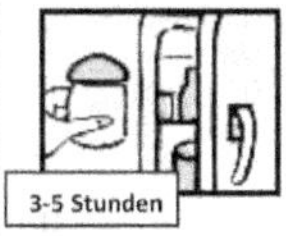

Danach ist der Joghurt essbar!

Abb. 3: Joghurtherstellung – Vorgangsbeschreibung mit Verwendung des Präsens Passiv (Biologie Kl. 9)

Die Unterrichtsstunde, auf die hier Bezug genommen wird, verfolgt ein doppeltes Lernziel: Das Fachthema – *Joghurtherstellung* – ist eingebettet in den Lerngegenstand *Nahrungsmittelproduktion durch Bakterien*. Die Schüler sollen beschreiben können, wie Joghurt hergestellt wird. Dies impliziert ein sprachliches Thema: Erwartet wird eine schriftliche Vorgangsbeschreibung, in der Passivformen verwendet sowie Satzverknüpfungsmittel eingesetzt werden. Es ist den beiden Arbeitsblättern zu entnehmen, dass die Sprachhandlung *Beschreibe den Arbeitsablauf* allmählich angebahnt wird, indem zunächst die Aufmerksamkeit der Lernenden auf die Passivformen gelenkt wird (vgl. Abb. 2), die ihnen wiederum als eine sinnvolle Struktur für fachliche Darstellungen vermittelt werden. Auf dem Arbeitsblatt (vgl. Abb. 3) wenden die Schülerinnen und Schüler dann das Passiv in einem fachlichen Kontext an. Allerdings lautet die Aufgabenstellung nicht: „Beschreibe den Vorgang der Joghurtherstellung", sondern ganz im Sinne der CLIL/DFU-Methodik werden zuerst die für eine Beschreibung notwendigen sprachlichen Mittel geübt – in diesem Fall die verschiedenen Formen des Partizip II als Bestandteil des Vorgangspassiv. Mit Hilfe einer Bildsequenz, vorgegebenen Temporaladverbien, einer Wortliste und einem Beispielsatz werden die Schülerinnen und Schüler in die Lage versetzt, die Herstellung von Joghurt sachlich und sprachlich korrekt in einem zusammenhängenden Text zu beschreiben.

Dieses Unterrichtsbeispiel aus einer insgesamt kleinen Sequenz von etwa 2-4 Stunden zeigt auf eindrucksvolle Weise, wie groß der Unterschied zwischen dem Fachunterricht in der Sekundarstufe I und dem CLIL/DFU (noch) ist und welche Möglichkeiten es im Grunde gibt, um Schülerinnen und Schüler bei ihren Sachlernaufgaben sprachlich zu unterstützen.

5. Fachunterricht und Deutschunterricht

Mehr Aufmerksamkeit für Sprache im Fachunterricht bedeutet nicht nur andere Formen der Vermittlung, sondern verlangt auch mehr Zeit. Selbst wenn man nicht davon ausgeht, dass in jeder Fachstunde die benötigten sprachlichen Mittel geübt oder womöglich eingeführt werden, ist der Faktor Zeit im Rahmen des kompetenzorientierten Unterrichts nicht zu unterschätzen. In den Lehrplänen wird die „Förderung der deutschen Sprache [jedoch] als Aufgabe des Unterrichts in allen Fächern" (Kernlehrplan NRW 2011: 14) bezeichnet. Die sprachlichen Anforderungen, die im Fachunterricht an die Schülerinnen und Schüler gestellt werden, nehmen also auch den Deutschunterricht in den Blick, dessen Beitrag zur Steigerung der sprachlichen Fähigkeiten der Schülerinnen und Schüler in der Sekundarstufe I womöglich noch nicht ausgeschöpft ist. Es geht dabei nicht darum, dass der Deutschunterricht ‚Lieferant' für die korrekte Beherrschung der sprachlichen Strukturen in anderen Fächern sein soll, aber vielleicht könnte doch das Sprachwissen der Lernenden systematischer als bisher aufgebaut werden und die Vermittlung von sprachlichen Formen und Textsortenkenntnissen mehr in gegenseitiger Abstimmung der Fächer geschehen. Das Beispiel aus dem Biologieunterricht (vgl. 4.2) zeigt, dass trotz der expliziten Darstellung der Passivformen eine systematische Behandlung des Themas im Deutschunterricht vorausgesetzt wird. Die Schülerinnen und Schüler aktivieren im Biologieunterricht eher ihre Sprachkenntnisse und orientieren sie auf die Fachkommunikation, als dass sie sie grundlegend aufbauen. Ein Fachunterricht ist mit Sprachanfängern nicht möglich.

Doch zeigen sich in Bezug auf den Fach- und den Deutschunterricht einige Lösungsmöglichkeiten, die dazu führen können, Lernende der Sekundarstufe I in ihrer Sprachhandlungsfähigkeit systematischer zu unterstützen als dies bisher der Fall ist:

- Sprachwissen sollte kontinuierlich aufgebaut werden, im Deutschunterricht und in den Sachfächern.

- Das bedeutet, im Deutschunterricht der Grammatik mehr Aufmerksamkeit zu widmen.

- Anstelle eines stark textbasierten Unterrichts sind andere Darstellungsformen zielführender.

- Texte in Lehrbüchern sollten auch unter fremdsprachendidaktischen Gesichtspunkten entwickelt werden.

- Bereits in der Deutschlehrerausbildung ist es notwendig, kontinuierlich Gelegenheiten für die Arbeit an und mit Sprache zu schaffen und das zweite Fach der Studierenden mehr in den Blick zu nehmen.

- Es wäre wünschenswert, wenn sich die Fachdidaktiken in die Diskussion über *Sprache im Fach* stärker einmischten (vgl. Leisen 2004: 13).

Jedoch gibt es auch Grenzen des sprachorientierten Fachunterrichts und Grenzen in der Sprachausbildung von Jugendlichen. Wie geht man beispielsweise mit Haupt- und Förderschülern um, die Altenpflegehelfer werden möchten, aber die schriftliche Prüfung nicht schaffen? Mehr Sprachförderung? Mündliche Prüfungen? In welchem Sprachregister? Diese Fragen können nur durch gesellschaftliche Diskussions- und Entscheidungsprozesse beantwortet werden.

Literatur

Ahrenholz, Bernt (2010): Bildungssprache im Sachunterricht der Grundschule. – In: Bernt Ahrenholz (Hg.): Fachunterricht und Deutsch als Zweitsprache. 2., durchges. und aktualisierte Aufl. – Tübingen: Narr, 15-35.
– (2010): Einleitung. – In: Bernt Ahrenholz (Hg.): Fachunterricht und Deutsch als Zweitsprache. 2., durchges. und aktualisierte Aufl. – Tübingen: Narr, 1-14.
– (Hg.) (2010): Fachunterricht und Deutsch als Zweitsprache. 2., durchges. und aktualisierte Aufl. – Tübingen: Narr.
Ahrenholz, Bernt/Ingelore Oomen-Welke (Hgg.) (2008): Deutsch als Zweitsprache. – Baltmannsweiler: Schneider (Deutschunterricht in Theorie und Praxis 9).
Becker-Mrotzek, Michael u.a. (2011): Kommunikation und Interaktion im Unterricht. – Duisburg: Univ.-Verl. Rhein-Ruhr (Osnabrücker Beiträge zur Sprachtheorie 80).
Bonnet, Andreas (2007): Fach, Sprache, Interaktion – Eine Drei-Säulen-Methodik für CLIL. – In: Fremdsprachen lehren und lernen (FLuL) 36, 126-141.
Buhlmann, Rosemarie/Anneliese Fearns (2000): Handbuch des Fachsprachenunterrichts. Unter besonderer Berücksichtigung naturwissenschaftlich-technischer Fachsprachen. 6. überarb. und erw. Aufl. – Tübingen: Narr (Narr Studienbücher).
Chlosta, Christoph/Andrea Schäfer (2008): Deutsch als Zweitsprache im Fachunterricht. – In: Bernt Ahrenholz/Ingelore Oomen-Welke: Deutsch als Zweitsprache. – Baltmannsweiler: Schneider (Deutschunterricht in Theorie und Praxis 9), 280-297.
Cieplik, Dieter u.a. (Hgg.) (2011): Natur Plus. Schülerband Biologie/Physik/Chemie 5/6. – Braunschweig: Schroedel. [Online-Version: http://flashbook.schroedel.de /natur-plus-978-3-507-76695-2#/32] Letzter Zugriff: 29.06.2012.
Cummins, Jim (2000): Language, Power and Pedagogy. Bilingual Children in the Crossfire. – Clevedon u.a.: Multilingual Matters (Bilingual education and bilingualism 23).
Diehl, Erika u.a. (2000): Grammatikunterricht: Alles für der Katz? Untersuchungen zum Zweitsprachenerwerb Deutsch. – Tübingen: Niemeyer (Reihe Germanistische Linguistik 220).
Dobers, Joachim u.a. (Hgg.) (2011): Natur Plus. Schülerband Biologie 7/8. Ausgabe 2011 für Gesamtschulen in Nordrhein-Westfalen. – Braunschweig: Schroedel, 20-21. [Online-Version: http://flashbook.schroedel.de/natur-plus-978-3-507-77525-1#/20] Letzter Zugriff: 29.06.2012.
Engin, Havva (2007): Jeder Unterricht ist auch Sprachunterricht. Fachtexte lesen in der Sekundarstufe I. – In: Lernchancen 59, 4-9.
Fremdsprache Deutsch (2009): Deutsch in allen Fächern. Zeitschrift für die Praxis des Deutschunterrichts 30. – Ismaning: Hueber.
Fremdsprache Deutsch (2009): Zweiklang im Einklang. – Integriertes Sprachen- und Fachlernen (CLIL). Zeitschrift für die Praxis des Deutschunterrichts 40. – Ismaning: Hueber.
Gogolin, Ingrid (2009): Zweisprachigkeit und die Entwicklung bildungssprachlicher Fähigkeiten. – In: Ingrid Gogolin/Ursula Neumann (Hgg.): Streitfall Zweisprachigkeit – The Bilingualism Controversy. – Wiesbaden: VS-Verlag, 263-278.

Grießhaber, Wilhelm (2007): Sprachlernen in den Fächern. – Münster: WWU Sprachenzentrum. [Online-Version: http://spzwww.uni-muenster.de/~griesha/pub/tsprachlernen-in-den-faechern-07.pdf] Letzter Zugriff: 29.06.2012.
Hausfeld, Rainer/Wolfgang Schulenberg (Hgg.) (2007): BIOskop. Gymnasium 7-10. – Braunschweig: Bildungshaus Schulbuchverlage.
Kernlehrplan NRW (2011): Gesamtschule. Naturwissenschaften. [Online-Version: www.standardsicherung.nrw.de/lehrplaene/kernlehrplaene/sek-i/gesamtschule/gesamtschule.html] Letzter Zugriff: 29.06.2012.
Koch, Peter/Wulf Oesterreicher (1985): Sprache der Nähe – Sprache der Distanz. Mündlichkeit und Schriftlichkeit im Spannungsfeld von Sprachtheorie und Sprachgeschichte. – In: Romanistisches Jahrbuch 36. – Berlin, New York: de Gruyter, 15-43.
Kruczinna, Rolf (2004): Sprachlehrer und Fachlehrer in einem. – In: Fremdsprache Deutsch. Zeitschrift für die Praxis des Deutschunterrichts 30, 45-50.
– (2009): Die Sache zur Sprache bringen. Spracharbeit geht im Fachunterricht von der Sache aus. – In: Fremdsprache Deutsch. Zeitschrift für die Praxis des Deutschunterrichts 40, 29-34.
Kuplas, Simone (2010): Deutsch als Zweitsprachenförderung im Biologieunterricht. In: Bernt Ahrenholz (Hg.): Fachunterricht und Deutsch als Zweitsprache. 2., durchges. und aktualisierte Aufl. – Tübingen: Narr, 185-202.
Landua, Sabine/Christa Maier-Lohmann/Hans H. Reich (2008): Deutsch als Zweitsprache. – In: Konrad Ehlich/Ursula Bredel/Hans H. Reich (Hgg.): Referenzrahmen zur altersspezifischen Sprachaneignung. Forschungsgrundlagen – Bonn u.a.: BMBF, Referat Bildungsforschung., 171-201. [Online-Version: http://www.bmbf.de/pub/bildungsforschung_bd_neunundzwanzig_zwei.pdf] Letzter Zugriff: 29.06.2012.
Leisen, Josef (1994): Handbuch des Deutschsprachigen Fachunterrichts (DFU). Didaktik, Methodik und Unterrichtshilfen für alle Sachfächer im DFU und fachsprachliche Kommunikation in Fächern wie Physik, Mathematik, Chemie, Biologie, Geographie, Wirtschafts-/Sozialkunde. – Bonn: Varus.
– (1998a): Sprache(n) im Physikunterricht. – In: Praxis der Naturwissenschaften – Physik 47/2, 2-4.
– (1998b): Fachlernen und Sprachlernen im Physikunterricht. – In: Praxis der Naturwissenschaften – Physik, 47/2, 5-8.
– (1998c): Förderung des Sprachlernens durch den Wechsel von Symbolisierungsformen im Physikunterricht. – In: Praxis der Naturwissenschaften – Physik, 47/2, 9-13.
– (Hg.) (2003): Methodenhandbuch des Deutschsprachigen Fachunterrichts (DFU). Unter Mitarb. v. Rolf Bennung. 2., erw. Auflage. Bonn: Varus.
– (2004): Der deutschsprachige Fachunterricht – Inhalte, Herausforderungen, Perspektiven. – In: Fremdsprache Deutsch. Zeitschrift für die Praxis des Deutschunterrichts 30, 7-14.
– (2005): Muss ich jetzt auch noch Sprache unterrichten? – Sprache und Physikunterricht. [Online-Version: http://www.plurilingua.ch/userfiles/file/Leisen-Muss%20ich%20jetzt%20auch%20noch%20Sprache%20unterrichten.pdf] Letzter Zugriff: 29.06.2012.

Ohm, Udo/Christina Kuhn/Hermann Funk (2007): Sprachtraining für Fachunterricht und Beruf. Fachtexte knacken – mit Fachsprache arbeiten. – Münster u.a.: Waxmann (FörMig-Edition 2).
Praxis Geographie 2 = Bethke, Jürgen u.a. (2008): Praxis Geographie 2. Braunschweig: Westermann.
Portmann-Tselikas, Paul/Sabine Schmölzer-Eibinger (2008): Textkompetenz. – In: Fremdsprache Deutsch. Zeitschrift für die Praxis des Deutschunterrichts 39, 5-16.
Steinmüller, Ulrich/Ulrich Scharnhorst (1987): Sprache im Fachunterricht. Ein Beitrag zur Diskussion über Fachsprachen im Unterricht mit ausländischen Schülern. – In: Zielsprache Deutsch 18/4, 3-12.
Tajmel, Tanja (2010): Physikunterricht als Lernumgebung für Sprachenlernen. – In: Werner Knapp/Heidi Rösch (Hgg.): Sprachliche Lernumgebungen gestalten. – Freiburg im Breisgau: Fillibach, 139-154.
Thürmann, Eike (2000): Eine eigenständige Methodik für den bilingualen Sachfachunterricht? – In: Gerhard Bach/Susanne Niemeier (Hgg.): Bilingualer Unterricht. Grundlagen, Methoden, Praxis, Perspektiven. – Frankfurt a.M. u.a.: Lang (Kolloquium Fremdsprachenunterricht 5), 75-93.
Tietze, Jennifer (2011): Fachunterricht in der Zweitsprache Deutsch. Konzeption einer sprachbewussten Unterrichtseinheit für den Biologieunterricht. Master-Arbeit Univ. Münster. Unveröff. Manuskript.
Vögeding, Joachim (1995): „Wenn in einen gesättigten Wasser Kochsalz gibt ...". Zur Lernbarkeit naturwissenschaftlicher Fächer in der Fremdsprache Deutsch am Beispiel eines deutschsprachigen Chemieunterrichts in der Türkei (Istanbul Lisesi). – Heidelberg: Groos (Sammlung Groos 55).
Vollmer, Helmut J./Eike Thürmann (2010): Zur Sprachlichkeit des Fachlernens. Modellierung eines Referenzrahmens für Deutsch als Zweitsprache. – In: Bernt Ahrenholz (Hg.): Fachunterricht und Deutsch als Zweitsprache. 2., durchges. und aktualisierte Aufl. – Tübingen: Narr, 185-202.
Walter, Oliver/Päivi Taskinen (2009): Naturwissenschaftsbezogene Motivationen und Kompetenzen von Schülerinnen und Schülern mit Migrationshintergrund in Deutschland. – In: Zeitschrift für Erziehungswissenschaft, Sonderheft 10, 185-203.

Ruven Stahns & Albert Bremerich-Vos

Aspekte empirischer Unterrichtsforschung

Zur Videographie bzw. Transkription von Grammatikunterricht

1. Forschungsstandards jenseits der Deutschdidaktik

Internationale Leistungsvergleichsstudien wie PISA und IGLU liefern inzwischen regelmäßig Daten über die Leistungsfähigkeit deutscher Schülerinnen und Schüler im internationalen Vergleich. Wenn es darum geht, aus den Ergebnissen dieser Untersuchungen Konsequenzen für die Gestaltung des Unterrichtsprozesses zu ziehen, müssen Studien hinzukommen, aus denen Dimensionen ‚guten' Unterrichts ersichtlich sind, wobei die Güte nicht nur anhand des Leistungskriteriums, sondern auch anhand motivationaler, affektiver und auf das fachspezifische Selbstkonzept bezogener Aspekte bestimmt werden sollte. Vor allem im Rahmen der großen Videostudien *Lehr-Lern-Prozesse im Physikunterricht* (vgl. Seidel u.a. 2006a; 2006b), *Unterrichtsqualität und mathematisches Verständnis in verschiedenen Unterrichtskulturen* (vgl. Klieme u.a. 2006) und im auf Englisch bezogenen Teil von DESI (*Deutsch-Englisch-Schülerleistungen International*; vgl. Helmke, T. u.a. 2008; Helmke, A. u.a. 2008) hat man sich unter Rekurs auf die aktuelle internationale Debatte, aber auch auf bildungstheoretische Traditionen darum bemüht, Basisdimensionen guten Unterrichts auszumachen. Dies sind

> 1. strukturierte, klare und störungspräventive Unterrichtsführung, 2. unterstützendes, schülerorientiertes Sozialklima, 3. kognitive Aktivierung, zu der je nach fachlichem Kontext […] herausfordernde, offene Aufgaben […] und generell ein diskursiver Umgang mit Fehlern gehören kann.
>
> Klieme u.a. (2006: 131)

Dabei geht man – im Sinne eines gemäßigten sozial-konstruktivistischen Verständnisses des Lernens – von einem Angebots-Nutzungs-Modell des Unterrichts aus. Hier wird anders als im Rahmen des sogenannten Prozess-Produkt-Paradigmas nicht von einer direkten Wirkung des Instruktionsverhaltens der Lehrkraft auf die Lernentwicklung der Schülerinnen und Schüler ausgegangen. Vielmehr nimmt man an, dass Lerneffekte abhängig sind

(1) davon, ob und wie Erwartungen der Lehrkraft und unterrichtliche Maßnahmen von den Schülerinnen und Schülern überhaupt wahrgenommen und wie sie interpretiert werden, sowie (2) ob und zu welchen motivationalen, emotionalen und volitionalen [...] Prozessen sie auf Schülerseite führen. Man spricht hier auch von Mediationsprozessen.

Helmke (2009: 74)

Das Angebots-Nutzungs-Modell kann in rudimentärer Form wie folgt dargestellt werden:[1]

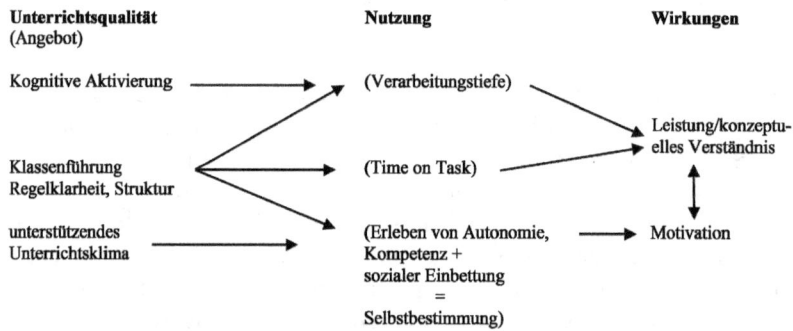

Abb. 1: Angebots-Nutzungs-Modell (Klieme u.a. 2006: 131)

Im Videoprojekt zum Physikunterricht wurden insgesamt fast 200 Unterrichtsstunden in 67 Klassen technisch aufwendig[2] videographiert, im mathematikdidaktischen Projekt ging es um 40 Klassen, bei Englisch in DESI um 105. Die Studien waren darüber hinaus längsschnittlich angelegt und es wurden nicht nur Merkmale des Unterrichtsprozesses erfasst, sondern u.a. auch leistungsrelevante Schülervariablen wie Intelligenz, soziale Herkunft und Vorwissen sowie resultierende Leistungen. Darüber hinaus verfuhr man multiperspektivisch und holte dem Angebots-Nutzungs-Modell entsprechend zusätzlich mithilfe von Fragebögen und Interviews Auskünfte von Lehrpersonen und Schülerinnen bzw. Schülern ein. „Die enge Verzahnung der verschiedenen Perspektiven auf denselben Unterricht erlaubt systematische

---

[1] Komplexere Versionen des Angebots-Nutzungs-Modells, in die auch kulturelle Rahmenbedingungen eingehen, finden sich bei Helmke (2009: 73) und Reusser/Pauli (2010: 18).

[2] Es kamen jeweils zwei Kameras zum Einsatz, eine Lehrerkamera und eine Klassen- bzw. Überblickskamera. Darüber hinaus wurde mit Softwareprogrammen wie *Videograph* gearbeitet. Damit können Videoaufzeichnungen mit Transkripten wie Filme mit Untertiteln gekoppelt werden. Die Kodierungen der Zeitintervalle lassen sich in Statistikprogramme exportieren.

Vergleiche zwischen den Datenquellen sowie die Triangulation verschiedener Methoden der Datenerhebung" (Klieme u.a. 2006: 134f.). Dabei kann man zwischen Sicht- bzw. Oberflächenstrukturen auf der einen und Tiefenstrukturen auf der anderen Seite unterscheiden. Bei der Studie zum Physikunterricht z.B. wurden die Sichtstrukturen auf der Basis eines Zeitstichprobenplans erfasst, bei dem die Untersuchungseinheit 10 Sekunden betrug (vgl. Seidel 2003: 113). So wurden bei einem Teil der Klassen u.a. Arbeitsformen wie *Lehrervortrag, Klassengespräch, Partner-* und *Gruppenarbeit* sowie Unterrichtsphasen wie *Einstieg, Erarbeiten neuer Inhalte, Üben und Zusammenfassen* von zwei unabhängig voneinander arbeitenden Beurteilern erfasst und die Übereinstimmungen ihrer Urteile bzw. Ratings berechnet (vgl. ebd.: 117ff.). Solche Ratings sind niedrig-inferent: Ob zu einem bestimmten Zeitpunkt Partnerarbeit praktiziert wird oder nicht, kann beobachtet und muss nicht interpretierend erschlossen werden. Anders verhält es sich, wenn ‚Tiefenstrukturen' des Unterrichts zu ermitteln sind. Je nachdem, welche Indikatoren verwendet werden, ist das Rating hier auch mittel- bis hoch-inferent. Bei hoch-inferenten Ratings müssen komplexe Schlüsse gezogen werden und es ist zu erwarten, dass sie in geringerem Maß übereinstimmen. Was die Leistungen der Schülerinnen und Schüler angeht, so konvergieren die Ergebnisse der Studien zum Physik- und Mathematikunterricht: Im Rahmen des mathematikdidaktischen Projekts, an dem Schweizer und deutsche Schülerinnen und Schüler bzw. Lehrpersonen teilnahmen, ergaben sich für beide Nationalitäten relativ gute Werte in der Dimension Faktenwissen und prozedurale Fertigkeiten (Umgang mit Algorithmen); im Feld der Anwendungs- und Problemlösefähigkeiten schnitten die Schweizer Schülerinnen und Schüler dagegen deutlich besser ab (vgl. Klieme u.a. 2006: 138). Aus der Videostudie zum Physikunterricht resultierte, „dass die Gespräche zumeist eng geführt sind und wenig Raum lassen, um tiefer gehende Denkprozesse zu initiieren und strukturierend zu begleiten [...]" (Seidel u.a. 2006b: 113). Die Englisch-Videostudie zeigte u.a., dass die Lehrpersonen mehr als doppelt so viel sprachen wie alle Schülerinnen und Schüler zusammen.[3] Auf ihre Sprechanteile hin befragt, unterschätzten sie diese beträchtlich – ein weiterer Hinweis auf die Nützlichkeit der Videographie. Zum Umgang mit Fehlern:

> In gut der Hälfte der fehlerhaften Schüleräußerungen wird der Fehler korrigiert, wobei nur in knapp 15 % der Fälle die Schülerinnen und Schüler die Gelegenheit erhalten, dies selbst zu tun (‚Selbstkorrektur'). In der überwiegenden Mehrzahl der Fälle korrigierten die Lehrerin oder der Lehrer.
>
> Helmke, T. u.a. (2008: 353)

---

[3] Die Videostudie zum Physikunterricht ergab sogar einen Lehreranteil an der Gesprächszeit von 80 Prozent.

Wenn die Schülerinnen und Schüler häufiger ihre Fehler selbst korrigierten und mehr Sprechanteile hatten, wirkte sich das positiv auf ihr Hörverstehen aus. Anders als in Mathematik und Physik erwiesen sich auch ‚enge' Fragen mit geringem Antwortspielraum als leistungsförderlich (vgl. ebd.: 361).

2. Zur Videographie bzw. Transkription von Grammatikunterricht

Arbeiten zur Videographie von Domänen des *Deutschunterrichts* sind dünn gesät. Einige sind eingebettet in große, nicht genuin deutschdidaktische Projekte wie *VERA – gute Unterrichtspraxis* – hier geht es um die Analyse der Unterrichtsqualität im Leseunterricht vierter Klassen (vgl. Kleinbub 2009) – und PERLE (*Persönlichkeits- und Lernentwicklung von Grundschülern*) mit einem Fokus auf Lesen und Schreiben, ebenfalls bezogen auf die Grundschule (vgl. Lipowsky/Faust/Greb 2009). Darüber hinaus gibt es Arbeiten, in denen anhand von transkribierten Episoden bzw. Ereignissen Fragmente von Unterrichtsstunden thematisch werden, z.B. Aspekte von Gesprächen über literarische Texte (vgl. Willenberg 1987; Wieler 1989; Christ u.a. 1995; Werner 1996), zum Diskutieren (vgl. Vogt 2002) und Präsentieren (vgl. den Überblick in Becker-Mrotzek/Vogt 2009).

Die nach unserer Kenntnis erste Arbeit, in der in nennenswertem Umfang in empirischer Absicht auf Grammatikunterricht eingegangen wurde, stammt von Peter Martin Roeder und Gundel Schümer (1976). Sie gingen, inspiriert von Basil Bernstein, davon aus, dass Unterricht, betrachtet unter dem Aspekt sprachlichen Lernens, Bedingungen erfüllt,

> die als Voraussetzung für das Erlernen eines ‚restringierten Kodes' gelten: ein System asymmetrischer sozialer Beziehungen, in dem Rollenerwartungen wenig flexibel sind und Rollenkonformität vergleichsweise streng erzwungen wird.
>
> Roeder/Schümer (1976: 12)

Sie ermunterten Lehrpersonen dazu, alternativen Unterricht zu planen, in dem die Schülerinnen und Schüler größere Sprechanteile hatten und verbal komplexer[4] agieren konnten. Vier Lehrpersonen ‚zeigten' eine Grammatikstunde und eine Stunde zu einem Bilderbuch, wobei sie jeweils einmal auf restriktiven und einmal auf nicht-restriktiven Sprachgebrauch der Schülerin-

---

[4] Es braucht hier nicht weiter darauf eingegangen zu werden, wie verbale Komplexität operationalisiert wurde.

nen und Schüler zielten. Die unterrichtlichen Prozesse wurden mithilfe der Kategorien aus Bellacks u.a. Studie *Die Sprache im Klassenzimmer* (1974) erfasst. Die Schülerinnen und Schüler hatten die Aufgabe, einen durchgängig großgeschriebenen und nicht durch Satzzeichen gegliederten Text zu bearbeiten und eine Ansammlung von Satzgliedern zu einem Text zu integrieren. Zu überprüfen war u.a., ob sie unter der nicht-restriktiven Bedingung tatsächlich häufiger und ‚elaborierter' sprachen als unter normalen, restriktiven Bedingungen. Die detailliert berichteten Befunde können hier außer Betracht bleiben. Es wurden also nicht nur Prozess-, sondern auch Wirkungsanalysen vorgelegt. Darüber hinaus gab es ausführliche Hinweise zur Reliabilität der Kodierung, d.h. zum Grad der Übereinstimmung mehrerer Beurteiler.

In der Folgezeit wurde der damit erreichte Standard im Rahmen von Studien, die von Deutschdidaktikern stammten, nicht wieder angestrebt bzw. erreicht. Es handelte sich durchweg um explorative Fallstudien, teilweise eingebettet in größere Arbeiten zur schulischen Kommunikation (vgl. Redder 1984; Ehlich/Rehbein 1986) und mehrheitlich auf der Basis von transkribierten Stundenfragmenten (vgl. z.B. Bremerich-Vos 1993; 1996; 2006). Thematisch geht es hier u.a. um den Kern der Schulgrammatik, d.h. um Aspekte von Tempus, um die Angemessenheit der Bezeichnung *Tunwort*, um Konjunktionalsätze als Adverbiale, um Textqualitäten unter dem Aspekt der relativen Häufigkeit von Nebensätzen. Die einzige Publikation, die sich auf eine vollständig transkribierte Grammatikstunde und deren Analyse bezieht, ist nach unserer Kenntnis Boettcher (1999; vgl. auch Boettcher 1994a; 1994b). Hier steht die Unterscheidung von präpositionalen Objekten und Adverbialen im Zentrum.

Im Folgenden werden einige der zentralen Konzepte der oben genannten großen Videostudien exemplarisch auf die wenigen Analysen von Transkript(fragment)en bezogen, die mit Grammatikunterricht zu tun haben. Dabei geht es um Zielklarheit, das Frage- bzw. Instruktionsverhalten der Lehrkraft im Klassengespräch und ihre Rückmeldeaktivitäten, insbesondere im Kontext des Umgangs mit Fehlern. Darüber hinaus interessiert ein Aspekt, der in den genannten großen Untersuchungen kein direktes Pendant hat, allerdings mit dem Experimentieren im Physikunterricht verwandt ist: der lehrer- und schülerseitige Umgang mit linguistischen Proben bzw. Operationen.

Zielorientierung umfasst vor allem Aspekte der strukturierten Unterrichtsführung und auch der kognitiven Aktivierung. Die Ergebnisse der IPN-Videostudie zeigen, dass die Zielorientierung nicht im wünschenswerten Maß gegeben war (vgl. Seidel u.a. 2006a: 805): Es fehlte an expliziten Lehrerangaben zum Unterrichtsziel, Lehrkräfte fragten selten nach, ob die Schülerinnen und Schüler verstanden hatten, was sie in der Stunde gelernt haben sollten, und es gelang den Lehrkräften selten, im Unterrichtsverlauf einen ‚roten Faden', dem die Schüler folgen könnten, kenntlich zu machen.

Das Frageverhalten lässt sich mit der Dimension der kognitiven Aktivierung in Verbindung bringen – ebenso der Umgang mit Proben bzw. Operationen.

Sachlich-konstruktive und positiv-unterstützende Rückmeldungen können als wesentliche Indikatoren eines positiven Lernklimas verstanden werden. Sie fördern die Motivation und können sich auf die weitere aktive Mitarbeit im Unterricht günstig auswirken (vgl. Kobarg/Seidel 2007: 150). Dass Rückmeldungen im Anschluss an Fehlerproduktionen im Übrigen auch im Hinblick auf kognitive Aktivierung relevant sind, versteht sich.

2.1 Zielorientierung

Ehlich/Rehbein (1986) kontrastierten Problemlösen auf der einen und Aufgabenstellen/Aufgabenlösen auf der anderen Seite. Verfügten die Akteure beim Problemlösen u.a. über eine Vorstellung des Zielstands, so sei beim schulischen Aufgabenstellen bzw. -lösen der kollektive Prozess des Problemlösens dissoziiert: Nur der Aufgabensteller, die Lehrperson, verfüge über die Problemkonstellation, die Zielsetzung, die sinnvolle Zerlegung der Problematik, die Lösung und die Lösungswege. Die Schülerinnen und Schüler dagegen hätten insbesondere kein Zielbewusstsein.

> Dieser zentrale Steuermechanismus fehlt also dem Aufgabenlöser, dem Schüler, in der Schule. Seine Auslagerung auf die Seite des Aufgabenstellers erweist sich als ein zentrales Problem des ganzen Aufgabe-Lösungs-Musters. (Dieses Problem schlägt sich z.B. in der ‚Motivationsproblematik' innerhalb der pädagogischen Theorie nieder.)
>
> Ehlich/Rehbein (1986: 15)

Die Konstruktion dieser Opposition – Problemlösen versus Aufgabenstellen und -lösen – ist nach unserem Ermessen übervereinfachend. Es wird nicht bedacht, dass Lehrpersonen die Schülerinnen und Schüler bei der Zielbildung unterstützen können, indem sie darauf hinweisen, wo – metaphorisch gesprochen – neue Informationen in ihren bisherigen kognitiven Strukturen platziert werden sollten. Dann können die Schülerinnen und Schüler ihr bereichsspezifisches Vorwissen aktivieren.

Insofern lässt sich die Qualität der unterrichtlichen Lerngelegenheiten danach beurteilen, ob die Lehrkraft die Ziele des Unterrichts zu Beginn einer Stunde expliziert und während sowie am Ende der Stunde auf sie verweist und sie damit erneut ins Gedächtnis ruft (vgl. Trepke/Seidel/Dalahefte 2003: 202). Das gelingt eher, wenn zu Beginn der Stunde nicht nur das Stun-

Aspekte empirischer Unterrichtsforschung 157

denthema angekündigt bzw. das Lehrziel genannt wird, sondern wenn darüber hinaus die Verbindung mit anderen Lerninhalten aufgezeigt wird (vgl. Rakoczy/Pauli 2006: 225). So werden die Schülerinnen und Schüler dabei unterstützt, Wissenselemente zu vernetzen. Zusätzlich kommt es darauf an, ob während der Stunde ein ‚roter Faden' erkennbar bleibt und nicht ‚gesprungen wird' und ob es am Ende eine Zusammenfassung gibt.

Im Rahmen der IPN-Videostudie zum Physikunterricht wurde die Zielorientierung letztlich in Form von 18 Items operationalisiert. Hier kann es nur darum gehen, einige wenige Aspekte anhand eines Transkripts zu verdeutlichen.

Bei der von Boettcher (1999) wiedergegebenen und analysierten Unterrichtsstunde[5] geht es um die Einführung der Kategorie des präpositionalen Objekts. Der Lehrer schreibt *Präpositionales Objekt* an die Tafel und er bemüht sich, Vorwissensbestände der Lernenden zu aktivieren:

(179) [...] Präpositionales Objekt, wenn ihr   [...]
(180) diese Bezeichnung hört, da fällt
(181) euch auf einmal das bekannte Wort:
(182) Objekt. [1] Haben wir bisher zwei
(183) verschiedene kennengelernt. Welche
(184) Objekte waren das? [1]
(185) Marina?
(186)   Akkusativ / [Räuspern] Akkusativ-
(187)   objekt und em Dativobjekt.
(188) Akkusativobjekt und Dativobjekt.
(189) Präpositional. Steckt das Wort Prä-
(190) position drin, die Wortart Präposi-
(191) tion haben wir kennengelernt, also
(192) ein Objekt mit einer Präposition.
(193) Die beiden anderen Objekte, Dativ-
(194) objekt, Akkusativobjekt, die hatten
(195) jeweils keine Präposition bei sich.

Boettcher (vgl. 1999: 204) hat darauf hingewiesen, dass diese erste Bestimmung des Gegenstandsbereichs durch den Lehrer problematisch ist. Der Versuch, präpositionale Objekte von Akkusativ- und Dativobjekten dadurch abzugrenzen, dass präpositionale Objekte im Gegensatz zu Akkusativ- und Dativobjekten eine Präposition ‚bei sich' haben, mag zu dem Verständnis

---

[5] Zum Format (vgl. Boettcher 1999: 196f.): Links finden sich Lehreräußerungen, rechts die von Schülerinnen und Schülern. Simultanes Sprechen ist durch Unterstreichen markiert, ein Abbruch im Wort durch schrägen Balken. Einträge bzw. Punkte in runden Klammern sind vermuteter Wortlaut bzw. Unverständliches, Zahlen in eckigen Klammern beziehen sich auf Pausen bzw. Nichtsprechen in Sekunden.

führen, dass Präpositionen Zutaten zu den Objekten sind. Man müsste aber, so Boettcher mit Recht, „eher sagen: ‚Bei Präpositionalobjekten haben die Präpositionen (je nach Verb) einen Dativ oder Akkusativ bei sich'" (ebd.). Im Licht der Lektüre des gesamtes Transkripts fällt ein weiteres Manko der anfänglichen Orientierung auf: Es geht nicht nur um die Abgrenzung von präpositionalen von anderen Objekten, sondern auch und sogar in erster Linie um die Unterscheidung von präpositionalen Objekten und Adverbialen. Darauf wird zu Beginn der Stunde nicht hingewiesen.

In der Folge haben sich die Schülerinnen und Schüler mit *Martina verliebt sich in der Disco., Martina verliebt sich in den Ferien.* und *Martina verliebt sich in Peter.* zu beschäftigen. Nach einiger Zeit werden zunächst die Antworten „adverbiale Bestimmung des Ortes" und „adverbiale Bestimmung der Zeit" geliefert (266 und 292), dann kommt es auch zur gewünschten Frageprobe (306f.): „In wen oder was verliebt sich Martina. In Peter?" Die Lehrperson ratifiziert:

(308) Gut. [8] *In wen oder was* [0] *ver-*
(309) *liebt sich Martina* war die Frage.
(310) *In Peter.* [4] [...] Dieses
(312) Ding nennt man Präpositionales
(313) Objekt. [...]

In der Folge geht es um Differenzen von präpositionalen Objekten und Adverbialen, und zwar – von einem kleinen Intermezzo abgesehen – bis zum Ende der Unterrichtsstunde.

Das erste der zahlreichen Items, auf deren Basis im Rahmen der physikdidaktischen Studie die Zielorientierung erfasst wurde, lautet: „Zu Beginn der Stunde macht die Lehrkraft das Ziel/die zentrale Fragestellung/Problemstellung deutlich." Unabhängig voneinander arbeitende Beobachter haben hochinferent zu urteilen und sich dabei zwischen vier Stufen zu entscheiden: „Als Beobachter/Beobachterin wurde mir das Ziel der Stunde klar/zum größten Teil klar/nur partiell klar/überhaupt nicht klar" (Trepke/Seidel/Dalehefte 2003: 205f.). Die oben angedeutete Analyse legt nahe, dass in diesem Fall allenfalls von partieller Klarheit der Rede sein kann. Das zentrale Ziel, nämlich die Abgrenzung präpositionaler Objekte von Adverbialen, wurde zu Beginn ja nicht expliziert.

Es geht hier nicht darum, die didaktische Güte dieses Ziels zu erörtern. So könnte man auf die notorischen Probleme einer Abgrenzung und z.B. auf den Vorschlag von Hans Glinz verweisen, nur von „Präpositionalkasus" zu sprechen. Der Lehrer, dessen Unterricht transkribiert wurde, fragt an einer Stelle, warum „häufig ein Problem entsteht, wenn in einem Satz Präpositionale Objekte oder Adverbiale Bestimmungen erkannt werden sollen" (346-350, s.u.). Dass dieses *Sollen* didaktisch legitim ist, setzt er voraus. Boettcher kommentiert:

> Nur die Aufgabe, alle Satzglieder zu bestimmen und dabei zwischen präpositionalen Adverbialen und Präpositionalobjekten zu trennen, erzeugt den Druck, Präpositionalobjekte zu identifizieren. Andere [...] Zielhorizonte sind denkbar als Rahmen für die Thematisierung von Präpositionalobjekten: etwa Unterschiede zwischen Muttersprache und Fremdsprachen; so kontrastieren *warten auf* mit *to wait for*.
>
> Boettcher (1999: 210)

Auf der Basis eines einzigen Exempels zu generalisieren und zu behaupten, in Grammatikstunden sei die Zielangabe zu Beginn nicht hinreichend, wäre nicht legitim. Die wenigen Transkriptfragmente, die darüber hinaus zur Verfügung stehen, legen aber den Eindruck nahe, dass diese Hypothese anhand eines größeren Korpus zu prüfen wäre. So beginnt eine weitere Stunde in einer fünften Realschulklasse wie folgt:

(1) L: So, wenn wir jetzt vollständig sind, dann würd ich sagen, dann könnten wir mal anfangen, oder?
(2) S: (mehrere) Jaaa.
(3) L: Gestern wollte ich von euch wissen, welche Wortarten ihr in der Grundschule schon gelernt habt. Diese Wortarten konnte ich auch dem kleinen Text entnehmen, den ich dann eingesammelt habe. Und heut hab ich eine dieser Wortarten ausgewählt. (L. schreibt „Wortarten" als Überschrift an die Tafel.) Hier halt ich mal ein Beispiel hoch. (Hält Wortkarte „Laufen" hoch.) Sybille!
(4) S: Ein Verb.
(5) L: Ja!
(6) S (nicht aufgerufen): Da gibts auch ein anderes Wort dafür.
(7) L: Wart, bis ich frage. (Schreibt „Verb" an die Tafel.) Jetzt darfsts sagen.
(8) S: Tunwort.
(9) L: Mhm. (Schreibt „Tunwort" unter „Verb" an die Tafel.) Habt ihr noch einen Begriff in der Grundschule dafür gehabt? Marcel?
(10) S: Zeitwort.
(11) L: Mhm. (Schreibt „Zeitwort" an. Das wars? Kann mir jetzt jemand erklären, was ein Verb ist? Viktor?
(12) S: Was man tun kann. Zum Beispiel laufen kann man tun.

Bremerich-Vos (1996: 215)

Im weiteren Verlauf dieser Stunde geht es durchgängig um Aspekte des Verbs und viele Beispiele. Die zentrale Intention der Lehrkraft besteht darin, die (partielle) Unangemessenheit des Terminus *Tunwort*, einer semantischen Lesart also, nachzuweisen. So setzt sie u.a. auf die Präsentation von Vorgangs-, Zustands- und Modalverben. Die Schülerinnen und Schüler halten allerdings hartnäckig am Terminus *Tunwort* fest. Dennoch kann am Ende der

Stunde festgehalten werden, was die Lehrperson erstrebt hat: eine morphologische, an der Konjugierbarkeit orientierte Bestimmung der Wortklasse. Dass dies möglich ist, hängt, so die hier nicht im Einzelnen begründbare Interpretation, damit zusammen, dass die Lehrerin Schülerbeiträge im Sinne ihrer zentralen Zielsetzung und damit ‚tendenziös' umdeutet (zu Details vgl. Bremerich-Vos 1996: 229).

Insofern kann nach unserem Eindruck auch in diesem Fall konstatiert werden, dass die anfängliche Zielorientierung zwar partiell geleistet wurde, aber nicht hinreichend war. Hätten die Schülerinnen und Schüler von Anfang an realisiert, dass es um die Problematisierung eines von ihnen gelernten Terminus gehen sollte, wäre der Unterrichtsprozess für sie wohl nachvollziehbarer gewesen.

Mit der Zielklarheit als einem der wesentlichen Merkmale von Unterrichtsqualität dürfte insbesondere schulisches Rätselraten (vgl. Ehlich/Rehbein 1986) nicht zu vereinbaren sein. Gerade zu Beginn von Unterrichtsstunden, oft als ‚Motivierungsphase' bezeichnet, wird dieses Handlungsmuster häufiger praktiziert – eben in der Absicht, die Aufmerksamkeit der Schülerinnen und Schüler zu gewinnen. Das von Ehlich und Rehbein analysierte Exempel (vgl. ebd.: 47ff.): Eine Lehrkraft holt zunächst kurz narrativ aus, schreibt dann kommentarlos den Satz *Dieter kann heute im Tor spielen.* an die Tafel und erteilt unmittelbar darauf das Rederecht. Die Schülerinnen und Schüler spekulieren darüber, in welchen Hinsichten dieser Satz wohl defekt sein könnte. Der Lehrperson geht es letztlich darum zu zeigen, dass der Fokus der mündlichen Äußerung, von ihr auf dem Schulhof aufgeschnappt, im Schriftlichen in der vorliegenden Version nicht wiedergegeben werden kann. Ein Schüler kommt dem, was hier intendiert ist, ratend nahe und wird in der Folge von der Lehrperson ‚gebremst'. Käme es bereits in der initialen Phase der Stunde zu einer ‚Lösung', wäre die Planung des weiteren Verlaufs hinfällig – ein Alptraum nicht nur für Referendare.[6]

2.2 Frage- bzw. Instruktionsverhalten, kognitive Aktivierung und „Proben"

In der IPN-Videostudie werden sieben Arten von Lehreräußerungen unterschieden, neben Fragen und Instruktion/Aufgabenstellung kurze Antwort/Nennen von Fakten, Erklärung/Erläuterung, Beispiele nennen, Diktat und eine Restklasse (vgl. Kobarg/Seidel 2003: 163ff.). Für die Kodierer gilt, dass jede Äußerung, auf die im Transkript ein Fragezeichen folgt, als Frage

---

[6] Zur Transkription der Episode und zum Handlungsmuster *schulisches Rätselraten* (im Kontrast zum außerschulischen Verfahren) vgl. Ehlich/Rehbein (1986: 47ff.).

zu verbuchen ist, Instruktionen werden als Anweisungen bzw. Aufforderungen gefasst. Das ist – linguistisch betrachtet – unbefriedigend, insofern das Transkribieren als (partiell) interpretative Tätigkeit außer Betracht bleibt und nicht zwischen Fragesatz und Fragehandlung unterschieden wird. So wird nicht deutlich, dass mit Fragesätzen auch Aufforderungen vollzogen werden können. Zudem werden Turns kodiert, nicht etwa Sätze. Die Turngrenzen werden durch Sprecherwechsel bestimmt, eine über die Basiseinheit *Turn* hinausgehende Einteilung der Lehrer- und Schüleräußerungen erfolgt nicht (vgl. Seidel/Kobarg/Rimmele 2003: 94ff.). Nicht auf eine Einheit wie *Satz* zu setzen, wie dies z.B. in der DESI-Videostudie praktiziert wurde (vgl. Helmke, T. u.a. 2008: 347), mag vor dem Hintergrund der Vielzahl der Satzdefinitionen, die in der Linguistik kursieren, und der Tatsache, dass *Satz* eine Kategorie der Schriftsprache ist, einleuchtend sein, führt allerdings dazu, dass einer Äußerungsfolge eines Sprechers, die ganz unterschiedliche Elemente enthalten kann (Fragen, Erläuterungen, Aufforderungen etc.), eine einzige Kategorie zugewiesen wird. Die Kategorie *Frage* soll dabei laut Kodieranweisungen der IPN-Videostudie bevorzugt vergeben werden (vgl. Kobarg/Seidel 2003: 164). Das muss zu Verzerrungen hinsichtlich der tatsächlichen Vorkommenshäufigkeiten der einzelnen Kategorien führen.

Die Fragen werden zunächst in offene und geschlossene subklassifiziert. Im ersten Fall haben die Schülerinnen und Schüler Freiräume für selbständige Überlegungen, im zweiten Fall nicht. Zusätzlich werden kognitive Niveaus der Fragen unterschieden, u.a. Reproduktions-, Kurzantwort-, Langantwort- und Deep-reasoning-Fragen. Reproduktionsfragen zielen auf die Wiederholung als bekannt vorausgesetzter Inhalte, ein Beispiel für eine Kurzantwortfrage ist etwa, ob etwas verstanden wurde, auf Langantwortfragen sollen als Antworten der Schülerinnen und Schüler längere Erklärungen folgen, die allerdings reproduktiv sind, d.h. sich auf bereits bekannte Sachverhalte beziehen. Zur letzten Subklasse, den Deep-reasoning-Fragen:

> Fragen, die dieser Kategorie zugeordnet werden, erfordern Antworten, in denen Ursache-Wirkungszusammenhänge erläutert, wenn-dann-Beziehungen erkannt, Informationen beurteilt werden oder das Eintreten oder Nicht-Eintreten von Erwartungen erläutert wird.
>
> Kobarg/Seidel (2003: 171)

In der Videostudie zum Mathematikunterricht vermeidet man die problematische Unterscheidung von Fragen und Instruktion/Aufgabenstellung und spricht summarisch von *Frage/Impuls*. Die Differenzierung nach offenen und geschlossenen Fragen ist übernommen, die kognitiven Niveaus werden partiell anders und sehr viel differenzierter als in der IPN-Videostufe erfasst. Was die kognitive Aktivierung angeht, so geht es auch hier u.a. um Deep-reasoning-Fragen. Im Hinblick auf die Analyse von Grammatikstunden ist vor allem die Teilklasse von Fragen bzw. Impulsen relevant, die unter dem Etikett *Gesucht ist Lösungsweg* firmieren.

> Es geht nicht nur um den nächsten Schritt in einem bereits eingespurten Verfahren, sondern darum, in einer relativ offenen Problemsituation einen möglichen Lösungsweg, einen Lösungsplan, eine Lösungsstrategie zu entwickeln (d.h. nicht nur eine Prozedur einsetzen bzw. den nächsten Teilschritt nennen, der sich fast zwingend aus den vorhergehenden Schritten ergibt).
>
> Pauli (2006: 136)

Im Folgenden werden Fragen/Impulse der Lehrperson im Kontext der von Boettcher transkribierten und analysierten Grammatikstunde untersucht, nicht zuletzt im Hinblick auf den Aspekt, inwiefern sie – auch im Kontext selbstständigen Gebrauchs von Proben – auf ‚tiefes Räsonnieren' zielen.

In einer ersten Phase werden Hausaufgaben abgefragt. In vorgegebenen Sätzen waren Wortarten und Satzglieder zu bestimmen. Der Lehrer fragt (32ff.): „Wer beginnt nochmal kurz mit den Wortarten, bitte […]" und teilt in der Folge das Rederecht ab und an neu zu wie bei „Danke, kann ein anderer bitte weitermachen? Fabian" (46f.). In der Terminologie der IPN- und der Mathematikstudie handelt es sich um geschlossene Fragen. Die Schülerinnen und Schüler haben hier keine Spielräume; sie müssen zunächst Wörter, dann Satzglieder klassifizieren, genauer: Diese Klassifikationen, die als Hausaufgabe zu leisten waren, reproduzieren. Die kognitiven Prozesse, die dabei eine Rolle spielen, sind aber nicht einfach als Erinnern von Fakten oder Begriffen aufzufassen. Das Klassifizieren kann vielmehr wie die inverse Operation des Exemplifizierens mit Anderson/Krathwohl (2001) als eine Variante des Verstehens begriffen werden. Die Schülerinnen und Schüler reproduzieren also ihre Verstehensleistungen. Wenn wir recht sehen, dann ist eine Aktivität dieser Art in den Kodierrichtlinen der beiden Referenzstudien nicht vorgesehen.

Nachdem die Hausaufgaben abgearbeitet sind und der Fokus der Stunde – allerdings wie gezeigt nur partiell – etabliert ist, lautet der auf die genannten Satzexempel (*Martina verliebt sich in der Disco/in den Ferien/in Peter.*) bezogene Impuls: „So, versuchen wir jetzt mal, bei den drei Sätzen die Satzglieder zu bestimmen" (227ff.). Nachdem für das letzte Satzglied im dritten Satz die richtige Lösung geliefert worden ist („In wen oder was verliebt sich Martina. In Peter?") (306f.), folgt eine Sequenz, die hier ausführlicher wiedergegeben ist:

(314) (Müssen wer) mal überlegen, was
(315) sind denn die Merkmale von einem
(316) Präpositionalen Objekt, wenn wir
(317) das erkennen wollen. Können wir da
(318) schon einige [3] Vermutungen auf-

Aspekte empirischer Unterrichtsforschung 163

(319) stellen. Woran erkennt man ein
(320) Präpositionales Objekt? [4]
(321) Anne, bitte.
(322)   Das steht nie allein.
(323) Bitte?
(324)   Ja, die Präposition steht nie allein.
(325)   [2]
(326) Keine einzelne Präposition, aber das
(327) passiert bei Präpositionen eigentlich
(328) nie. [1] Deswegen würde das nicht
(329) ausreichen, um ein Präpositionales
(330) Objekt zu erkennen. [1] Bitte.
(331)   Das ist, weil wir vielleicht, hm nicht
(332)   nur *wen oder was* fragen, sondern
(333)   *IN wen oder was.* [2]
(334) (Wir ham) einmal hier die Frage
(335) nach dem Objekt: *Wen oder was.* […]
[…]
(338) […] Und zu der
(339) Frage nach dem Objekt kommt im-
(340) mer noch in der Frage schon [1]
(341) die Präposition vor. [7] Könnte also
(342) sagen [1] bei unserer Frage: ein-
(343) mal die Präposition ist da [9] und
(344) zum zweiten: die Objektfrage *wen*
(345) *oder was.* [13] Könnt ihr euch vor-
(346) stellen, weshalb [0] häufig ein Pro-
(347) blem entsteht, wenn in einem Satz
(348) Präpositionale Objekte oder Adver-
(349) biale Bestimmungen erkannt werden
(350) sollen? [2] Machen ganz viele immer   [Husten]
(351) falsch. [3] Wenn ihr euch mal die Ad-
(352) verbialen Bestimmungen und das Prä-
(353) positionale Objekt im Vergleich
(354) anguckt. Woran kann das liegen, dass
(355) das oft verwechselt wird? [3]
(356) Bitte, Anne.
(357)   Weil in den beiden anderen Sätzen
(358)   auch das *in* drin vorkommt.
(359) So. Alles im Satz, die alle drei [1]
(360) sind Satzglieder mit der Prä-
(361) position *in*. [2] Das heißt mit der
(362) Präposition alleine (hamwer) kein
(363) Erkennungsmerkmal für ein
(364) Satzglied Adverbiale Bestimmung
(365) oder ein Satzglied Präpositionales
(366) Objekt. Man muss also dann ganz
(367) genau fragen, um das festzustellen.

(368) HIER die Frage nach Adverbialen
(369) Bestimmungen *wo* und *wann*, HIER
(370) die Frage nach dem Präpositionalen
(371) Objekt, und zwar fragt man mit der
(372) Präposition und der normalen Ob-
(373) jektfrage. [1] Ist das soweit klar?
(374) [2] Noch (ein) Erkennungsmerk- Ja.
(375) mal, wenn man sich nicht ganz sicher
(376) ist, kann man ausprobieren, wenn
(377) man so etwas vor sich hat: [1]
(378) außer der Frage könn wir auch
(379) eine, ja, Ersatzprobe machen, wie
(380) wir das früher in anderen Fällen
(381) auch schon getan haben. Wodurch
(382) könnte man zum Beispiel *in der*
(383) *Disco* ersetzen, was für ein Wort
(384) könnte man da einsetzen, wenn
(385) wir eine Adverbiale Bestimmung
(386) des Ortes haben wollen? [2] Zwar
(387) wird das etwas ungenauer, aber
(388) trotzdem, die Möglichkeit gibt es ja.
(389) Wer weiß ein Adverb für eine Ad-
(390) verbiale Bestimmung des Ortes? [2]
(391) Bitte.
(392)   [Jessica:] *Stadt.*
(393) Bitte?   Zum Beispiel *Stadt.*
(394) Ah, (dann) wär es *in der Stadt.*
(395)   Ja.
(396) Das is immer noch zu lang, is auch
(397) kein Adverb, sondern was war das
(398) für eine Wortart, (was) die Jessica
(399) grad benutzt hat? [3] Sie wollte *in*
(400) *der Stadt* sagen, was ist *Stadt* für
(401) eine Wortart? [1] Bitte.
(402)   Ein Nomen.
(403) Nomen. Wer weiß ein Adverb? [1]
(404) Ein Ortsadverb. [2] Niko bitte.
(405)   *Martina verliebt sich dort?*

Boettcher (1999: 209ff.)

Nachdem *präpositionales Objekt* exemplarisch – unter Bezug auf einen Satz und Anwendung einer Probe – eingeführt worden ist, gibt es den Impuls der Lehrkraft „[…] mal überlegen […]" (314ff.). Es sind „Vermutungen" (318) gefragt. Die Frage erscheint nicht als ‚geschlossen'; es könnte mehr als die Reproduktion von Wissen intendiert und mehr als nur eine Antwort willkommen sein. Der Wortlaut legt nahe, dass die Frage ‚offen' gemeint ist, dass es einen Spielraum für Hypothesen verschiedener Art gibt. Mit der

Aspekte empirischer Unterrichtsforschung 165

selbstständigen Erkundung dieses Spielraums ist es aber nicht weit her. Anne beginnt damit, ihre Antwort wird von der Lehrperson gleich im nächsten Turn (326ff.) aber als zu unspezifisch qualifiziert. Nachdem ein Schüler – jetzt allerdings mit einem Fokus auf der Präposition „in" (331ff.) – nur wieder aufgegriffen hat, was Stefanie bereits vor dem Lehrerimpuls gesagt hat (306f.), wird die Lehrkraft erneut aktiv und produziert einen sehr umfangreichen Beitrag, der im Prinzip bis 391 reicht und nur kurz von Anna unterbrochen wird, die ihr Rederecht wahrnimmt.[7] Auch die Anregung, es nun mit der Ersatzprobe zu versuchen (378ff.), kommt vom Lehrer.

Die im Hinblick auf die Basisdimension der kognitiven Aktivierung zentrale Frage, ob die Lehrperson hier Spielräume für eigenständiges ‚tieferes' Verstehen (deep reasoning) eröffnen will, ist insofern zu verneinen. Allerdings ist zu vermuten, dass von Fünftklässlern mit ‚normalem' bereichsspezifischen Vorwissen die selbstständige Erkundung von Merkmalen präpositionaler Objekte, noch dazu im Vergleich mit anderen Objekten und Adverbialen, gar nicht erwartet werden kann. Im weiteren Verlauf der Stunde wird deutlich, dass selbst die Lehrkraft Schwierigkeiten hat, präpositionale Objekte von Adverbialen abzugrenzen: Die Anwendung der von ihr ins Spiel gebrachten Ersatzprobe führt ihrer Auskunft nach zu dem Ergebnis, dass bei Adverbialen die Präposition immer wegfällt, bei den präpositionalen Objekten aber erhalten bleibt.[8] Ein Schüler bezweifelt das (614ff.): „Ja, ich hab ne Frage. Könnte man bei dem ersten nich auch schreiben ehm: *Sie wartete auf ihn, auf IHM? Also: der Bahnsteig, ihm?*" Der Schüler hat Recht und der Lehrer reagiert wie folgt: „Rein eh grammatisch ist das richtig. Nur würde das von dem normalen Sprechen eigentlich abweichen, ne. […] Und das ist eben gerade die Gemeinheit, dass es da verschiedene formale Möglichkeiten gibt, das führt ja grad immer dazu, dass eh Adverbiale Bestimmungen und Präpositionale Objekte nicht genau auseinandergehalten werden. [2]" (Boettcher 1999: 220f.). ‚Grammatisches' und ‚normales' Fragen zu unterscheiden mag als rettende ad hoc-Idee erscheinen; ob Schülerinnen und Schüler, die im

---

[7] Hier handelt es sich im Übrigen um ein kleines Exempel dessen, was Ehlich/Rehbein (1986) „Lehrervortrag mit verteilten Rollen" nennen. Die Lehrperson fragt: „Woran kann das liegen, dass das oft verwechselt wird?" Die Antwort der Schülerin könnte leicht modifiziert in diesen Beitrag integriert werden, der dann lautete: „Weil in den beiden anderen Sätzen auch das ‚in' drin vorkommt, wird das oft verwechselt." Serien solcher Äußerungspaare konstituieren einen Vortrag mit verteilten Rollen.

[8] (437ff.): „[…] bei ner Adverbialen Bestimmung, wenn man da die Ersatzpro/Ersatzprobe macht, ist die Präposition verschwunden. Hier das gleiche: Präposition ist weg. Für den dritten Fall funktioniert das nicht, und im Präpositionalen Objekt bleibt, auch wenn man hierfür, für das Nomen, ein [1] Personalpronomen einsetzt, die Präposition erhalten."

Grammatikunterricht – auch im hier in erster Linie thematisierten Exempel – immer wieder ‚grammatisch' und nicht ‚normal' *wer oder was? bzw. wen oder was?* zu fragen haben, diese Unterscheidung hilfreich finden, sei hier dahingestellt.

Im Rahmen einer alternativen Lehrstrategie hätte man von der Verbvalenz ausgehen können, etwa von der Frage, wie man z.B. bestimmte englische Verben lernt (nämlich mit an sie gebundenen Präpositionen). Auch dann hätten sich Abgrenzungsprobleme ergeben können. Darum soll es hier aber nicht gehen, sondern darum, exemplarisch zu verdeutlichen, wie voraussetzungsreich ein hoch-inferentes Rating im Bereich der Basisdimension „kognitive Aktivierung" sein kann.[9]

2.3 Rückmeldungen, insbesondere im Kontext des Umgangs mit Fehlern

Rückmeldungen der Lehrkraft im Anschluss an Schülerbeiträge können der Grunddimension *unterstützendes Unterrichtsklima* zugeordnet werden. Sachlich-konstruktive Rückmeldungen, so nimmt man an, unterstützen die Motivation der Schülerinnen und Schüler, sich zu beteiligen, was sich auch in kognitiver Hinsicht förderlich auswirken sollte (vgl. Kobarg/Seidel 2007: 150). Insofern ist hier auch die Dimension der kognitiven Aktivierung im Spiel, insbesondere dann, wenn es um Rückmeldungen im Kontext von Fehlern bzw. um die ‚Fehlerkultur' geht. „Konstruktive Rückmeldungen zeichnen sich dadurch aus, dass sie korrigierende und zukunftsgerichtete Hilfestellungen geben" (Rakoczy/Pauli 2006: 218).

In der IPN-Studie zum Physikunterricht wurden fünf Rückmeldekategorien unterschieden (vgl. Kobarg/Seidel 2003: 176f.): keine Rückmeldungen, einfache Rückmeldungen (eindeutig interpretierbare Rückmeldungen im Anschluss an Schüleräußerungen im Hinblick auf deren Angemessenheit, z.B. *Ja* oder *Nein*), sachlich-konstruktive Rückmeldungen (Rückmeldungen, durch die expliziert wird, was an einer Schüleräußerung falsch oder richtig war und wie Fehler zukünftig vermieden werden können.), positiv-unterstützende Rückmeldungen (Rückmeldungen, durch die sich die Lernen-

---

[9] Boettcher schlägt vor, vom Valenzkonzept auszugehen. Er „landet" (vgl. Boettcher 1999: 235) bei der Unterscheidung von Präpositionalobjekt, präpositionaler (nicht weglassbarer) Adverbialergänzung (*Sie wohnt auf/vor/hinter dem Berg.*) und präpositionaler (weglassbarer) Adverbialangabe (*Ich esse den Apfel auf/vor/hinter dem Berg.*). Diese Distinktionen mögen im Rahmen hochschulischer Lehre eine Rolle spielen und der Lehrkraft auch gut zu Gesicht stehen. Gegenstand im schulischen Grammatikunterricht sollten sie u.E. aber nicht sein, weder in der fünften noch in einer höheren Klasse der Sekundarstufe I (des Gymnasiums).

den positiv bestärkt sehen; z.B. Lob, Hinweis auf individuelle Verbesserungen) und soziale Bezugsnorm (Rückmeldungen, mit denen die Lehrkraft den Schüler dem Vergleich mit anderen aussetzt). Normativ betrachtet, sind sachlich-konstruktive und positiv-unterstützende Rückmeldungen erste Wahl.

Was speziell die Reaktion auf Fehler angeht, so wurde in der DESI-Videostudie zum Englischunterricht wie folgt verfahren: Zum einen wurde niedrig-inferent kodiert, wie, wann und von wem welche Arten von Fehlern korrigiert wurden, darüber hinaus wurde hoch-inferent das Fehlerklima erhoben. Ersteres wurde als Indikator der Basisdimension kognitive Aktivierung aufgefasst, während sich die hoch-inferente Einschätzung auf einen zentralen Aspekt des Unterrichtsklimas bezieht. Die niedrig-inferente Auswertung der Videoaufzeichnungen hat ergeben, dass nur gut die Hälfte der Schülerfehler korrigiert wurde (52%; vgl. Helmke, T. u.a. 2008: 353). Um Selbstkorrekturen, d.h. um eine Korrektur durch den Schüler, der den Fehler gemacht hat, oder einen Mitschüler, handelte es sich in einer geringen Zahl der Fälle (14%), während der größte Teil von der Lehrkraft korrigiert wurde (86%), und nur mit einem geringen Teil der Lehrerkorrekturen ging eine Erklärung des Fehlers einher (8%; vgl. ebd.). Die Befragung der Lehrenden zu ihrem Umgang mit Schülerfehlern ließ anderes erwarten (vgl. Helmke, A. u.a. 2008: 374ff.): Mehr als 50% der Lehrkräfte gaben an, Fehler selten bis nie zu übergehen; Korrekturen ohne Erklärungen kämen vor allem bei Aussprachefehlern vor, solche mit Erklärungen vor allem bei grammatischen Fehlern, Selbstkorrekturen durch Schülerinnen und Schüler kämen dagegen häufig vor (bei 81-90% der Fehler). Beobachtereinschätzungen und Lehrerangaben liefern also ein konträres Bild.

Da im Rahmen der DESI-Studie für den Englischunterricht zusätzlich zu den Videoaufzeichnungen eine Schülerbefragung und Leistungsvor- und -nachtests durchgeführt wurden, war es möglich, Korrelationen zwischen dem Umgang mit Fehlern, dem Fehlerklima, den Wahrnehmungen der Schüler und der Lernentwicklung zu berechnen. Die Ergebnisse belegen den positiven Zusammenhang der Entwicklung des Hörverstehens mit der Möglichkeit, Fehler selber zu korrigieren, und mit einem positiven Fehlerklima (vgl. Helmke, T. u.a. 2008: 357).

Für den Grammatikunterricht im Fach Deutsch hat Boettcher (1994a; 1994b) indirekte und direkte Verfahren des Umgangs mit Fehlern unterschieden. Indirekt sind Überhören, Weitergehen, ‚veredelnde' Reformulierung und Korrektur-‚Erschleichungen' (vgl. Boettcher 1994b: 18ff.). Den indirekten Verfahren gemeinsam ist, dass die Schülerinnen und Schüler die Fehlerhaftigkeit ihrer Beiträge nur erschließen können. Das ist mehr oder weniger leicht – je nachdem, welches Verfahren zur Anwendung kommt: Sammelt der Lehrer z.B. mehrere (teilweise) falsche Schüleraussagen, ohne sie im

Einzelnen zu reflektieren (Weitergehen), bleibt unklar, ob die Beiträge fehlerhaft, unpassend, irrelevant oder korrekt waren.

Als direkte Verfahren werden gefasst: Zurückweisen, Stornieren, Korrigieren und Irrtumsbearbeitung. Blendet man den jeweiligen Kontext aus, dann ist Zurückweisen didaktisch am wenigsten und Irrtumsbearbeitung am ehesten erwünscht. Die Wunschreihe steigt auf von der einfachen Feststellung, dass ein Fehler gemacht wurde, ohne dass dieser erläutert würde (Zurückweisen), über die Zurückstellung des Schülerbeitrags zur späteren Reflexion (Stornieren) und die Selbst- oder Fremdkorrektur (Korrigieren) bis zur Reflexion des Fehlers (Irrtumsbearbeitung).

Ohne hier ins Detail gehen zu können, lässt sich resümieren, dass sich im Hinblick auf das Rückmeldeverhalten im Allgemeinen für die von Boettcher (1999) analysierte Stunde bestätigt, was die IPN-Videostudie für den Physikunterricht ergeben hat: Rückmeldungen bleiben häufig aus; darüber hinaus wählt der Lehrer häufig das einfache Format, während sachlich-konstruktive und positiv-unterstützende Rückmeldungen keine große Rolle spielen. Aber auch eine – für sich genommen nicht wünschenswerte – Rückmeldung unter Bezug auf eine soziale Bezugsnorm findet sich nicht.

Über weite Strecken entspricht die von Boettcher analysierte Stunde – wie übrigens auch die wenigen anderen publizierten Stundenfragmente – dem Muster des fragend-entwickelnden Unterrichts, das sich als Dreischritt von Lehrerinitiative, Schülerreaktion und Bewertung der Schülerreaktion durch die Lehrkraft fassen lässt (vgl. Mehan 1979). Folgt nun z.B. nach einer ersten Schülerreaktion keine explizite Evaluation durch die Lehrkraft, mögen die Schülerinnen und Schüler das je nach Kontext mit Recht als Hinweis darauf deuten, dass der an zweiter Position des Musters erwartete Beitrag noch nicht den Erwartungen entspricht. Sie produzieren folglich weitere Beiträge, womöglich so lange, bis eine explizite positive Bewertung die Reihe abschließt. Dass darüber hinaus einfache Rückmeldungen dominieren und sachlich-konstruktive bzw. positiv-bestärkende Rückmeldungen kaum zu finden sind, dürfte auf das kleinschrittige Verfahren zurückzuführen sein. Die Schülerinnen und Schüler bewegen sich auf Bahnen, die von der Lehrkraft vorgegeben wurden, sie füllen, überspitzt gesagt, Leerstellen, die der Lehrer vorgibt. Angesichts dessen, dass beide Parteien womöglich davon ausgehen, dass bei einem solchen Verfahren die kognitiven Anforderungen für die Schüler überschaubar bleiben, könnten insbesondere massiv positiv-bestärkende Rückmeldungen deplatziert wirken.

Im Folgenden werden unter Bezug auf einige der Kategorien Boettchers Beispiele für das Feedback im Kontext von Fehlern gegeben, das insbesondere für die Grunddimension der kognitiven Aktivierung relevant ist.

Um einen Fall des *Zurückweisens*, ergänzt um die Korrektur durch einen anderen Schüler, handelt es sich hier:

Aspekte empirischer Unterrichtsforschung

(35)   *Wegen* Präposition, *seines* eh Präpo-
(36)   Halt   sition eh Geburtsta /
(37)   Possessivpronomen.
(38)   Bitte, Marc.
(39)   Possessivpronomen.
(40)   Possessivpronomen, Machst du jetzt
(41)   mal weiter, (Tom)?

Hier handelt es sich um eine Fremdkorrektur („Präposition" – „Possessivpronomen") durch einen Schüler, nachdem der Lehrer durch seine zeitnahe Interjektion die Aufmerksamkeit auf den Fehler gelenkt hat. Ob der Lehrer zunächst eine Selbstkorrektur anregen oder selber korrigierend eingreifen wollte, ist nicht zu entscheiden, da der Schüler Marc die erste Korrektur liefert, ohne das Rederecht erteilt bekommen zu haben (vgl. Boettcher 1999: 198). Ob der Schüler, der den Fehler gemacht hat, die Korrektur nachvollziehen kann oder nicht, muss offen bleiben. Da es sich in der Perspektive des Lehrers um eine Phase handelt, in der als bekannt vorausgesetzter Stoff behandelt wird, ist er womöglich von dem Wunsch getrieben, zum eigentlichen Ziel der Unterrichtsstunde vorzudringen, und unterlässt es daher, den Fehler zu hinterfragen.

Wenig später findet sich in dem Transkript ein Fall von (irrtümlicher) Selbstkorrektur, die vom Lehrer zurückgewiesen wird. Eine Irrtumsrekonstruktion unterbleibt auch hier. Nach wie vor geht es um die Wortartenbestimmung.

(48)   *Mit* Präposition
(49)   Kon /
(50)   Konjunktiv
(51)   Is okay
(52)   Eh Konjunktion
(53)   Nein, war richtig. Präposition.

                                                                                                                 Boettcher (1999: 199)

Dass neben der richtigen Lösung sowohl „Konjunktiv" als auch – weitgehend identisch klingend – „Konjunktion" geliefert werden, könnte man als Indiz dafür werten, dass der Schüler besonders unsicher ist und noch wenig verstanden hat. Hat er nur geraten? Das wiederum würde gerade eine Irrtumsbearbeitung nahelegen. Allerdings, so mag sich die Lehrperson fragen: Man ist immer noch in der Wiederholungsphase – und kommt man weiter, wenn man mit Rücksicht auf einen Schüler wieder basale Sachverhalte thematisiert?

Um *Stornieren* geht es in folgender Episode:

(276)   […] Wie ist
(277)   das mit dem [1] Satzglied am Schluß,
(278)   was ist das für eins. [7]

(279)	Bitte, Aytac	Ein Dativobjekt
(280)	Bitte?	
(281)		Dativobjekt
(282)	Wie biste darauf gekommen?	
(283)		*In wem verliebt* ah *Martina sich?*
(284)		Ah hm *in Peter.* [1]
(285)		(Wir waren aber erst beim zweiten
(286)		Satz)
(287)		(Ach so)
(288)	Machen wir erst den zweiten, dann	
(289)	hast du für den dritten noch en	
(290)	bissel Bedenkzeit, das war nämlich	
(291)	nicht ganz richtig. [2] Bitte.	

Aytac bezieht sich nicht auf den Beispielsatz, der gerade Thema ist (*Martina verliebt sich in den Ferien.*), sondern auf den Folgesatz und liefert dazu eine fehlerhafte Frageprobe. Dass der Lehrer dem Schüler eine Bedenkzeit einräumt, lässt erwarten, dass er bald wieder einen Turn zugesprochen bekommt. Das ist aber nicht der Fall, heißt es doch wenig später:

(300)	[...] Aytac hatte gerade falsch	
(301)	gefragt, wolln wir die falsche Frage	
(302)	nicht nochmal wiederholen, versu-	
(303)	chen wir die richtige Frage zu	
(304)	stellen für dieses letzte Satzglied.	
(305)	[8] Bitte, Stefanie.	
(306)		*In wen oder was verliebt sich*
(307)		*Martina. In Peter?*
(308)	Gut. [...]	

Korrigiert wird der Fehler „nebenbei" (Boettcher 1999: 207). Auf eine Irrtumsrekonstruktion wird gänzlich verzichtet. Womöglich deshalb, weil der Lehrer befürchtet, dass Aytac generell Probleme mit der Unterscheidung von Dativ und Akkusativ haben könnte?

Ein Beispiel für den Umgang mit einem Fehler, das man als (partiell) ‚veredelnde' Reformulierung verstehen kann:

(381)	[...] Wodurch	
(382)	könnte man zum Beispiel *in der*	
(383)	*Disco* ersetzen, was für ein Wort	
(384)	könnte man da einsetzen, wenn	
(385)	wir eine Adverbiale Bestimmung	
(386)	des Ortes haben wollen? [...]	
[...]		
(392)		[Jessica:] *Stadt*
(393)	Bitte?	*Zum Beispiel Stadt.*
(394)	Ah, (dann) wär es *in der Stadt.*	
(395)		Ja.

Aspekte empirischer Unterrichtsforschung 171

(396) Das is immer noch zu lang, is auch
(397) kein Adverb, sondern was war das
(398) für eine Wortart, [was] die Jessica
(399) grad benutzt hat? [3] Sie wollte *in*
(400) *der Stadt* sagen, was ist *Stadt* für
(401) eine Wortart? [1] Bitte.
(402)   Ein Nomen.
(403) Nomen. Wer weiß ein Adverb? [1]
(404) Ein Ortsadverb. [2] Niko bitte.
(405)   *Martina verliebt sich dort?*

Die Antwort von Jessica ist eindeutig falsch. Der Lehrer reformuliert sie unter Hinweis auf ihre ‚eigentliche' Intention. So wird der Fehler weniger gravierend, der Übergang von *in der Stadt* zu *dort* ist plausibler als der von *Stadt* zu *dort*.

Schließlich ein Beispiel für eine Korrektur, für die bei Boettcher und auch in den anderen Studien, auf die bislang verwiesen wurde, gar keine Kategorie vorgesehen ist. Es handelt sich um eine Korrektur von Richtigem (vgl. Boettcher 1999: 201f.).

Noch in der ersten Phase, in der u.a. anhand des Beispielsatzes *Wegen seines Geburtstages kaufte mein Großvater mit seinem letzten Geld in der Stadt meinem kleinen Bruder fürsorglich einen neuen Lederball.* Satzglieder zu bestimmen sind, fragt Sabine:

(127)   Kann man nicht sagen: also eh *Sei-*
(128)   *nes Geburtstages wegen?* (daß man
(129)   das auseinanderziehen kann oder so
(130)   (…) [2] (…)
(131) Nochmal bitte.
(132) (Hab ich nicht verstanden.)   Kann man nicht sagen em *Seines*
(133)   *Geburtstages wegen* em *kaufte der*
(134)   *Großvater* (…)
(135)   (…)
(136) Wie fragt man nach diesem ersten
(137) Satzglied [4] im Satz? [3] Bitte.
(138)   *Warum kaufte gestern mein Groß-*
(139)   *vater mit seinem letzten Geld in der*
(140)   *Stadt meinem kleinem Bruder für-*
(141)   *sorglich einen neuen Lederball?*
(142) Könnwer diesmal ausnahmsweise die
(143) Kurzfassung nehmen, damit das für
(144) Sabine klarer wird?
(145)   *Warum?*
(146) *Warum* oder *weshalb kauft er einen*
(147) *Ball? Wegen des Geburtstages.* [3]

(148) Wenn bis dahin keine Fragen
(149) sind, dann scheinen diese Satzglie-
(150) der jetzt eh allen klar zu sein.

Sabine weist darauf hin, dass *wegen* nicht nur als Prä-, sondern auch als Postposition gebraucht werden kann. Der Lehrer erklärt zunächst, nicht verstanden zu haben, sieht dann aber Klärungsbedarf nicht bei sich selbst, sondern bei Sabine. Sie hat sich, so darf man wohl schließen, seiner Meinung nach geirrt. Das trifft ersichtlich nicht zu.

Summarisch betrachtet, produzieren die Schülerinnen und Schüler im Rahmen der hier analysierten Stunde recht wenige Fehler. Das mag dem Inszenierungsmuster (eng geführtes fragend-entwickelndes Unterrichtsgespräch) geschuldet sein, in dem zum einen der größte Teil der Unterrichtszeit mit Lehrerbeiträgen gefüllt wird, zum anderen der Spielraum für eigenständiges Denken sehr eng ist. Fehler werden zwar durchgängig markiert, die Möglichkeit, sie zu hinterfragen, wird von der Lehrkraft aber nicht genutzt. Diese Abstinenz mag dem Ziel geschuldet sein, den geplanten Ablauf der Stunde auch zu realisieren. Was die kognitive Aktivierung der Schülerinnen und Schüler angeht, so dürfte sie sich jedenfalls nicht positiv auswirken.

3. Fazit und Ausblick

In großen physik- und mathematikdidaktischen Forschungsprojekten unterscheidet man mehrere Grunddimensionen der Qualität von Unterricht. Einige Aspekte werden hier aufgegriffen und anhand des Transkripts einer Grammatikstunde in der fünften Klasse eines Gymnasiums exemplarisch illustriert. Dabei geht es um die anfängliche Orientierung im Hinblick auf die Ziele der Unterrichtsstunde, um Facetten des Frageverhaltens der Lehrkraft und darum, auf welche Weise sie rückmeldet, insbesondere im Kontext von Fehlern. Es zeigt sich u.a., dass die Zielangabe allenfalls partiell gelingt, dass die Lehrperson im Rahmen eines eng geführten fragend-entwickelnden Unterrichts kaum Raum für profundes selbständiges Nachdenken lässt und Fehler zwar markiert, aber ihrer Genese nicht nachgeht.

Diese Befunde beziehen sich auf ein einziges Beispiel. Weitere Transkripte und Analysen vollständiger Stunden oder gar mehrerer Stunden derselben Lehrkräfte stehen nach unserer Kenntnis nicht zur Verfügung. Was den Grammatikunterricht angeht, so gibt es über die von Boettcher mitgeteilte und kommentierte Stunde hinaus nur wenige Transkriptfragmente und punktuelle Analysen.

Es ist eine der zentralen Aufgaben der Fachdidaktik, Unterricht prozessnah zu untersuchen. Dass hier die Videographie *das* Mittel der Wahl ist, wurde in anderen Disziplinen bereits vor einiger Zeit realisiert. Zur Etablierung von Standards in diesem Feld hat die Deutschdidaktik bislang kaum etwas beizutragen. Was im Vergleich mit den genannten Referenzstudien fehlt, ist nicht nur ein Korpus mehrerer Aufnahmen einer Reihe von Stunden verschiedener Lehrkräfte zu denselben (grammatischen) Gegenständen. Es müssten auch vor und nach den Aufnahmen Leistungen erhoben werden, sodass Zusammenhänge zwischen Prozessmerkmalen und ‚Outcome' analysiert werden können. Hinzu kommt, dass Videographie allein nicht genügt. Nimmt man das Angebots-Nutzungs-Modell ernst, müssen im Sinne einer Triangulation auch die Perspektiven der Lehrkräfte und der Schülerinnen und Schüler erhoben werden. Es hat sich ja, wie angedeutet wurde, gezeigt, dass z.B. faktisches Lehrerhandeln und subjektive Theorien von Lehrpersonen über ihr Handeln nicht oder kaum zur Deckung zu bringen sind. Schließlich: Bereits das Transkribieren ist zumindest partiell eine interpretative Tätigkeit, wie man seit langem weiß. Daraus aber zu schließen, dass die Interpretation von Videoausschnitten und Transkripten wie bislang üblich das Werk *eines* (Meister-) Interpreten sein sollte, ist abwegig. Es bietet sich an, wie in den genannten großen Studien auf mehrere unabhängig voneinander arbeitende Beurteiler zu setzen und dabei niedrig- und hoch-inferente Ratings zu unterscheiden. Mathematik- und Physikdidaktiker haben vorgearbeitet. Es ist an uns, wenigstens ein Stück weit nachzuziehen.

Literatur

Anderson, Lorin W./David R. Krathwohl (2001): A Taxonomy for Learning, Teaching, and Assessing. A Revision of Bloom's Taxonomy of Educational Objectives. – New York: Longman.
Becker-Mrotzek, Michael/Rüdiger Vogt (2009): Unterrichtskommunikation. Linguistische Analysemethoden und Forschungsergebnisse. 2. überarb. und erg. Auflage. – Tübingen: Niemeyer (Germanistische Arbeitshefte).
Bellack, Arno u.a. (1974): Die Sprache im Klassenzimmer. – Düsseldorf: Schwann.
Boettcher, Wolfgang (1994a): Grammatiksozialisation in Schule, Hochschule und Referendarausbildung. – In: Beiträge zur Lehrerbildung 12/2, 170-186.
– (1994b): Grammatikunterricht in Schule und Lehrerausbildung. – In: Der Deutschunterricht 46/5, 8-31.
– (1999): Der Kampf mit dem Präpositionalobjekt. Grammatische Abenteuer in Schule und Hochschule. – In: Albert Bremerich-Vos (Hg.): Zur Praxis des Grammatikunterrichts. – Freiburg im Breisgau: Fillibach, 193-252.

Bremerich-Vos, Albert (1993): Grammatikunterricht – ein Plädoyer für das Backen kleinerer Brötchen. – In: Albert Bremerich-Vos (Hg.): Handlungsfeld Deutschunterricht im Kontext. – Frankfurt am Main: Diesterweg, 102-129.
- (1996): Deutschdidaktik und qualitative Unterrichtsforschung – Versuche in einem bislang vernachlässigten Feld. – In: Gerhard W. Schnaitmann (Hg.): Theorie und Praxis der Unterrichtsforschung. Methodologische und praktische Ansätze zur Erforschung von Lernprozessen. – Donauwörth: Auer (Innovation und Konzeption), 209-233.
- (2006): Zur Videographie von (Deutsch-)Unterricht. Anmerkungen zur Vermittelbarkeit von linguistischer, sprachdidaktischer und pädagogisch-psychologischer Unterrichtsforschung. – In: Ingmar Hosenfeld/Friedrich-Wilhelm Schrader (Hgg.): Schulische Leistung. Grundlagen, Bedingungen, Perspektiven. – Münster: Waxmann, 243-262.

Christ, Hannelore u.a. (1995): „Ja aber es kann doch sein..." In der Schule literarische Gespräche führen. – Frankfurt am Main: Lang.

Ehlich, Konrad/Jochen Rehbein (1986): Muster und Institution. Untersuchungen zur schulischen Kommunikation. – Tübingen: Narr (Kommunikation und Institution 15).

Helmke, Andreas (2009): Unterrichtsqualität und Lehrerprofessionalität. Diagnose, Evaluation und Verbesserung des Unterrichts. 2., aktual. Auflage. – Seelze: Klett-Kallmeyer.

Helmke, Andreas u.a. (2008): Alltagspraxis des Englischunterrichts. – In: DESI-Konsortium (Hg.): Unterricht und Kompetenzerwerb in Deutsch und Englisch. Ergebnisse der DESI-Studie. – Weinheim: Beltz, 371-381.

Helmke, Tuyet u.a. (2008): Die Videostudie des Englischunterrichts. – In: DESI-Konsortium (Hg.): Unterricht und Kompetenzerwerb in Deutsch und Englisch. Ergebnisse der DESI-Studie. – Weinheim: Beltz, 345-363.

Kleinbub, Iris (2009): Aufgaben zur Anschlusskommunikation: Ergebnisse einer Videostudie im Leseunterricht der vierten Klasse. – In: Zeitschrift für Grundschulforschung 2/2, 69-81.

Klieme, Eckhard u.a. (2006): Qualitätsdimensionen und Wirksamkeit von Mathematikunterricht. Theoretische Grundlagen und ausgewählte Ergebnisse des Projekts „Pythagoras".– In: Manfred Prenzel/Lars Allolio-Näcke (Hgg.): Untersuchungen zur Bildungsqualität von Schule. – Münster: Waxmann, 127-146.

Kobarg, Mareike/Tina Seidel (2003): Prozessorientierte Lernbegleitung im Physikunterricht. – In: Tina Seidel u.a. (Hgg.): Technischer Bericht zur Videostudie „Lehr-Lern-Prozesse im Physikunterricht". – Kiel: IPN, 151-200.
- (2007): Prozessorientierte Lernbegleitung – Videoanalysen im Physikunterricht der Sekundarstufe I. – In: Unterrichtswissenschaft 35/2, 148-168.

Lipowsky, Frank/Gabriele Faust/Karina Greb (2009): Dokumentation der Erhebungsinstrumente des Projekts „Persönlichkeits- und Lernentwicklung von Grundschulkindern" (PERLE) – Teil 1. Materialien zur Bildungsforschung Band 23/1. – Frankfurt/Main: GFPF/DIPF.

Mehan, Hugh (1979): Learning Lessons. Social Organization in the Classroom. – Cambridge (Mass.): Harvard University Press.

Pauli, Christine (2006): Klassengespräch. – In: Eckhard Klieme/Christine Pauli/Kurt Reusser (Hgg.): Dokumentation der Erhebungs- und Auswertungsinstrumente zur schweizerisch-deutschen Videostudie „Unterrichtsqualität, Lernverhalten und mathematisches Verständnis". (Teil 3: Isabelle Hugener/Christine Pauli/Kurt Reusser (Hgg.): Videoanalysen). – Frankfurt am Main: GFPF/DIPF, 124-147.

Rakoczy, Katrin/Christine Pauli (2006): Hoch-inferentes Rating: Beurteilung der Qualität unterrichtlicher Prozesse. – In: Eckhard Klieme/Christine Pauli/Kurt Reusser (Hgg.): Dokumentation der Erhebungs- und Auswertungsinstrumente zur schweizerisch-deutschen Videostudie „Unterrichtsqualität, Lernverhalten und mathematisches Verständnis". (Teil 3: Isabelle Hugener/Christine Pauli/Kurt Reusser (Hgg.): Videoanalysen). – Frankfurt am Main: GFPF/DIPF, 206-233.

Redder, Angelika (1984): Modalverben im Unterrichtsdiskurs. Pragmatik der Modalverben am Beispiel eines institutionellen Diskurses. – Tübingen: Niemeyer (RGL 54).

Reusser, Kurt/Christine Pauli (2010): Einleitung und Überblick. – In: Kurt Reusser/Christine Pauli/Monika Waldis (Hgg.): Unterrichtsgestaltung und Unterrichtsqualität – Ergebnisse einer internationalen und schweizerischen Videostudie zum Mathematikunterricht. – Münster: Waxmann, 9-32.

Roeder, Peter Martin/Gundel Schümer (1976): Unterricht als Sprachlernsituation. Eine empirische Untersuchung über die Zusammenhänge der Interaktionsstrukturen mit der Schülersprache im Unterricht. – Düsseldorf: Schwann.

Seidel, Tina (2003): Sichtstrukturen – Organisation unterrichtlicher Aktivitäten. – In: Tina Seidel u.a. (Hgg.): Technischer Bericht zur Videostudie „Lehr-Lern-Prozesse im Physikunterricht". – Kiel: IPN, 113-127.

Seidel, Tina/Mareike Kobarg/Rolf Rimmele (2003): Aufbereitung der Videodaten. – In: Tina Seidel u.a. (Hgg.): Technischer Bericht zur Videostudie „Lehr-Lern-Prozesse im Physikunterricht". – Kiel: IPN, 77-98.

Seidel, Tina u.a. (2006a): Blicke auf den Physikunterricht. Ergebnisse der IPN-Videostudie. – In: Zeitschrift für Pädagogik 52/6, 798-821.

Seidel, Tina u.a. (2006b): Unterrichtsmuster und ihre Wirkungen. Eine Videostudie im Physikunterricht. – In: Manfred Prenzel/Lars Allolio-Näcke (Hgg.): Untersuchungen zur Bildungsqualität von Schule. – Münster: Waxmann, 99-123.

Trepke, Constanze/Tina Seidel/Inger Marie Dalehefte (2003): Zielorientierung im Physikunterricht. – In: Tina Seidel u.a. (Hgg.): Technischer Bericht zur Videostudie „Lehr-Lern-Prozesse im Physikunterricht". – Kiel: IPN, 201-228.

Vogt, Rüdiger (2002): Im Deutschunterricht diskutieren. Zur Linguistik und Didaktik einer kommunikativen Praktik. – Tübingen: Niemeyer (Germanistische Linguistik 228).

Werner, Johannes (1996): Literatur im Unterrichtsgespräch – Die Struktur des literaturrezipierenden Diskurses. – Vögel: München (Schriften der Philosophischen Fakultät Augsburg 51).

Wieler, Petra (1989): Sprachliches Handeln im Literaturunterricht als didaktisches Problem. – Bern: Lang (Arbeiten zur Sprachanalyse 10).

Willenberg, Heiner (Hg.) (1987): Zur Psychologie des Literaturunterrichts. Schülerfähigkeiten, Unterrichtsmethoden, Beispiele. – Frankfurt am Main: Diesterweg (Diesterwegs Rote Reihe).

Aussichten

Georg Weidacher

Grammatikunterricht und Sprachreflexion am Beispiel von Konstruktionen des Bewertens

1. Einleitung

Im Zuge mehrerer Erhebungen stellte Zimmermann (1995: 181f.) bei Schülerinnen und Schülern negative Einstellungen gegenüber dem Grammatikunterricht fest, die sich bei der Beantwortung der Fragebögen in folgenden Ausdrücken äußerten: Grammatik sei „langweilig", „trocken", „das größte Übel", „ätzend", „ein Horror". Allerdings fanden sich auch durchaus zahlreiche Antworten mit dem Grundtenor, Grammatik sei „nötig", „wichtig" oder „unerlässlich" (vgl. ebd.: 182). Es zeigte sich also eine klare Diskrepanz zwischen weitgehend negativen affektiven Haltungen und überwiegend positiven kognitiven Einstellungen, die sich in manchen Fällen sogar bei ein und derselben Person als inkonsistente, konflikthafte Gesamteinstellung gegenüber dem Grammatikunterricht offenbarte (vgl. ebd.).

Die von Zimmermann durchgeführten Erhebungen bezogen sich auf den Fremdsprachenunterricht, wo man davon ausgehen kann, dass die Lerner und Lernerinnen die Kenntnis und den Erwerb grammatischer Begriffe und Strukturen als Teil des Fremdspracherwerbs als sinnvoll anerkennen, wodurch zumindest ein kognitives, wenn schon kein affektives Interesse am Grammatikunterricht geweckt werden kann, ein Interesse, an dem es den meisten Schülerinnen und Schülern im muttersprachlichen Unterricht mangelt (vgl. Häcker 2012: 58), weil sie die Grammatik ihrer eigenen Sprache in – aus ihrer Sicht – ausreichendem Maße beherrschen, um einen Text zu verfassen, oder, was zumeist noch einfacher erscheint, einen Text zu rezipieren. Bei der Analyse von Texten, seien es solche eigener Produktion oder seien es zum Beispiel einer Zeitung entnommene Berichte oder Kommentare, ist ihnen daher „[...] der Inhalt meist wichtiger als die Form" (ebd.).

Die mit solchen Einstellungen verquickte „Legitimationsfrage (‚Wozu Grammatikunterricht?')" (Dürscheid 2010: 20) wird jedoch nicht nur von Schülerinnen und Schülern gestellt. Sie äußert sich zumindest implizit auch in Aussagen von Lehrerinnen und Lehrern, in fachdidaktischen Diskussionen und nicht zuletzt in der Formulierung von das Thema betreffenden Abschnitten in Lehrplänen. Die Antwort sieht dann zumeist so aus, dass Grammatikunterricht nicht per se als sinnvoll gesehen wird, sondern, wenn überhaupt, nur als unterstützend in Hinblick auf die Entwicklung anderer, mit sprachlichem Agieren mehr oder weniger eng verknüpfter Kompetenzen, wie zum Beispiel der Fähigkeit, orthographisch korrekt zu schreiben, oder einer, wie auch immer definierten, Sprachreflexionskompetenz, die wiederum als Teil einer zu verbessernden Textproduktions- oder einer Textrezeptionskompetenz angesehen wird.

Aufgrund dieser Einstellungen und Argumentationen ergibt sich allerdings die Gefahr, dass der Grammatikunterricht einerseits zu einem Bereich des Unterrichts von Sprach- und Schreibnormen eingeschrumpft wird und andererseits in einem Ausmaß im Sprachreflexionsunterricht aufgeht, dass man ihm höchstens noch als dessen – lästiges – Anhängsel ein Überlebensrecht zugesteht.

Um derartigen Tendenzen entgegenzuwirken, braucht es einen konsequent funktionsgrammatischen Ansatz, der nicht nur die Form grammatischer Strukturen beschreibt und eine Kategorisierung grammatischer Formen vornimmt, sondern vor allem auch die Auswirkungen des Gebrauchs der jeweiligen Struktur auf die semantische und pragmatische Sinngestalt eines Textes oder einer anderen sprachlichen Äußerung erklärt. Damit verbunden ist ein Modell von Sprache, das diese nicht nur als System betrachtet bzw. zwischen dem Systemhaften von Sprache, also der Grammatik im engeren Sinn, und dem Sprachgebrauch soweit trennt, dass die Funktionalisierung des Ersteren für den Zweiteren genauso unkenntlich gemacht wird, wie die verändernde Wirkung des Gebrauchs einer Sprache auf ihre Grammatik. Vielmehr scheint eine Fokussierung auf die Performanz und eine Modellierung sprachlichen Interagierens, in der grammatische Strukturen quasi funktional aufgehoben sind, insofern vorteilhaft zu sein, als so die Sinnhaftigkeit grammatischer Konstruktionen deutlicher wird und die des Grammatikunterrichts nachvollziehbarer.

Im Folgenden wird daher, ausgehend von einer Diskussion der Ziele des Deutschunterrichts, wie sie in den österreichischen Lehrplänen formuliert sind, am Beispiel von Bewertungen und ihren grammatischen Ausformungen eine Textanalyse präsentiert, deren Ziel in der Vertiefung grammatischen Wissens, speziell in Hinblick auf die Funktion grammatischer Konstruktionen, liegt. Dabei soll auch gezeigt werden, wie sich Grammatikunterricht und Sprachreflexion verknüpfen lassen, ohne dass es zu einer Verdrängung des einen durch das andere kommt.

2. Muttersprachlicher Grammatikunterricht und die Ziele des Deutschunterrichts in Österreich

Die zentrale Bildungs- und Lehraufgabe, die dem Unterrichtsgegenstand *Deutsch* laut den österreichischen Lehrplänen für die Sekundarstufen I bzw. II zugewiesen wird, lautet respektive:

> [Hauptschule und AHS-Unterstufe (Sekundarstufe I):]
> Der Deutschunterricht hat die Aufgabe, die Kommunikations- und Handlungsfähigkeit der Schülerinnen und Schüler durch Lernen mit und über Sprache zu fördern.
>
> BMUKK (2000: 1)

> [AHS-Oberstufe (Sekundarstufe II):]
> Der Deutschunterricht hat die Aufgabe, die Kommunikations-, Handlungs- und Reflexionsfähigkeit sowie die ästhetische Kompetenz der Schülerinnen und Schüler durch Lernen mit und über Sprache in einer mehrsprachigen Gesellschaft zu fördern.
>
> BMUKK (2004: 1)

In beiden Lehrplänen werden demnach zunächst – implizit oder explizit – zu fördernde Kompetenzen in den Fokus gerückt, wobei es, abgesehen von der nur im zweiten Zitat, das aus dem neueren und daher aktuelle Entwicklungen weitgehender berücksichtigenden Lehrplan für die AHS-Oberstufe stammt, angesprochenen „mehrsprachigen Gesellschaft", eine interessante Diskrepanz zwischen den beiden Kernforderungen gibt, die die Förderung von Reflexionsfähigkeit als Ziel erst für die älteren Schüler und Schülerinnen vorsieht. Diese Diskrepanz wird noch deutlicher, wenn man einige weitere Auszüge aus den Erläuterungen zur jeweiligen zentralen Bildungs- und Lehraufgabe in den Lehrplänen betrachtet:

> [Hauptschule und AHS-Unterstufe (Sekundarstufe I):]
> Die Schülerinnen und Schüler sollen Einblicke in Struktur und Funktion von Sprache gewinnen. Der mündliche und schriftliche Sprachgebrauch soll frei von groben Verstößen gegen die Sprach- und Schreibrichtigkeit sein.
>
> BMUKK (2000: 1)

> [AHS-Oberstufe (Sekundarstufe II):]
> Im Besonderen sollen die Schülerinnen und Schüler
> - befähigt werden, sich zwischen sprachlichen Normen und Abweichungen zu orientieren und sich der Sprache als Erkenntnismittel zu bedienen

- Einblicke in Struktur, Funktion und Geschichte der deutschen Sprache gewinnen sowie Sprachreflexion, Sprachkritik und ein Bewusstsein von der Vielfalt der Sprachen entwickeln
- befähigt werden, Ausdrucksformen von Texten, Medien, Medientexten und deren Wirkung zu verstehen sowie sprachliche Gestaltungsmittel kreativ einzusetzen

BMUKK (2004: 1)

Wie man sieht, wird Sprache als Gegenstand der Lehre in beiden Lehrplänen genannt. Allerdings werden unterschiedliche Aspekte angesprochen bzw. fokussiert und miteinander verknüpft: Im Lehrplan der Sekundarstufe I wird der das Grammatikwissen ansprechende Satz zwar nicht syntaktisch, aber dafür typographisch mit dem Ziel der Beherrschung sprachlicher und orthographischer Normen verbunden. Im AHS-Oberstufen-Lehrplan dagegen erfolgt diese Verknüpfung mit den Themenbereichen *Sprachreflexion* und *Sprachkritik*.

Ob dies daran liegt, dass die Verfasser des Lehrplans für die Sekundarstufe II eine bereits gefestigte Beherrschung zumindest der orthographischen Normen annehmen, lässt sich nicht mit Sicherheit feststellen. Es scheint aber wahrscheinlich, dass diese Voraussetzung, die auf der unterstellten Erfüllung der Bildungsziele des Lehrplans für die Sekundarstufe I beruht, bei der Formulierung eine Rolle gespielt hat. Ein anderer Grund könnte aber auch darin gesehen werden, dass die neueste Fassung des AHS-Oberstufen-Lehrplans aus dem Jahr 2004 stammt und damit vier Jahre jünger ist als der Lehrplan für die Sekundarstufe I. Es könnte also sein, dass Kritik, die sich an Formulierungen im Lehrplan wie zum Beispiel der folgenden, einem Auszug aus den Erläuterungen zum Punkt „Sprachbetrachtung und Rechtschreibunterricht im Lehrplan der Sekundarstufe I", entzündet hat (vgl. Wintersteiner/ Schrodt/Schacherreiter 2002: 27), für den neuen Oberstufenlehrplan berücksichtigt wurde.

> Sprachbetrachtung und Rechtschreibunterricht sind grundsätzlich in die Handlungszusammenhänge des Deutschunterrichts einzubinden. Die Auseinandersetzung mit Sprach- und Schreibnormen soll nicht Selbstzweck sein und auch nicht auf vordergründiges Begriffswissen abzielen.
> Ausgangspunkte sollen vor allem Texte und komplexe Situationen sein, bisweilen ist es aber auch zielführend, einzelne Teilbereiche der Grammatik oder Rechtschreibung zunächst isoliert zu betrachten. Über beide Zugänge sollen die Schülerinnen und Schüler Einblick in Bau und Funktion der Sprache gewinnen: Durch die Beschäftigung mit Text-, Satz- und Wortgrammatik sowie mit Lautung und Schreibung sollen die Schülerinnen und Schüler ihr Sprachwissen erweitern.
> Grammatische Inhalte und Begriffe müssen in dem Maß vermittelt werden, wie es

ein altersgemäßes Nachdenken und Sprechen über Sprache erfordert. Sprach- und Schreibnormen werden als gesellschaftlich bedeutende Faktoren der Sprachbeherrschung betrachtet, ihre Veränderbarkeit soll aufgezeigt werden.

BMUKK (2000: 2f.)

An solchen Formulierungen wurde, wie Wintersteiner/Schrodt/Schacherreiter (2002: 27) feststellen, vielfach kritisiert, dass Sprachreflexion tendenziell auf Grammatikunterricht reduziert wurde. Die drei AutorInnen selbst verlangten (vgl. ebd.) nicht nur angesichts dieser Kritik die Aufwertung des Bereichs *sprachliche Reflexion* – allerdings leider ohne genau zu definieren, was sie mit diesem Begriff meinen. Sie postulieren nur, dass Sprachreflexion für die persönliche und politische Bildung wichtig sei, wobei sie auf nähere Ausführungen von Staud (2002) im selben Heft der *ide*[1] verweisen.

Weiters betonen sie in der Darstellung ihrer allgemeinen Vorstellungen vom Zweck des Deutschunterrichts die Relevanz sprachlicher Bildung, zu der auch die Fähigkeit zur Reflexion eigenen und fremden sprachlichen Handelns gezählt wird, für die allgemeine Entwicklung der Schülerinnen und Schüler:

[Sprachliche] Bildung vereinigt Elemente von sozialer, ästhetischer und politischer Bildung zu einer Einheit. [...] Die sogenannten Kulturtechniken und Schlüsselqualifikationen stehen im Dienst einer umfassenden Bildung. Berufliche Bildung im Deutschunterricht ist nichts anderes als die besondere Akzentuierung bestimmter Bildungsbereiche. [...] Pointiert formuliert: EINE GUTE SPRACHLICHE BILDUNG FORMT NICHT NUR DIE PERSÖNLICHKEIT; SIE IST AUCH DIE BESTE BERUFLICHE BASIS; DIE SICH DENKEN LÄSST [Hervorhebung im Original].

Wintersteiner/Schrodt/Schacherreiter (2002: 24)

Wintersteiner/Schrodt/Schacherreiter betrachten demnach „sprachliche Bildung" als zentral für persönliche Bildung im Sinne der Entwicklung einer eigenständigen Persönlichkeit, die über die entscheidenden Kompetenzen verfügt, um am gesellschaftlichen und politischen Leben aktiv und ausreichend kompetent teilnehmen zu können. Darüber hinaus beinhaltet sprachliche Bildung aber auch einen Aspekt der Ausbildung, und zwar im Sinne einer allgemeinen Befähigung, in beruflichen Karrieren zu reüssieren. Diese Bedeutung sprachlicher Bildung, insbesondere aber ihre dabei implizierte weitgehende gesellschaftliche und wirtschaftliche Funktionalisierung spiegelt sich in den von Wintersteiner/Schrodt/Schacherreiter (2002: 25) aufgelisteten sechs spezifischen sprachlich-kulturellen Fähigkeiten, die es im Deutschunterricht zu vermitteln bzw. zu erwerben gilt – und die sich im Übrigen beinahe wortwörtlich im neuen, 2004 in Kraft getretenen Lehrplan der AHS-

---

[1] Zum Begriff der *Sprachreflexion* und zu Stauds Ausführungen dazu siehe Kap. 3 des vorliegenden Beitrags.

Oberstufe wiederfinden. Es handelt sich dabei um „Mündliche Kompetenz", „Schriftliche Kompetenz", „Lesefähigkeit, Textkompetenz", „Sprachreflexion", „Medienkompetenz" und „Literarische Bildung", wobei nur der letzte Punkt nicht als *Kompetenz* benannt wird, weshalb er ein wenig wie ein Relikt früherer Unterrichtsziele wirkt.

Es ist klar, dass diese Kompetenzen nicht voneinander getrennt werden können – und vor allem nicht voneinander getrennt werden sollen. Im vorliegenden Beitrag sollen jedoch nur zwei dieser Kompetenzen näher beleuchtet werden: Einerseits *Sprachreflexion*, da in diesem Bereich ein Grammatikunterricht – in welcher Form und mit welchen Inhalten auch immer – auch in der Sicht von Wintersteiner/Schrodt/Schacherreiter am direktesten verankert zu sein scheint, und andererseits *Lesefähigkeit, Textkompetenz* – also die rezeptive Textkompetenz –, weil hier eine besonders enge Verknüpfung mit der Reflexion sprachlicher Ausdrucksformen und Handlungen erfolgen kann, wobei eine völlig isolierte Reflexion von Sprache, also ohne eine Anbindung an die Produktion oder Rezeption von Texten ohnehin quasi unmöglich und von den im vorliegenden Beitrag vertretenen theoretischen und didaktischen Vorstellungen her widersinnig erschiene. Die dabei angestrebte Verbindung sprachreflexiven Agierens mit einer Weiterentwicklung der rezeptiven Textkompetenz soll jedoch keineswegs auf Kosten des Grammatikunterrichts gehen, eine Gefahr, die, folgt man der Tendenz der Argumentationslinie von Wintersteiner/Schrodt/Schacherreiter und den teils expliziten, teils implizit bleibenden, wohl auf dieser Linie aufbauenden Formulierungen der Lehrpläne, vor allem dann droht, wenn man die verbreiteten negativ-affektiven und auch keineswegs durchgängig positiven, zuweilen in die Legitimationsfrage mündenden kognitiven Einstellungen gegenüber der muttersprachlichen Grammatik als Unterrichtsgegenstand bedenkt.

3. Sprachreflexion und/oder Grammatikunterricht?

Wenn es auch weder von Wintersteiner/Schrodt/Schacherreiter noch von den AutorInnen der Lehrpläne für das Fach *Deutsch* genau so intendiert sein mag, erscheint *Sprachreflexion* doch als eine Art Konkurrenzbegriff zu *Grammatik(unterricht)*. Allerdings lässt sich dies nicht eindeutig feststellen, solange die Bedeutung des Begriffs *Sprachreflexion* nicht geklärt ist.

Dem Terminus *Sprachreflexion* scheint allgemein die Vorstellung zugrunde zu liegen, dass es zunächst eines Auslösers bedarf, der dazu führt, dass jemand, der Sprache – sei es produktiv, sei es rezeptiv – nutzt, aus dem normalen, quasi automatisch funktionierenden Sprachgebrauch heraustritt oder herausgeworfen wird. Dies kann zum Beispiel aufgrund von Verständnis- oder anderen Kommunikationsproblemen geschehen, auf die der Sprecher/die Sprecherin oder der Leser/die Leserin mit einem Reflex der spontanen Sprachaufmerksamkeit reagiert: Die Sprache bzw. der Sprachgebrauch gerät in den Fokus der Aufmerksamkeit.

Sprachreflexion stellt sich somit einerseits dar als Folge spontaner, ‚reflexartiger' Sprachaufmerksamkeit und andererseits als ein daraus entstehendes distanziertes Reflektieren über Sprache.

Diese Distanzierung vom aktuell ablaufenden Sprachgebrauch (vgl. z.B. Dürscheid 2010: 28) kann und soll nun als Methode des Sprachunterrichts eingesetzt werden, wobei sich dann allerdings aus unterrichtsökonomischen Gründen zumeist eine Einschränkung der Spontaneität nicht vermeiden lässt, da das reflektierend zu besprechende Sprachmaterial vom Lehrer/der Lehrerin vorgegeben wird oder auch eine schon theoretisch ausgerichtete und vielleicht auch mit Fachtermini unterfütterte Anleitung erfolgt. Wenn daher auch die Einlösung des Spontaneitätspostulats schwierig erscheint, so verbleibt zumindest als eine Idealvorstellung der Proponenten von Sprachreflexion als Unterrichtsmethode, dass die beiden Aspekte von Sprachreflexion, nämlich mehr oder weniger spontane Sprachaufmerksamkeit und dadurch ausgelöstes distanziertes Reflektieren des problematisch gewordenen Sprachereignisses im Unterricht verbunden werden. Das Ziel dieses Vorgehens beschreibt Staud folgendermaßen:

Dem Deutschunterricht sollte es darum gehen, diese Situationen der Sprachaufmerksamkeit zu nützen […]. So wie die SchülerInnen lernen sollen, literarische Texte zu beschreiben, zu erklären und darauf aufbauend ein Urteil über sie zu entwickeln, so sollte angestrebt werden, dass sie sprachliche Äußerungen beschreiben (Grammatik, Pragmatik), analysieren (Sprachreflexion) und sie kritisieren (Sprachkritik) können.

Staud (2002: 64)

Zwei Punkte sind an diesem Zitat interessant: Erstens vertritt Staud hier den didaktischen Ansatz, die Schüler und Schülerinnen in ihrer eigenen Sprachwelt abzuholen, indem man Momente nutzt, in denen sie auf ein Element oder eine Form des Sprachgebrauchs aufmerksam werden, wobei dieser Idealvorstellung jedoch das gerade angesprochene Paradoxon der gelenkten Spontaneität entgegensteht.

Zweitens vollzieht Staud analog zur Arbeit mit literarischen Texten eine Dreiteilung in Sprachbeschreibung, Sprachanalyse und Sprachkritik. Diese Dreiteilung ist jedoch schon einmal aufgrund der Formulierung problematisch: Auch wenn man sie akzeptiert, müsste es aus Gründen der kategorialen Parallelität „Grammatik-Beschreibung" heißen, damit auch hier eine Tätigkeit wie in „Sprachreflexion" und „Sprachkritik" benannt wird. Darüber hinaus ist speziell aus funktional-grammatischer Sicht die Möglichkeit einer Trennung von „Sprachbeschreibung" und „Sprachreflexion" zu hinterfragen, insbesondere wenn, wie bei Staud, „Pragmatik" der „Sprachbeschreibung" zugerechnet wird.

An anderer Stelle betont Staud (2002: 55), dass Sprachreflexion nicht ausschließlich mit Grammatik in Verbindung gebracht werden soll, wie es in den alten Lehrplänen bzw. im aktuellen Unterstufen-Lehrplan tendenziell der Fall ist. Seine Position in Hinblick auf das Verhältnis von Sprachreflexions- und Grammatikunterricht entspricht somit den oben beschriebenen Forderungen von Wintersteiner/Schrodt/Schacherreiter und den Formulierungen in den neuen Lehrplänen. Allerdings unterläuft er mit dieser Relationierung von Sprachreflexion und Grammatik seine eigene Trennung der beiden Begriffe, wie er sie im obigen Zitat vollzogen hat, weshalb der Begriff „Sprachreflexion" bei Staud nur wenig an Klarheit gewinnt.

Eine andere, generelle Unterscheidung von Sprachreflexionsunterricht und Grammatikunterricht trifft hingegen Bredel:

> Im Grammatikunterricht werden Sprachstrukturen thematisiert. Wesentlicher Zweck ist die Gewinnung von Einsichten in die Sprach- und in die Schriftstruktur sowie das kontrollierte Verfügen über formale Muster beim schriftsprachlichen Handeln. Im Sprachreflexionsunterricht wird der Sprachgebrauch thematisiert. Wesentlicher Zweck ist die Gewinnung von Einsichten in das sprachliche Handeln und darauf aufbauend ein „reflexiver Sprachgebrauch", die „Ablösung vom bloß gewohnheitsmäßigen Gebrauch" (Neuland 1994: 32) hin zu einem Sprachgebrauch mit flexiblen Produktions- und Rezeptionsaktivitäten.
>
> Bredel (2007: 154)

Hierbei handelt es sich um eine begrifflich-konzeptuell saubere Differenzierung, vor allem, wenn man den Grammatikunterricht als „handlungsentlastete" Sprachbetrachtung und den Sprachreflexionsunterricht als „handlungspraktische" – vielleicht mit Bühler (1999: 155ff.) besser noch: „handlungsempraktische" – Sprachbetrachtung definiert, wie Bredel (2007: 152 bzw. 155) dies in Anlehnung an Paul tut.

Allerdings scheint diese Unterteilung, die im Übrigen im Gegensatz zu der Stauds steht, für den Grammatik ein Teil der Beschreibung sprachlicher Äußerungen (!) ist, auch eine Sichtweise von Grammatik widerzuspiegeln, die Grammatik als System (von Regeln) oder als Kompetenz (wenn auch nicht im streng generativistischen Sinn) betrachtet.

Wenn man aber von einer Grammatik der Performanz ausgeht (vgl. Weidacher 2011: 57ff.), verschwimmen die Grenzen zwischen den beiden Begriffen. Eine Grammatik der Performanz würde nämlich weniger das vorgegebene System der Grammatik als vielmehr die grammatische Struktur konkreter Äußerungen, und zwar – genauer noch – die grammatische Struktur in ihrer empraktisch-motivierten syntaktischen, semantischen oder/und pragmatischen Funktion fokussieren. Diese grammatischen Strukturen der Performanz von Äußerungen sind Ergebnis des sprachlichen Handelns und können daher zum Objekt der Sprachreflexion werden, wodurch eine engere und vor allem die Grammatik deutlicher in ihrer Sinnhaftigkeit präsentierende Verknüpfung der beiden Bereiche gelingen kann.

Die Grammatik wird damit nicht ihrer Rechte beraubt. Vielmehr werden diese gestärkt. Es erfolgt allerdings ein ‚Sichtwechsel', wie ihn auch Heringer (2001: 2ff.) mit seiner „Rezeptiven Grammatik des Deutschen" fordert und zugleich vollzieht, der, wie wir in Kapitel 4 noch sehen werden, ebenfalls für die Weiterentwicklung der rezeptiven Textkompetenz der Schülerinnen und Schüler förderlich sein kann.

Dass dennoch beide Herangehensweisen an Sprach- bzw. Grammatikunterricht grundsätzlich legitim sind, soll hier nicht bestritten werden, zumal je nach Themenstellung im Unterricht Sprachreflexionsunterricht den Ausgangspunkt für Grammatikunterricht in Bredels Sinn bilden kann und umgekehrt. Da aber Sprachstrukturen immer funktional in spezifische Kommunikationszusammenhänge und Kommunikationsformen eingebunden sind (vgl. Wachtel 2005: 73) und es auch ein Ziel des Grammatikunterrichts sein muss, dies den Schülerinnen und Schülern bewusst zu machen, erscheint eine auf einem konsequent-funktionalgrammatischen Ansatz beruhende Integration von Grammatik- und Sprachreflexionsunterricht vielversprechender, wobei damit ein systematischer Grammatikunterricht auch nicht von eher spontanem sprachreflektierendem Agieren im Unterricht verdrängt wird, etwas, das Steinig/Huneke angesichts der neueren Entwicklungen in der Fachdidaktik zu befürchten scheinen:

> So wichtig die Thematisierung und Reflexion einzelner sprachlicher Phänomene und die Entwicklung von Sprachbewusstheit auch sein mögen – ohne einen systematischen Zugriff auf grundlegende ‚grammatische Verhältnisse' in deutschen Sätzen bleiben die Beobachtungen und Analysen Stückwerk […].
>
> Steinig/Huneke (2011: 175)

Steinig/Huneke plädieren an dieser Stelle für einen nicht nur induktiven Sprachreflexionsunterricht, sondern zumindest auch deduktiv-systematischen Grammatikunterricht. Allerdings soll dieser in enger Anbindung an sprachreflexives Lernen und Lehren erfolgen. Die von ihnen hier offenbar befürchtete Verdrängung des systematischen Grammatikunterrichts steht jedoch bei einem die Grammatik der Performanz fokussierenden Ansatz keineswegs zur Debatte, nur geht man hier zunächst vom aktuellen Sprachmaterial aus, entweder von der sprachlichen Form (vgl. Heringer 2001: 3) oder von der in einem vorliegenden Text oder einer Äußerung erkennbaren Funktion einer solchen Form und nicht von den theoretisch vorgegebenen grammatischen

Kategorien und Termini. Auf diese wird im Zuge der grammatische Strukturen und ihre Funktion in der Performanz eines Textes reflektierenden Textanalyse aber sehr wohl hingearbeitet und auch zurückgegriffen, wenn sich im Analyse- und Reflexionsprozess der Bedarf an Phänomene benennenden grammatischen Begrifflichkeiten zeigt.

Damit würde vom als Gegensatz zur Sprachreflexion gesehenen Grammatikunterricht der Druck genommen, dessen Wert als Bildungsgut, abgesehen von der Notwendigkeit gewisser grammatischer Kenntnisse in Hinblick auf grammatisch und orthographisch normkonformes Schreiben, an sich angezweifelt wird (vgl. Dürscheid 2010: 22), weil dieser Gegensatz nicht mehr aufrechtzuerhalten ist. Das Vorurteil einer zweckfreien Beschäftigung mit grammatischen Strukturen erübrigt sich weiters, da der muttersprachliche Grammatikunterricht so unter anderem auch mit der Entwicklung praktischer Kompetenzen einhergeht, die in den Lehrplänen als zentrale Unterrichtsziele genannt werden. Dies betrifft nicht zuletzt die Lesefähigkeit bzw. die rezeptive Textkompetenz der Schülerinnen und Schüler, die zwecks Teilnahme an der Informations- und Wissensgesellschaft, nicht zuletzt aber auch aufgrund der Aufgabenstellungen bei den PISA-Tests von Bildungspolitikerinnen und Bildungspolitikern zunehmend als relevant betrachtet wird.

4. Grammatikunterricht und rezeptive Sprach(spiel)kompetenz

Als *rezeptive Textkompetenz* wird die Befähigung verstanden, Texte lesen und ihren semantischen und pragmatischen Sinngehalt erfassen zu können. Dazu bedarf es mehrerer Teilkompetenzen (vgl. Abb. 1), die auch im Rahmen des Schulunterrichts zu vermitteln sind. Dies gilt zunächst für die Lesefähigkeit im Sinne des Entzifferns und Verarbeitens von Schrift an sich, die unter dem Aspekt *Medienkompetenz* subsumiert ist, zu dem darüber hinaus das ‚Lesen' von Texte begleitenden Bildern und der Umgang mit technischen Aspekten des jeweiligen Mediums gehören.

Wichtiger für unser Thema ist jedoch die Frage, wo bzw. bei welcher der im Modell genannten Teilkompetenzen Grammatikwissen eine Rolle spielt.

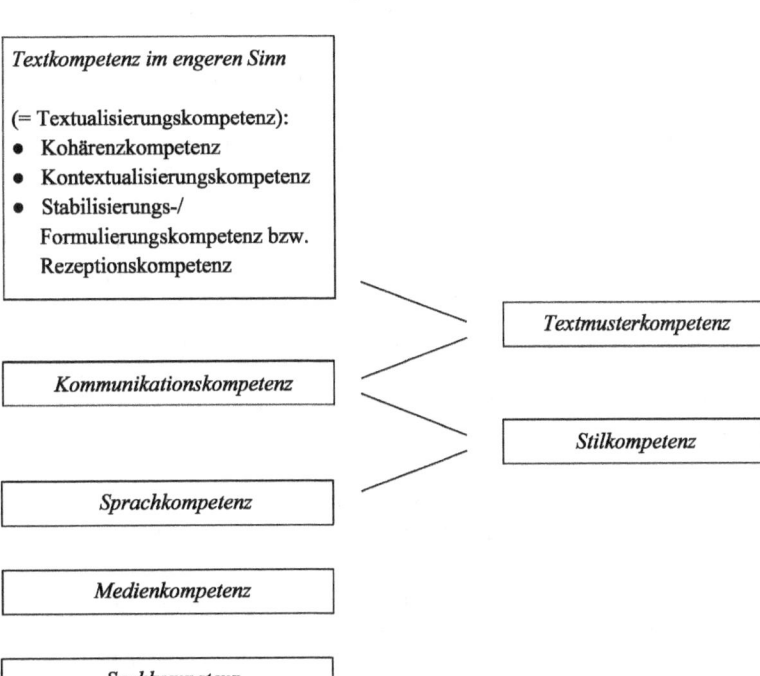

Abb. 1: Textkompetenz und ihre Teilkompetenzen (Weidacher 2007: 49)

Zunächst gehört Grammatikwissen offenkundig zur Sprachkompetenz. Allerdings handelt es sich in diesem Zusammenhang vornehmlich um empraktische Anwendungen von impliziten Kenntnissen der (muttersprachlichen) Grammatik. Grammatik spielt weiters auch für die Stilkompetenz eine wichtige Rolle, da neben lexikalischen auch grammatische Elemente für die Generierung einer stilistischen Gestalt (vgl. Sandig 2006: 55) ausgewählt und in die Formulierung eines Textes implementiert werden können. Nicht zuletzt ist Grammatikwissen, speziell in Bezug auf Textgrammatik und ihre textkonstitutive Funktion eine Voraussetzung für die Textkompetenz im engeren Sinn und insbesondere für die Fähigkeit, mittels der Verarbeitung von Kohäsionsmitteln ein kohärentes kognitives Textmodell aufzubauen. Man kann also feststellen – und das ist an sich banal –: Ohne Grammatik kann es keine rezeptive Textkompetenz geben.

Allerdings lässt sich darüber diskutieren, inwieweit es sich dabei um ein zuvor erworbenes explizites Grammatikwissen handeln muss oder ob ein Grammatik-Können genügt. Im Diskurs zu den Lehrplänen wird im Zusammenhang mit dem Lesen jedenfalls die Bedeutung expliziten Grammatikwissens kaum thematisiert und somit zumindest implizit de facto herabgestuft.

Ein genaues Lesen von Texten, und zwar nicht nur von literarischen, sondern auch zum Beispiel von relativ einfachen journalistischen Texten, verlangt jedoch auch explizites Grammatikwissen, zumal wenn ein sprachreflexives Lesen als Ziel einer gehobenen rezeptiven Textkompetenz angestrebt wird, dessen Wichtigkeit für ein kompetentes kommunikatives Agieren in einer Informations- und Wissensgesellschaft nicht zu unterschätzen ist. Wenn in ein solches genaues Lesen das Reflektieren über grammatische Strukturen der Performanz eines Textes involviert ist, ist zudem eine metatextuelle Kompetenz gefragt, die ohne explizites Grammatikwissen nicht ausreichend entwickelt werden kann. Allerdings kann dieses Wissen und damit die darauf beruhende Kompetenz auch induktiv beim genauen Lesen und im Zuge einer Distanzierung, wie sie sprachreflexives Analysieren von Texten erfordert, erworben werden.

Durch die Verknüpfung von Grammatikunterricht, Sprachreflexion und Förderung der rezeptiven Textkompetenz kann so ein tieferes Verständnis nicht nur von Textinhalten und hinter der Formulierung von Texten stehenden Intentionen, sondern auch der sprachlichen Umsetzung und ihrer (intendierten) Wirkung erreicht werden und damit ein Verstehen im eigentlichen und umfassenden Sinn, denn: „Verstehen ist Erkennen von etwas$_1$ als etwas$_2$" (Hermanns 2003: 133).

Fritz Hermanns' Definition von *Verstehen* kann für unser Thema fruchtbar gemacht werden, da auch das Verstehen von grammatischen Konstruktionen ein Erkennen von etwas als etwas ist, wobei das etwas$_1$ die Form bzw. der sprachliche Ausdruck der Konstruktion ist und das etwas$_2$ deren Bedeutung oder syntaktische, semantische oder pragmatische Funktion.

Konkret spricht Portmann-Tselikas die Bedeutung des Erkennens oder Wiedererkennens für den Spracherwerb an:

> Eine Voraussetzung für Spracherwerb ist, dass sprachliche Formen als solche (wieder)erkannt werden, dass ihnen sprachliche Bedeutung zugeschrieben werden kann und dass sie auf ihre Leistung im pragmatischen Kontext eingeschätzt werden können.
>
> Portmann-Tselikas (2011: 79)

Mit seiner Aussage bezieht sich Portmann-Tselikas zwar mehr auf den Fremdspracherwerb und den kindlichen Erstspracherwerb, sie gilt aber genauso für die Entwicklung einer muttersprachlichen rezeptiven Textkompetenz, die ohne das Wiedererkennen grammatischer Konstruktionen und das Verstehen ihrer Funktionalität zumindest eingeschränkt bleibt. Natürlich ist es dabei nicht immer – vielleicht im Alltag sogar selten – erforderlich, sich auf Distanz zum Text oder zumindest zur jeweiligen grammatischen Konstruktion zu begeben. Schließlich geht es oft nur um Informationsentnahme. Selbst in diesem Fall wäre aber häufig ein sprachreflexives und damit metatextuelles Handeln in Bezug auf grammatische Strukturen durchaus ratsam, da die Art der Informationsvergabe die Information selbst bis zu einem gewissen Grad prägt, weshalb das Erkennen und Verstehen von Formulierungsweisen auch bei oberflächlich betrachtet rein informierenden Texten von interpretatorischer Relevanz ist. Diese Sicht einer umfassenden Lesekompetenz liegt im Übrigen offenbar auch der Vorstellung von Lesekompetenz zugrunde, die das „Zentrum für internationale Bildungsvergleichsstudien" an der TU München in Hinblick auf die PISA-Tests so definiert:

> Die Lesekompetenz bedeutet in PISA folgendes:
> - Geschriebene Texte verstehen, anwenden, über sie nachdenken und sich mit ihnen beschäftigen
> - Dadurch seine Ziele erreichen, sein Wissen und Potenzial weiterentwickeln und am gesellschaftlichen Leben teilhaben
>
> PISA untersucht, inwieweit Jugendliche in der Lage sind, Texte zu verstehen und einzuordnen, denen sie in alltäglichen Lebenszusammenhängen begegnen. Aspekte wie etwa die Lesegeschwindigkeit treten hier in den Hintergrund. Folgende Dimensionen erfasst PISA:
> - Texte finden und auf sie zugreifen
> - Texte interpretieren und einordnen
> - Texte reflektieren und evaluieren
>
> ZIB (2009)

Mit dem letzten aufgelisteten Punkt erschüttert das ZIB im Übrigen auch die Prämisse naiver Leser und Leserinnen, ein Text, zumindest solange es sich nicht z.B. um einen politischen Kommentar, also einen offenkundig mehr meinungs- als sachorientierten Text handelt, gäbe quasi Gegebenheiten der Welt einfach wieder.

> [Jedoch] ist die Vorstellung vom Text als einem Informationscontainer falsch, und die Annahme, sog. Sachtexte seien grundsätzlich weniger interpretationsbedürftig als poetische Texte, ist es auch.
>
> Abraham (2004: 102)

Die stillschweigende und unreflektierte Annahme der Neutralität sprachlicher Darstellungsformen in Hinblick auf die im Text enthaltenen Informationen ist damit – und so sieht es offenbar auch das ZIB – ein Hindernis auf dem Weg zur Entwicklung einer Lesekompetenz, die über das reine Entziffern sprachlicher Ausdrücke und ein nur oberflächliches Verstehen von Inhalten hinausgeht. Diese gesteigerte Lesekompetenz ist unerlässlich, um die Ziele zu erreichen, die Wintersteiner/Schrodt/Schacherreiter, die Lehrpläne der österreichischen Schulen und das ZIB mehr oder weniger übereinstimmend formulieren: die kompetente Teilnahme am sozialen, politischen und wirtschaftlichen Leben einer Gesellschaft.

Für diese Hebung der rezeptiven Textkompetenz auf eine höhere Stufe, die auch reflektierendes Rezipieren beinhaltet, ist nun Grammatikunterricht induktiv wie deduktiv von didaktischer Relevanz, denn es

> [...] ist belegt, dass Grammatikunterricht die Wahrnehmungsfähigkeit gegenüber den sprachlichen Strukturen zu lesender Texte verbessert. [So] ist für beide Bereiche etwas gewonnen: für Grammatikunterricht bzw. ‚Sprachreflexion' eine Legitimation und für eine Didaktik des Lesens ein konstitutives Element.
>
> Abraham (2010: 328)

Es geht aber nicht nur um eine Legitimation des Grammatikunterrichts: Vielmehr kann im Zuge einer sprachreflexiven Zuwendung zu grammatischen Konstruktionen in Texten deren Funktionalität reflektiert werden, sodass zusätzlich zum besseren, tieferen Verständnis der Konstruktion bei einem (Wieder)erkennen in einem anderen Text das Verstehen des Sprachgebrauchs gefördert wird. Damit werden zugleich Grammatikwissen und rezeptive Textkompetenz gesteigert, was dann wiederum zur Bildung von Schülern und Schülerinnen im oben angesprochenen Sinn beiträgt, vor allem wenn ihnen im Zuge der grammatischen Arbeit an Texten das folgende, von Diewald formulierte Prinzip der Textgestaltung bewusst gemacht wird:

> Es ist ganz offenkundig, dass diese Art von Obligatorik, also die Notwendigkeit, eine Auswahl zu treffen, wobei es dem Sprecher überlassen ist, welches der paradigmatisch verfügbaren Elemente er wählt, ganz wesentlich die Gestalt der Sachverhaltsdarstellung prägt und eine spezifische Perspektivierung der Äußerung erzielt. Der im Bereich der kommunikativ obligatorischen Kategorien getroffenen Auswahl kommt also ein großes manipulatives Potenzial zu.
>
> Diewald (2010: 273)

Man muss zwar nicht unbedingt von einem ‚manipulativen' Potenzial sprechen, aber es ist klar, dass die Wahl einer bestimmten grammatischen Konstruktion – und eine Wahl ist unvermeidlich, wie Diewald zu Recht feststellt – eine Perspektivierung der sprachlichen Darstellung bewirkt, wobei dies beileibe nicht das einzig Relevante an der Verwendung grammatischer Konstruktionen ist. Es sollte aber Teil des zu entwickelnden Grammatikwissens, speziell in der Sekundarstufe II, sein, und es sollte dabei auch nicht übersehen werden, dass es mit Sprachreflexion in der Form eines Sprechens über eine sprachliche Äußerung ohne explizites grammatisches Wissen im Hintergrund – oder bzw. und zugleich als Ziel – nicht getan ist.

Auf diese Weise kann ein umfassenderes Verständnis von Grammatik erreicht werden, aber auch ein realistischerer Blick auf das Funktionieren von Sprache und sprachlicher Kommunikation, indem im muttersprachlichen Deutsch-Unterricht zumindest in Ansätzen das umgesetzt wird, was Ortner/Sitta (2003: 15) für die Sprachwissenschaft fordern, dass nämlich neben die etablierte Minimalsemasiologie, die „nur das semantisch berücksichtigt, was in *allen* [Hervorhebung im Original] Fällen des Gebrauchs eines Zeichens vorhanden ist", eine Maximalsemasiologie tritt. Das heißt, dass in Hinblick auf grammatische Konstruktionen nicht nur deren im Sprachsystem festgelegte Rolle, vom jeweiligen Gebrauch abstrahierend, zu beschreiben ist, sondern vor allem ihre Funktion bzw. ihre Funktionen in der jeweiligen Performanz einer sprachlichen Äußerung in ihrem Kontext. Es muss also die syntaktische, semantische oder/und pragmatische Information, die die jeweilige grammatische Konstruktion beiträgt, mit ihrem Ko-Text sowie mit kontextualisierbaren Aspekten der die Äußerung umgebenden Situation und des Diskurses, in den sie eingebettet ist, verrechnet werden (vgl. Ortner/Sitta 2003: 23). Damit wird erfasst, dass die grammatische Konstruktion Teil eines Sprachspiels im Sinne Wittgensteins[2] ist, an dessen Konstitution sie zugleich maßgeblich beteiligt ist.

Ein Beispiel dafür, wie diese Sicht auf sprachliche Kommunikation sich in einer Verbindung von Grammatik-Unterricht, Sprachreflexion und Förderung von rezeptiver Textkompetenz widerspiegeln kann, folgt im nächsten Kapitel anhand einer konkreten Textanalyse, wobei wir uns hier auf ein bestimmtes Sprachspiel beschränken: das sprachliche Bewerten.

5. Bewertungen in Texten als Thema des Grammatikunterrichts und der Sprachreflexion

Methodisch betrachtet wird sowohl in der folgenden Analyse als auch bei einer etwaigen Umsetzung im Unterricht von einem konkreten Textbeispiel (vgl. Abb. 2), hier einem Zeitungsbericht, erschienen in der Kronen Zeitung

---

[2] Zum Begriff *Sprachspiel* vgl. Wittgenstein (1984: 250 [PU 23]); zur Adaptation des Begriffs für eine maximalsemasiologische bzw. kommunikationsorientierte Sprachwissenschaft vgl. Ortner/Sitta (2003: 20ff.) und Schneider (2011); zum Vorschlag, den Sprachspiel-Begriff für den Sprachunterricht nutzbar zu machen, vgl. auch Strecker (1995) und Klotz (1995).

vom 3. November 2011, ausgegangen, wobei einige der zahlreichen Bewertungen, die den Text prägen, fokussiert werden. Dabei werden diese einer distanzierten Betrachtung im Sinne des Konzepts der Sprachreflexion unterzogen. Der entscheidende Punkt bei diesem Vorgehen ist jedoch, dass es damit nicht endet, sondern darüber hinaus etwas über die zur Bewertung verwendeten grammatischen Konstruktionen und den Anteil herausgefunden wird, den sie am Sprachspiel des Bewertens haben. Es geht also konkret um die Grammatik der Performanz in diesem Text, woraus sich aber auch Rückschlüsse auf generalisierbare grammatische Eigenschaften der sprachreflexiv analysierten Konstruktionen ziehen lassen.

Der Begriff *Konstruktion* ist hier an die Konzeption der Konstruktionsgrammatik angelehnt[3], wobei jedoch nur einer ihrer zentralen Gedanken von konkreter Relevanz für die Analyse ist, nämlich dass es sich bei Konstruktionen um konventionalisierte linguistische Ausdrücke handelt, deren Form direkt mit einer – oder mehreren – bestimmten Bedeutungen oder Funktionen gepaart ist (vgl. Fischer/Stefanowitsch 2007: 6).

Dies impliziert, dass eine rein formale und damit die elementare Bilateralität grammatischer Konstruktionen negierende Analyse zumindest unvollständig, wenn nicht prinzipiell unmöglich wäre. Damit ist eine konsequente funktionsorientierte Betrachtung grammatischer Einheiten zwingend, wie sie auch in einem von Lasch/Ziem in Anlehnung an Goldberg formulierten Postulat der Konstruktionsgrammatik Ausdruck findet:

> Die Rekonstruktion einer Konstruktion aus dem Sprachgebrauch basiert also nicht auf der Beschreibung formaler Merkmale, sondern geht vielmehr von der Annahme an spezifische sprachliche Formen gebundener Bedeutungen aus.
>
> Lasch/Ziem (2011: 1)

Mit dieser funktionalen Orientierung erweist sich dieser Konstruktionsbegriff – trotz seiner sonstigen definitorischen Vagheit – als geeignet für grammatische Analysen, wie sie auch im Unterricht in der Sekundarstufe II oder im Zuge eines Universitätsstudiums eingesetzt werden können, wobei zumindest in der Schule aber der theoretische Hintergrund und die noch andauernden Diskussionen innerhalb der Konstruktionsgrammatik ignoriert werden müssen.

Dieser theoretisch ‚abgespeckte' Konstruktionsbegriff ist für unsere Zwecke über das Gesagte hinaus adaptierbar, weil die Modellierung des Spracherwerbs, aber auch der Textrezeption in der Konstruktionsgrammatik im Grunde auf dem Erkennen und vor allem Wiedererkennen, nämlich von sprachlichen Einheiten in ihrer Funktion im Zuge der Performanz sprachlicher Äußerungen, beruht. Dieses Wiedererkennen der Funktionalität spezifi-

---

[3] Vgl. dazu ausführlicher Weidacher (2011: 53ff.).

scher Konstruktionen und das darauf aufbauende metatextuelle Thematisieren sind der entscheidende Aspekt sprachreflexiven Handelns und zugleich eines Grammatikunterrichts, wie er hier angedacht ist und anhand des folgenden Beispieltexts und der darin enthaltenen Konstruktionen mit (unter anderem) bewertender Funktion ansatzweise vorgestellt wird.

EU fördert Projekt ● „Das Schloss" von Franz Kafka als sprachliche Entgleisung

Neues Schulbuch voller Fehler!

Franz Kafka würde sich im Grabe umdrehen! Ein von der EU groß gefördertes Buch für 40 heimische Schulen bringt den Jugendlichen nicht „Das Schloss" des deutschsprachigen Schriftstellers näher, sondern bloß eine Aneinanderreihung absurder Rechtschreibfehler. Zu denen der Verlag „Gehlen und Schulz" sogar noch steht.

„Uns haben Nachrichten erreicht, dass sich ein paar Rechtschreibfehler in die neue Ausgabe eingeschlichen haben. Stimmt, wir haben diese irgendwann einfach zugelassen. Aus ökonomischen Gründen einerseits, andererseits ist Literatur ja auch kein Rechtschreibwettbewerb" – so steht es in der Pressemitteilung des Verlages. Und auch diese Weisheit findet sich darin:

VON MICHAEL POMMER UND DORIS VETTERMANN

„Jede Sprache hat ihre Feinheiten." Die der Verlag jedoch besonders gerne mit Füßen tritt. Hohes Fremdschämpotenzial also beim Durchblättern der Schullektüre: Da finden sich Gänsehaut-Wortschöpfungen wie „Niemand" oder gleich neue sprachliche Erfindungen wie „K., .er soU" oder „Gerstäkker". Fazit: Fast auf jeder Seite ein Fehler, der das Werk für Schüler so lesenswert macht wie das chinesische Telefonbuch. „Schuld daran ist ein Softwarefehler", erklärt Herausgeber Adrian Schulz. „Das wird es bei den nächsten Büchern nicht mehr geben." Der EU war die Pannenserie offensichtlich völlig egal – gefördert wurde das Projekt mit einem sechsstelligen Betrag.

Abb. 2: Konstruktionen im Text (Kronen Zeitung, 3.11.2011: 23)

Die erste Frage, die sich bei diesem Vorgehen stellt, ist natürlich, wie man die bewertenden Konstruktionen entdecken kann. Dafür muss der Text zunächst inhaltlich besprochen werden. Im Zuge dessen sollte sich eine Diskussion entwickeln – ansonsten ist sie anzuregen –, inwieweit dieser Text den Anforderungen eines Zeitungsberichts, der er formal zu sein vorgibt, entspricht bzw. in welchen Aspekten er davon abweicht. Spätestens dabei können die zahlreichen und zum Teil sehr auffälligen Bewertungen thematisiert werden, wobei es nur von Vorteil wäre, wenn die Schüler und Schülerinnen in Bezug auf einzelne Stellen darüber zu diskutieren beginnen, ob eine Bewertung vorliegt oder nicht, zumal die Unterscheidung evaluativer Aussagen von rein deskriptiven (vgl. Keller 2004: 1f.) nicht immer leicht fällt und außerdem zuweilen ko- und/oder kontextabhängig ist, wie wir bei unseren Beispielen noch sehen werden.

Was sind nun aber Bewertungen? Bewertungen beinhalten die Verortung eines Referenten im weiteren Sinn auf einer Skala, wobei die prototypischen Enden der Skala *gut* und *schlecht* wären. Allerdings sind nicht alle Bewertungen direkt auf diese Skala bezogen. So ist zum Beispiel die durch *schön* ausgedrückte Bewertung nur indirekt auf *gut* zurückzuführen, weil das Wort *schön* im Normalfall eine positive Wertung ausdrückt, die impliziert, dass man etwas gut findet, weil es schön ist. Mit Fairclough sollte man daher die grundlegende, für Bewertungen relevante Skala besser als *wünschenswert* –

nicht wünschenswert bezeichnen: „Evaluative statements are statements about desirability or undesirability" (Fairclough 2003: 172).

Damit lässt sich auch besser fassen, dass Bewertungen kontextabhängig sind bzw. dass einzelne bewertende Ausdrücke je nach Kontext unterschiedlich werten. So kann: *Du hast ein schönes Auto gekauft* auch eine negative Wertung transportieren, wenn implizit angezweifelt wird, ob der andere sich ein teures, weil schönes Auto leisten kann. Wichtiger noch ist, dass auch nicht von vornherein wertende Ausdrücke in bestimmten Kontexten für Bewertungen herangezogen werden können, wobei die evaluative Komponente häufig implizit bleibt. So assoziiert man im Allgemeinen mit *individuell* in einer Phrase wie *individuelle Bedienung* eine vom Sprecher intendierte positive Bewertung, obwohl *individuell* zunächst nicht als evaluativ betrachtet werden muss bzw. es in anderen Kontexten auch nicht ist.

Von Relevanz für unsere Analyse ist noch eine Unterscheidung, die von Polenz trifft:

> Bewertende Sprecherhandlungen sind solche, bei denen eine bewertende Einstellung ganz offen den Kern der Haupt-Handlung des Satzinhalts darstellt [...]. Ebenso (und mitunter noch stärker) wirksam sind bewertende Sprechereinstellungen, die nur nebenbei geäußert werden, also nicht im Zentrum des Satzinhalts erscheinen.
>
> von Polenz (1988: 218f.)

Gerade Äußerungen, in denen Bewertungen nur gleichsam nebenbei und oft nur implizit erfolgen, sind besonders interessant, da sie leichter überlesen werden, damit aber ihre unbewusst bleibende Wirkung besser erzielen können. Eine Schulung, sie zu erkennen, bedeutet daher neben einer Einübung sprachreflexiven Handelns eine Steigerung der rezeptiven Textkompetenz.

Betrachten wir als Erstes ein Beispiel für eine Bewertungshandlung, das besonders ins Auge sticht, weil es im fettgedruckten Titel des Zeitungsartikels vorkommt: *Neues Schulbuch voller Fehler!* Die Bewertung erfolgt hier zunächst durch das Substantiv *Fehler*, dessen Bedeutung grundsätzlich eine negative Bewertung beinhaltet. Diese wird noch verstärkt, da Fehler in der Schule, zumal in Schulbüchern gänzlich unerwünscht sind. Hier zeigt sich die Kontextabhängigkeit von Bewertungen, wenn auch nur in einer graduellen Änderung der Bewertungsintensität.

Das Adjektiv *voll* impliziert an sich noch keine oder zumindest keine deutliche Wertung. Im Verbund mit dem Substantiv *Fehler*, d.h. im vorliegenden Ko-Text, wirkt es aber durchaus klar wertend bzw. unterstützt es die Bewertungsfunktion der gesamten Konstruktion, an der im Übrigen auch andere, nämlich formal-grammatische Aspekte interessant sind: So ist die Kasusendung des Substantivs nicht eindeutig zu bestimmen (vgl. Duden 2001: 914), das noch dazu vom Adjektiv regiert wird, ein Rektionsverhältnis, das sich vom häufigeren ‚Normalfall', bei dem es sich umgekehrt verhält, unterscheidet.

Dies sind grammatische Fragen, die man Schüler und Schülerinnen im Zuge der Textanalyse forschend erkunden lassen könnte. Allerdings handelt es sich hierbei in unserem Zusammenhang nur um Nebenthemen, da sie nicht direkt mit der Funktion des Bewertens zu tun haben. Wichtiger ist hingegen die syntaktische Ambiguität des Titels, die daraus resultiert, dass es sich um eine Ellipse handelt, bei welcher nicht klar ist, was weggelassen wurde. Vervollständigt könnte der Titel entweder: *Ein neues Schulbuch ist voller Fehler* lauten oder: *Es gibt ein neues Schulbuch voller Fehler*. Im ersteren Fall läge eine Prädikativ-Konstruktion vor, im letzteren ein Genitivattribut, womit wir bereits die beiden wichtigsten grammatischen Konstruktionen mit bewertender Funktion, nämlich Prädikativ und Attribut, wobei adjektivische Attribute für Bewertungen prototypischer sind, entdeckt hätten. Dass die beiden – oder je nach Interpretation eine der beiden – in diesem elliptischen Satz an der Oberfläche nicht eindeutig erkennbar sind, ist nicht notwendigerweise als Nachteil zu betrachten, sondern eher als ein ‚grammatischer Kairos', da die Schüler und Schülerinnen, wiewohl kaum ohne eine Anleitung, die beiden Konstruktionen nicht einfach im Text erkennen können, sondern sie, die Ellipse enträtselnd, quasi ergänzend-produktiv formulieren müssen, was zu einem vertieften Verstehen von deren Funktionsweise führen kann – und einigen vielleicht sogar Spaß macht.

Grammatische Augenblicke wie dieser könnten auch dazu dienen, altes, in der Sekundarstufe I erworbenes grammatisches Wissen (zum Beispiel über Attribute) zu reaktivieren, und sollten daher auch kein seltenes, nur zufälliges Ereignis bleiben (vgl. Häcker 2012: 64).

Um eine, was die grammatische Form betrifft, beinahe prototypische Bewertung handelt es sich bei einem Beispiel aus dem Lead des Zeitungsberichts: „[...] eine Aneinanderreihung absurder Rechtschreibfehler", wobei wir nur das adjektivische Attribut *absurder* in den Fokus der Analyse nehmen wollen. Dass etwas als *absurd* bezeichnet wird, bedeutet im Allgemeinen eine negative Bewertung, wenn auch ausgefallene Kontexte – zum Beispiel in speziellen Benennungen wie *Absurdes Theater* – denkbar sind, wo das nicht der Fall ist. Grundsätzlich lässt sich anhand dieses Beispiels die Struktur von Attributen diskutieren, darüber hinaus aber auch die Funktion bzw. die Funktionen des Konstruktionstyps *Adjektivattribut* und die Hauptfunktion der Wortart *Adjektiv*, die, syntaktisch gesehen, in der expliziten Prädikation in Form eines Prädikativs oder in der impliziten bzw. verkürzten Prädikation in Form eines Attributs liegen kann. Im Wesentlichen sind Adjektive Mittel der Eingrenzung: „Sie geben charakteristische Eigenschaften und Merkmale des Referenzgegenstands, aber auch Wertungen" (Heringer 2001: 195).

Was Heringer im Zitat indirekt anspricht, ist eine Eigenschaft dieser Wortart, die allgemein, insbesondere aber im Falle von *absurd* in unserem Beispiel von Interesse ist, nämlich sozusagen die Perspektive, die sich im Gebrauch eines Adjektivs ausdrückt: Handelt es sich zum Beispiel bei *absurd* um ein quasi objektives Qualitätsadjektiv, das eine intrinsische Eigenschaft des bzw. in unserem Fall der Referenten ausdrückt, oder um ein Bewertungsadjektiv, das prinzipiell subjektiv ist, da es eine nicht-intrinsische Eigenschaft der Referenten ausdrückt und somit eine subjektive Bewertung darstellt?[4] Solche „subjektiven Adjektive", wie Pander Maat (2006: 291) sie nennt, in ihrer Subjektivität erkennen und sie sprachreflexiv betrachten zu können, ist essentiell für ein vertieftes Textverstehen. Es lassen sich aus der Diskussion solcher Fälle aber auch generalisierende Schlüsse auf die grammatische Konstruktion des adjektivischen Attributs im Allgemeinen und auf ihre Funktionalisierung in konkreten Texten ziehen.

Dass auch ein an sich nicht wertendes Adjektiv, nämlich das absolute Adjektiv *sechsstellig*, eine Bewertung ausdrücken kann, wenn dies der spezifische Ko- bzw. Kontext nahelegt, lässt sich am folgenden Satz – eigentlich handelt es sich um zwei Sätze, die durch einen Gedankenstrich verbunden sind –, am Ende des Beispieltextes erkennen: „Der EU war die Pannenserie offensichtlich völlig egal – gefördert wurde das Projekt mit einem sechsstelligen Betrag." Der ganze Text vor diesem Schlusssatz und der erste der beiden zitierten Sätze regen die Konstitution eines Textmodells an, das als wichtigen Baustein eine negative Bewertung (der Herausgeber des diskutierten Buches und der die Veröffentlichung fördernden EU)[5] aufweist. Dadurch drückt das Adjektiv *sechsstellig* nicht mehr nur eine dem Referenzgegenstand intrinsische Eigenschaft aus, sondern wertet implizit, da in diesem Zusammenhang suggeriert wird, dass eine so große, eben sechsstellige Summe als negativ zu beurteilen sei.

Bewertungen können nicht nur mittels Adjektiven ausgedrückt werden, sondern zum Beispiel auch durch Substantive. Deren Hauptfunktion ist in semantischer Hinsicht die Benennung von Referenzgegenständen. Dass Benennungen aber zugleich Wertungen enthalten können, haben wir schon am Substantiv *Fehler* gesehen. Im Beispieltext finden sich zwei weitere Fälle, die jedoch nicht ganz gleich funktionieren, wenn auch die Benennungsfunktion der Konstruktion *Substantiv* jeweils vorhanden ist. In der Überschrift über dem Titel des Zeitungsartikels wird die Ausgabe des Romans „Das Schloss", über die im Text berichtet wird, als „sprachliche Entgleisung" be-

---

[4] Zu diesen semantischen Aspekten der Wortart *Adjektiv* vgl. Eichinger (2009: 163ff.).

[5] Das ganze Projekt, über das im Zeitungsartikel wertend berichtet wird, stellte sich wenige Tage nach Erscheinen des Artikels als sogenannter Hoax heraus. Die Kritik der Kronen-Zeitung ging also ins Leere.

zeichnet. Das Adjektiv *sprachlich* hat hierbei nur die Funktion der näheren Charakterisierung, ohne zu werten. Die substantivische Metapher *Entgleisung* hingegen wertet, da es sich beim Bildspender *Eisenbahnunglück* um einen Unfall mit potenziell katastrophalem Ausgang handelt. Zwar ist diese Quelle der Metapher durch häufigen Gebrauch und daraus folgende Idiomatisierung sicher nicht mehr allen Sprechern und Sprecherinnen bewusst, die negative Konnotation, die die Basis der Bewertung bildet, ist jedoch erhalten geblieben, weshalb das Substantiv für konkrete Bewertungshandlungen wie im vorliegenden Text verwendet werden kann.

Dass man anhand dieses Substantivs auch das Thema *Wortbildung*, speziell *Substantivierungen mittels eines Derivationssuffixes*, im Unterricht ansprechen kann, sei hier nur am Rande vermerkt.

Auch beim Wort „Weisheit" in der letzten Zeile der zweiten Spalte handelt es sich um eine wertende Benennung mittels eines durch Derivation gebildeten Substantivs. Interessant ist an diesem Fall aber, dass ein generell positiv wertendes Substantiv – *Weisheit* trägt ja definitiv positive Konnotationen – in dieser konkreten Verwendung in seiner Bewertungsrichtung umgedreht wird. Der Ko-Text legt sehr eindeutig nahe, dass die Aussage ironisch gemeint ist, sodass *Weisheit* hier eine negative Bewertung erbringt. Gerade an diesen beiden Beispielen sieht man, dass sich Grammatik und Sprachreflexion sehr gut ergänzen bzw. dass sie ineinander übergehen, wobei das reflektierende Erkennen und Verstehen von Ironie auch für die rezeptive Textkompetenz von großer Relevanz ist.

Mit den Substantiven „Pannenserie" (4. Spalte, 2. Absatz) und dem Ad-hoc-Kompositum „Gänsehaut-Wortschöpfungen" (3. Spalte) werden ebenfalls Bewertungen in den Text eingebaut, allerdings auf etwas andere Weise. Es handelt sich bei diesen beiden Wörtern um Determinativkomposita, deren Grundwörter *Serie* und *Wortschöpfungen* keine wertenden Benennungen sind. Ihr Bewertungspotenzial erhalten beide Konstruktionen erst durch die Bestimmungswörter *Pannen* und *Gänsehaut*, wobei die Bedeutung von *Panne*, ähnlich wie die von *Fehler*, eine negative Bewertung beinhaltet. *Gänsehaut* ist eine auf einer komplexen Metapher beruhende Metonymie, insofern Menschen eine 'Haut wie eine gerupfte Gans' (Metapher) bekommen, wenn sie frieren oder vor Entsetzen schaudern. Die *Gänsehaut* wird wiederum als körperliches Anzeichen für das Schaudern und damit als ein Teil des Entsetzens interpretiert, weshalb das Wort als Metonymie[6] für 'Entsetzen' stehen kann.

Abgesehen von den metaphorischen und metonymischen Komponenten, die an sich für Sprachreflexion von Interesse sind, lässt sich an diesen komplexen Substantiven die Funktionsweise von Determinativkomposita generell

---

[6] Zur Metonymie als Symbolisierung von Symptomen vgl. Keller (1995: 176f.).

und im Speziellen in Hinblick auf die beiden diskutierten Fälle aufzeigen, wie diese Form einer morphologischen Konstruktion für Bewertungen in der Performanz einer sprachlichen Äußerung bzw. eines Textes genutzt werden kann, wobei zusätzlich die Unterscheidung zwischen *Pannenserie* als einem bereits im mentalen Lexikon gespeicherten und damit dort quasi als Einheit bereitgestellten Wort und dem im Zuge der Performanz gebildeten Ad-hoc-Kompositum *Gänsehaut-Wortschöpfungen*, das exemplarisch die Produktivität dieses Wortbildungstyps in der deutschen Sprache beweist, für das Verständnis des Funktionierens von Sprache dienlich sein könnte.

Im Lead bzw. in der dritten Spalte finden sich zwei für Bewertungen eingesetzte Konstruktionen, die zwar auch auf Metaphern beruhen, von ihrer Form her jedoch von den zuvor genannten Beispielen zu unterscheiden sind: „Franz Kafka würde sich im Grabe umdrehen!" und: „Die der Verlag jedoch besonders gerne mit Füßen tritt." Es handelt sich hierbei um partiell gefüllte Idiom-Konstruktionen. Man kann sie zur Erklärung der Eigenschaften idiomatischer Wendungen heranziehen, zugleich aber diskutieren, inwiefern sie in diesem Text – oder auch generell – bewertend wirken.

Dass auch Partikeln zur Bewertung oder zur Unterstützung einer Bewertungshandlung eingesetzt werden können, zeigen die Fokuspartikel *sogar* und die Abtönungspartikel *bloß* im Lead des Artikels. Eine vergleichbare Wirkung wird mit dem wie eine Partikel verwendeten Adjektiv *groß* in: „Ein von der EU groß gefördertes Buch" (ebenfalls im Lead) erzielt. Anhand dieser Beispiele, nicht zuletzt auch anhand des – in dieser Verwendung – Grenzfalls *groß* lässt sich die Wortart der Partikeln mit ihren formalen Eigenheiten und mit den Funktionen, die einzelne Vertreter dieser Klasse erfüllen, beschreiben bzw. kann so (hoffentlich) in der Sekundarstufe I erworbenes Grammatikwissen reaktiviert werden.

Für verbale Konstruktionen mit bewertender Funktion finden sich in diesem Text keine eindeutigen Beispiele. Daher zwei Beispiele aus anderen Quellen[7]: „Die Kampagne hat aber funktioniert: Es wurde öffentlich, dass die Regierung den illegalen Import erlaubt" (Der Standard, 17.11.2011: 40). Und: „Es reicht nicht, die Problemlösung an der Out-Linie zu stationieren" ([Radio] Ö1, Journal um 8, 16.11.2011). Die Aussage, dass ein Plan oder eine Aktion *funktioniert hat*, bewertet diese positiv. Ähnlich, nur mit umgekehrter Bewertungsrichtung rahmt *es reicht nicht* die in der Infinitiv-Gruppe ausgedrückte Proposition (im Übrigen die Berufung eines neuen Trainers für das österreichische Fußballnationalteam).

---

[7] Auch für den Unterricht lassen sich wahrscheinlich selten Texte finden, die alle interessanten grammatischen Erscheinungen zu einem Thema aufweisen. Man müsste also im Unterricht ebenfalls auf zusätzliche Beispiele oder von vornherein auf mehrere Texte zurückgreifen.

Wie man gesehen hat, können verschiedene grammatische Konstruktionen für sprachliche Bewertungshandlungen herangezogen werden. Diese in ihrer Funktionalität zu erkennen und damit Sprachreflexionskompetenz zu erwerben, ist ein wichtiges Ziel einer Textanalyse, wie sie – natürlich nicht vollständig, sondern eher im Ansatz – hier durchgeführt wurde. Wesentlich ist dabei aber auch der Erwerb oder die Festigung von explizitem Grammatikwissen.

6. Schluss

Der hier anhand einer Textanalyse mit dem Fokus auf für Bewertungshandlungen gebrauchten grammatischen Konstruktionen vorgestellte konsequentfunktionale Ansatz lässt sich, wie folgt, zusammenfassen: Im Zuge einer, soweit nötig, angeleiteten und die Machart eines konkreten Beispieltextes berücksichtigenden Textrezeption sollen Schüler und Schülerinnen der Sekundarstufe II[8] – oder auch mit einem gewissen Unterschied im Niveau der Analyse Germanistik-Studierende – zu distanzierter Sprachreflexion, bezogen vor allem auch auf die Grammatik der Performanz, angeregt werden. Das dabei erworbene oder aufgefrischte explizite Grammatikwissen soll einer Systematisierung unterworfen werden, sodass darauf im Zuge späterer Textlektüren zurückgegriffen werden kann. Die beiden miteinander verknüpften Ziele dieses Vorgehens sind die Entwicklung einer „Kultur habitualisierter Sprachaufmerksamkeit" (Portmann-Tselikas 2011: 84) und damit einhergehend die Förderung der rezeptiven Textkompetenz, im Speziellen der metatextuellen Teilkompetenz, die für die Entwicklung der in Kap. 2 genannten übergeordneten Bildungsziele von nicht zu unterschätzender Relevanz ist.

---

[8] Ein vereinfachtes didaktisches Vorgehen in der beschriebenen Art ist in der Sekundarstufe I auch denkbar. Es wäre dann aber zu berücksichtigen, dass das Wissen um grammatische Kategorien und die Kenntnis der grammatischen Terminologie erst von Grund auf entwickelt werden müssen.

Literatur

Abraham, Ulf (2004): Deutschunterricht als „Leseunterricht"? Überlegungen zu einer erneuerten Didaktik verständigen Lesens nach PISA. – In: Eva Maria Rastner/Werner Wintersteiner (Hgg.): Deutsch, Didaktik, Dialog. – Wien: Edition Praesens (Stimulus 2003), 96-109.
- (2010): Grammatik beim Lesen und Schreiben von Texten in der Schule. – In: Mechthild Habermann (Hg.): Grammatik wozu? Vom Nutzen des Grammatikwissens in Alltag und Schule. – Mannheim/Zürich: Dudenverlag (Thema Deutsch 11), 323-340.

BMUKK [= Bundesministerium für Unterricht, Kunst und Kultur] (2000): Lehrplan Deutsch, AHS-Unterstufe. [Online-Version: http://www.bmukk.gv.at/medienpool/781/ahs7.pdf] Letzter Zugriff: 26.07.2012.

BMUKK [= Bundesministerium für Unterricht, Kunst und Kultur] (2004): Lehrplan Deutsch, AHS-Oberstufe. [Online-Version: http://www.bmukk.gv.at/medienpool/11853/lp_neu_ahs_01.pdf] Letzter Zugriff: 26.07.2012.

Bredel, Ursula (2007): Sprachbetrachtung und Grammatikunterricht. – Paderborn u.a.: Schöningh (UTB 2890).

Bühler, Karl (1999): Sprachtheorie. Die Darstellungsfunktion der Sprache. Mit einem Geleitwort von Friedrich Kainz. Ungekürzter Neudruck der Ausg. Fischer 1934. – Stuttgart: Lucius & Lucius (UTB 1159).

Diewald, Gabriele (2010): Grammatik und Manipulation. – In: Mechthild Habermann (Hg.): Grammatik wozu? Vom Nutzen des Grammatikwissens in Alltag und Schule. – Mannheim/Zürich: Dudenverlag (Thema Deutsch 11), 264-285.

Duden (2001): Richtiges und gutes Deutsch. Wörterbuch der sprachlichen Zweifelsfälle. Bd. 9. 5., neu bearb. Auflage. – Mannheim u.a.: Dudenverlag.

Dürscheid, Christa (2010): Grammatik und Grammatikbewusstsein. – In: Der Deutschunterricht LXII/6, 20-29.

Eichinger, Ludwig M. (2009): Adjektiv und Adkopula. – In: Ludger Hoffmann (Hg.): Handbuch der deutschen Wortarten. – Berlin/New York: de Gruyter, 143-187.

Fairclough, Norman (2003): Analysing Discourse. – London: Routledge.

Häcker, Roland (2012): Mehr Spielraum für den Grammatikunterricht! – In: Der Deutschunterricht LXIV/1, 58-67.

Heringer, Hans Jürgen (2001): Lesen lehren lernen: Eine rezeptive Grammatik des Deutschen. Studienausgabe. 2., durchges. Auflage. – Tübingen: Niemeyer.

Hermanns, Fritz (2003): Linguistische Hermeneutik. Überlegungen zur überfälligen Einrichtung eines in der Linguistik bislang fehlenden Teilfaches. – In: Angelika Linke/Hanspeter Ortner/Paul R. Portmann-Tselikas (Hgg.): Sprache und mehr. Ansichten einer Linguistik der sprachlichen Praxis. – Tübingen: Niemeyer (RGL 245), 125-163.

Keller, Rudi (1995): Zeichentheorie. Zu einer Theorie semiotischen Wissens. – Tübingen/Basel: Francke (UTB 1849).
- (2004): Bewerten. Vortrag für das Kolloquium „Values and Evaluating" an der University of California at Davis im Oktober 2002. [Online: http://www.phil-fak.uni-duesseldorf.de/uploads/media/Bewerten.pdf] Letzter Zugriff: 26.07.2012.

Klotz, Peter (1995): Sprachliches Handeln und grammatisches Wissen. – In: Der Deutschunterricht IV, 3-13.
Lasch, Alexander/Alexander Ziem (2011): Aktuelle Fragen und Forschungstendenzen der Konstruktionsgrammatik. – In: Alexander Lasch/Alexander Ziem (Hgg.): Konstruktionsgrammatik III. Aktuelle Fragen und Lösungsansätze. – Tübingen: Stauffenburg, 1-9.
Ortner, Hanspeter/Horst Sitta (2003): Was ist der Gegenstand der Sprachwissenschaft? – In: Angelika Linke/Hanspeter Ortner/Paul R. Portmann-Tselikas (Hgg.): Sprache und mehr. Ansichten einer Linguistik der sprachlichen Praxis. – Tübingen: Niemeyer (RGL 245), 3-64.
Pander Maat, Henk (2006): Subjectification in gradable adjectives. – In: Angeliki Athanasiadou/Costas Canakis/Bert Cornillie (Hgg.): Subjectification. Various Paths to Subjectivity. – Berlin/New York: Mouton de Gruyter, 279-320.
Polenz, Peter von (1988): Deutsche Satzsemantik. Grundbegriffe des Zwischen-den-Zeilen-Lesens. 2., durchges. Aufl. – Berlin/New York: de Gruyter (Sammlung Göschen 2226).
Portmann-Tselikas, Paul R. (2011): Spracherwerb, grammatische Begriffe und sprachliche Phänomene. Überlegungen zu einem unübersichtlichen Lernfeld. – In: Klaus Michael Köpcke/Arne Ziegler (Hgg.): Grammatik – Lehren, Lernen, Verstehen. Zugänge zur Grammatik des Gegenwartsdeutschen. – Berlin/Boston: de Gruyter (RGL 293), 71-90.
Sandig, Barbara (2006): Textstilistik des Deutschen. 2. völlig neu bearb. Auflage. – Berlin/New York: de Gruyter (de Gruyter Studienbuch).
Schneider, Jan Georg (2011): Zur Bedeutung der Sprachspielkonzeption für eine kommunikationsorientierte Linguistik. – In: Stephan Habscheid (Hg.): Textsorten, Handlungsmuster, Oberflächen. Linguistische Typologien der Kommunikation. – Berlin/New York: de Gruyter (de Gruyter Lexikon), 47-69.
Staud, Herbert (2002): Lernziel „Sprachreflexion und Sprachkritik". – In: ide 26/4, 53-66.
Steinig, Wolfgang/Hans-Werner Huneke (2011): Sprachdidaktik Deutsch. Eine Einführung. 4., neu bearb. und erw. Aufl. – Berlin: Erich Schmidt (Grundlagen der Germanistik 38).
Strecker, Bruno (1995): Sprachliches Handeln, Grammatik und Lexikon. – In: Der Deutschunterricht IV, 14-22.
Wachtel, Martin (2005): Grammatik und vieles mehr. Linguistische Grundlagen und Lernziele für den Deutschunterricht der Sekundarstufen. 2., überarb. u. erg. Aufl. – Frankfurt a. M. u.a.: Lang.
Weidacher, Georg (2007): Multimodale Textkompetenz. – In: Sabine Schmölzer-Eibinger/Georg Weidacher (Hgg.): Textkompetenz. Eine Schlüsselkompetenz und ihre Vermittlung. Festschrift für Paul R. Portmann-Tselikas zum 60. Geburtstag. – Tübingen: Narr (Europäische Studien zur Textlinguistik 4), 39-55.
– (2011): Zur Funktionalität grammatischer Konstruktionen. Funktionalgrammatische Analysen und ihre Einsetzbarkeit für den universitären Grammatikunterricht. – In: Klaus Michael Köpcke/Arne Ziegler (Hgg.): Grammatik – Lehren, Lernen, Verstehen. Zugänge zur Grammatik des Gegenwartsdeutschen. – Berlin/Boston: de Gruyter (RGL 293), 51-69.
Wintersteiner, Werner/Heidi Schrodt/Christian Schacherreiter (2002): Sprachliche Bildung. Über die Kernaufgaben des Deutschunterrichts. – In: ide 26/4, 20-27.

Wittgenstein, Ludwig (1984): Philosophische Untersuchungen. – In: Ludwig Wittgenstein: Tractatus logico-philosophicus. Tagebücher 1914-1916. Philosophische Untersuchungen. – Frankfurt a. M.: Suhrkamp (Suhrkamp-Taschenbuch Wissenschaft 501), 225-580.

ZIB [= Zentrum für internationale Bildungsvergleichsstudien] (2009): Lesekompetenz. [Online-Version: http://www.pisa2012.tum.de/kompetenzbereiche/lesekompetenz/] Letzter Zugriff: 26.07.2012.

Zimmermann, Günther (1995): Einstellungen zu Grammatik und Grammatikunterricht. – In: Claus Gnutzmann/Frank G. Königs (Hgg.): Perspektiven des Grammatikunterrichts. – Tübingen: Narr (Tübinger Beiträge zur Linguistik 404), 181-200.

Christa Dürscheid

Schriftlinguistik im Sprachunterricht – Warum nicht?

1. Linguistik in die Schule – Linguistik aus der Schule

Im vorliegenden Beitrag wird der Frage nachgegangen, ob das Thema *Schriftlinguistik* im Sprachunterricht – genauer: im Deutschunterricht – behandelt werden sollte. Was spricht für, was gegen einen Einbezug dieses Themas in den Unterricht? Welche Lernziele können damit verfolgt, welche Kompetenzen erreicht werden? Um Antworten auf diese Fragen geben zu können, sind vorab aber einige grundlegende Bemerkungen erforderlich. Diese betreffen zum einen die Frage, welche Themenbereiche überhaupt unter dem Terminus *Schriftlinguistik* gefasst werden. Denn anders als dies bei etablierten linguistischen Subdisziplinen wie der Soziolinguistik, der Psycholinguistik oder der Textlinguistik der Fall ist, hat die Schriftlinguistik noch kein eigenes Profil; ja, es gibt sie in der Wahrnehmung vieler gar nicht. Schlägt man z.B. in dem bekannten linguistischen Nachschlagewerk von Bußmann (2008) nach, so findet man hier zwar Einträge zu *Schreibforschung*, *Schrift* und *Schrifttyp*, nicht aber zum Lemma „Schriftlinguistik". Dagegen wird in diesem Lexikon den weiter oben genannten Subdisziplinen der Linguistik – und anderen mehr – je eine Seite gewidmet. Im Folgenden sollen daher zunächst die Inhalte und die Forschungsfragen dieser noch jungen Disziplin der Schriftlinguistik skizziert werden (vgl. Abschnitt 3). Dabei wird es auch darum gehen, plausibel zu machen, dass die Schriftlinguistik gleichberechtigt neben anderen Teilgebieten des Faches steht.

Doch zuvor sei noch ein anderer Punkt angesprochen, der die Frage betrifft, ob linguistische Inhalte überhaupt in den Sprachunterricht Eingang finden sollten. Rede ich damit nicht einer Linguistisierung des Faches *Deutsch* das Wort? Weckt der Titel des vorliegenden Beitrags nicht Assoziationen an die 1970er-Jahre, in denen es eben solche Bestrebungen gab? Bekanntlich wurde in dieser Zeit ein Brückenschlag zwischen der noch jungen Disziplin der Linguistik und der Didaktik versucht (siehe z.B. den Titel der 1970 gegründeten Zeitschrift *Linguistik und Didaktik*)[1] und es erschienen

---

[1] Bezeichnenderweise trug die Zeitschrift diesen Titel nur bis 1982. Im Jahr 1981 wechselte sie den Verlag, 1982 wurde sie umbenannt in *Sprache und Literatur in Wissenschaft und Unterricht*. Inzwischen hat sie ihr Erscheinen ganz eingestellt; das letzte Heft erschien im Jahr 1994.

zahlreiche Arbeiten, welche die Frage thematisierten, wie sich linguistische Themen für den Deutschunterricht aufbereiten lassen. Stellvertretend für andere sei hier der Band von Karl-Dieter Bünting und Detlef C. Kochan aus dem Jahr 1973 genannt, der, wie es im Klappentext heißt, aufarbeiten sollte, „was die moderne Linguistik für die Gestaltung des Deutschunterrichts leisten kann". Bünting/Kochan skizzieren in diesem Buch, das sich in zwei Teile gliedert (Teil I: Linguistik, Teil II: Deutschunterricht), die damalige Situation im Deutschunterricht mit den folgenden Worten:

> [S]eine Lerninhalte werden diskutiert, alte werden durch neue ersetzt; man hofft dabei, sachlich von dem neu etablierten Universitätsfach Linguistik unterstützt zu werden. Die Universitätslinguisten sehen sich großen Erwartungen seitens der Schulpraxis gegenüber und fühlen sich ihrerseits z.T. geschmeichelt, zum überwiegenden Teil aber arg verunsichert, inwieweit ihre Wissenschaft der Schule denn wirklich etwas zu bieten habe. [...] Viele Lehrer sind mindestens ebenso verunsichert, wenn sie die neuen Curricula und Rahmenvereinbarungen lesen und versuchen, sich z.B. anhand der vielen Zeitschriftenartikel in die neue Wissenschaft und ihre Anwendungsmöglichkeiten im Schulunterricht sowie deren Wert einzuarbeiten.
>
> Bünting/Kochan (1973: 2)

Bekanntlich sind – nicht zuletzt an solchen Verunsicherungen – die damaligen Bemühungen, Linguistik und Schule zusammenzuführen, gescheitert. Zwar gab es bis Ende der 1970er-Jahre noch einige Arbeiten zum Thema – und darunter auch solche, die bis heute mit Gewinn gelesen werden, weil sie anschauliches Material für die Behandlung linguistischer Themen im Schulunterricht bieten. Da ist z.B. die Textsammlung *Bundesdeutsch: Lyrik zur Sache Grammatik* (Wiemer 1974) zu nennen, aber auch das Büchlein *Linguistik für den Deutschunterricht* von Winfried Ulrich, das Beispiel- und Übungstexte zu verschiedenen Bereichen der Linguistik enthält, erstmals 1977 erschien und im Jahr 1995 bereits in die 6. Auflage ging. Dennoch gilt: Das Schlagwort *Linguistisierung*, das bis in die Mitte der 1970er-Jahre durchaus wertneutral verwendet wurde und die Einbindung linguistischer Konzepte nicht nur in die Didaktik, sondern auch in die Literaturwissenschaft meinte (vgl. dazu auch Piirainen 1969), ist heute negativ konnotiert.[2] Fast möchte man sagen, dass es lange Zeit niemand mehr wagte, Unterrichtsvorschläge o.Ä. unter einem Titel, der die beiden Disziplinen – Linguistik und Didaktik – auf eine Ebene stellt, zu publizieren (siehe aber Abschnitt 2). Eva Neuland umreißt in ihrem historischen Überblick zur Lehrerausbildung seit den 1960er-Jahren die Situation sehr treffend, wenn sie schreibt:

> Welch tiefe Negativ-Spuren die Linguistisierung des Sprachunterrichts in den Köpfen der Lehrkräfte hinterlassen hat, zeigte sich noch bis vor wenigen Jahren, z.B. in Reaktionen, und zwar Abstinenz bis Abwehr, auf einschlägige Lehrerfortbildungsveranstaltungen. Die Forderung nach „Linguistik in die Schule" schlug um in den Protestruf „Linguistik aus der Schule!"
>
> Neuland (2003: 81)

2. Linguistik in die Schule – neue Blicke durch alte Löcher?

Wie gestaltet sich das Verhältnis von Linguistik und Didaktik heute, 40 Jahre nach der damals gescheiterten Linguistisierung? Gibt es neue Vorschläge, den Schülerinnen und Schülern linguistische Fragestellungen und Methoden näherzubringen, die Linguistik wieder in den Sprachunterricht hineinzuholen? Sollte das der Fall sein, so wäre das ein Argument dafür, dass man dies auch mit schriftlinguistischen Arbeiten tun könnte – und zwar umso mehr, als es sich dabei, wie wir noch sehen werden, um ein Thema handelt, das Schülerinnen und Schülern in theoretischer Hinsicht leicht zugänglich ist.

Sucht man nach einschlägigen Publikationen, in denen eine Verbindung von Linguistik und Deutschunterricht hergestellt wird, dann findet man nur wenige. Das heißt nicht, dass es nicht Vorstöße in dieser Richtung gibt, doch firmieren diese meist unter anderem Vorzeichen. Oft wird bereits im Titel Bezug genommen auf Bezeichnungen, die für Lern- bzw. Kompetenzbereiche aus dem Deutschunterricht stehen (z.B. Reflexion über Sprache, Sprach-

---

[2] So stellten seinerzeit Bünting/Kochan (1973: 123) zur Linguistisierung fest: „Die Wandlungen in der Sprachdidaktik, die wir hier mit dem Ausdruck *Linguistisierung* zusammenfassen, sind nicht nur aus Veränderungen in der Sprachwissenschaft abzuleiten." Dagegen liest man heute in Nachschlagewerken unter dem Eintrag „Linguistisieren" die folgenden Erläuterungen: „zu sehr von der linguistischen Seite betrachten" (http://www.wissen-digital.de/Linguistisieren [letzter Zugriff: 15.10.2012]) oder „zu stark unter linguistischen Gesichtspunkten betrachten, behandeln" (http://www.duden.de/suchen/dudenonline/Linguistisieren [letzter Zugriff: 15.10.2012]).

betrachtung, Sprachreflexion, Sprache und Sprachgebrauch untersuchen), als Ausgangspunkt wird also die unterrichtliche Situation genommen. Das wird u.a. damit begründet, dass im Unterricht die Förderung der sprachlichen Kompetenzen im Zentrum stehe, nicht die Vermittlung von linguistischem Fachwissen. Eine Ausnahme ist das von Björn Rothstein herausgegebene Bändchen *Linguistische Inhalte im Deutschunterricht. Studentische Stimmen zu einem umstrittenen Thema* aus dem Jahr 2010. Hier lässt schon der Titel vermuten, dass es im Buch um die Annäherung von Linguistik und Deutschunterricht geht.[3] Wie der Herausgeber in seinem Vorwort schreibt, soll gezeigt werden, dass „trotz lauter Unkenrufe die Sprachwissenschaft selbst ein spannender Gegenstand des Unterrichts" (o.S.) sein kann. Eine andere Ausnahme stellt der Beitrag von Ursula Bredel (2010) mit dem Titel *Sprachbegriffe und Sprachthematisierung – Das Verhältnis von Linguistik, Sprachdidaktik und Schule* dar, in dem die Situation der Sprachdidaktik reflektiert wird und die „sich fremd gegenüberstehenden Denkstile" (2010: 48) in Linguistik, Sprachdidaktik und Schule vorgestellt werden. Erwähnen möchte ich in diesem Zusammenhang auch, dass die *Deutsche Gesellschaft für Sprachwissenschaft* (DGfS) im Jahr 2004 ihre Mainzer Jahrestagung unter das Rahmenthema „Linguistik in der Schule" stellte und ein Jahr später zusammen mit der Johannes Gutenberg-Universität Mainz einen Workshop zum selben Thema ausrichtete. Darüber hinaus wird seit dieser Zeit von DGfS-Mitgliedern eine „Lehramtsinitiative" organisiert, die u.a. dazu dient, am Rande der Jahrestagungen interessante Veranstaltungen für Lehrerinnen und Lehrer anzubieten.

Es gibt also durchaus Bestrebungen, das „prekäre Verhältnis" (wie Albrecht Bremerich-Vos es in einem Beitrag aus dem Jahr 2003 nennt) von Linguistik, Sprachdidaktik und Schule wieder zu thematisieren, zu verbessern und die Linguistik stärker an die Schule bzw. an die Lehrpersonen heranzuführen (im übertragenen und wörtlichen Sinne des Wortes). Und auch in den Schulen scheut man nicht mehr nur vor dem Wort „Linguistik" zurück. Als Beispiel hierfür sei das „Linguistische Portal" der Kantonsschule Zug (Schweiz) genannt (vgl. dazu Stirnemann 2011). Dabei handelt es sich um ein Schulfach, das im achten Schuljahr angeboten wird und insgesamt neun Module (1. Laut und Schrift, 2. Gesichter der Wörter, 3. Syntax, 4. Semantik, 5. Fremde Sprachen, 6. Pragmatik, 7. Kommunikation, 8. Soziolinguistik, 9. Sprachwandel) umfasst. Zur Konzeption dieses Faches findet man im Lehr-

---

[3] Schlägt man das Buch dann auf, stellt man allerdings fest, dass hier nicht grundsätzliche Fragen zum Verhältnis von Linguistik und Schule thematisiert werden, sondern auf der Basis studentischer Beiträge gezeigt wird, wie linguistisch relevante Themen im Unterricht behandelt werden können (z.B. die Verbzweitstellung in *weil*-Sätzen oder der Gebrauch des Konjunktiv II).

plan den folgenden Hinweis: „Die didaktische Konzeption des Fachs zielt darauf ab, ein Basiswissen zum Thema Sprache(n) zu schaffen. Auf diesem Vorwissen können die anderen Sprachfächer aufbauen; erst durch Vorwissen wird sinnvolles Weiterlernen möglich" (Linguistisches Portal 2010: 2).

Auf das Linguistische Portal werde ich an späterer Stelle zurückkommen, hier sei nur so viel gesagt: So viele Jahre, nachdem die Linguistik in der Schule in Misskredit geraten ist, wagt man es nun wieder – um mit Georg Christoph Lichtenberg zu sprechen – „neue Blicke durch die alten Löcher zu werfen", d.h. linguistische Themen im Unterricht zu behandeln und dies auch offen so zu benennen. Ein Grund dafür mag sein, dass nach den Ergebnissen der ersten PISA-Studie, die im Jahr 2000 publiziert wurden, in der Deutschdidaktik die sprachlichen Kompetenzen der Schülerinnen und Schüler stärker in den Fokus rückten und man sich von der Linguistik für die Vermittlung dieser Kompetenzen neue Impulse erhoffte. Diese Vermutung liegt auch nahe, wenn man den Ankündigungstext zur oben erwähnten DGfS-Jahrestagung liest. Dieser Text ist keineswegs nur ein Plädoyer für den Einbezug linguistischer Themen in den Deutschunterricht. Vielmehr wird primär darauf Bezug genommen, dass Forschungsergebnisse aus der Linguistik für die Unterrichtspraxis (z.B. für das Lesen- und Schreibenlernen) nutzbar gemacht werden sollten:

> Dieses Thema ist von größtem Interesse für Öffentlichkeit und Wirtschaft, und dies nicht erst seit der PISA-Studie. So wird von Arbeitgebern immer wieder geklagt, dass die SchulabgängerInnen über mangelnde Kenntnisse der Rechtschreibung und Grammatik verfügen, dass sie oft nicht in der Lage sind, einfache Texte zu verstehen oder zu verfassen, dass sie Schwierigkeiten haben, sich mündlich angemessen und verständlich auszudrücken. Wir wollen auf dieser Fachtagung aus der Perspektive der Sprachwissenschaft untersuchen, worin die Gründe dafür liegen und welche Möglichkeiten Hochschule und Schule bieten, die Situation zu verbessern. So könnte man beispielsweise daran denken, neueste Erkenntnisse über die Prozesse des Lesen- und Schreibenlernens für die Unterrichtspraxis zu verwenden, die sprachbezogenen Schulfächer besser miteinander zu vernetzen und die faktische Situation der Mehrsprachigkeit in den meisten Schulklassen stärker zu berücksichtigen. [...] Ergänzend werden Plenarvorträge stattfinden sowie eine Podiumsdiskussion zum Thema, die verschiedenen Aspekten des Themas (Schule, Hochschule, Politik, Bildungsforschung, etc.) Rechnung trägt. Wir wünschen uns daher, dass nicht nur SprachwissenschaftlerInnen, sondern auch LehrerInnen den Weg an die Johannes Gutenberg-Universität Mainz finden und sich von den Diskussionen angeregt fühlen.
>
> Deutsche Gesellschaft für Sprachwissenschaft (http://www.uni-mainz.de/dgfs2004/ [letzter Zugriff: 15.10.2012])

Einer der Plenarvorträge, die anlässlich dieser Jahrestagung zum Thema „Linguistik in der Schule" gehalten wurden, stammt von dem Linguisten Peter Eisenberg. Im selben Jahr noch wurde dieser Vortrag unter dem Titel

Wieviel Grammatik braucht die Schule? in einer fachdidaktischen Zeitschrift veröffentlicht. Eisenberg gibt in seinem Beitrag zu bedenken, dass angehende Lehrer oft die Frage stellen würden: „Und wie sollen wir das unseren Schülern beibringen?"[4] Seine Antwort darauf ist so lapidar wie wahr: „Davon müssen wir wegkommen. Unsere Lehrer sollen in die Lage versetzt werden, ihr Wissen zu gebrauchen, ohne es unbedingt preiszugeben" (Eisenberg 2004: 19). Der Maßstab ist also nicht, was im Unterricht tatsächlich vermittelt werden kann; wichtiger sei, so Eisenberg, dass die Lehrer über ein umfassendes Wissen verfügen, aus dem sie für ihren Unterricht schöpfen können.

Damit komme ich zum letzten Punkt, der die grundsätzliche Frage zum Verhältnis von Linguistik und Schule betrifft und hier angesprochen werden soll: Auf welche Konzepte kann man zurückgreifen, wenn man eine Verbindung zwischen diesen beiden Polen herstellen will? Folgt man dem Überblicksartikel von Eichler/Henze (1990) zum Thema *Sprachwissenschaft und Sprachdidaktik*, dann lassen sich hier drei Wege unterscheiden. Es sind dies die Umsetzungsdidaktik, die Anwendungsdidaktik und die erfahrungsorientierte Didaktik. Diese werden im Folgenden in Anlehnung an die auf Eichler/Henze (1990) aufbauenden Beiträge von Michael Becker-Mrotzek (1997) und Hartmut Günther (1998) charakterisiert: Die Umsetzungsdidaktik (auch Abbilddidaktik genannt) zeichnet sich dadurch aus, dass fachwissenschaftliche Themen direkt in den Unterricht übernommen werden. Das war v.a. Anfang der 1970er-Jahre der Fall, also zu Zeiten der oben geschilderten Linguistisierung, als sich die Linguistik an den Universitäten etablierte und in der Forschung die Generative Grammatik (damals: die Generative Transformationsgrammatik, GTG) ihren Aufschwung nahm. Bekanntlich versuchte man zu dieser Zeit, Elemente aus der Generativen Grammatik Eins-zu-Eins in den Deutschunterricht zu transportieren, was, wie Ursula Bredel kritisch schreibt,

> wesentlich von der Sprachdidaktik, dem dritten Denkkollektiv, vorangetrieben wurde, die sich lange als Vermittlungsinstanz zwischen ‚Theorie' und ‚Praxis' verstand und von den beschriebenen Denkkollektiven dasjenige mit der größten Adaptionsfähigkeit zu sein scheint.

Bredel (2010: 50)

So findet man in dem genannten Buch von Bünting/Kochan (1973) zahlreiche Argumente dafür, dass „Beschreibungsweise und Erkenntnisse der TG über syntaktische Strukturen [...] für die didaktische Grammatik mit Gewinn einzusetzen" sind (1973: 213). Ein Argument, das die beiden Autoren anfüh-

---

[4] Über ähnliche Erfahrungen berichtet Björn Rothstein in seinem Vorwort zu dem bereits erwähnten Sammelband. Er schreibt: „Wer etwa Generative Syntax unterrichtet, wird sich immer wieder die Frage nach dem Sinn solcher Lerninhalte für Lehramtsstudierende gefallen lassen müssen" (2010: o.S.).

ren, ist, dass „die Grundmuster der Syntax anschaulich gemacht werden können durch die Formationsregeln und die Stammbäume" (Bünting/Kochan 1973: 213). Dieser Ansatz wurde von Detlef C. Kochan in einem Sprachbuch des Schrödel-Verlags (*Sprache und Sprechen*) aus dem Jahr 1972 denn auch praktisch umgesetzt: Bereits in der Ausgabe für das 5. Schuljahr werden hier Sätze in NP und VP zerlegt und Phrasenstrukturregeln eingeführt.

Wie Michael Becker-Mrotzek (1997: 18) rückblickend schreibt, wurde diese Linguistisierung des Deutschunterrichts „sehr schnell – etwa ab 1970 – wieder aufgegeben". Die Umsetzungsdidaktik scheiterte zwar nicht so schnell, wie Becker-Mrotzek angibt (vgl. die Erscheinungsjahre der oben genannten Arbeiten); und sie scheiterte auch nicht definitiv, wie ich weiter unten noch zeigen werde. Fakt aber ist, dass ein anderer Ansatz inzwischen mehr Zuspruch findet und auch dem oben zitierten Ankündigungstext zur DGfS-Tagung 2004 zugrunde liegt: die Anwendungsdidaktik. Ihr Kennzeichen ist, dass linguistische Erkenntnisse herangezogen werden, um Unterrichtsprozesse zu reflektieren (z.B. die Modalitäten der Schüler-Lehrer-Kommunikation) und auf dieser Basis die Unterrichtsmethoden zu optimieren. Becker-Mrotzek (1997: 18) kommentiert diesen Ansatz folgendermaßen: „Linguistik wird so nicht unmittelbar zum Gegenstand des Unterrichts, sondern beeinflusst seine Inhalte und Methoden." Die Linguistik findet hier also nur noch mittelbar Eingang in den Unterricht. Dies gilt auch für die erfahrungswissenschaftlich ausgerichtete Sprachdidaktik, die noch einen Schritt weiter geht und sprachdidaktische Konzepte auf der Basis empirischer Untersuchungen zu entwickeln versucht. Im Zentrum steht dabei, wie Becker-Mrotzek (1997: 21) als einer der Hauptverfechter dieses Ansatzes schreibt, „die empirische Rekonstruktion authentischer Wirklichkeitsbeobachtung".

Hartmut Günther (1998) führte in seiner Kölner Antrittsvorlesung die Überlegungen von Michael Becker-Mrotzek noch weiter, indem er die Forderung aufstellte, dass empirische Forschungen zum Unterrichtsgeschehen nicht nur einen Rückfluss in die Sprachdidaktik, sondern auch in die Sprachwissenschaft haben sollten (so z.B. wenn es um die Frage gehe, wie die Systematik der satzinternen Großschreibung am besten beschrieben werden kann). Auch dieser Ansatz wurde kritisch gesehen (vgl. dazu Bremerich-Vos 2003), es ist aber derjenige, der unter Sprachdidaktikern bis heute – im Vergleich zur Umsetzungsdidaktik – das höhere Ansehen genießt. So kommentierte Hartmut Günther (1998: 25) damals kritisch: „Gemeinsam ist den Umsetzungsansätzen – durch die Fachwissenschaft werden die Fakten geklärt, die dann vom ‚Praktiker' umgesetzt oder angewandt werden müssen – ein systematisches Fehldenken." Und Albert Bremerich-Vos (2003: 286) hielt fest: „In neueren Darstellungen der Historie der Sprachdidaktik wird diese Version verworfen, sogar gleichsam als Teil der *Vorgeschichte* [Hervorhebung im Orginal] einer eigentlich wissenschaftlichen Didaktik behandelt."

Ich selbst werde hier dennoch an die Umsetzungsdidaktik anknüpfen – und damit auch einen Vorstoß machen, sie zu rehabilitieren. Denn: Es gibt Forschungsthemen, die unter bestimmten Bedingungen im Sprachunterricht auf der Sekundarstufe II durchaus zum Unterrichtsgegenstand gemacht werden können. Das gilt nicht für die theoretischen Verästelungen der Generativen Grammatik, die immer noch als Negativbeispiel herangezogen werden, wenn von einer Umsetzungsdidaktik die Rede ist. Es gilt aber für andere Themenfelder aus der Grammatikforschung (vgl. dazu ausführlich Dürscheid 2010) und es gilt auch für die Schriftlinguistik. Welche Teilbereiche hierunter fallen und wie diese Eingang in die Schule finden können, wird Gegenstand der folgenden Abschnitte sein.

3. Die Schriftlinguistik als wissenschaftliche Disziplin

Wie bereits angedeutet, ist die Schriftlinguistik keine fest umrissene, in der Fachwissenschaft fraglos anerkannte linguistische Disziplin. So schreibt Oliver Rezec in seiner Dissertation:

> Falls man die Schriftlinguistik überhaupt als etablierte Disziplin bezeichnen darf, so ist sie dies noch nicht lange. Der größte Teil der – fast ausschließlich graphematisch und orthographisch orientierten – Forschungsbemühungen datiert auf die letzten vier Jahrzehnte. Bis heute ist es der Schriftlinguistik noch nicht einmal gelungen, eine allgemein akzeptierte und widerspruchsfreie Definition ihres Grundbegriffs zu etablieren.
>
> Rezec (2009: 8)

Rezec (ebd.: 9) führt weiter aus, dass „die grundlegende Einheit der Schrift, das Graphem [...], üblicherweise stillschweigend mit drei Funktionen zugleich beladen" werde. In der Tat ist es so, dass es in der Forschung verschiedene Auffassungen zum Graphembegriff gibt (vgl. dazu ausführlich das Kap. „Graphematik" in Dürscheid 2012: 125ff.). Die einen verstehen unter einem Graphem nichts anderes als die schriftliche Repräsentation eines Phonems, die anderen fassen darunter die kleinste bedeutungsunterscheidende Einheit des Schriftsystems, wieder andere weisen darauf hin, dass eine solche Definition nur in einer Alphabetschrift Gültigkeit habe und der Graphembegriff deshalb weiter gefasst werden müsse. Grundsätzlich ist zu Rezecs Bemerkung aber zu sagen, dass auch andere Subdisziplinen der Linguistik keine ‚allgemein akzeptierte' Definition ihres Grundbegriffs haben und dennoch unbestritten als eigene Disziplin gelten. So ist es in der Textlinguistik keineswegs geklärt, wie die sprachliche Einheit *Text* zu definieren ist. Handelt es sich dabei um geschriebene Äußerungseinheiten? Fallen gesprochensprachliche, monologische Äußerungen nicht auch unter den Textbegriff? Sind Bilder nicht auch Texte und folglich ebenfalls Gegenstand der Textlinguistik? Auch hier sind viele Fragen offen; und je nach Erkenntnisinteresse wird man in der Begriffsbestimmung einen anderen Schwerpunkt legen. Ohnehin zeichnet sich die Wissenschaftlichkeit einer Disziplin nicht dadurch aus, dass sie ihre Grundbegriffe allgemein akzeptiert und widerspruchsfrei definieren kann. Gerade in der Komplexität solcher Begriffe liegt einer der Gründe, warum man sich wissenschaftlich mit ihnen befasst.

Werfen wir an dieser Stelle noch einen Blick auf die Forschungsbemühungen in der Schriftlinguistik, die sich Rezecs Angaben zufolge fast ausschließlich an der Graphematik und Orthographie orientierten. Mittlerweile gibt es dazu immer mehr Forschungsarbeiten (vgl. beispielsweise die Publikationen von Martin Neef, Nanna Fuhrhop, Ursula Bredel oder Beatrice Primus). Es sind dies aber nicht die einzigen Themen, die in den Bereich der Schriftlinguistik fallen. Neue Themenfelder treten hinzu (z.B. die Typographie), andere haben schon eine längere Tradition (z.B. die Forschungen zur Schriftgeschichte). Auch gibt es mittlerweile Hinweise darauf, dass die Schriftlinguistik tatsächlich als eigene Disziplin wahrgenommen wird. Da ist nicht nur mein Studienbuch zu nennen, das diesem Themenfeld gewidmet ist (vgl. Dürscheid 2012), sondern auch die Tatsache, dass unter den Wörterbüchern zur Sprach- und Kommunikationswissenschaft (WSK), die derzeit beim De-Gruyter-Verlag in Arbeit sind, auch ein Band zur Schriftlinguistik geplant ist.[5] Weiter werden, wie meine Google-Recherchen gezeigt haben, immer mehr studentische Lehrveranstaltungen zu diesem Thema angeboten; Inhaber linguistischer Lehrstühle geben die Schriftlinguistik als eines ihrer Forschungsgebiete an (z.B. Martin Neef, Karl Heinz Ramers); und auf dem Linguistik-Server der Universität Duisburg-Essen (http://links.linse.uni-due.de) findet man unter „Sprachwissenschaft" > „Themenfelder und Disziplinen" den Eintrag „Schriftlinguistik/Graphematik" mit vielen weiterführenden Literaturhinweisen. Der Terminus selbst geht vermutlich auf Arbeiten aus den 1980er-Jahren zurück, die im Umfeld des Rostocker Germanisten Dieter Nerius entstanden sind (vgl. Nerius 1988; vgl. auch als wichtige neuere Arbeit der Rostocker Forschergruppe Nerius u.a. 2007). Das Bindeglied aller in der Schriftlinguistik untersuchten Forschungsfragen ist die – in der Terminologie von Peter Koch und Wulf Oesterreicher (2011) so bezeichnete

---

[5] In diesem Band wird es knapp 1.400 Einzelartikel (von *Akzentzeichen* bis *Zypriotisch*) und ca. 45 Überblicksartikel (von *Agraphie* bis *Typographie*) geben.

– *mediale Schriftlichkeit*.[6] Der Untersuchungsgegenstand beschränkt sich also keineswegs nur auf die basalen Einheiten des Schriftsystems, sondern ist so weit gefasst, dass er von der Segmentebene über die Schreibung von Wörtern und Phrasen bis hin zur Schreibung von Texten und ihrer typographischen Gestaltung reicht.

Nun mag man sich auf den Standpunkt stellen, dass linguistische Forschungen in diesem Bereich auch unter die Bezeichnung *Schriftlichkeitsforschung* gefasst werden könnten. So gibt es Arbeiten, die bereits unter einem solchen oder ähnlich lautenden Titel erscheinen (z.B. Baurmann u.a. 1993), und auch das viel zitierte Handbuch zu eben diesem Thema, das in zwei Teilbänden vorliegt (vgl. Günther/Ludwig 1994/1996), trägt nicht den Titel *Schriftlinguistik*, sondern *Schrift und Schriftlichkeit*. Doch hat der Terminus *Schriftlinguistik* programmatischen Charakter. Er soll deutlich machen, dass geschriebene Sprache ein zentraler – und keineswegs nur ein zweitrangiger – Gegenstand der Linguistik ist, der anderen Forschungsbereichen, wie z.B. den Untersuchungen zur gesprochenen Sprache, gleichgestellt ist. Außerdem weist der Terminus darauf hin, dass hier sprachsystembezogene Fragen eine wichtige Rolle spielen. Das ist z.B. der Fall, wenn die strukturellen Grundlagen des deutschen Schriftsystems analysiert werden (so in den Arbeiten von Rezec 2009 oder Primus 2010) oder Untersuchungen an der „Schnittstelle von Morphologie und geschriebener Sprache" stehen (so der Titel einer Arbeitsgruppe bei der DGfS-Jahrestagung 2011). Natürlich gibt es auch Arbeiten (z.B. zur Schriftgeschichte), in denen diese Fragen im Hintergrund stehen. Diese werden aber ebenfalls zur Schriftlinguistik gezählt, sofern sie nicht primär kulturwissenschaftlich, historisch oder entwicklungspsychologisch ausgerichtet sind.

Welche Forschungsgebiete fallen nun in den Bereich der Schriftlinguistik? Im Folgenden werden sie in Anlehnung an Dürscheid (2012) aufgelistet und kurz kommentiert.[7] Auf Literaturangaben verzichte ich dabei weitgehend; diese können in dem erwähnten Studienbuch nachgeschlagen werden.

---

[6] Vgl. zum Terminus *medial schriftlich* das im Jahr 2011 in zweiter Auflage erschienene Standardwerk der genannten Autoren. Mediale Schriftlichkeit beziehen Koch und Oesterreicher auf die „graphische Realisierung" einer Äußerung, die konzeptionelle Schriftlichkeit auf ihren „sprachlichen Duktus" (Koch/Oesterreicher 2011: 3).

[7] Hinzu kommen weitere Bereiche, in denen ebenfalls Schriftphänomene untersucht werden. Dazu gehören die Forschungen zur „Schriftbildlichkeit" (so die Bezeichnung eines Graduiertenkollegs, das von der Deutschen Forschungsgemeinschaft unterstützt wird, siehe unter www.schriftbildlichkeit.de [letzter Zugriff: 15.10. 2012]). Auf diese Arbeiten gehe ich hier nicht ein, sondern verweise stattdessen auf die Publikationen von Sybille Krämer, die Sprecherin dieses Graduiertenkollegs ist.

Schriftlinguistik im Sprachunterricht   215

1. Verhältnis von gesprochener und geschriebener Sprache
2. Schrifttypen und Schriftsysteme
3. Schriftgeschichte
4. Graphematik
5. Orthographie
6. Typographie
7. Schriftspracherwerb

In den ersten Bereich fallen Forschungsarbeiten, welche die Unterschiede zwischen geschriebener und gesprochener Sprache, Mündlichkeit und Schriftlichkeit, Oralität und Literalität betreffen. Auch neuere linguistische Untersuchungen zur Schriftgeprägtheit unserer Gesellschaft, die Walter Ong (1982) durch seine berühmte Studie *Orality and Literacy. The Technologizing of the Word* inspiriert hat, gehören dazu. Im zweiten Bereich geht es um die Frage, nach welchen Kriterien Schriftsysteme und Schrifttypen klassifiziert werden können. Hierfür seien nur drei Beispiele genannt (vgl. dazu ausführlich Dürscheid 2012: 63ff.): das chinesische Schriftsystem (logographischer Schrifttyp), das japanische Schriftsystem (Kombination syllabisch – logographisch) und das deutsche Schriftsystem (phonographischer Schrifttyp). Der dritte Bereich betrifft die historische Dimension der Schrift. Untersucht werden hier die wichtigsten Etappen der Schriftgeschichte, wobei es keineswegs evident ist, wo diese Geschichte ihren Anfang nahm (vgl. dazu Haarmann 1991). Dies hängt damit zusammen, dass nicht geklärt ist, unter welchen Bedingungen visuelle Darstellungen als Schriftzeichen zu klassifizieren sind. Ein stärker an der Kernlinguistik ausgerichtetes Thema ist die Graphematik (Bereich 4), in der die phonologischen, silbenstrukturellen und morphologischen Regularitäten der Schreibung erforscht werden. Nicht zu verwechseln ist die Graphematik mit der Orthographie, d.h. mit der Normierung des Schriftsystems. In der Orthographie wird festgelegt, welche Schreibweisen als korrekt (= normgerecht) zu gelten haben. Bekanntlich war dieser Bereich lange Zeit sehr umstritten; durch die Rechtschreibreform von 1996 bis hin zu ihren letzten Änderungen von 2010 (vgl. Rat für Deutsche Rechtschreibung: Online-Ressource) ist die Orthographie in eine kritische, zeitweilen polemische Diskussion geraten (vgl. dazu Nerius u.a. 2007). In der Typographie wird untersucht, welche Funktionen typographische Gestaltungsmittel (z.B. die Schriftart, Schriftgröße, Zeichenabstand, Abschnittsgliederung) in der schriftlichen Kommunikation haben und inwieweit sie selbst Bedeutungsträger sein können. Allerdings wurde das Potenzial dieses Themas für die Linguistik bis vor kurzem nicht erkannt (vgl. aber Spitzmüller 2012). Anders ist dies beim Schriftspracherwerb (Bereich 7), zu dem es bereits viele Forschungen gibt. Ich erfasse darunter nicht nur das Schreiben- und Lesenlernen von Kindern, sondern auch die Alphabetisierung Erwachsener (vgl. Dürscheid 2012: 239ff.). Das geschieht aber nur aus Darstellungsgründen; für die Alphabetisierung Erwachsener gelten selbstverständlich andere Bedingungen als im kindlichen Schriftspracherwerb.

Was die Forschungen zum Schriftspracherwerb betrifft, ist unmittelbar einsichtig, dass diese eine Relevanz für die Schule haben. In Bezug auf die anderen Bereiche stellt sich aber durchaus die Frage, ob und wie sie Eingang in den Unterricht finden können. Vorschläge dazu werden in der sprachdidaktischen Literatur und in Unterrichtsmaterialien für die Sekundarstufe I und II gemacht. Ich möchte im nächsten Abschnitt aber noch einen Schritt weiter gehen und dafür argumentieren, dass in der Sekundarstufe II nicht nur didaktisch aufbereitetes Material, sondern auch fachwissenschaftliche Literatur aus dem Bereich der Schriftlinguistik zur Diskussion gestellt werden kann.

4. Die Schriftlinguistik als unterrichtsrelevante Disziplin

Welche Themen aus den oben genannten sieben Bereichen in der Sekundarstufe I behandelt werden können (und sollen), zeigt ein Blick in die *Bildungsstandards im Fach Deutsch für den Mittleren Schulabschluss* aus dem Jahr 2004. In der Auflistung der *Standards für die Kompetenzbereiche im Fach Deutsch* heißt es (hier nur in Auszügen wiedergegeben):

Äußerungen/Texte in Verwendungszusammenhängen reflektieren und bewusst gestalten
[...]
- „Sprachen in der Sprache kennen" und in ihrer Funktion unterscheiden: z.B. Standardsprache, Umgangssprache, Dialekt; Gruppensprachen, Fachsprachen; gesprochene und geschriebene Sprache.
[...]

Laut-Buchstaben-Beziehungen kennen und reflektieren
- wichtige Regeln der Aussprache und Orthographie kennen und beim Sprachhandeln berücksichtigen.

Bildungsstandards (2004: 15f.)

Auf welche Weise die Unterschiede zwischen geschriebener und gesprochener Sprache sowie „wichtige Regeln der Aussprache und Orthographie" im Unterricht thematisiert werden können, ist nicht Gegenstand der Bildungsstandards; dazu finden sich aber viele Hinweise in der einschlägigen Literatur (vgl. dazu ausführlich Dürscheid 2011). An dieser Stelle sei – mit Blick auf die Schweiz – angemerkt, dass sich im bereits erwähnten Lehrplan zum Linguistischen Portal (LP) der Kantonsschule Zug zahlreiche Anregungen dazu finden. Auch die Kompetenzen, die im Modul *Laut und Schrift* erworben werden sollen, werden hier benannt. Im Folgenden sei eine Auswahl daraus wiedergegeben:

Die Schülerinnen und Schüler können
- die Begriffe Laut und Buchstabe terminologisch unterscheiden.
- phonetische Besonderheiten einiger Sprachen erkennen (z.b. Laute wie das englische „th").
- sehen, dass gleiche Laute in verschiedenen Sprachen zum Teil auf unterschiedliche Weise grafisch dargestellt werden, z.b. dt. *Sch*iff, engl. *sh*ip.
- erkennen, dass die gleichen Buchstaben in verschiedenen Sprachen zum Teil auf unterschiedliche Weise ausgesprochen werden, z.B. dt. p*u*r / fr. p*u*r.
- verstehen, dass innerhalb einer Sprache einem Laut unterschiedliche Buchstaben zugeordnet sein können, z.B. dt. Gem*ü*se – Ph*y*siker.
- verstehen, dass innerhalb einer Sprache einem Buchstaben unterschiedliche Laute zugeordnet werden können, z.B. engl. / franz. *garage*.
- erkennen, dass das Schriftbild einer Sprache die Aussprache nicht immer eindeutig wiedergibt und dass es dazu eine standardisierte phonetische Schrift braucht.

Linguistisches Portal (2010: 12)

Dass Schülerinnen und Schüler bereits in der achten Klasse des Gymnasiums an solche Themen herangeführt werden, halte ich für sinnvoll, zumal es sich gerade bei *Laut und Schrift* um ein Unterrichtsmodul handelt, das im eigentlichen Sinne des Wortes gut darstellbar ist.[8] So ist im Lehrplan unter den Grobinhalten zu diesem Modul das Thema „Grafische Darstellung von Lauten in verschiedenen Sprachen und innerhalb derselben" vorgesehen (ebd.). In diesem Zusammenhang bietet es sich an, Textbeispiele zu verschiedenen Schriftsystemen zu präsentieren und in der Klasse über die Art und Weise der jeweiligen Verschriftung zu sprechen.

Wie aber lässt sich dieses Thema stufenangemessen in den höheren Klassen, in der Sekundarstufe II, angehen? Ich kann Umsetzungsvorschläge im Rahmen dieses Beitrags nur knapp und kursorisch behandeln; der Schwerpunkt liegt hier darauf, den Blick überhaupt auf linguistische Arbeiten zu richten und aufzuzeigen, dass es im Rahmen curricularer Vorgaben durchaus möglich ist, diese in den Unterricht zu integrieren. Wer daran Interesse hat,

---

[8] Hier das Zitat eines Lehrers zum LP: „Ich habe festgestellt, dass die Schülerinnen und Schüler in diesem Fach ihr Sprachbewusstsein beträchtlich erweitern können. Zwar sind manche Themen für 14-Jährige ziemlich abstrakt und schwer zugänglich, durch interessante, herausfordernde Arbeitsaufträge entdecken sie jedoch spielerisch forschend sprachliche Phänomene, reflektieren darüber und lernen, sich mit linguistischen Fragestellungen auseinanderzusetzen." Und eine Schülerin schreibt in ihr Lernjournal: „Seit ich ins LP gehe, benütze ich Sprache viel bewusster. Das finde ich toll!"

findet in der Literatur denn auch selbst einige Anregungen. So möchte ich hier nur exemplarisch ein Lehrmittel nennen, das den Titel *SMS-Kommunikation als Unterrichtsgegenstand. Ein Unterrichtsmodell mit Materialien für die Sekundarstufe II* (Barth/Rauch 2011) trägt und eine Unterrichtsplanung von 14 Schulstunden umfasst. In diesem Band geht es um die Beschreibung des Sprachgebrauchs in der SMS-Kommunikation und damit um sprachpraktische Fragen, es werden aber auch theoretische Aspekte behandelt und die Begriffe *konzeptionelle* und *mediale Mündlichkeit* bzw. *Schriftlichkeit* eingeführt (vgl. Barth/Rauch 2011: 27). Zudem verweisen die Autorinnen auf weitere linguistische Arbeiten (z.B. von Vilmos Ágel und Mathilde Hennig), die in diesem Zusammenhang relevant sind. Alle Vorschläge sind gut nachvollziehbar, und es ist nicht anzunehmen, dass die Linguistik hier „Negativ-Spuren" hinterlässt, wie Eva Neuland (s.o.) mit Bezug auf frühere Zeiten schreibt. So ist auch vorgesehen, die Klasse an die Methoden des wissenschaftlichen Arbeitens heranzuführen. In den Erläuterungen zu Modul 4 heißt es hierzu: „[D]ie Unterscheidung zwischen qualitativer und quantitativer Befragung sowie die Herangehensweise an das wissenschaftliche Arbeiten sind zu erarbeiten. Hierfür bietet das Tafelbild auf der nächsten Seite Hilfestellung" (Barth/Rauch 2011: 71). Auf der nächsten Seite folgen Erläuterungen zu den Arbeitsschritten, die bei der Durchführung einer Befragung einzuplanen sind (von der Fragestellung bis zur Präsentation der Ergebnisse). Dieses Wissen kann den Schülerinnen und Schülern von Nutzen sein, wenn sie im Rahmen einer eigenen kleinen Forschungsarbeit ein Thema bearbeiten möchten. So ist eine Voraussetzung für das Bestehen der Maturität (= Abitur) im Kanton Zürich das Anfertigen einer Maturaarbeit. Informationen dazu findet man in einem Erlass über die Anerkennung von gymnasialen Maturitätsausweisen:

> Schülerinnen und Schüler müssen allein oder in einer Gruppe eine grössere eigenständige schriftliche oder schriftlich kommentierte Arbeit erstellen und mündlich präsentieren.
>
> http://www2.zhlex.zh.ch/appl/zhlex_r.nsf/0/339F08FDAB6E1F82C125760E0031 1D3C/$file/410.5.pdf [letzter Zugriff: 16.10.2012]

Mit der Maturaarbeit erhalten interessierte Schülerinnen und Schüler also die Möglichkeit, eine Untersuchung zu einem selbstgewählten Thema aus dem Bereich der Linguistik durchzuführen. In der Regel umfasst eine solche Arbeit 20 bis 25 Seiten, und es wird erwartet, dass man zur Bearbeitung des Themas auch Fachliteratur heranzieht. Geht man die Titel der Maturitätsarbeiten durch, die in den vergangenen fünf Jahren im Kanton Zürich verfasst wurden (vgl. Reglemente, Leitfäden und Titel der Maturaarbeiten, Kanton Zürich: http://www.tm-ma.ch/KA/ZH/ [letzter Zugriff: 15.10.2012]), dann findet man darunter aber keine, die sich dem Bereich der Schriftlinguistik zuordnen lassen. Doch immerhin gibt es einige, in denen offensichtlich ein linguistisches Thema (z.B. aus dem Bereich der Soziolinguistik) bearbeitet wurde. Hier zur Illustration eine Auswahl der Titel:

- Männersprache – Frauensprache, untersucht am Beispiel eines Talkshow-Gesprächs
- Sprachentwicklung bei Kindern mit Down-Syndrom
- Esperanto. Eine vergessene Weltsprache?
- Wenn Blicke töten könnten: Körpersprache
- Die Schweiz – ein viersprachiges Land
- Sprachwandel der Zürcher Mundart innerhalb einer Familie
- Werbesprache und ihre Funktionen
- Subkulturelle Sprachstile Jugendlicher, mit besonderem Blick auf das Internet
- Fahrplan lesen – Bahnhof verstehen. Eine Analyse der Sprache von Aphasikern
- Wie erkennt man Lügen anhand der Körpersprache? Diskrepanz zwischen verbaler und nonverbaler Kommunikation

Reglemente, Leitfäden und Titel der Maturaarbeiten, Kanton Zürich
(http://www.tm-ma.ch/KA/ZH/ [letzter Zugriff: 15.10.2012])

Wie diese Beispiele zeigen, gibt es ein breites Spektrum an linguistischen Themen, und dieses Spektrum ließe sich auch auf die Schriftlinguistik ausweiten. So könnte man in einer Maturaarbeit die graphostilistischen Merkmale in der Printwerbung untersuchen oder die Unterschiede zwischen einer Chatkommunikation und einem Gespräch herausarbeiten, man könnte die Reform der deutschen Rechtschreibung mit Rechtschreibreformen in anderen Ländern vergleichen, die typographische Gestaltung von Textsorten untersuchen oder anhand ausgewählter Beispiele die Laut-Buchstaben-Beziehungen im Deutschen mit anderen Sprachen vergleichen. Das Gesagte gilt natürlich auch für die Facharbeit, die in Deutschland als Voraussetzung für das Abitur angefertigt werden muss (z.B. in Thüringen) oder bereits am Ende der Sekundarstufe I geschrieben werden kann (z.B. in Sachsen). In Bayern müssen die Schülerinnen und Schüler laut ministerieller Vorgaben diese Arbeit in einem wissenschaftspropädeutischen Seminar (W-Seminar) verfassen. Dieses W-Seminar ist einem Leitfach (also z.B. dem Fach Deutsch oder Mathematik) zugeordnet und vermittelt „fachwissenschaftliche Inhalte und Arbeitsweisen [...] beispielhaft anhand eines Rahmenthemas".[9] Die Vermittlung fachwissenschaftlicher Inhalte könnte hier, ein geeignetes Rahmenthema vorausgesetzt, also auch die Lektüre linguistischer Texte umfassen. Werfen wir abschließend einen Blick auf die Prüfungsanforderungen im Zentralabitur, dann stellen wir fest, dass dies auch durchaus so vorgesehen ist. Im Fol-

---

[9] Diese und weitere Informationen findet man über die Homepage des Bayerischen Gymnasialnetzes (http://www.gymnasium.bayern.de/gymnasialnetz/oberstufe/seminare/w-seminar/ [letzter Zugriff: 15.10.2012]).

genden beziehe ich mich auf die Prüfungsanforderungen in den Bundesländern Brandenburg und Berlin, in denen seit dem Schuljahr 2009/2010 gemeinsame Abiturprüfungen durchgeführt werden. In den Hinweisen zur Vorbereitung auf die Abiturprüfung im Fach Deutsch werden vier inhaltliche Schwerpunkte unterschieden. Darunter lässt sich ein Schwerpunkt der Sprachbetrachtung zuordnen. Dieser ist für das vierte Kurshalbjahr vorgesehen und umfasst die folgenden Themen:

Festgelegtes Thema:
Literatur und Sprache im 21. Jahrhundert
Mediensprache

Verbindliches Unterthema:
Der Einfluss neuer Medien auf die Sprachentwicklung
Es sind Texte zur Sprachentwicklung und zum Sprachgebrauch im Kontext gesellschaftlicher und kultureller Veränderungen zu behandeln.

Hinweise zur Vorbereitung auf die Abiturprüfung 2013 (2011: 1)

In den weiteren Hinweisen zu diesem Schwerpunkt werden Literaturempfehlungen gegeben und darunter auch linguistische Arbeiten genannt (z.B. von Angelika Storrer, Gisela Zifonun, Jörg Kilian, Eva Neuland und Mathilde Hennig), von denen einige wiederum an der Schnittstelle von Medienlinguistik und Schriftlinguistik stehen. Dabei handelt es sich um Texte, bei denen es keineswegs notwendig ist, diese so aufzubereiten, dass den Schülerinnen und Schülern nur ausgewählte Häppchen serviert werden. Dazu gehört z.B. der Aufsatz von Jörg Kilian (2006) mit dem Titel *Standardnorm versus „Parlando" in Schüler/innen-Chats. Kontrastiv-kritische Spracharbeit im Bereich mündlich und schriftlich entfalteter Schriftlichkeit*. Diesen Titel könnte man als Lektüreauftrag geben, im Unterricht zur Diskussion stellen und gemeinsam mit der Klasse um eigene Untersuchungen ergänzen (z.B. zur Verwendung von Emoticons im Chat und auf Facebook).

5. Schlussbemerkung

In den vorangehenden Abschnitten wurde die Argumentation zu der im Titel gestellten Frage *Schriftlinguistik im Sprachunterricht. Warum nicht?* in zwei Schritten geführt: Zunächst wurde dargelegt, was gegen dieses Thema sprechen könnte, warum es nicht im Unterricht behandelt werden sollte. Hier habe ich v.a. historische Gründe angeführt: Die Linguistik ist in der Schule seit den 1970er-Jahren verpönt. Unter vielen Deutschlehrerinnen und Deutschlehrern hat sie immer noch einen schweren Stand. Hinzu kommen fachliche Bedenken: Der Sprachunterricht hat sich an den Bedürfnissen der Schülerinnen und Schülern zu orientieren, nicht an den Inhalten der Bezugswissenschaft; die Erweiterung der sprachlichen Kompetenz steht im Zentrum des schulischen Unterrichts, nicht die Vermittlung fachwissenschaftlicher Inhalte (vgl. zur Diskussion dieser und anderer Argumente auch Neuland 2003: 81). In einem zweiten Schritt mündete meine Argumentation in eine positive Antwort: Warum nicht? Wenn wissenschaftspropädeutischer Unterricht als sinnvoll erachtet wird, wenn die Schriftlinguistik interessante, leicht zugängliche Aspekte umfasst und wenn es gut lesbare linguistische Arbeiten zu aktuellen Fragen des schriftlichen Sprachgebrauchs (z.B. zur SMS- und Internetkommunikation) gibt, dann – so habe ich argumentiert – kann man dieses Thema auch im Sprachunterricht behandeln.

Nun mag diese Argumentation hier nicht erstaunen: Die rhetorische Frage *Warum nicht?* birgt diese Antwort ja bereits in sich, und die Tatsache, dass ich selbst ein Studienbuch zur Schriftlinguistik verfasst habe, lässt ohnehin vermuten, dass ich eine große Affinität zu diesem Thema habe. Doch plädiere ich nicht aus diesem Grunde dafür, Schriftlinguistik in den Sprachunterricht einzubeziehen. Vielmehr hoffe ich gezeigt zu haben, dass es gute Argumente dafür gibt, die Schriftlichkeit in allen ihren Facetten zum Reflexionsgegenstand im Unterricht zu machen. Sprachbetrachtung ist immer auch Schriftbetrachtung.

Literatur

Barth, Dominique/Prisca Rauch (2011): SMS-Kommunikation als Unterrichtsgegenstand. Ein Unterrichtsmodell mit Materialien für die Sekundarstufe II. – Bern: Hep.
Baurmann, Jürgen/Hartmut Günther/Ulrich Knoop (Hgg.) (1993): Homo scribens: Perspektiven der Schriftlichkeitsforschung. – Tübingen: Niemeyer (Reihe Germanistische Linguistik 134).
Becker-Mrotzek, Michael (1997): Zum Verhältnis von Sprachwissenschaft und Sprachdidaktik. – In: Didaktik Deutsch 3, 16-32.
Bildungsstandards im Fach Deutsch für den Mittleren Schulabschluss. Beschlüsse der Kultusministerkonferenz vom 4.12.2003. Hg. vom Sekretariat der Ständigen Konferenz der Kultusminister der Länder in der Bundesrepublik Deutschland. April 2004.
Bredel, Ursula (2010): Sprachbegriffe und Sprachthematisierung – Das Verhältnis von Linguistik, Sprachdidaktik und Schule. – In: Christina Noack/Klaus-Michael Köpcke (Hgg.): Sprachliche Strukturen thematisieren. Sprachunterricht in Zeiten der Bildungsstandards – Baltmannsweiler: Hohngehren (Diskussionsforum Deutsch 28), 47-59.

Bremerich-Vos, Albert (2003): Sprachdidaktik und Sprachwissenschaft – Anmerkungen zu einem prekären Verhältnis und seiner Zukunft. – In: Angelika Linke/Hans-Peter Ortner/Paul R. Portmann-Tselikas (Hgg.): Sprache und mehr. Ansichten einer Linguistik der sprachlichen Praxis. – Tübingen: Niemeyer (Reihe Germanistische Linguistik 245), 285-304.

Bünting, Karl-Dieter/Detlef C. Kochan (1973): Linguistik und Deutschunterricht. – Kronberg/Ts.: Scriptor (Scriptor-Taschenbücher 4).

Bußmann, Hadumod (Hg.) (2008): Lexikon der Sprachwissenschaft. 4., durchges. und bibliogr. ergänzte Aufl. unter Mitarbeit von Hartmut Lauffer. – Stuttgart: Kröner.

Deutsche Gesellschaft für Sprachwissenschaft (DGfS) (2004): Linguistik in der Schule. [Ankündigung zur] 26. Jahrestagung der Deutschen Gesellschaft für Sprachwissenschaft an der Johannes Gutenberg-Universität Mainz vom 25.-27. Februar 2004. [Online: http://www.uni-mainz.de/dgfs2004/] Letzter Zugriff: 23.06.2012.

DFG Graduiertenkolleg 1458 „Schriftbildlichkeit" (2009) [Online-Version: www.schriftbildlichkeit.de] Letzter Zugriff: 23.06.2012.

Duden online (2012): Linguistisieren. [Online-Version: http://www.duden.de/rechtschreibung/linguistisieren] Letzter Zugriff: 26.01.2012.

Dürscheid, Christa (2007): Damit das grammatische Abendland nicht untergeht. Grammatikunterricht auf der Sekundarstufe II. – In: Klaus-Michael Köpcke/Arne Ziegler (Hgg.): Grammatik in der Universität und für die Schule. Theorie, Empirie und Modellbildung. – Tübingen: Niemeyer (Reihe Germanistische Linguistik 277), 45-65.

– (2010): Lateinische Schulgrammatik oder andere Modelle? Welche Grammatik eignet sich am besten zur Beschreibung des Deutschen? – In: Mechthild Habermann (Hg.): Grammatik wozu? Vom Nutzen des Grammatikwissens in Alltag und Schule. – Mannheim/Zürich: Dudenverlag (Thema Deutsch 11), 47-65.

– (2011): „Schreib nicht, wie du sprichst". Ein Thema für den Deutschunterricht. – In: Björn Rothstein (Hg.): Sprachvergleich in der Schule. – Baltmannsweiler: Hohengehren (Thema Sprache - Wissenschaft für den Unterricht 1), 89-109.

– (2012): Einführung in die Schriftlinguistik. Ergänzt um ein Kapitel zur Typographie von Jürgen Spitzmüller. 4., überarb. und akt. Auflage. – Göttingen: Vandenhoeck & Ruprecht (UTB 3740).

Eichler, Wolfgang/ Walter Henze (1990): Sprachwissenschaft und Sprachdidaktik. – In: Günter Lange/Karl Neumann/Walter Ziesenis (Hg.): Taschenbuch des Deutschunterrichts. 4. Aufl., 1. korr. Nachdruck – Baltmannsweiler: Hohengehren, 153-172.

Eisenberg, Peter (2004): Wieviel Grammatik braucht die Schule? – In: Didaktik Deutsch 17, 4-25.

Günther, Hartmut (1998): Sprachwissenschaft und Sprachdidaktik. Am Beispiel großer und kleiner Buchstaben. – In: Didaktik Deutsch 4, 17-33.

Günther, Hartmut/ Otto Ludwig (Hgg.) (1994/1996): Schrift und Schriftlichkeit. Ein interdisziplinäres Handbuch internationaler Forschung. 2 Halbbde. – Berlin/New York: de Gruyter (Handbücher zur Sprach- und Kommunikationswissenschaft 10).

Haarmann, Harald (1991): Universalgeschichte der Schrift. 2., durchgesehene Auflage. – Frankfurt a. M./New York: Campus-Verlag.

Hinweise zur Vorbereitung auf die Abiturprüfung 2013 Prüfungsschwerpunkte Deutsch. Bildungsserver Berlin-Brandenburg. [Online-Version: http://bildungsserver.berlin-brandenburg.de/fileadmin/bbb/unterricht/pruefungen/abitur_bb/RS_Z A_2013/Deutsch_2013.pdf] Letzter Zugriff: 23.06.2012.

Kilian, Jörg (2006): Standardnorm versus Parlando in Schüler/innen-Chats. Kontrastiv-kritische Spracharbeit im Bereich mündlich und schriftlich entfalteter Schriftlichkeit – In: Der Deutschunterricht 58/5, 74-83.
Koch, Peter/Wulf Oesterreicher (2011): Gesprochene Sprache in der Romania. Französisch, Italienisch, Spanisch. 2. aktual. und erweiterte Auflage. – Berlin/New York: de Gruyter (Romanistische Arbeitshefte 31).
Linguistisches Portal. Lehrplan für das kantonale Zusatzfach (2010) [Online: http://www.zug.ch/behoerden/direktion-fur-bildung-und-kultur/ksz/dokumente/lehrplaene/resolveUid/f5bb2eb722c29fe7a4f7ff3eb33194af/at_download/file_pdf] Letzter Zugriff: 23.06.2012.
Neuland, Eva (2003): Die Rolle der Linguistik im Rahmen der Professionalisierung der Lehrerausbildung. – In: Ulrike Haß/Christoph König (Hgg.): Literaturwissenschaft und Linguistik von 1960 bis heute. – Göttingen: Wallstein (Marbacher Wissenschaftsgeschichte 4), 68-86.
Nerius, Dieter/Gerhard Augst (Hgg.) (1988): Probleme der geschriebenen Sprache. Beiträge zur Schriftlinguistik auf dem XIV. Internationalen Linguistenkongreß 1987 in Berlin. – Berlin: Akademie der Wissenschaften der DDR (Linguistische Studien A, 173).
Nerius, Dieter u.a. (Hgg.) (2007): Deutsche Orthographie. 4., neu bearbeitete Auflage. – Hildesheim u.a.: Olms.
Ong, Walter Jackson (1982): Orality and Literacy. The Technologizing of the Word. – London/New York: Methuen & Co (New Accents).
Piirainen, Ilpo Tapani (1969): Zur Linguistisierung der Literaturforschung. – In: Linguistische Berichte 1, 70-73.
Primus, Beatrice (2010): Strukturelle Grundlagen des deutschen Schriftsystems. – In: Ursula Bredel/Astrid Müller/Gabriele Hinney (Hgg.): Schriftsystem und Schrifterwerb: linguistisch – didaktisch – empirisch. – Berlin/New York: de Gruyter (Reihe Germanistische Linguistik 289), 9-45.
Rat für deutsche Rechtschreibung. Institut für Deutsche Sprache (IDS). [Online-Version: www.rechtschreibrat.com] Letzter Zugriff: 14.05.2012.
Reglemente, Leitfäden und Titel der Maturaarbeiten. Kanton Zürich. [Online-Version: http://www.tm-ma.ch/KA/ZH/] Letzter Zugriff: 23.06.2012.
Rezec, Oliver (2009): Zur Struktur des deutschen Schriftsystems. – Dissertation Universität München. [Online verfügbar unter: http://edoc.ub.uni-muenchen.de/10730] Letzter Zugriff: 28.05.2012.
Rothstein, Björn (Hg.) (2010): Linguistische Inhalte im Deutschunterricht. Studentische Stimmen zu einem umstrittenen Thema. – Stuttgart: ibidem.
Spitzmüller, Jürgen (2012): Graphische Variation als soziale Praxis. Eine soziolinguistische Theorie skripturaler ‚Sichtbarkeit'. – Habilitationsschrift Univ. Zürich (unveröff.).
Stirnemann, Knut (2011): Entdeckungsreise in die Welt der Sprachen. Das Linguistische Portal als interdisziplinäre Ergänzung zum Deutsch- und Fremdsprachenunterricht. In: Deutschblätter. Grossgeschrieben und kleiner geredet? Erstsprache Deutsch im Spannungsfeld zwischen Gymnasium und Hochschule. – Hg. v. Verein Schweizerischer Deutschlehrerinnen und Deutschlehrer (VDSL), 77-92.

Ulrich, Winfried (1995): Linguistik für den Deutschunterricht. Beispieltexte und Arbeitsaufgaben zur Einführung in die Sprachwissenschaft und für den Lernbereich Reflexion über Sprache. 6. Auflage. – Aachen-Hahn: Hahner Verlagsgesellschaft.

Wiemer, Rudolf Otto (Hg.) (1974): Bundesdeutsch: Lyrik zur Sache Grammatik. – Wuppertal: Hammer.

WissenDigital (2012): Linguistisieren. [Online: http://www.wissen-digital.de/Linguistisieren] Letzter Zugriff: 15.10.2012.

Wolfgang Boettcher

Kooperative Kommasetzung aus Schreiber- und Leserperspektive

Ein Beitrag zum integrativen Grammatikunterricht

1. Einstieg – Worum geht es?

Noch im Master of Education betrachten zukünftige Deutschlehrende Kommasetzung überwiegend als undurchschaubar und zugleich als sprachlich wenig relevant. Sie geben an, Kommas (daher) ‚nach Gefühl' zu setzen. Sehr bald ‚gestehen' sie dann, die Regelvorgaben nicht zu kennen. Kein Wunder, dass sie mit ihren späteren Schülerinnen/Schülern einen bewussten Umgang mit Kommaentscheidungen bereitwillig vermeiden; das schützt beide Seiten.

Mir geht es darum, Kommasetzung als durchschaubar darzustellen, als relevantes Lese-Steuerungsinstrument und damit als integrativen Teil einer funktionalen Betrachtung von Sprache und Sprachgebrauch.

Vermehrtes Nachdenken über Kommabedingungen und Kommaentscheidungen in eigenen Texten und Texten anderer ist für mich nicht ein den Deutschunterricht wieder einmal erweiterndes und damit überlastendes Zusatzgeschäft, sondern Kerngeschäft im Deutschunterricht: Es hilft im Lernbereich „Reflexion über Sprache", die grammatische Analyse funktional zu fokussieren; es hilft beim Umgang mit Texten, den Blick für deren ‚Mach-Art' zu schärfen; und es hilft bei der Überarbeitung eigener Texte, den ‚inneren Leser' zu schulen. Nachdenken über Kommasetzung ist insofern angewandte Reflexion über Grammatik.

2. Wohin mit der Kommasetzung?

2.1 Ein Blick in den Lehrplan

Interpunktion ist in den Kompetenzlehrplänen im Lernbereich „Reflexion über Sprache" untergebracht. Für das Lern-Ergebnis gilt damit der für diesen Lernbereich typische Anspruch: „sicheres Beherrschen" der Zeichensetzungsregeln, also in den Dimensionen Kennen und Können; als Unterstützung dazu – und zugleich als kompensatorische Ergänzung individueller Rest-Unsicherheiten – Aufbau eines grammatischen Monitoring.

> Lehrplan G8 – Kompetenzen am Ende der Jahrgangsstufe 9
> Lernbereich „Reflexion über Sprache"
>   im Aufgabenschwerpunkt „Richtig schreiben":
>   Grundregeln der [...] Zeichensetzung sicher beherrschen
>   individuelle Fehlerschwerpunkte erkennen und mithilfe von Rechtschreibstrategien abbauen, insbesondere [...] grammatisches Wissen anwenden

Bei der Differenzierung dieser Anforderungen nach Jahrgangsstufen finden sich für 5/6 und 7/8 (und ähnlich auch für 9) die Formulierungen

> Sie kennen und beachten satzbezogene Regelungen [...]

Für den Lern-‚Weg' gelten die für diesen Lernbereich typischen Ansprüche einer grundsätzlich funktionalen Ausrichtung, altersangemessen regelentdeckenden Arbeitens und hinreichender Lernbereichsintegration. Für eine Lernbereichsintegration sind beim Aufbau der Kommatierungs-Fähigkeit drei Optionen denkbar:

(1) Die Entwicklung der Kommatierungs-Fähigkeit wird systematisch innerhalb des Lernbereichs „Reflexion über Sprache" gefördert: Im Gefolge syntaktischer Einsichten in die Struktur von einfachen und komplexen Sätzen werden die dabei ev. mitspielenden Komma-Pflichten thematisiert und von Zeit zu Zeit systematisiert.

(2) Integration von Sprachreflexion mit „Lesen – Umgang mit Texten": Bei der Analyse pragmatischer wie auch poetischer Texte werden routinemäßig die Kommaentscheidungen in diesen Texten und ihre Wirkungen auf den Leseprozess mitreflektiert; dabei entwickelt sich ein Komma-‚Gefühl', dem man bei eigener Textproduktion dann hoffnungsvoll folgt.

(3) Integration von Sprachreflexion mit „Schreiben": Bei der Produktion eigener – vorrangig pragmatischer – Texte werden regelmäßig Kommaentscheidungen thematisiert, durch Gegen-Lesen evaluiert und experimentell differenziert.

Zugang (1) arbeitet in Bredels (2011: 5) plakativer Terminologie im offline-Modus, die Zugänge (2) und (3) arbeiten im online-Modus – vorab gesagt: Beide Zugänge sind für einander nötig.

Im Lehrplan finden sich in den Lernbereichen „Schreiben" und „Lesen – Umgang mit Texten und Medien", die bei der Reflexion von Kommasetzung einzubeziehen sind, freilich nur noch schwache Interpunktionskompetenzreflexe. Im Lernbereich „Schreiben" gibt es nur noch normativ ausgerichtete Ansprüche, nicht explorative:

> Lernbereich „Schreiben"
> im Aufgabenschwerpunkt „Schreiben als Prozess":
> Strategien zur Überprüfung der [...] Rechtschreibung anwenden
> im Aufgabenschwerpunkt „Methoden und Arbeitstechniken":
> Einhaltung orthografischer [...] Normen kontrollieren

Ich bin ziemlich sicher, dass die davor aufgeführte Kompetenz

> Texte [...] überarbeiten: [...] Wirksamkeit und Angemessenheit sprachlicher Gestaltungsmittel prüfen

unter „Gestaltungsmittel" *nicht* die gestalterische Nutzung von Kommasetzungs-Spielräumen bzw. die gezielte Regelabweichung mitversteht. Interpunktions-Optionen stellen aber solche Gestaltungsmittel dar.

Zu dieser Vermutung passt, dass im Lernbereich „Lesen – Umgang mit Texten und Medien" beim Aufgabenschwerpunkt „Umgang mit Sachtexten und Medien" als eine der geforderten Kompetenzen angegeben ist:

> Sprachliche Gestaltungsmittel in ihren Wirkungszusammenhängen und in ihrer historischen Bedingtheit erkennen: [...]

Hier wird dann anschließend erläutert, was prototypisch mit „Gestaltungsmittel" gemeint ist:

> z.B. Wort-, Satz- und Gedankenfiguren, Bildsprache (Metaphern),

also *nicht* Interpunktion.

Bei der Ausdifferenzierung dieser Anforderungen nach Jahrgangsstufen werden im Lernbereich „Schreiben" die Angaben eher noch reduziert:

> im Aufgabenschwerpunkt „Schreiben als Prozess":
> 5/6 rechtschriftliche Überarbeitung
> 7/8 den Text nach den Normen der Sprachrichtigkeit überarbeiten
> 9 sprachliche [...] Überarbeitung (auch rechtschreiblich [...])

Im Lernbereich „Lesen – Umgang mit Texten und Medien" finden sich keinerlei Bezüge zur Zeichensetzung.

Angesichts des Hinweises im Lehrplan zu den Klassenarbeiten

> Gehäufte Verstöße gegen die sprachliche Richtigkeit (Rechtschreibung und Zeichensetzung) führen zu einer Absenkung der Note im Umfang einer Notenstufe

erwarte ich, dass Lehrende und Lernende im Wunsch nach Fehler-Reduktion nach Abkürzungen für ihren Kommasetzungs-Lernweg suchen und nicht den gefährlich erscheinenden ‚langen Marsch' durch eine sich entwickelnde grammatische Diagnosefähigkeit der Schülerinnen/Schüler wählen.

2.2 Ein Blick in ein Lehrwerk

Möglicherweise bieten Lehrwerke für den Deutschunterricht mehr an funktionaler Orientierung, mehr Kommaregel-Entdecken und mehr Lernbereichsintegration als der Lehrplan. Am Beispiel von *Deutschbuch 5* und *6* (im 4. Druck der 1. Auflage, 2007 bzw. 2008):

Im *Deutschbuch 5* (2007) gibt es Aussagen zur Kommaregelung und Kommasetzung sowohl innerhalb des Lernbereichs „Sprachreflexion" wie auch im Lernbereich „Schreiben". Die relativ wenigen Thematisierungen lassen sich wie folgt zusammenfassen:

Kommasetzung wird vorrangig präskriptiv angegangen – übliche Formulierungen sind:

> Achtet im Briefkopf auf das Komma zwischen Orts- und Zeitangabe und den richtigen Artikel („den") [...]

> Achtet bei der wörtlichen Rede auf die richtige Zeichensetzung [...]

> Der nachgestellte Redebegleitsatz wird durch ein Komma von der wörtlichen Rede abgetrennt.

> Achtet in euren Beschreibungen darauf, die Wörter und Wortgruppen bei Aufzählungen durch Komma voneinander zu trennen.

> Kein Komma steht vor den Konjunktionen (Bindewörtern) „und", „oder" [...]

> Haupt- und Nebensatz werden durch Komma voneinander getrennt.

> Die Hauptsätze werden manchmal nur durch Komma voneinander getrennt.

Kommaoptionen, Kommaspielräume werden im Einzelfall genannt, aber nicht mit Entscheidungsgesichtspunkten versehen, also für die Schülerinnen/Schüler nicht handhabbar gemacht:

> Das Komma kann gesetzt werden, wenn die Hauptsätze durch nebenordnende Konjunktionen wie „und" oder „oder" verbunden sind, z.B.: „Anne ging ins Kino(,) und Pia kam mit."

Wo vereinzelt einmal funktionale Zusammenhänge angedeutet werden wie z.B. im Rahmen eines Abschnitts zum Vorlesen –

> Schreibt den Text ab und setzt Pausenzeichen. Satzschlusszeichen und Kommas geben euch Hinweise, wo ihr beim Vorlesen Pausen machen solltet –,

sind die Aussagen bedenklich vereinfacht; man denke etwa an das eröffnende Komma bei ‚restriktiven' Relativnebensätzen (dem gerade *nicht* die Stimmführung entspricht):

> Jemand, der Tiere quält, hat vermutlich auch Probleme im Umgang mit Menschen.

Im Lernbereich „Lesen – Umgang mit Texten" findet sich keine Thematisierung von Kommasetzung.

Im *Deutschbuch 6* (2008) ergibt sich ein ähnliches Bild: Soweit im Lernbereich „Schreiben" unterwegs überhaupt Komma-Hinweise gegeben werden, sind sie normenorientiert formuliert – etwa der Rat, bei direkter Rede in eigenen Texten auf die Satzschlusszeichen zu achten.

Obwohl ein ganzes Kapitel (65-86) reichlich mit fachsprachlich motivierten Tabellen arbeitet, wird zu den besonderen Bedingungen für Zeichensetzung im Tabellenmodus – insbesondere Komma und Punkt – nichts gesagt.

Zwar werden in einem eigenen Kapitel zur Zeichensetzung interessante zeitgenössische literarische Texte, die mit Zeichensetzung spielen, auf Zeichensetzung hin analysiert; aber in den anderen lesezentrierten Kapiteln, z.B. „Traumlandschaften – Fantasiereisen", werden die dortigen Texte nicht auf ihren spezifischen Umgang mit Satzzeichen hin untersucht, obwohl es dort interessante kommalose Gedichte von Kaschnitz und Kruse gibt und weitere Gedichte mit interessanten Kommaabweichungen, die teils funktional interpretierbar sind, teils eher nicht: fehlende Kommas bei Scheffler, Walser und Wölfel; überschüssige bei Walser.

Es wird zwar vorgeschlagen, eine Kommaregel-Übersicht in der Klasse zu erstellen und ggf. als Wandplakat sichtbar zu halten; aber dabei geht es nur um das Einsammeln der in diesem Zeichensetzungs-Kapitel angebotenen Kenntnisse, nicht weitergehend um ein unterrichtsbegleitendes Ausprobieren und Evaluieren der Funktionen und Bedingungen angemessener Kommatierung.

Wie in Band 5 wird auch hier im Kontext der Vorbereitung von Vorlesen/Vortragen eine strategische Empfehlung zum Komma gegeben, die gefährlich, weil teils falsch, ist:

> Vor jedem Komma hebt sich die Stimme leicht und macht eine kurze Pause.

Die Erkundung der Kommaregelung in den drei Lernbereichen „Reflexion über Sprache", „Lesen" und „Schreiben" ist aufeinander angewiesen: Einzelfall-bezogene Analysen im Rahmen des Umgangs mit Texten wie auch einzelne experimentelle Versuche, Kommas bei der Überarbeitung eigener Textentwürfe angemessen einzusetzen, brauchen die regelmäßige Rückbindung an das schrittweise von den Schülerinnen/Schülern verstandene Interpunktions-*System*. Umgekehrt müssen sich die jeweils bekannten systematischen Regeln gewissermaßen online bewähren; und sie werden dabei immer wieder nachdifferenziert, weil man die Regeln fast immer an zu einseitigen Beispielen entwickelt hat.

3. Lernbereich „Reflexion über Sprache": syntaktische Indikationen für das Komma erkunden

Die derzeitigen Kommaregeln sind vorrangig syntaktisch begründet. Zwar korrelieren einige Kommaregeln (zumindest bedingt) mit prosodischen Gegebenheiten, die Kommaregeln können aber nicht aus der prosodischen Analyse hinreichend abgeleitet werden; einige der Kommaregeln widersprechen nachhaltig prosodischen Verhältnissen (ich erinnere an paariges Komma bei restriktiven Relativnebensätzen, aber auch an gehaltvolle Adverbialien im Vorfeld, die von Studierenden wie Schülerinnen/Schülern leidenschaftlich gern mit regelwidrigem Komma vor dem Finitum abgeschnitten werden). Insofern ist der Lernbereich „Sprachreflexion" die ‚fachliche Heimat' des Kommaregel-Verstehens und -Beschreibens.

3.1 Auf eigene Faust

Die Regelvorgaben in den Amtlichen Regeln sind für eine funktionale Erkundung und eine syntaktisch fundierte Beschreibung der ‚Grundregeln' der Kommasetzung leider kein gutes Modell:

Sie beschränken sich in der Regelformulierung häufig auf einen präskriptiven Modus („Zwischen ... und ... setzt man ein Komma"); das könnte man akzeptieren, weil die Vorgaben der Amtlichen Regeln keine didaktischen Ansprüche gegenüber den Bürgern haben (warum eigentlich nicht?). Aber auch da, wo sie funktionale Gesichtspunkte anführen (§71 E1 ganz; „um die Gliederung des Ganzsatzes deutlich zu machen" in §73; „um Missverständnisse auszuschließen" in §75 E2; „oft liegt es im Ermessen des Schreibenden, ob [...]" in §87), bleiben sie undeutlich und bieten keine Orientierung für die Nutzung von Interpunktions-Spielräumen (vgl. Deutsche Rechtschreibung 2006).

Die Regelformulierungen der Amtlichen Regeln sind zudem syntaktisch weitgehend intransparent –' sie sperren sich gegen einen syntaktischen Verstehenszugang der Schülerinnen/Schüler; sie provozieren nicht grammatisches Denken. Darüber hinaus sind einige der Regelungen – in meiner Sicht – in der Regel-Substanz syntaktisch unangemessen (und erhöhen die Fehler-

Wahrscheinlichkeit). Dazu kommt noch, dass die Beispiele teils unnötig zahlreich sind, dass teils aber wichtige prototypische Anwendungen nicht durch Beispiele verdeutlicht werden.

Ziel der Befassung mit der Kommaregelung ist nicht, dass Schülerinnen/Schüler eine Sammlung allgemeiner Komma-Sollensvorgaben kennen und auf Wunsch reproduzieren können; vielmehr sollen sie Grundregeln der Kommasetzung so entwickeln, dass sie von ihnen ‚unendlichen Gebrauch' machen können in den unterschiedlichen konkreten online-Situationen bei Textrezeption und Textproduktion. Also müssen die Schülerinnen/Schüler selbst – unter Leitung ihrer Lehrerin bzw. ihres Lehrers – auf eigene Faust strukturiertes Wissen über Konstruktionen entwickeln, die Kommas auf den Plan rufen.

Ein möglicher erkundender systematischer Zugang könnte sein, von einem Mager-Satz des Typs „Ihr Chef trinkt" ausgehend alle möglichen Verfahren syntaktischer Anreicherung dieses Satzes auszuprobieren und dabei zu sehen, welche dieser Anreicherungs-Verfahren Kommas verlangen. Die Grundannahme dabei wäre: Kommas treten erst im Gefolge wachsender syntaktischer Komplexität von Sätzen auf. Einen ‚mageren' kommafreien Satz wie

>   Ihr Chef trinkt.

kann man mit sieben Verfahren komplexer machen.

wortintern

1. komplexere Wörter, z.B. durch Komposition:

>   Chef → Firmenchef

satzgliedintern

2. Attribut zum Satzgliedkern bzw. weitere Attribut-Arten (‚Attribut-Geschwister'):

>   Ihr Chef → Ihr neuer Chef → Ihr neuer Chef aus Villach mit den roten Haaren

teilsatzintern

3. zusätzliche Satzglied-Arten (‚Satzglied-Geschwister'):

>   Ihr Chef trinkt abends öfters Wein.

4. Herausstellungen:

>   Ihr neuer Chef, den mag ich nicht.
>   Den mag ich nicht, ihren neuen Chef.

5. Einschlüsse:

>   Ihr Chef, ein ziemlich erfolgreicher Architekt, trinkt.

gesamtsatzintern
6. Einbau untergeordneter Teilsätze:

    Ihr Chef trinkt, wenn er depressiv ist, Wein.

Und auf der Grundlage dieser sechs Verfahren arbeitet das siebte:
7. Mehrfachbesetzung einer syntaktischen Position (‚Zwillinge', ‚Drillinge', ... ‚Mehrlinge'):

    Ihr Chef trinkt Wein, Bier und Schnaps.

Im Gefolge der drei ersten Verfahren treten keine Kommas auf. Die vier letzten Verfahren bedingen – nach der gegenwärtigen Kommaregelung – Kommas: das Verfahren 4 teils einfaches, teils paariges Komma, die Verfahren 5 und 6 paariges Komma, das Verfahren 7 einfaches Komma. Ich liste diese vier kommabedingenden Konstruktionen noch einmal auf:

(1) **Prädikatsterritorien abgrenzen** (= „Pfoten weg, das sind meine Satzglieder!"): Nebensätze und nebensatzwertige Wortgruppen innerhalb eines Satzgefüges werden durch paarig gebrauchtes Komma voneinander abgegrenzt. Dies hilft dem Leser bei der Entscheidung, welche Satzglieder er welchem Prädikat (bzw. welchem prädikatswertigen Infinitiv oder Partizip) zuordnen muss:

    *Regnet es bleiben wir hier.
    → Regnet es, bleiben wir hier.

    *Er empfahl ihm zu helfen.
    → Er empfahl, ihm zu helfen. / Er empfahl ihm, zu helfen.

    *Sie ging vom Platz enttäuscht in ein Restaurant.
    → Sie ging, vom Platz enttäuscht, in ein Restaurant.

    *Er aß gelangweilt die eine Hand in der Tasche das Brötchen.
    → Er aß gelangweilt, die eine Hand in der Tasche, das Brötchen.

(2) **Syntaktische Zwillinge/Drillinge/usw. identifizieren** (= „Bei Scheibenkäse immer ein Papier zwischen die Scheiben!"): Bei der Mehrfachbesetzung ein und derselben syntaktischen Position werden die einzelnen Besetzungen mit je einfachem Komma voneinander getrennt. Dies orientiert den Leser, dass diese Mehrfachbesetzung strukturell als Gesamtpaket verstanden werden muss:

    *Er räumte die Bücher Pauls Glas die beiden Sessel die Flaschen weg.
    → Er räumte die Bücher, Pauls Glas, die beiden Sessel und die Flaschen weg.

(3) **Einschlüsse umzäunen** durch paarig gebrauchtes Komma (= „Achtung, syntaktisches Schlagloch!"): Dies orientiert den Leser, dass er das Eingezäunte nicht glatt in die Struktur zu integrieren versucht.

(3a) **Anreden**:

*Dies sind meine Damen und Herren die schönsten Bilder.
→ Dies sind, meine Damen und Herren, die schönsten Bilder.

(3b) **erweiternde** oder **identifizierende Zusätze:**

Paul, der einzige Arzt unter uns, soll hier bleiben. (= erweiternder Zusatz)
Der einzige Arzt unter uns, Paul, soll hier bleiben. (= identifizierender Zusatz)

(3c) **erläuternde Nachträge:**

Wir sollen Obst, insbesondere Pfirsiche, besorgen.

(3d) **Heraushebungen** – mit optionalem paarigem Komma:

Gestern Abend rief sie(,) mitten in der Nacht(,) bei uns an!

(4) **Herausstellungen kenntlich machen** („Doppelgänger raus!"): Die syntaktischen Doppelgänger werden an den linken bzw. rechten Außenrand entsorgt.

(4a) **Linksherausstellungen** – mit einzelnem Komma:

Sein neuer Freund, der war toll!
Es ging ihm richtig gut(,) und sein neuer Freund, der war toll!

(4b) **Rechtsherausstellungen** – mit paarigem Komma, sofern der Satz weitergeht:

Der war toll, sein neuer Freund!
Der war toll, sein neuer Freund, und jetzt ging es ihm richtig gut!

3.2 Regeln von außen – Regeln von innen

Als Beispiel dafür, wie Schülerinnen/Schüler anstelle einer von den Amtlichen Regeln ‚mechanisch' beschriebenen Kommatierungsvorgabe eine für sie selbst händelbare Regelbeschreibung aufbauen können, wähle ich §74 E2. Zunächst der O-Ton der Amtlichen Regeln:

> Wenn eine beiordnende Konjunktion wie *und*, *oder* (§ 72) Satzglieder oder Teile von Satzgliedern mit Nebensätzen verbindet, so steht zwischen den Bestandteilen einer solchen Reihung kein Komma. Gegenüber dem übergeordneten Satz sind die Teile der Reihung nur dann mit Komma abgetrennt, wenn der Nebensatz anschließt, nicht aber, wenn das Satzglied bzw. ein Teil eines Satzgliedes anschließt:
>
> *Außerordentlich bedauert hat er diesen Vorfall und dass das hier geschehen konnte. Bei großer Dürre oder wenn der Föhn weht, ist das Rauchen hier streng verbo-*

ten. Wenn der Föhn weht oder bei großer Dürre ist das Rauchen hier streng verboten. Das Rauchen ist hier streng verboten bei großer Dürre oder wenn der Föhn weht. Das Rauchen ist hier streng verboten, wenn der Föhn weht oder bei großer Dürre.

Deutsche Rechtschreibung (2006: §74 E2)

Zunächst einige kritische Kommentare zu dieser Vorgabe:

1. Es geht in dieser Erläuterung zur Grundregel §74 nicht um eine Sonderregel, sondern um einen mühelos nachvollziehbaren Kompromiss zwischen der bereits bekannten Grundregel (= der Abgrenzung von Nebensätzen und nebensatzwertigen Konstruktionen durch paarig gebrauchtes Komma) und einem in den Amtlichen Regeln nicht explizit als Regel ausgewiesenen Interpunktions-Wissen, dass nämlich innerhalb eines Teilsatzes Satzglieder nicht durch Komma voneinander abgetrennt werden.

2. Es wird zwar je ein Beispiel für eine Ergänzungsbeziehung und (in vier Varianten) eine Adverbialbeziehung gegeben, aber keines für eine Relativbeziehung wie z.B.:

   Die Gruppenleiter und wer sonst noch für den Transport zuständig ist, mögen bitte zur Besprechung kommen.

3. Zwar wird die Regel auch für Satzglied-interne Zwillinge formuliert („... oder Teile von Satzgliedern"), aber kein Beleg dafür gegeben. Hier zwei Belege:

   Meine Angst vor einer Blamage und dass meine Freundin mich lächerlich finden könnte, lähmten alle meine Kräfte.

   Das aus Angst und weil es niemanden kannte, völlig verschüchterte Kind ...

4. Obwohl diese Regelung analog auch für teilsatzwertige Infinitivgruppen, Partizipialgruppen und partizipial ergänzbare Wortgruppen gelten müsste, werden diese hier nicht angeführt.

5. Die Amtlichen Regeln wählen kein einziges Beispiel mit Mittelstellung, bei der die Komma-Verhältnisse an den Rändern besser zu überblicken sind:

   Das Rauchen ist bei großer Dürre oder wenn der Föhn weht, streng verboten.

6. Die Amtlichen Regeln weisen nicht darauf hin, dass diese Regelung unter dem optionalen Zugriff von §78 – in meiner Regelanordnung also der Option, Satzglieder im Mittelfeld durch paariges Komma herauszuheben – zu Komma auf beiden Seiten des Zwillings führt:

   Das Rauchen ist, bei großer Dürre oder wenn der Föhn weht, streng verboten.

Für Lehrende wäre dieser Hinweis notwendig – auch im Hinblick auf die Bewertung von Kommaentscheidungen der Schülerinnen/Schüler als richtig oder falsch.

Wie kann man diese Regelung nun mit Schülerinnen/Schülern so erschließen, dass sie, indem sie das Problem und die strukturellen Verhältnisse erkennen, im jeweiligen Einzelfall selbst über eine angemessene Kommasetzung entscheiden können?

Hier eine mögliche Erarbeitungs-Linie (im Format eines Arbeitsblatts):

Bisher haben wir bei der Zwillingsregel immer Satzglied + Satzglied oder Teilsatz + Teilsatz mit Konjunktionen aus der „und"- und „oder"-Gruppe gekoppelt. Was ist, wenn man einen Zwilling aus Teilsatz + Satzglied oder Satzglied + Teilsatz koppeln will?
Was wir dazu schon wissen:
1. Nebensätze und nebensatzwertige Wortgruppen innerhalb eines Gesamtsatzes trennt man an ihren Rändern durch Kommas ab.
2. Satzglieder innerhalb eines Teilsatzes trennt man untereinander nicht mit Kommas ab (= offenbar können wir vom Prädikat aus und durch die grammatische Form der Satzglieder und von der vermuteten Satzbedeutung her die Struktur eines Teilsatzes auch ohne Kommahilfe verstehen).
Wenn man jetzt mithilfe von „und" usw. einen Zwilling aus Nebensatz und Satzglied bilden will, beißen sich diese zwei Komma-Regelungen: der teilsatzförmige Zwilling verlangt um sich herum zwei Kommas, der satzgliedförmige Zwilling verlangt um sich herum kein Komma. Also macht man einen Kompromiss: Der Zwilling kriegt insgesamt ein Komma, und zwar am Außenrand des teilsatzförmigen Zwillings:

    1 Paul ging, obwohl er müde war, mit ihr tanzen.
    2 Paul ging trotz Kopfweh mit ihr tanzen.
    1+2 Paul ging, obwohl er müde war und trotz Kopfweh mit ihr tanzen.
          Paul ging trotz Kopfweh und obwohl er müde war, mit ihr tanzen.

Eine Komplikation: Man darf – entsprechend Grundregel (3d) – in Sätzen wie 2 das Satzglied „trotz Kopfweh" durch paariges Komma aus dem ‚Geschwisterverband' herausheben, um es als besonders wichtig zu präsentieren (im Mündlichen tut man das mithilfe des Tonhöhen- und Tonstärkenverlaufs):

    2' Paul ging, trotz Kopfweh, mit ihr tanzen.

Wenn man diesen Satz jetzt mit Satz 1 koppelt, dann kommt an beide Außenränder des Zwillings ein Komma:

    1'+2 Paul ging, trotz Kopfweh und obwohl er müde war, mit ihr tanzen.

Und nun gäbe es mehrere Weiterführungsmöglichkeiten:

(1) Probiert aus, ob und wo ein Komma steht, wenn Ihr die Stellung des Zwillings ändert.

(2) Probiert diese bisherigen Zwillingskonstruktionen jetzt auch mal mit satzwertigen Infinitivgruppen im Zwilling aus, probiert dabei auch verschiedene Stellungen (und dann auch mal die Version mit Heraushebung):

    1 Paula ging aus Empörung mit zu seinem Chef.
    2 Paula ging, um ihm zu helfen, mit zu seinem Chef.
    1+2 = ???

Und dann das Entsprechende mit satzwertigen Partizipgruppen:

    1 Er stand müde in der hintersten Ecke.
    2 Er stand, von dem ganzen Gekreische genervt, in der hintersten Ecke.
    1+2 = ???

Und dann das Entsprechende mit partizipial ergänzbaren Wortgruppen wie

    1 Sie stand gelangweilt am Fenster.
    2 Sie stand, die Hand in der Hosentasche, am Fenster.
    1+2 = ???

(3) Wie sieht die Regelung bei Drillingen aus?

Ergebnis einer solchen gemeinsamen Überlegung ist also nicht, wie in den Amtlichen Regeln, eine ‚Verhaltensanweisung', sondern die vernünftige Anwendung bereits vorhandenen Wissens – „grammatisches Wissen anwenden" hatte der Lehrplan gefordert.

4. Lernbereich „Lesen – Umgang mit Texten und Medien" – Komma-Wirkungen in pragmatischen und poetischen Texten untersuchen

Wenn ich pragmatische Texte lese, unterstelle ich einen stillschweigenden Kontrakt zwischen dem Schreiber und mir als Leser: Der Schreiber nutzt u.a. Kommas, um mir Mehrdeutigkeiten, Verstehens-Umwege und Verlangsamung zu ersparen – er tut also etwas für mich, weil er daran interessiert ist, dass ich seine Aussagen in der von ihm gewünschten Kontur verstehe; er ist also kooperativ mir gegenüber aus Eigeninteresse. Ich darf bis auf Widerruf davon ausgehen, dass er (je nach Textsorte) seinen Text überarbeitet hat, damit ich es leichter habe – ich bin meinerseits bereit, ihn bis auf Widerruf ‚beim Wort' zu nehmen, die von ihm geschaffene Textoberfläche also ernst zu nehmen.

Im Folgenden zwei Beispiele, in denen problematische Kommasetzung für den Leser Verstehensprobleme auslösen kann. Insofern ist der Text nicht hinreichend kooperativ bearbeitet. Aus einem Reportagetraining (gemeinsam mit Gabriela Ruhmann, der Leiterin des Schreibzentrums der Ruhr-Universität) für die Journalistenschule Ruhr:

> „Im Klinikalltag passieren so viele Fehler, allein, weil die Kommunikation nicht stimmt", sagt Dr. Dietmar Wetzchewald [...]
>
> (Reportageentwurf „Die tausend Leben des Paul M.", Zeile 83-86)

Der Autorin ging es um die modifizierte Konjunktion „(allein) weil" im Sinne von 'nur weil'. Das von ihr – aus Regelunsicherheit, wie sie sagte – gesetzte Komma hat bei einigen der Leser erhöhte Verstehensarbeit ausgelöst: Teils wurde das „allein," im Sinne von '... passieren so viele Fehler, wenn man allein ist, ...', teils als Widerspruchs-Einleitung fehlverstanden. Diese Mehrarbeit kann die Autorin den Lesern ersparen, wenn sie das Komma nach „allein" – zugleich Regel-konform – weglässt:

> „Im Klinikalltag passieren so viele Fehler, allein weil die Kommunikation nicht stimmt", ...

Aus einem Zeitungs-Interview:

> Für das Jahr 2011 hatte niemand in unserer Führung Illusionen. Jeder wusste: Das wird nach all den Turbulenzen für die FDP ein schwieriges Jahr. Ich gebe auch zu, das zu wissen und zu befürchten, ist das eine – etwas ganz anderes aber ist es dann, es tatsächlich zu erleben.
>
> FAZ (11.11.2011: 4)

Ohne einen Doppelpunkt nach „Ich gebe auch zu" missversteht man mit hoher Wahrscheinlichkeit die nachfolgende Infinitivgruppe als satzwertige Konstituente in der Rolle einer Akkusativergänzung zu *x zugeben*; denn der Leser greift – auf Widerruf – zu der nächstbesten morphologisch passenden Konstituente, um die durch das Verb *zugeben* eröffnete Valenz zu besetzen; und inhaltlich kann man sich mit dieser Struktur auch arrangieren, auch wenn das Röslersche Geständnis überrascht und etwas merkwürdig klingt. Diesen Strukturaufbau muss man dann aber angesichts des nachfolgenden Teilsatz(rest)es „ist das eine" verwerfen und die Struktur neu rekonstruieren: Nun wird die Infinitivgruppe als Subjekt-wertig zur Prädikatsstruktur *x ist a* genommen. Und dieses Satzgefüge wird – durch den Gedankenstrich aufeinander bezogen – mit einem weiteren in gekreuzter Stellung (Chiasmus) kontrastiert: *b ist y*.

Möglicherweise wollte der das Interview bearbeitende Journalist zwei direkt hintereinander liegende Doppelpunkt-Konstruktionen vermeiden. Er hat mit diesem Komma-Fallstrick die zugrundeliegende syntaktische Konstruktion aber nicht verändert, sondern lediglich auf der Oberfläche interpunktionell unkenntlich gemacht.

Und die ‚Moral von der Geschicht': Die Sicherung des Textverstehens – hier die Ersparnis unnötiger Verstehens-Fehlläufe beim Leser – hat Vorrang vor dem Selbstanspruch stilistischer Varianz beim Autor.

Für poetische Texte gilt ein etwas anderer Kontrakt: Nicht nur Komma-*Spielräume* – also optionale Kommas – stehen als Textgestaltungs-Instrumente zur Verfügung, sondern auch die gezielte ‚Abweichung' von einer für den Leser vertrauten und damit erwarteten regelkonformen Kommasetzung. Freilich können solche Abweichungen nur vor dem Hintergrund stabiler Kommaerwartungen vorgenommen werden, damit ihr spezifischer poetischer Mehrwert zur Geltung kommt.

Bei sprachreflexiver Lyrik ‚darf' der Autor dem Leser Verstehens-Erschwerungen, verzögerte Textwahrnehmung ausdrücklich zumuten bzw. er soll es geradezu. Ein Beispiel:

Peter Jepsen

Komma!

Hör nicht auf meine Worte.
Hör auf meine Satzzeichen,

Bei solchen Interpunktionsspielen ist die abweichende Interpunktion für den Leser unübersehbar; zugleich ist klar, dass Interpunktionsbesonderheiten nicht nur unauffälliges Mittel zum Zweck, sondern Teil des Gesamtzwecks sind.

Schwieriger, weil unauffälliger, kann es bei Texten werden, die normnah mit Kommas umgehen. Ein erstes Beispiel aus einem 2010 auf Deutsch erschienenen schwedischen Krimi:

> Wenn er in einer schwierigen Ermittlung steckte, kam es immer noch vor, dass Wallander mit einer Blume einen Spaziergang zu Rydbergs Grab machte. Vor dem einfachen flachen Stein überlegte er, was Rydberg getan hätte. Und er fragte sich, ob Ann-Louise Edenman oder Kristina Magnusson sich irgendwann in der Zukunft einmal vorstellen würden, was Wallander in ihrer Situation getan hätte.
> Er wusste es nicht, und wollte es eigentlich auch nicht wissen.
>
> Mankell (2010: 26)

Da der letzte Teilsatz nicht vollständig ist, darf nach den Amtlichen Regeln von 2006 hier kein Komma vor „und" stehen. Das Komma soll hier vermutlich ein glattes Weiterlesen verhindern und damit ein Zögern, einen Nachklapp im Denken Wallanders repräsentieren, den man regulär durch z.B. einen Gedankenstrich darstellen würde:

> Er wusste es nicht – und wollte es eigentlich auch nicht wissen.

oder aber durch eine syntaktische Vervollständigung wie:

> Er wusste es nicht, und er wollte es eigentlich auch nicht wissen.

Hätte diese Publikation das Copyright vor 2006 erhalten, ohne sprachformales Upgrade nach 2006, wäre das Komma regelkonform; dann könnte man den spezifischen Signaleffekt *verzögertes Weitersprechen* nicht voraussetzen. Die Amtlichen Regeln sprechen nämlich – auch noch in der Version von 2004 – in §73 von „gleichrangigen Teilsätzen", verlangen also weder Selbständigkeit wie ab 2006 noch Vollständigkeit als Bedingung dafür, trotz „und" usw. ein Komma zu setzen. – Copyright der deutschsprachigen Ausgabe war in diesem Fall aber 2010. Also liegt hier eine stilistisch markierende Verwendung des Kommas in Abweichung von den Regelvorgaben vor. Ein zweites, drastischeres Beispiel:

> „Ich hab ihn getroffen, als er gerade aus dem Caledonian Hotel rauskam."
> * * *
> Das jetzt ihr nächstes Ziel war. Das imposante rosafarbene Gebäude besaß zwei Eingänge [...].
>
> Rankin (2010: 105f.)

Hier wird der Relativnebensatz nach einem Punkt und sogar über die Absatzmarkierung (= ***) hinweg angeschlossen. Er ist erkennbar inhaltlich weiterführend, also nicht restriktiv. Stilistischer Effekt: Betonung unermüdlicher pausenloser Aufklärungsarbeit des Teams?

Nur im Zusammenspiel von Kommaregel-Kenntnis bei Autoren, ihren ev. Übersetzern und ihren Lesern einerseits und stilistischen Absichten der Autoren andererseits erhalten Interpunktionen eine klar konturierte Verstehenssteuernde Kraft.

Erheblich andere Rezeptionsbedingungen finden die Lehrenden und ihre Schülerinnen/Schüler bei poetischen Texten vor, die vor den ab Mitte des 19. Jahrhunderts sich konsolidierenden und dann im Gefolge der allgemeinen Schulpflicht in Preußen auch schrittweise präskriptiv wirkenden Zeichensetzungspraktiken verfasst worden sind. Ich nehme – dem Kleistjahr gehorchend und eigener Kleist-Lust folgend – die Erzählung *Das Bettelweib von Locarno* als Beispiel.

Lehramtsstudierende haben schon generell zu wenig Erfahrung mit handwerklich differenzierter, und das heißt immer auch: grammatisch geschulter und auch Interpunktion und Typografie einbeziehender Textanalyse. Das liegt weitgehend an der fehlenden Integration von Literatur- und Sprachwissenschaft in den Lehrveranstaltungen der meisten deutschen Hochschulen.

Ein Text wie das *Bettelweib* verschärft diese Schwierigkeiten nun noch in der Sache selbst: Es gibt für diesen Text keine Handschrift-Version. Man kann sich zwar an die beiden ersten veröffentlichten Versionen halten, an denen Kleist beteiligt war – die von 1810 in den von Kleist selbst herausgegebenen *Berliner Abendblättern* und die im zweiten Band der 1811 erschienenen Erzählungen. Wie das Zusammenspiel der Einflussnahme von Autor, evtl. Redakteuren und Setzern auf die Textoberfläche bei dieser Erzählung ausgesehen hat, ist nicht zu rekonstruieren. Zwar ist der Druck der beiden Erzählbände sehr sorgfältig, und Kleist war zu dieser Zeit auch in Berlin, hätte also auf den Druck bei Reimer in der Berliner Realschulbuchhandlung einwirken können – Zeugnisse gibt es darüber aber nicht.

Leser finden im *Bettelweib* eine Vielzahl stark auffälliger Kommasetzungen vor, einige von ihnen sind nach heutigen Regelvorgaben, aber auch aus syntaktischer Sicht schräge – rigide gesagt: falsch. Ich nehme ein Kommamuster heraus, das ich weiter oben als „Heraushebung" unter Grundregel (3d) angesprochen habe, nämlich die optionale paarige Kommatierung von Satzgliedern (seltener: Satzgliedteilen), die diesen an sich regulären Satzgliedern im Mittelfeld eine besondere Aufmerksamkeit des Lesers sichert:

> Sie hörten aber, sammt einem treuen Bedienten, den sie mitgenommen hatten, in der That, in der nächsten Nacht, dasselbe unbegreifliche, gespensterartige Geräusch; [...]
>
> Kleist (1811)

In dieser Version von 1811 finden sich drei solche Heraushebungen. Ohne diese stilistische Option der Heraushebung hieße es:

> Sie hörten aber sammt einem treuen Bedienten, den sie mitgenommen hatten, in der That in der nächsten Nacht dasselbe unbegreifliche, gespensterartige Geräusch; [...]

Die Version von 1810 bietet nur die mittlere der drei Heraushebungen:

> Sie hörten aber sammt einem treuen Bedienten, den sie mitgenommen hatten, in der That, in der nächsten Nacht dasselbe unbegreifliche, gespensterartige Geräusch; [...]
>
> Kleist (1810)

Wie gehen Lehrende mit solchen komplexen Interpunktionsverhältnissen um? Oder wählen sie lieber eine ‚ad usum delphini' kastrierte Textausgabe, um nicht durch diese ‚verwahrloste' Interpunktion den Blick auf das angeblich Wesentliche der Kleistschen Erzählungen zu verstellen? Andererseits: Sind diese ‚wilden' Kommas vielleicht gerade ein für Kleist wesentliches poetologisches Instrument, mitverantwortlich für die von Literaturgeschichtskollegen vorgefühlte und von Schülerinnen/Schülern in Klassenarbeiten nachgefühlte ‚Atemlosigkeit' bzw. das ‚Ruckartige' bzw. die ‚stop-and-go'-Charakteristik in Kleists Erzählungen?

Die Erkundung der poetologischen Funktion der Komma-Entscheidungen Kleists kompliziert sich freilich noch weiter. Zum einen sind an den genannten Lese-Eindrücken außer der spezifischen Kommasetzung weitere syntaktische ‚special effects' beteiligt, und auch die können Lehrende und, mit ihrer Hilfe, die Schülerinnen/Schüler nur mithilfe syntaktischen Wissens diagnostizieren – z.B. ‚sperrige' Platzierungen von Teilsätzen und teilsatzwertigen Wortgruppen, oft schon im Vorfeld mit untergebracht

> Die Frau, da sie sich erhob, glitschte mit der Krücke auf dem glatten Boden aus, [...]

oder früh im Mittelfeld:

> Dieser Vorfall, der außerordentliches Aufsehen machte, schreckte, auf eine dem Marchese höchst unangenehme Weise, mehrere Käufer ab; dergestalt, daß, da sich unter seinem eigenen Hausgesinde, befremdend und unbegreiflich, das Gerücht erhob, daß es in dem Zimmer, zur Mitternachtsstunde, umgehe, er, um es, mit einem entscheidenden Verfahren, niederzuschlagen, beschloß, die Sache in der nächsten Nacht selbst zu untersuchen.
>
> Kleist (1810)

oder auch der relativ hohe Anteil an Satzgefügen, wie er in diesem Auszug ebenfalls deutlich wird.

Zum andern wird die naheliegende Hypothese, Kleist sei Spezialist für Heraushebungen, dadurch getrübt, dass eine ganze Reihe dieser unterstellten Heraushebungen nur das eröffnende oder nur das schließende Komma aufweisen; dazu kommt noch, dass zwar viele der aus heutiger Sicht regelgerecht paarig abgegrenzten Heraushebungen in beiden Versionen der Erzählung vorliegen, aber erstaunlich oft eine paarig kommatierte Heraushebung der Version von 1810 in der Version von 1811 nur noch mit einem einzigen Komma versehen ist – und umgekehrt. Ob sich hier die Suche nach ‚tieferen' poetologischen Absichten lohnt oder ob es schlicht Setzer-Macken waren, die Kleist nicht auffielen oder die er nicht mehr korrigieren lassen konnte – dies ist empirisch nicht zu klären.

Insofern halte ich es für eine spannende syntaktische und literaturhistorische ‚Schnitzeljagd', mit fortgeschrittenen Schülerinnen/Schülern historische und poetologische Hypothesen zu entwickeln und dabei das Gespür für Textoberflächen erheblich zu schulen. Als Weg zur Entwicklung grundlegender Einsichten sind poetische Texte dieser Art aber schnell überfordernd.

5. Lernbereich „Schreiben" – Kommas kooperativ setzen lernen

Insofern ist Text*produktion* der realistischere Rahmen für den Aufbau von Kommatierungs-Kompetenz. Ich erinnere nochmals an den Kontrakt: Als Schreiber nutze ich u.a. Kommas, um dem Leser Mehrdeutigkeiten, Verstehens-Umwege und Verlangsamung zu ersparen – ich tue also etwas für ihn, weil ich daran interessiert bin, dass er meine Aussagen in der von mir gewünschten Kontur auch versteht; ich bin also kooperativ ihm gegenüber aus Eigeninteresse; er darf bis auf Widerruf davon ausgehen, dass ich (je nach Textsorte) meinen Text überarbeitet habe, damit er es leichter hat – er ist seinerseits bereit, mich bis auf Widerruf ‚beim Wort' zu nehmen, die von mir erarbeitete Textoberfläche also ernst zu nehmen.

Bis Schülerinnen/Schüler für ihr spontanes Schreiben die Instanz des ‚inneren Lesers' aufbauen, brauchen sie viel Erfahrung im Feedback-Nehmen (von Test-Lesern ihrer Textentwürfe) und im Feedback-Geben (als Test-Leser für andere); denn ohne eine solche längerfristige Schulung ist man ein schlechter Test-Leser für die eigenen Texte, weil man immer schon weiß, was man sagen wollte, und daher Konstruktions-Fallen traumwandlerisch überspringt. Beide Rollen – Autor und Testleser – werden in Tandem- und Kleingruppensituationen und gelegentlich auch in Schreibkonferenzen schrittweise ausgearbeitet. Dabei entwickelt sich auch die dritte Rolle – die des informellen Text-Bewerters. Für diese längerfristige Entwicklung zum ‚routiniert guten Kommasetzer' scheinen mir die folgenden vier Gesichtspunkte wichtig.

5.1 Den Spielraum optionaler Kommas nutzen lernen

Solange eine Lehrperson beim Aufbau der Kommasetzungsfähigkeit der Schülerinnen/Schüler nur oder vorrangig die Reduktion von Fehlern im Blick hat, also die Befolgung obligatorischer Kommasetzungsvorgaben, geraten die für Schreiben (wie Lesen) interessanten Interpunktions-Spielräume – unter anderem die optionalen Kommas – aus dem Blick. Gerade diese optionalen Kommas lassen sich stilistisch-funktional nutzen, und bei ihrer Reflexion entwickeln Schülerinnen/Schüler ihren funktionalen Blick.

Die Amtlichen Regeln weisen bei einigen der Regeln darauf hin, dass es um optionale Kommas geht; und sie deuten an, dass man diese Wahlmöglichkeit nutzen sollte, um Missverständnismöglichkeiten zu verringern. Es geht dabei insbesondere um missverständliche Anschlüsse von Infinitivgruppen wie bei:

> Er riet(,) uns(,) zu helfen;

dieses Beispiel ist ohne das optionale Komma stabil zweideutig. Und es geht um optionales Komma zwischen zwei selbständigen Teilsätzen einer Satzverbindung wie in:

> Wir warten auf euch(,) oder die Kinder gehen schon voraus.

Fehlendes Komma kann hier zu einem Verstehens-Umweg führen, ermöglicht aber immerhin eine angemessene Rekonstruktion. Auch hier wäre es kooperativ, Komma zu setzen. Dann wird nämlich eine der beiden erwartbaren Struktur-Optionen bereits an der Kommaposition – also früh im Verstehensprozess – ausgeschlossen. An einem weiteren Beispiel verdeutlicht:

> Ich liebe Paula und ihre Schwester ...
> ... sehr. (= „und" koppelt Satzglied-Zwillinge.)
> ... lieb ich auch. (= „und" verbindet zwei Hauptsätze.)

Wenn bei Lesart 2 ein Komma vor dem „und" gesetzt wird –

> Ich liebe Paula, und ihre Schwester lieb ich auch –,

dann ist die mögliche Weiterführung zu einem Zwilling bereits an dieser Stelle ausgeschlossen. In der englischen Wissenschaftssprache wird hier in den meisten Ratgebern nicht nur Komma, sondern Semikolon (oder gar Punkt) verlangt.

Auch in dem folgenden Beispiel hätte ein optionales Komma mögliche Verstehens-Arbeit reduzieren helfen können. Aus einer Internet-Leistungs-Beschreibung eines Mobilfunkanbieters:

> Mit dem Ende der zwei monatigen Phase der passiven Erreichbarkeit wird die MEDIONmobile Prepaid Karte endgültig deaktiviert und das Vertragsverhältnis zwischen EPS und dem Kunden endet.

Ohne ein Komma nach dem „deaktiviert" richtet sich die syntaktische Erwartung des Lesers auf eine ebenfalls passivische Weiterführung mit „beendet"; das fehlende Komma – das bei dieser Weiterführung auch nicht zulässig wäre – unterstützt also genau diese Strukturerwartung. Hätte der Autor daher vor dem „und" das optionale Komma gesetzt, würde die Struktur-Erwartung des Lesers offener für die aktivische Version „endet". Insofern wäre ein solches optionales Komma aus Leser-Perspektive sinnvoll.

5.2 Kooperative Verletzung von Kommaregeln

Wenn Kommavorgaben der Amtlichen Regeln sich im Einzelfall als Lese-Erschwerung auswirken, hat Kooperativität gegenüber dem Leser Vorrang vor der Normenbefolgung. Diese Option einer begründeten Regelverletzung müssen die Lehrenden auch gegenüber ihren Schülerinnen/Schülern offenlegen und deren entsprechenden Experimenten mit Achtung begegnen.

Die Amtlichen Regeln sehen in §§ 77 (4) bei der Kommatierung nachgestellter Erläuterungen eine Ausnahmeregelung zum Wegfall des schließenden Kommas bei „Einbezug in die substantivische ... Fügung" vor. Dies kann im Einzelfall zu Konflikten führen:

> Diese Wirkung wird mit dem lat. Terminus persuasio, der die Bedeutung von Überzeugung und Überredung – kommunikative, d.h. verständigungsorientierte und strategische, d.h. erfolgsorientierte Sprachhandlungen – zusammenfasst, bezeichnet [...].
>
> Zelle (2010: 63)

Von der Aussage dieser Textpassage her scheint mir klar, dass „verständigungsorientierte" als erläuternder Nachtrag zu „kommunikative" und „erfolgsorientierte" als Nachtrag zu „strategische" gelesen werden soll. Nach den Amtlichen Regeln wird das schließende Komma nach dem ersten dieser beiden Nachträge (also nach „verständigungsorientierte") verlangt, das schließende Komma nach dem zweiten Nachtrag („erfolgsorientierte") aber untersagt, weil dieser Nachtrag (so die Amtlichen Regeln) in eine substantivische Fügung eingebunden ist – was zwar eine blumige Strukturbeschreibung, aber keineswegs auch schon eine Begründung für das Komma-Verbot ist. Würde der Autor dieser Regelung folgen, müsste er – trotz gleicher Nachtragsstruktur – im ersten Fall paariges Komma setzen, im zweiten Fall das schließende Komma aber weglassen:

> kommunikative, d.h. verständigungsorientierte, und strategische, d.h. erfolgsorientierte Sprachhandlungen;

eine solche unterschiedliche Kommatierung bei gleicher Struktur wirkt – wenn man die Regeln nicht explizit vor Augen hat und bewusst anwendet – irritierend und führt spontan zur Korrekturhandlung, also entweder zu dem vom Autor gewählten Weglassen beider schließender Kommas oder zum Setzen beider:

> kommunikative, d.h. verständigungsorientierte, und strategische, d.h. erfolgsorientierte, Sprachhandlungen.

Hier liegt also ein Konflikt zwischen mechanischer Regelanwendung und stilistischer Kooperativität vor (d.h. gleiche syntaktische Strukturen sollen gleich interpungiert werden, um den Leser nicht in die Irre zu führen).

Eine Nachbemerkung: Warum in den Amtlichen Regeln diese Ausnahmeregel übernommen worden ist – außer vielleicht mit einem ‚Knicks' vor der früheren substanzähnlichen Duden-Regel –, ist mir nicht einsichtig: Folgt diese Sonderregelung der prosodischen Praxis, einen Nachtrag direkt vor dem ranghöheren Bezugsausdruck nicht durch Verzögerung bzw. Stimmhöhenmodulation abzugrenzen? Ich fände dann aber die sprachreflexiven Kollateralschäden einer solchen Regelung zu groß: Zum einen kommen Schülerinnen/Schüler – wenn sie das Nachtrags-Prinzip verstanden haben – nicht von selbst auf diese Sonderregel; und zum anderen laufen die Vorgaben der Amtlichen Regeln zu paarig gebrauchten Gedankenstrichen und paarigen Klammern dem zuwider, die Amtlichen Regeln verwenden nämlich dort – ohne auf diese Unterschiede aufmerksam zu machen – das gleiche Beispiel:

§77 (4)

    Auf der Ausstellung waren viele ausländische Firmen, insbesondere holländische [Maschinenhersteller/Firmen], vertreten.

Wird – im Unterschied zu den letztgenannten Beispielen – die Erläuterung in die substantivische oder verbale Fügung einbezogen, so grenzt man sie mit einfachem Komma ab:

    Auf der Ausstellung waren viele ausländische, insbesondere holländische Firmen vertreten.

§84 (3)

    Auf der Ausstellung waren viele ausländische Maschinenhersteller – insbesondere holländische – vertreten.

    Auf der Ausstellung waren viele ausländische – insbesondere holländische – Maschinenhersteller vertreten.

§86 (3)

    Auf der Ausstellung waren viele ausländische Maschinenhersteller (insbesondere holländische) vertreten.

    Auf der Ausstellung waren viele ausländische (insbesondere holländische) Maschinenhersteller vertreten.

Dass die schließende Klammer nicht weggelassen werden kann, weil Klammern paarig geformt sind, ist einleuchtend. Aber Gedankenstriche können auch einzeln gebraucht werden; paarig gebraucht umschließen sie – wie paarige Kommas auch – Wortgruppen einer anderen syntaktischen Stufe. – Inso fern sollte diese Komma-Sonderregel schlicht gestrichen werden; und Lehrern empfehle ich, die Abweichung von dieser Sonderregel zwar zu markieren, nicht aber als Fehler zu benoten.

5.3 Komma oder alternatives Interpunktionszeichen?

Das Komma hat eine spezifische Zuständigkeit innerhalb des Interpunktions-Systems; es hat eine Arbeitsteilung mit den anderen im engeren Sinn syntaxrelevanten Zeichen – Semikolon, Punkt – und mit den um pragmatische Funktionen erweiterten syntaxrelevanten Zeichen – Gedankenstrich, Klammern, Doppelpunkt. Es gibt zahlreiche Textstellen, wo ich als Autor entscheiden muss, ob Kommas hier eine hinreichende Lesersteuerung bieten oder ob ich andere Interpunktionszeichen wählen muss, wenn ich den Leser orientiert halten will.

Da das Komma für drei syntaktische Funktionen zuständig ist und zudem nicht über unterschiedliche Formen für eröffnendes und schließendes Komma verfügt, liefert es dem Leser nicht immer sofort eine Orientierung, welche der drei möglichen Strukturen folgen wird:

> Ich mag euch beide, Ingrid und Paula ...
>   ..., von allen am meisten.
>   ... sehr gern und möchte euch vieren etwas schenken.
>   ... finden das allerdings nicht gut.

Sobald man bei der ersten Weiterführung das schließende Komma verarbeitet hat, ist die Struktur Einschluss (hier: *Anrede*) klar. Ohne ein solches schließendes Komma bleiben zwei Optionen: Es liegt ein Drilling vor (= zweite Weiterführung) oder eine mit „Ingrid" eröffnete Satzreihe (= dritte Weiterführung). Daher sollte man bei dieser dritten Weiterführung statt des Kommas ein Semikolon setzen:

> Ich mag euch beide; Ingrid und Paula finden das allerdings nicht gut.

Dann ist für den Leser bereits an dieser Position klar, dass ein selbständiger Teilsatz folgen wird.

Wenn – wie im folgenden Beispiel – innerhalb einer Periode nur Komma, nicht auch Semikolon genutzt wird, können für den Leser Orientierungsprobleme entstehen:

> Man hat sie [die Priester, W.B.] ständig um sich, sobald man auf die Welt gekommen ist und getauft wird, man trifft sie in der Schule wieder, wenn man Eltern hat, die bigott genug sind, ihnen ihre Kinder anzuvertrauen, dann kommt die erste Kommunion und der Katechismus und die Firmung; den Priester hat man am Hochzeitstag vor sich, wenn er einem sagt, was man im Schlafzimmer tun soll, und

am Tag danach in der Beichte, wenn er fragt, wie oft man es getrieben hat, um sich hinter seinem Gitter daran erregen zu können. Sie sprechen voller Abscheu vom Sex, aber [...].

Eco (2011: 18 und 20)

Da hier sowohl nach den beiden ersten Satzgefügen (also nach „[...] getauft wird" und nach „[...] anzuvertrauen") wie auch innerhalb dieser Satzgefüge Komma gesetzt ist, liest man möglicherweise den konditionalen Nebensatz („wenn man [...]") zunächst irrtümlich als Beginn eines neuen, dritten Satzgefüges – und müsste sich dann korrigieren. Für das Deutsche wäre es also kooperativ gegenüber dem Leser, wenn der Übersetzer nach den beiden ersten Satzgefügen Semikolon statt Komma gesetzt hätte. In diesem Fall müsste er dann das Semikolon nach „[...] Firmung" durch einen Punkt ersetzen. Er hätte also die insgesamt drei Ordnungsebenen statt durch Komma und Semikolon jetzt durch Komma, Semikolon und Punkt markiert. Auf den ersten Blick wäre diese Interpunktionsversion auch thematisch angemessener; denn mit „Sie sprechen ..." wird aus dem vorhergehenden Gesamtsatz nur der zweite Teil weitergeführt. – Ob diese Interpunktionsvorschläge gegenüber dem Original ev. eine Verfälschung bedeuten, kann ich (derzeit) nicht einschätzen, weil ich die italienische Vorlage (noch) nicht kenne.

Das Semikolon – als ‚schwacher Punkt', nicht etwa als ‚starkes Komma' – wirkt im Leseprozess blockierend auf den syntaktischen Rekonstruktionsversuch und schützt damit den nachfolgenden Nebensatz vor dem Zugriff des vorausgehenden Teilsatzes; das Semikolon hat insofern metaphorisch gesprochen die Rolle der roten Ampel. Das Komma hat demgegenüber die Funktion der gelben Ampel: Es bewirkt nur ein ‚Innehalten' im Rekonstruktionsprozess. Das Semikolon eignet sich daher, im Zusammenspiel mit dem Komma, hervorragend zur Verdeutlichung zweistufiger Ordnungen in zeitlich oder argumentativ komplexen Perioden.

Neben dieser klugen Arbeitsteilung zwischen Semikolon und Komma gibt es auch eine zwischen Semikolon und Punkt innerhalb des Geltungsbereichs eines Doppelpunkts: Die pragmatische Reichweite eines Doppelpunkts wird erst durch einen Punkt, nicht schon durch ein Semikolon begrenzt; deshalb kann das Semikolon verwendet werden, um lexikalische oder syntaktische ‚Ordner' zu trennen, und das Komma dient dann innerhalb der einzelnen Ordner zur Trennung der einzelnen Einträge:

> Bitte nehmen Sie folgendes mit: Lektüre, Walkmann mit CDs; Medizin, Hygieneartikel und ein Handtuch; Ausweise. Denken Sie auch daran, Ihre Pflanzen zu gießen. ...

> Ich hatte erhebliche Probleme mit ihrer Ansicht: Ich fand es heikel, wie sie über andere Menschen spricht; mir gefiel auch nicht ihr Anspruch, man müsse blind zu ihr halten.

Diese Funktion des Semikolons wird in den Amtlichen Regeln nicht angesprochen. Die dort unter §80 (2) angesprochene Ordnungsfunktion des Semikolons halte ich demgegenüber für syntaktisch unangemessen. Das dortige Beispiel:

> Unser Proviant bestand aus gedörrtem Fleisch, Speck und Rauchschinken; Ei- und Milchpulver; Reis, Nudeln und Grieß.

Würden die Amtlichen Regeln hier – wie ich es generell empfehle – die Konstruktion im Mittelfeld von Sätzen mit mehrteiligem Prädikat testen, fiele das syntaktisch Unstimmige dieser Sonderregel stärker auf:

> Unser Proviant hatte aus gedörrtem Fleisch, Speck und Rauchschinken; Ei- und Milchpulver; Reis, Nudeln und Grieß bestanden.

An den Semikolon-Positionen stoppt der Rekonstruktionsprozess. Die Konstruktion ‚zerfällt' an den beiden Semikolons.

In einigen Fällen muss man, statt alternative Interpunktionszeichen zu suchen, schlicht die syntaktische Konstruktion ändern, um den Leser zu orientieren. In Beispielen wie dem eben angeführten kommt man mühelos ohne Semikolon aus, wenn man zur Verdeutlichung der gestuften Gliederung die Präposition wiederholt, also das gesperrte Interpunktionszeichen syntaktisch kompensiert:

> Unser Proviant bestand aus gedörrtem Fleisch, Speck und Rauchschinken, aus Ei- und Milchpulver, aus Reis, Nudeln und Grieß.

5.4 Gut, dass es Kommafehler gibt

Bezogen auf den gezielten Einsatz von Interpunktionszeichen, darunter vor allem Kommas, werden Schülerinnen/Schüler vermutlich nie routiniert optimale Textoberflächen herstellen, sondern immer auf grammatisches Monitoring in Phasen der Textüberarbeitung angewiesen bleiben. Denn sie haben nicht nur – ich würde sagen: nicht vorrangig – mit „individuellen Fehlerschwerpunkten" zu tun (wie der Lehrplan nahelegt), sondern mit *kollektiven* Verführungen, Kommas irrtümlich zu setzen oder nicht zu setzen.

Daher ist die gemeinsame Reflexion von Kommairrtümern einzelner Schülerinnen/Schüler im Prozess des Niederschreibens eigener Textentwürfe eine für Schreiben wie für Sprachreflexion wichtige Arbeitsphase. Dieser Blick durch die Kommairrtümer in die die Rechtschreibung steuernden Orientierungen und Bedingungen im Kopf des Schreibenden ist ein Zugewinn an fokussierter Sprachreflexion und zugleich Image-Entlastung der Schülerinnen/Schüler.

Welche nicht-regelkonformen Kommatierungen liegen – weshalb – nahe? Ich konkretisiere dies anhand der drei nach meinen hochschulischen Erfahrungen ‚liebsten' Komma-Irrtümer relativ guter Schreiber – nämlich Master-Studierender in Hausarbeiten und Examensarbeiten (und zu deren Image-Entlastung wähle ich hier vorrangig entsprechende Fehlerbeispiele von Hochschullehrenden):

(1) Komma nach einem ‚gewichtigen' Adverbial, seltener auch einer Ergänzung im Vorfeld:

> Der Ausdruck „ich" in der direkten Rede, meint nicht den Verfasser, sondern den integrierten Sprecher etc.
>
> (aus einer Publikation über Zeichensetzung)
>
> Im Gegensatz zum professionellen Beratungsgespräch, ist der Ablauf und die Organisation von Ratschlaggesprächen sehr klar und festgelegt.
>
> (aus einer BA-Arbeit)

(2) fehlendes eröffnendes Komma in restriktiven Relativnebensätzen:

> So finden sich zwar neuere und aktuelle Arbeiten, die multimodale Aspekte und somit auch Gesten in die Untersuchungen einbeziehen, doch ein Sprecherwechselmodell welches Gesten systematisch integriert, fehlt nach wie vor.
>
> (aus einer germanistischen Rezension)

(3) fehlendes Komma vor „und", „oder" usw., die eine ranghöhere Konstruktion fortsetzen:

> Nicht das Plagiat an sich ist ein Problem, sondern die Verniedlichung des Plagiats in der Öffentlichkeit, beispielsweise wenn eine Bundeskanzlerin betont, dass sie einen besonders dreisten Plagiator ja als Minister und nicht als wissenschaftliche Hilfskraft eingestellt hat oder ein Parteivorsitzender keinen Anlass sieht, in seiner offensichtlich titelfixierten Partei, den Rücktritt überführter Plagiatoren einzufordern.
>
> SZ (Nr. 162, 16./17., 7. 2011: 17)

Für die Lehrperson ist es wichtig, die – immer auch klugen – Gründe solcher Komma-Verführungen zu verstehen und für die Schülerinnen/Schüler nachvollziehbar zu machen. Bei den irrtümlich abgetrennten Vorfeld-Satzgliedern in (1) spielen offenbar thematische Gesichtspunkte eine wichtige Rolle: Es werden eher Adverbialien mit konzessiver und adversativer Bedeutung abgetrennt als solche mit z.B. temporaler Bedeutung, zudem eher umfangreiche als umfangsarme Satzglieder; es geht also um lohnende Informationsportionen, die im Mündlichen häufig auch prosodisch abgegrenzt werden. – Hier macht auch ein kontrastiver Ausblick auf den Komma-Usus in den Schulfremdsprachen Sinn: Im Englischen müssen solche Vorfeld-Adverbialien durch Komma an den linken Außenrand entsorgt werden, damit rechts vom Komma das Subjekt in der ersten Position zu stehen kommt:

> After the concert, the musicians returned to Florence.

Sofern in der Sekundarstufe II Schreiben (und Lesen) in der englischen Fremdsprache einen größeren Raum einnimmt, muss man bereits mit kommastörendem Rücktransfer ins Deutsche rechnen. Entsprechendes gilt z.B. für das Italienische:

> Dopo il concerto, i musici sono ritornati a Firenze.

Wenn hier freilich, wie bei anderen pro-drop-Sprachen auch, das explizite Subjekt fehlt, steht kein Komma:

> Dopo il concerto sono ritornati a Firenze.

Bei restriktiven Relativbeziehungen wie in (2) beißen sich semantische und prosodische Bedingungen mit dem syntaktischen Prinzip. Zu Beginn des restriktiven Relativnebensatzes findet keine prosodische Abgrenzung statt; und semantisch gesehen liefert der Relativsatz eine notwendige Spezifizierung des Ausdrucks „Sprecherbezug" – beides spräche für kommafreien Anschluss zu Beginn des Relativsatzes. Im Deutschen gilt aber prosodie- und bedeutungsunabhängig die syntaktisch orientierte Vorgabe, alle – also auch solche – Nebensätze mit paarigem Komma abzugrenzen. Auch hier ist der Vergleich mit dem englischen Komma-Usus aufschlussreich: Dort werden non-restriktive Relativsätze mit Kommas versehen, restriktive bleiben ohne Komma (und zusätzlich wird Anschluss-differenzierend mit den beiden Relativpronomen „who/which" gegenüber „that" gearbeitet):

> My father, who is a former college professor, is the one member of our family that enjoys smoking.

Kommas dienen im Englischen also der semantischen Differenzierung von Nebensatzanschlüssen.

In Beispiel (3) geht der Kommairrtum sicher auch auf irreführende frühere Lehrangebote zurück. Die mechanisch-lexikalische Eselsbrücke „kein Komma vor *und* und *oder*" hindert an einer genaueren Strukturprüfung, bei der die Schülerinnen/Schüler hätten merken können, dass hier ein schließendes Komma stehen muss, weil es den untergeordneten Teilsatz („dass ... hat") abschließt, bevor mit „oder" der ihm übergeordnete Teilsatz-Zwilling (*wenn A oder B*) weitergeht. Die Amtlichen Regeln rechnen offenbar mit solchen Esel-Kommas und haben in §72 E1 eine entsprechende Warnung eingefügt.

Hinzu kommt eine Reihe weiterer Verführungen, z.B. auch eine innere Norm von der ‚mittleren Dichte', in der Kommas nur vorkommen dürfen bzw. vorkommen sollten: Bei zu vielen notwendigen Kommas auf engem Textraum lässt man daher Kommas weg, bei wenigen obligatorischen Kommas auf weitem Textraum ‚erfindet' man unangemessene Kommas. Sappok (2011: 295ff. u.a.) weist auf interessante Zusammenhänge des Komma-Verhaltens mit der mentalen Portionierung hin, in der wir Texte rezipieren.

6. Ausstieg – Was zu tun ist

Die Schülerinnen/Schüler müssen freilich – als komplementären Weg zu diesem schreib-experimentellen Arbeiten – auch die Regel-Vorgaben kennen lernen, und zwar in einer stufenangemessen verständlichen Art, mit Vorrang anwendbaren Regelwissens, mit Verzicht auf noch überfordernde Regelungsdetails. – Am besten machen Schülerinnen/Schüler für Schülerinnen/Schüler/ solche Regel-Erläuterungen selbst (ich werde dies im kommenden Sommer mit je einer Gruppe leistungsschwacher und leistungsstarker Schülerinnen/Schüler des 6. und 11. Jahrgangs eines Gymnasiums einmal tun und die Vorschläge dann mit ihnen gemeinsam an Mitschülerinnen/Mitschülern testen). Vielleicht wäre es ganz im Sinn bürgernaher Verwaltungssprache, wenn solche verständlichen Regel-Formulierungen auch Teil der Amtlichen Regeln würden.

Für (zukünftige) Lehrende bedeutet dies: Sie müssen aufhören, sich selbst als Opfer von Regelgemeinheiten Dritter zu sehen; sie müssen statt dessen lernen, mit Interesse auf Kommas und andere Interpunktionszeichen als Leser-steuernde Instrumente von Schreibern zu schauen; sie müssen das für Regelverstehen notwendige syntaktische Diagnosewissen erwerben (das sie ohnehin für Sprachreflexion brauchen).

Sie brauchen zudem Einsicht in die unterschiedliche Zugänglichkeit der Kommaregeln für die Lerner – Kommas da zu setzen, wo syntaktische Strukturen durch prosodische gespiegelt werden, lernt sich leichter als dort, wo syntaktisches und prosodisches Prinzip einander widersprechen; und sie müssen das Wissen und den Mut haben, Kommafehler-types, nicht -tokens zu bewerten und zudem das Fehlergewicht entsprechend der funktionalen Relevanz der jeweiligen Kommas zu relativieren.

Literatur

Boettcher, Wolfgang (2004): Die neuen Kommaregeln. Versuch einer syntaktischen Rekonstruktion. – In: Albert Bremerich-Vos/Carl Ludwig Löffler/Karl-Ludwig Herné (Hgg.): Neue Beiträge zur Rechtschreibtheorie und -didaktik. Festschrift für Carl Ludwig Naumann zum 60. Geburtstag. – Freiburg i. B.: Fillibach (Deutschdidaktik), 35-64.
– (2009): Grammatik verstehen. 3 Bde. – Tübingen: Niemeyer (Niemeyer Studienbuch).
Bredel, Ursula (2011): Interpunktion. – Heidelberg: Winter (Kurze Einführungen in die germanistische Linguistik 11).
Deutschbuch 5 (2007): 1. Aufl., 4. Druck. – Berlin: Cornelsen.
Deutschbuch 6 (2008): 1. Aufl., 4. Druck. – Berlin: Cornelsen.
Deutsche Rechtschreibung (2006): Regeln und Wörterverzeichnis. Entsprechend den Empfehlungen des Rats für deutsche Rechtschreibung. Überarbeitete Fassung des amtlichen Regelwerks 2004 mit den Nachträgen aus dem Bericht 2010. – München/Mannheim. [Online verfügbar unter: http://rechtschreibrat.ids-mannheim.de/download/regeln2006.pdf] Letzter Zugriff: 28.05.2012.
Eco, Umberto (2011): Der Friedhof in Prag. Deutsch von Burkhart Kroeber. – München: Hanser.
Mankell, Henning (2010): Der Feind im Schatten. Aus dem Schwedischen von Wolfgang Butt. – Wien: Zsolnay.
Kleist, Heinrich v. (1810): Das Bettelweib von Locarno [Erstdruck]. – In: Berliner Abendblätter, 10. Blatt, den 11ten October 1810. [Online verfügbar unter: http://www.hs-augsburg.de/~Harsch/germanica/Chronologie/19Jh/Kleist/kle_1011.html] Letzter Zugriff: 28.05.2012.
– (1811): Das Bettelweib von Locarno. – In: Erzählungen von Heinrich von Kleist. Bd. 2. – Berlin: Realschulbuchhandlung, 86-92. [Online verfügbar unter: http://daten.digitale-sammlungen.de/~db/0001/bsb00013539/images/index.html?id=00013539&fip=xsxseayaqrsenxdsydeayaweayaeayaeaya&no=28&seite=89] Letzter Zugriff: 28.05.2012.
Rankin, Jan (2010): Ein Rest von Schuld. Aus dem Englischen von Giovanni und Ditte Bandini. – München: Goldmann (Goldmann 46940).
Sappok, Christopher (2011): Das deutsche Komma im Spiegel von Sprachdidaktik und Prosodieforschung. Forschungslage – „Parsing vs. Phrasing" – Experimente. – Berlin/Münster: Lit (Studien zur Linguistik 17).
Zelle, Carsten (2010): Die ‚Grammatik' des Diskurses – zu Roland Barthes' Abriss der Rhetorik (1970). – In: Nicole Hinrichs/Anika Limburg (Hgg.): Gedankenstriche – Reflexionen über Sprache als Ressource. Für Wolfgang Boettcher zum 65. Geburtstag. – Tübingen: Stauffenburg (Stauffenburg-Festschriften), 62-71.

Klaus-Michael Köpcke & Constanze Spieß

Metaphern als Gelenkstück für einen integrativen Sprach- und Literaturunterricht

1. Vorbemerkungen

Metaphern spielen in jeglichen Kommunikations- und Wissenszusammenhängen eine wichtige Rolle. Sie werden verwendet, um sich zu verständigen, um Wissen zu vermitteln und um komplexe Zusammenhänge zu verdeutlichen. In der Linguistik besteht mittlerweile Konsens darüber, dass Metaphern nicht mehr nur als rhetorisches Mittel bzw. als Redeschmuck aufzufassen sind, sondern wesentlich unser Denken, Reden und Handeln strukturieren. Ohne Metaphern würde keine Kommunikation funktionieren. Metaphern stellen somit ein wesentliches Strukturelement von Sprache dar. Das Wesen der Sprache ist somit metaphorisch, daher beschäftigen sich mit der Metapher nicht nur Literaturwissenschaftler, Theologen, Philosophen, Soziologen, sondern eben gerade auch Sprachwissenschaftler.

Die Auffassung, dass Metaphern das menschliche Denken, Handeln und Sprechen strukturieren, wurde maßgeblich von Lakoff/Johnson zu Beginn der 80er Jahre des vergangenen Jahrhunderts befördert, stellte damals aber längst kein Novum dar (vgl. Hülzer 1987: 219; Nerlich/Clarke 2003; Weinrich 2010). Antilla (1989: 141) stellt fest, dass die Metapher „one of the most important phenomena in human linguistic communication" ist. Auch schon für den Junggrammatiker Hermann Paul war die Bedeutung der Metapher nichts Neues, haben sich doch Sprachhistoriker seit jeher mit dem Bedeutungswandel befasst, wobei die Metaphernbildung eines der wesentlichen Antriebsmomente für semantischen Wandel ist:

> Die Metapher ist eines der wichtigsten Mittel zur Schöpfung von Benennungen für Vorstellungskomplexe, für die noch keine adäquaten Bezeichnungen existieren. Ihre Anwendung beschränkt sich aber nicht auf Fälle, in denen eine solche äußere Nötigung vorliegt. Auch da, wo eine schon bestehende Benennung zur Verfügung steht, treibt oft ein innerer Drang zur Bevorzugung eines metaphorischen Ausdrucks. Die Metapher ist eben etwas, was mit Notwendigkeit aus der menschlichen Natur fließt und sich geltend macht nicht bloß in der Dichtersprache, sondern vor allem auch in der volkstümlichen Umgangssprache, die immer zu Anschaulichkeit und drastischer Charakterisierung neigt.
>
> Paul (1909: 94f.)

Die Metapher besticht somit durch verschiedene Leistungen, die ihr innewohnen: Mit Metaphern können neue Dinge benannt und semantische Lücken geschlossen werden, mithilfe von Metaphern wird kategorisiert und Metaphern besitzen das Potenzial, Wirklichkeiten zu konstituieren.[1]

Wenn man im Kontext von Metaphorik die Sprachfähigkeit untersuchen will, geht es nicht um den bewussten, sondern vielmehr um den unbewussten Einsatz der Metapher. Die Fähigkeit, Metaphern zu verstehen und produktiv zu verwenden, ist nicht sprachspezifisch, sondern universell. Sie erwächst aus dem Benennungsbedürfnis und -zwang des Menschen sowie der Notwendigkeit semantischer Spezifizierung und Fokussierung innerhalb von Diskursen.[2] Da das Inventar sprachlicher Zeichen immer begrenzt ist, werden Verfahren benötigt, dieses Inventar aus dem bestehenden Zeichenvorrat heraus zu erweitern. Neben die morphosyntaktischen Verfahren der Ausweitung dieses Inventars, wie etwa Wortbildung, Entlehnung usw., muss die Metaphernbildung gestellt werden. Es bietet sich hier an, an ein altes Wort von Humboldt (1836: CXXII) zu erinnern, nämlich „von endlichen Mitteln einen unendlichen Gebrauch machen" zu können. Nicht zuletzt ist die *Metapher* ein Phänomen, in dem sowohl semantische, funktionale wie auch formale Strukturen zur Geltung gebracht werden und dem nur vor dem Hintergrund einer theoretischen Auseinandersetzung mit Sprache begegnet werden kann. Nähert man sich dem Phänomen *Metapher*, so erfolgt das zwangsläufig auf der Basis einer sprachtheoretischen Verortung des Phänomens. Das, was man unter einer Metapher versteht, hängt maßgeblich von der zugrundeliegenden sprachtheoretischen Einbindung ab und davon, was unter Sprache generell zu verstehen ist. So konstatiert Köller:

---

[1] Vgl. hier beispielsweise die Konstruktion spezifischer Menschenbilder durch Metaphern beispielsweise im Stammzelldiskurs. Die Bedeutung von *Embryo* wird dadurch, dass der Ausdruck *Embryo* mit semantischen Aspekten aus dem Großbereich der Industrie und des Kommerzes in Verbindung gebracht wird (etwa durch Ausdrucksweisen wie *verbrauchen von Embryonen, herstellen von Embryonen, Embryonenproduktion, Embryonentest*) durch Metapherngebrauch als Ware konzeptualisiert; damit wird eine Wirklichkeit geschaffen, in der es erlaubt ist, Eingriffe am Embryo vorzunehmen, die ihn dann zerstören bzw. die dann zur Selektion führen (vgl. Spieß 2011: 429-438, vgl. aber auch die neuen rechtlichen Regelungen zur PID (Präimplantationsdiagnostikgesetz – PräimpG); das Gesetz trat im Dezember 2011 in Kraft).

[2] Die diskursive Funktion von Metaphern als ein Benennungs- und Bedeutungsspezifikationsbedürfnis hat u.a. Nerlich (2005) am Beispiel der Rubikon-Metapher sehr anschaulich dargestellt. Eine große Rolle für die Benennungen und Bedeutungsspezifikationen spielen die Kommunikationsbereiche, innerhalb derer das geschieht. Bei der Analyse von Metaphernbedeutungen sollten diese mit ihren je eigenen Spezifika somit in die Analyse einbezogen werden.

Jeder, der das Phänomen Metapher zur Strecke zu bringen versucht, sieht sich zugleich auch vor das Problem gestellt, das Phänomen Sprache theoretisch zu bewältigen. Sofern man nach der sinnbildenden Kraft der Sprache fragt, stößt man unausweichlich auch auf das Metaphernproblem, in dem alle semantischen, syntaktischen und pragmatischen Ordnungsstrukturen der Sprache irgendwie zusammenlaufen.

Köller (2004: 591)

Die Leistungen bzw. die Funktionen, die metaphorischen Prozessen zugeschrieben werden, sind demzufolge ebenfalls theorieabhängig zu beschreiben und können je nach zugrunde gelegter Theorie voneinander abweichen. Insofern es sich bei der Metapher um ein Phänomen handelt, das nicht nur sprachlich zu erfassen ist, wird der Metapher in unterschiedlichen Wissenschaften Interesse entgegen gebracht.[3] Gemeinsam ist allen Ansätzen die Auffassung, dass die Metapher in irgendeiner Art und Weise Sinn bzw. Bedeutung konstituiert, erschließt und auch vermittelt.

Der vorliegende Beitrag wird sich neben der Vorstellung eines integrativen Metaphernmodells, das in theoretischer Hinsicht pragmatisch und kognitionslinguistisch zu verorten ist, mit der Rolle und dem Potenzial der Metapher im Sprachunterricht befassen. In einem ersten Schritt werden wir auf die wesentlichen linguistischen Aspekte im Hinblick auf die Modellierung von Metaphorisierungsprozessen und deren Verständnis eingehen (Kap. 2). Dabei wird das von uns favorisierte integrative und unseren Überlegungen zugrundeliegende Metaphernmodell kurz skizziert. In diesem Zusammenhang werden Strukturalität, Funktionalität und Semantizität von Metaphern vorgestellt und diskutiert. In einem zweiten Schritt wenden wir uns der Verankerung der Metapher in den Bildungsstandards und den Kernlehrplänen – exemplarisch

---

[3] So beschäftigen sich die Sozialwissenschaften mit der Rolle der Metapher für gesellschaftliche Prozesse (vgl. Junge 2010), die Theologie befasst sich mit der Funktion von Metaphorik in religiösen Zusammenhängen (vgl. Schwarke 2000) und die Erziehungswissenschaften stellen die Funktionalität von Metaphorik im Kontext von Bildungsprozessen heraus (vgl. Gansen 2010; Gebhard 1999). Interdisziplinäre Forschungsprojekte befassen sich mit Metaphorik aus unterschiedlichen wissenschaftlichen Perspektiven wie z.B. das Verbundprojekt „Die forschungsleitende Funktion informationswissenschaftlicher Metaphern und ihre Relevanz für die Transformation von Menschenbildern" (vgl. Bölker/Gutmann/Hesse 2010). Metaphern spielen auch in der bildenden Kunst eine bedeutende Rolle. Interessant sind hier beispielsweise die Bilder von Caspar David Friedrich. In vielen seiner Bilder ist eine Figur in zentraler Position dargestellt, die mit dem Rücken zum Betrachter steht. Diese Figur ist gekennzeichnet durch eine altdeutsche Tracht. In der kunsthistorischen Forschungsliteratur werden diese Rückenbilder Caspar David Friedrichs als Demagogen-Bilder bezeichnet, die die politische Situation und den „Nationalgedanken" metaphorisieren (vgl. Sugiyama 2007: 8ff.).

am Bundesland NRW – zu. In diesem Zusammenhang spielt dann auch die Situation und die Tendenz der Thematisierung der Metapher in aktuellen Lehrwerken eine Rolle (Kap. 3). In einem dritten Schritt schließlich geht es uns darum, eine didaktische Perspektive für die Metapher im Sprachunterricht aufzuzeigen sowie auf deren fundamentales Potenzial für die Reflexion über Sprache hinzuweisen, was am Beispiel von Farbmetaphorik im Kontext öffentlich-politischer medialer Äußerungen und in ihrer Verwendung im Bereich der Lyrik verdeutlicht werden wird (Kap. 4). Ein Fazit beschließt unsere Überlegungen (Kap. 5).

2. Zum Begriff *Metapher*

2.1 Zur Konzeption eines integrativen Metaphernmodells

Es gibt zahlreiche Metaphernbegriffe, Modelle und Metapherntheorien, die an dieser Stelle nicht referiert werden sollen.[4] Ein erster sehr oberflächlicher Zugriff auf Metaphern, der auch in der Schule häufig praktiziert wird, basiert auf der Substitutionstheorie und der Vergleichstheorie.[5] Die Substitutionstheorie geht davon aus, dass ein wörtlicher Ausdruck durch einen äquivalenten, aber uneigentlichen Ausdruck problemlos ersetzt werden kann. Vertreter der Vergleichstheorie gehen davon aus, dass die Metaphorizität einer Aussage darin besteht, dass ihr ein komprimierter Vergleich und damit eine Analogiebeziehung zugrunde liegt.

An dieser Stelle möchten wir auf drei zentrale Aspekte in der Metaphernforschung verweisen, die zugleich für unterschiedliche, aber einander ergänzende Forschungsrichtungen der Linguistik stehen. Diese drei Erklärungsperspektiven von Metaphorik gilt es zueinander in Bezug zu setzen und in ein Modell zu integrieren, um die Komplexität der Metapher adäquat erfassen zu können. Es soll zudem darum gehen, das Phänomen *Metapher* für die sprachdidaktische Perspektive zu präzisieren, um so über Inhalt und Umfang des zugrundeliegenden Metaphernbegriffs Aufschluss zu geben.

---

[4] Wenn wir uns hier auf drei gegenwärtig wirksame Metaphernbegriffe konzentrieren, bedeutet das nicht, dass wir relevante Metaphernbegriffe, z.B. der antiken Rhetorik, außer Acht lassen (vgl. Rolf 2005). Vielmehr können die Substitutions- und Vergleichstheorie als durch die gegenwärtigen Modelle deutlich erweitert betrachtet werden, insofern Verständnis und Funktion von Metaphorik um pragmatische und kognitive Aspekte erweitert werden (vgl. Köller 2004: 593; Gansen 2010: 30ff.).

[5] Die Substitutionstheorie ist auf Aristoteles und die Vergleichstheorie auf Cicero und Quintilian zurückzuführen (vgl. Weinrich 2010; Rolf 2005).

Die v.a. durch George Lakoff und Mark Johnson Anfang der 80er Jahre geprägte kognitive Metapherntheorie übte einen großen Einfluss auf die linguistische Metaphernforschung aus, belebte diese und drückte ihr einen sehr markanten Stempel auf. Lakoff und Johnson gehen in ihrem Werk *Metaphors we live by* davon aus, dass unser Denken, Handeln und Sprechen metaphorisch strukturiert sind, wir also ohne Metaphern nicht kommunizieren können. Metaphern betrachten sie damit als Alltagsphänomen, das als eine prozessuale, kognitive Projektion von semantischen Aspekten aus der Sourcedomain auf die Targetdomain beschrieben werden kann. Der kognitiven Metapherntheorie geht es um die mentale Struktur des Denkens; die Metapher repräsentiert demzufolge Denkstrukturen einerseits und nimmt Einfluss auf das menschliche Handeln andererseits. Eine Metaphernanalyse gibt demnach Aufschluss über unsere alltäglichen Konzeptualisierungen von Wirklichkeit.

Kennzeichen der kognitiven Metapherntheorie ist nicht nur die Auffassung, dass Metaphern alltäglich sind, sondern vor allem auch deren (nicht nur für linguistische Fragestellungen fruchtbare) Unterscheidung zwischen *Source* und *Target*. Wenn wir davon ausgehen, dass das einer Metaphorisierung zugrunde liegende Konzept durch ein Merkmalsbündel charakterisierbar ist, dann wollen wir dieses Bündel als *Source* verstehen. Ausgehend von diesem Bündel werden nun spezifische Untermengen auf ein neues Zielkonzept, also ein neues *Target* übertragen. Durch diese nicht wörtlich gemeinte Übertragung konstituiert sich eine Metapher, wobei es sich bei den Source- und Targetbereichen nicht um statische Bereiche handelt. Vielmehr muss hier von Blending-Strukturen ausgegangen werden, die weiter unten noch erläutert werden (vgl. Nerlich/Clarke 2003: 556ff.).

Von der Metapher abzugrenzen ist die Metonymie. Während bei der Metapher eine Ähnlichkeitsrelation zwischen zwei Referenten gilt, und zwar in dem Sinne, dass Referent B (Target) empfänglich für Merkmale von Referent A (Source) ist, um überhaupt als Metapher identifiziert zu werden, gilt für die Metonymie eine faktische Beziehung zwischen Source und Target. Diese Beziehung kann ganz unterschiedlich motiviert sein, meist jedoch lokal oder temporal, etwa *die Bonner Republik*, was metonymisch als die Phase (temporal) der Bundesrepublik Deutschland zu verstehen ist, als Bonn (lokal) Hauptstadt und mithin Regierungssitz war. *Bonn* steht in diesem Beispiel als pars pro toto für einen komplexen Zusammenhang. Für die Metapher gilt diese Unmittelbarkeit nicht; für sie ist vielmehr die Ähnlichkeit zwischen Sourcedomain und Targetdomain entscheidend (vgl. Lakoff/Johnson 1980). Die Beziehung zwischen Source und Target kann nicht arbiträr sein, da ansonsten die Identifikation der Metapher misslingen würde. Ein Beispiel soll dies verdeutlichen: Wenn man etwa sagt *da kommt noch ein ganzer <u>Rattenschwanz</u>*, dann deutet die Verwendung des mit negativen Konnotationen besetzten Nomens *Ratte* auf negative Erwartungen. Die Verwendung des Nomens *Schwanz* deutet darauf, dass mit einer erheblichen unkalkulierbaren Zahl negativer Erwartungen zu rechnen sei, weil semantisch mit *Schwanz* im Kontext des Tieres *Ratte* der Aspekt 'Länge' verbunden ist. Akzeptiert man das Postulat der Ähnlichkeitsrelation zwischen Source und Target, dann existiert eine Metapher natürlich nur so lange, wie diese Beziehung der Differenz von dem Sprachverwender nachempfunden werden kann. Metaphorische Beziehungen entstehen also nicht nur, sondern sie können im Laufe der Zeit auch vergehen.[6] Wenn wir z.B. an das Verb *begreifen* denken, dann hatte dieses Verb einmal eine motorisch-taktile Bedeutung; heute haben wir es dagegen nur mit einem kognitiven Verb zu tun, dessen Zusammenhang zur ursprünglichen Bedeutung kaum einem Sprecher bewusst ist.[7]

Neben der kognitiven Beschreibungsperspektive auf die Metapher kann die Metapher auch aus der sozialen, intersubjektiven und kulturellen Perspektive erklärt werden, was durch den interaktional-pragmatischen Erklärungsfokus deutlich wird. Diesen Aspekt der Handlungskonstitution durch Metaphern hebt u.a. Liebert (2002: 65) hervor.

Bereits Black (1983a, 1983b) hat mit dem interaktionstheoretisch basierten Modell einen Zugriff auf Metaphorik hergestellt, der die pragmatische Perspektive und die damit verbundene dynamische Struktur von Metaphern betont. Black geht davon aus, dass die beiden Bereiche *Source* und *Target* beim Prozess der Metaphorisierung miteinander in Interaktion treten und dass durch den Metaphorisierungsprozess somit neue Bedeutungen entstehen. Indem sich die Elemente der Sourcedomain und der Targetdomain durch den Metaphorisierungsprozess ebenso in ihrer Bedeutung verändern, entsteht durch die Metapher eine neue Bedeutung. Damit einhergehend werden neue Handlungskontexte geschaffen. Dabei werden während des Prozesses der Projektion von semantischen Aspekten assoziative Implikationen auf den zu metaphorisierenden Hauptgegenstand angewendet (vgl. Black 1983a, 1983b). An dieser Stelle tritt die pragmatische Perspektive hervor, insofern für das Verstehen von Metaphern der situative Kontext eine zentrale Rolle spielt. Die kognitive Perspektive von Metaphorik sieht bzw. beobachtet Black freilich nicht in der ausgeprägten Weise wie Lakoff/Johnson, obwohl sein Ansatz sehr gut mit dem Ansatz der kognitiven Metapherntheorie Lakoff/Johnsons

---

[6] Bzw. können Metaphern konventionalisiert sein. Pielenz (1993: 109ff.) spricht in diesem Kontext von „schlafenden" Metaphern.

[7] Die metaphorische Bedeutung von *begreifen* ist sozusagen konventionalisiert und lexikalisiert. Mit der Konventionalisierung der kognitiven Bedeutung ging auch eine veränderte Grammatik einher. *Begreifen* wird in dieser Bedeutung nun mit einem *dass*- oder *ob*-Komplement verwendet, was bei der motorisch-taktilen Bedeutung nicht möglich war. Somit hat die metaphorische Verwendungsweise des Verbs Auswirkungen auf die Syntax.

vereinbar ist, denn auch er unterteilt die Metapher in zwei Bereiche, in den Fokus (Source) und den Rahmen (Target). Die Kommunikativ-pragmatische Perspektive hebt zwar im Anschluss an die Interaktionstheorie die Dynamik des Metaphorisierungsprozesses hervor, geht aber über die Interaktionstheorie hinaus, insofern sie insbesondere die Funktionalität von Metaphern in konkreten Handlungskontexten in den Blick nimmt und pragmatische Faktoren wie kulturelle Gebundenheit, situative Verortung, Adressatenorientierung etc. in die Modellierung und das Verstehen von Metaphern einbezieht sowie die Metapher selbst als handlungskonstituierend betrachtet (vgl. dazu Liebert 2002).

Kommunikativ-pragmatische Modelle legen damit ihren Fokus auf die Verwendung und die durch Kontexte initiierte Schöpfung bzw. Veränderung von Metaphern sowie deren je spezifischen kommunikativen Sinn (vgl. hierzu Liebert 2002; Nerlich/Clarke 2003; Nerlich 2005), während die interaktionale Perspektive die gegenseitige Interaktion zweier Bereiche und die daraus resultierende neue Bedeutung hervorhebt (vgl. Black 1983a, 1983b).

Die interaktionale und die kommunikativ-pragmatische Perspektive bieten zudem auch einen Anknüpfungspunkt an das kognitive Blending-Konzept Fauconniers und Turners (vgl. 2002, 2003, 2008). Beim Blending kommt es zu einer Mischung der Source- und Targetdomains, die zu neuen Bedeutungen führen können, zu Bedeutungen, die aus Aspekten sowohl des Sourceals auch des Targetbereichs gespeist werden. Die Konzepte stellen damit keine statischen Domänen dar, sondern sie sind in ihrer Struktur äußerst flexibel und dynamisch (vgl. Nerlich/Clarke 2003).[8] Am Beispiel der Metapher *der Chirurg ist ein Metzger*, das aus Ziem (2008) stammt, kann das Blending-Verfahren nachvollzogen werden: Die Bedeutung, die mit der Metapher hervorgebracht wird, nämlich ein inkompetenter Chirurg zu sein, speist sich nicht aus den Kompositionsteilen, denn weder *Chirurg* noch *Metzger* sind je für sich mit der Bedeutung 'inkompetent' verbunden. Vielmehr entsteht mit der Metaphorisierung eine neue konzeptuelle Einheit gerade durch das Aufeinandertreffen dieser beiden konzeptuellen Bereiche (vgl. Ziem 2008: 380ff.). Die neue Bedeutung resultiert aus der Vermischung von Aspekten aus beiden Bereichen. Während die Tätigkeit des Metzgers auf Tiere bezogen ist, die tot sind und eventuell auch von ihm geschlachtet wurden, ist die Tätigkeit eines Chirurgen auf lebende Menschen bezogen. Der Handlung des Chirurgen wohnt zudem die Perspektive der Heilung inne, der Handlung des

---

[8] Nerlich/Clarke (2003) machen darauf aufmerksam, dass die Wurzeln des Blending-Konzepts bereits im 19. Jahrhundert zu sehen sind. Unter anderem befasste sich Anfang des 20. Jahrhunderts Bühler mit dem Phänomen der *Sphärenmischung* bei Metaphorisierungsprozessen. Prominent in der Metaphernforschung des 20. Jahrhunderts wurde es jedoch durch die Schriften Fauconniers und Turners (vgl. Fauconnier/Turner 2002; 2003; 2008).

Metzgers die der Fleischaufbereitung. Der Chirurg arbeitet an einem Ort, dessen Sterilität für das Überleben des Menschen erforderlich ist. Eine Hygiene in diesem Ausmaß ist für die Arbeit des Metzgers nicht notwendig. Der Metzger muss zwar genau arbeiten, aber seine Arbeit erfordert nicht die Genauigkeit und Feinheit, wie sie die Arbeit des Chirurgen erfordert. In dem neuen Konzeptbereich werden diese Aspekte integriert und vermischt, so dass sich aus der Aussage *der Chirurg ist ein Metzger* eine negative Bewertung der Professionalität des Chirurgen ergibt. An diesem Beispiel ist auch nachzuvollziehen, dass Source und Target in Interaktion treten.

Hier soll es nun nicht darum gehen, sich für ein Erklärungsmodell bzw. eine Erklärungsperspektive zu entscheiden. Vielmehr ist das Phänomen Metapher so komplex, dass es nur dann adäquat erfasst werden kann, wenn die genannten Perspektiven miteinander in Verbindung gebracht werden. Damit geht das hier vorgestellte Verständnis von Metaphern über traditionellere Metaphertheorien, v.a. der Substitutionstheorie und der Auffassung, dass die Metapher ein verkürzter Vergleich sei, hinaus (vgl. Rolf 2005). Wir wollen hier von einem integrativen Metaphernmodell sprechen, das kognitive, interaktionale und pragmatische Aspekte vereinigt. Vor diesem Hintergrund wird nun im Folgenden auf die strukturelle, semantische und funktionale Perspektive von Metaphern eingegangen.[9]

---

[9] Zur Semantik und Funktion von Metaphern in kommunikativen und diskursiven Zusammenhängen gibt es zahlreiche Forschungsarbeiten (vgl. u.a. Baldauf 1997; Pielenz 1993; Ziem 2008; Liebert 1992; Musolff 2007; vgl. auch die Zeitschrift Metaphorik.de, online unter: http://www.metaphorik.de). Was aber die grammatische Form von Metaphern betrifft, so gibt es nur wenige Untersuchungen. Oksaar versteht unter grammatischer Metapher beispielsweise „ein Morphem (oder eine Morphemverbindung) in einer ihm fremden Funktion. Die fremde Funktion determiniert das Morphem auf paradigmatische und syntagmatische Beziehungen hin, die von der Form nicht vorauszusehen sind." Dabei fokussiert Oksaar die Verletzung von Kongruenzregeln, die u.a. Weinrich bei Metaphorisierungsprozessen annimmt. Die Metapher konstituiert sich somit nach Oksaar durch eine grammatische Inkongruenz, wie sie am Beispiel eines expressionistischen Gedichtes vorführt, in dem die Form „Du steht" auftaucht. Die Diskrepanz zwischen *Du* und *steht* kann vom Rezipienten aufgelöst werden, wenn *Du steht* als metaphorische Äußerung gelesen wird. *Du* wird dabei zum Nomen (vgl. Oksaar 1969: 141f.). Köller (2004) und Braun (2009) gehen auf syntaktische Aspekte und Klassifikationsmöglichkeiten der Metapher ein.

2.2 Erscheinungsweisen von Metaphern – zur oberflächenstrukturellen Form von Metaphern

Metaphern tauchen in grammatischer Perspektive in ganz unterschiedlichen Formen auf. Sie erscheinen als komplexe grammatische Strukturen, aber auch als Einzellexeme. In grammatischer Hinsicht finden sich Metaphern in unterschiedlichen Determinationsverhältnissen: Sie können als Komposita, in einer Attributsrelation, als Prädikativa, als Verb-Adverb-Verbindung, als Verb-Objekt-Verbindung oder als Subjekt-Prädikat-Relation auftauchen. Für jede Form wird hier ein Beispiel aus dem Bereich der Farbmetaphorik angeführt:

(1) Komposita

> Rund um das Thema Energie, so scheint es, ist seit Fukushima nichts mehr so, wie es war. Und während zum Thema Atomkraft parteipolitisch plötzlich ein weitgehender Konsens Einzug gehalten hat, wollen insbesondere **Grüngesinnte** den deutschlandweiten Stimmungswandel nutzen, um auch den Ausbau von Windkraftanlagen voranzubringen.
>
> Aachener Nachrichten online (10.04.2011, Hervorh. durch die Autoren)

(2) Attributsrelation

> **Grüne** Politik in Graz
>
> krone.at-Forum (22.08.2011, Hervorh. durch die Autoren)

(3) Prädikative

> So **grün ist** Deutschland
>
> Greenpeace Magazin (04/2009, Hervorh. durch die Autoren)

(4) Verb-Adverb-Relationen

> Vital im Tal: So **grün** isst das Tal
>
> Coolibri (17.08.2011, Hervorh. durch die Autoren)

(5) Verb-Objekt-Relationen

> Tour 08: Mal **ins Blaue** fahren!
>
> Neue Osnabrücker Zeitung online (11.04.2011, Hervorh. durch die Autoren)

Die Farbe Blau wird hier auf die Ferne bezogen. Es bezeichnet eine Fahrt in die Ferne ohne bestimmtes Ziel.[10]

(6) Subjekt-Prädikat-Relationen

Die Union **ergrünt**

Frankfurter Rundschau online (20.06.2009, Hervorh. durch die Autoren)

Köller macht deutlich, dass das Determinationsverhältnis, das Metaphern zugrunde liegt, immer schon ein prädikatives ist, das grammatisch unterschiedlich kodiert wird (vgl. Köller 2004: 596).

2.3 Metaphorisierungsrichtungen

Aristoteles und Quintilian haben Klassifikationen von Semantisierungs- bzw. Metaphorisierungsprozessen vorgeschlagen: So spricht Aristoteles von Bedeutungsübertragungen „1. von der Gattung auf die Art, 2. von der Art auf die Gattung, 3. von der Art auf die Art, 4. „gemäß der Analogie'" (Weinrich 2010: 1179). Die letzte Form der Bedeutungsübertragung steht bei Aristoteles für die Metapher. Quintilian spricht im Kontext von Übertragungsrichtungen bei Metaphern „1. vom Belebten auf Belebtes [Beispiel: *Der Mensch ist eine giftige Schlange*], 2. von Unbelebtem auf Unbelebtes [Beispiel: *Das Auto ist ein Schiff*], 3. von Belebtem auf Unbelebtes [Beispiel: *Herz aus Stein*], 4. von Unbelebtem auf Belebtes. [Beispiel: *Der Embryo ist ein Ersatzteillager*]" (ebd.: 1180, Beispiele von den Autoren).

Bezüglich der Metaphorisierungsprozesse können kaum generelle Aussagen gemacht werden. Lediglich lassen sich von der Sprachgemeinschaft präferierte spezifische Metaphorisierungsrichtungen ausmachen (s.u.). Darüber hinaus lassen sich folgende Metaphorisierungspfade nachweisen: Abstraktes wird durch Konkretes, Nicht-Räumliches durch Räumliches, Zeitliches durch Räumliches und Kognitives durch Sinnliches metaphorisiert. So spricht man von *ethischen Landschaften mit unbesteigbaren Bergen, tiefen Einschnitten und schmalen Pfaden*. Weitere Beispiele für diese Metaphorisierungspfade wären *braune Soße* für 'nationalsozialistische Ideologie' oder *rote Propaganda* für 'sozialistische/kommunistische Weltanschauung'. Zu der räumlichen Bedeutung von *Sumpf* findet man mit *brauner Sumpf* auch die nichträumliche Metapher. Der Ausdruck des Zeitlichen durch Räumliches ist etwa in dem Wort *(Zeit-)spanne* gegeben. Sehr verbreitet ist die Metaphorisierungsrichtung vom Sinnlichen zum Kognitiven: So haben die Verben *begrei-*

---

[10] Beim Phraseologismus *Fahrt ins Grüne* handelt es sich dagegen um eine Metonymie, denn *Grün* steht hier als Teil der Natur für die Natur.

fen, erfassen, beleuchten und *schließen* neben einer sinnlichen auch eine kognitive Bedeutung. Das Verb *fühlen* hat heute neben seiner taktilen eine emotionale Bedeutung angenommen, die inzwischen so sehr dominiert, dass die ursprüngliche Bedeutung immer mehr in den Hintergrund getreten ist. Beispiele dieser Art lassen sich sehr viele finden, entscheidend ist, dass sich die Metaphorisierungsrichtung in der Regel nicht vom Abstrakten zum Konkreten umkehren lässt.[11] Wir haben es also mit einem gerichteten Prozess zu tun.

Metaphernbildung findet schließlich häufig auch entlang der Belebtheitsskala *Mensch > Tier > Pflanze > Unbelebtes* statt.[12] Bei diesem, auch *anthropomorphe Metaphernbildung* genannten Verfahren erfolgt der Metaphorisierungsprozess präferentiell von einer links stehenden auf eine rechts davon stehende Kategorie. Typischerweise werden (menschliche) Körperteilbezeichnungen auf Unbelebtes abgebildet: *Meerbusen, Talsohle, Hauptstadt, am Fuß der blauen Berge, Flaschenhals* usw. Etwas Unbelebtes wird durch etwas Belebtes metaphorisiert; das muss sich nicht auf Konkretes beschränken, sondern kann sehr wohl auch in den abstrakten Bereich gehen: *das Recht hat gesprochen* oder *Lügen haben kurze Beine*.

2.4 Leistungen von Metaphern

Haben wir bisher im Kontext des Metaphorisierungsprozesses vorwiegend von Bedeutungen gesprochen, die übertragen und neu hervorgebracht werden, soll nun auf funktionale Aspekte von Metaphern eingegangen werden. Im Allgemeinen können folgende Funktionen bzw. Leistungen unterschieden werden:

a) Fokussierung
   In Lakoff/Johnson (1980) werden zwei Funktionen hervorgehoben, die als „hiding" und „highlighting" beschrieben werden. Damit werden bestimmte Aspekte der metaphorisierten Sachverhalte, Gegenstände oder Bereiche fokussiert bzw. hervorgehoben.

---

[11] Das gilt für alltagssprachliche Kontexte. In ästhetischen Texten, z.B. in der Lyrik, gibt es auch den umgekehrten Fall (Metaphorisierung von Konkretem durch Abstraktes) wie beispielsweise Kritsch (1962: 73) für einige Metaphorisierungen innerhalb der Gedichte Trakls festgestellt hat.

[12] Zur Belebtheitsskala vgl. Silverstein (1976).

b) Benennung
Wie bereits angedeutet, lassen sich durch Metaphern semantische Lücken, aber auch Lücken in der Benennung von Sachverhalten und Gegenständen schließen.

c) Sachverhalts-/Wissenskonstituierung
Mit der Benennung von Sachverhalten durch Metaphern findet zugleich eine Sachverhalts- und Wissenskonstitution statt, vgl. z.B. *Embryonentransfer*, *Gentaxi* etc.

d) Wissensvermittlung
Die Metapher eignet sich in besonderer Weise, komplexe Vorgänge zu veranschaulichen. So kann beispielsweise die Komplexität von Politik und politischen Entscheidungen mittels der Wegmetapher verdeutlicht und plausibilisiert werden, wie folgendes Beispiel zeigt:

> Zwei Gremien, die den Politikern im Dickicht der Entscheidung rund um die embryonalen Stammzellen Wege aufzeigen sollen, wie eine ethisch saubere Lösung aussehen könnte. [...] Als ein Labyrinth hat Renesse diese Entscheidungslandschaft bezeichnet, aus dem keine geraden Wege führten, sondern solche, die um scheinbar unlogische Ecken und Kanten gehen.
>
> Frankfurter Rundschau (30.01.2002: 3)

Oder komplexe Zellprozesse werden mithilfe der Computermetapher vermittelt, wenn beispielsweise die Zelle als ein technischer Gegenstand konzeptualisiert wird, der *programmiert* und *reprogrammiert* werden kann.

e) Textorganisation, Konstitution von Textkohärenz
Die Kohärenz von Texten kann durch Metaphorik geleistet werden. So können ganze Texte durch Metaphorik konstituiert sein, wobei unterschiedliche Metaphern miteinander vernetzt werden können.

f) Kognitive Wissensstrukturierung
Das durch Metaphorik hervorgebrachte und strukturierte Wissen ist u.a. hierarchisch strukturiert. So unterteilt Liebert (1992) in Metaphernbereiche, die sich aus zum Metaphernbereich gehörenden Metaphernkonzepten konstituieren. Die Konzepte wiederum bestehen aus Types, die sich wiederum konkret als einzelne Token realisieren. Ein Beispiel soll dies verdeutlichen: Dem Metaphernbereich der Bewegungsmetaphern gehört das Konzept ‚Entscheidungen sind Wege' an. Das Konzept wiederum kann in verschiedene Types wie z.B. *politische Entscheidung als Weg durch eine Landschaft* oder *politische Entscheidungen als alternative Wege* konzeptualisiert werden, die je für sich unterschiedliche, konkrete Realisierungen erfahren können.

g) Metapher als implizite Argumentation
Durch die Projektion wird je nach Kontext implizit ein Schlussprozess in Gang gesetzt. Die Schlussregeln sind laut Pielenz (1993: 130ff) den Metaphern inhärent und dementsprechend implizit. D.h., um Metaphern überhaupt zu verstehen, wird von einem Bereich auf einen anderen mithilfe von Schlussregeln geschlossen, beide Bereiche werden via Schlussregeln miteinander verbunden. So impliziert etwa die Metapher *Dickicht der Entscheidungen* (siehe Punkt d), dass das politische Tagesgeschäft das Fällen einer großen Menge von Entscheidungen bedeutet, die der Politiker nicht mehr überblicken kann.

2.5 Metaphern und Verstehensprozesse

Bei Metaphern treffen zwei semantische Bereiche, die wenig oder gar nichts miteinander zu tun haben, aufeinander. Wie also ist es zu erklären, dass wir dazu in der Lage sind, Metaphern zu verstehen? Wir möchten hier mit Grice argumentieren, der auch bei einer zunächst scheinenden Nichtpassung der semantischen Bereiche davon ausgeht, dass die Kommunikationspartner immer danach streben, Kommunikation aufrecht zu erhalten und gelingen zu lassen. Sowohl bei der Einhaltung der Kommunikationsmaximen der Quantität, der Qualität, der Relevanz und der Modalität wird somit von einem Willen zur Kommunikation ausgegangen. Beim Verstoß gegen die Maximen versucht jedoch der Rezipient durch Schlussprozesse das auf den ersten Blick nicht zueinander Passende in einen sinnvollen Zusammenhang zu überführen. Hörmann nennt diese Prozedur „Sinnkonstanz". Er schreibt:

> Der akzeptable Zustand ist gefunden, wenn die gehörte Äußerung so auf eine Welt bezogen werden kann, daß sie in ihr sinnvoll ist. Unsere subjektive Ansicht von der Welt (und nicht eine linguistische Kompetenz!) entscheidet also über die Akzeptabilität.
>
> Hörmann (1994: 209)

Bezogen auf die Metapher kann angenommen werden, dass in einem ersten Schritt des Verstehensprozesses die Oberflächenstruktur spezifische Erwartungen erzeugt, die ein Verstehen in einem bestimmten Sinne impliziert. Z.B. ruft eine Adjektiv-Nomen-Konstellation hervor, dass A und N semantisch zueinander passen müssen, wobei das Adjektiv das Nomen näher beschreibt. Wenn aber die Semantik der Struktur widerstrebt, wenn also etwa das Adjektiv semantisch nicht zum Nomen passt, wird durch Schlussprozesse versucht, Sinn zu konstituieren und die semantische Inkongruenz zu beheben. Dies soll nun an der Metapher *kleinkarierte Burschen* erläutert werden.

Kleinkariert beschreibt auf wörtlicher Ebene eine Erscheinungsweise eines spezifischen Linien- oder Würfelmusters, auch Karo-Muster genannt, das sich daraus ergibt, dass sich mehrere vertikale und horizontale Linien, die über das Blatt verteilt sind, schneiden. Die Komposition *kleinkariert* spezifiziert das Karo-Muster dahingehend, dass es sich um kleine Karos handelt. Mit dem Adjektiv werden u.a. Muster von Textilien oder von Papier näher beschrieben. Es wird aber nicht dazu verwendet, das Äußere lebendiger Entitäten wie Menschen, Tiere oder Pflanzen zu beschreiben oder gar Abstrakta dadurch näher zu bestimmen, denn Personen, Tiere, Pflanzen oder Abstrakta sind in der Regel nicht kariert gemustert. Im folgenden Textbeispiel wird *kleinkariert* in einen Zusammenhang gestellt, der von der wörtlichen Bedeutung abweicht:

> „Das Thema ist abgeschlossen und wir arbeiten Seit' an Seit' für den gemeinsamen Erfolg – Ende", sagte der CSU-Vorsitzende am Mittwoch am Rande einer Sitzung der Landtagsfraktion in München. „Wir sind doch keine kleinkarierten Burschen – niemand."
>
> SZ online (01.07.2009)

Ein erster Widerspruch in dem Beispiel *kleinkarierte Burschen* entsteht zwischen dem Adjektiv und dem Nomen. *Burschen*, das wissen wir aus unserem Weltwissen, sind nicht kleinkariert gemustert. Burschen sind junge, männliche Wesen. In bestimmten Kontexten kann *Bursche* einen negativen Bedeutungsaspekt annehmen und zwar kann ein Bursche, eine „Person [sein], der man übles zutraut" (Duden 2006). *Kleinkariert* dient im Zusammenhang mit dem Lexem *Bursche* nicht der Beschreibung eines gleichförmigen Gliederungsmusters. Folglich muss, damit die Äußerung einen Sinn ergibt, etwas anderes mit *kleinkariert* impliziert sein, das zur semantischen Struktur von *Burschen* passt. Aus dem engeren und weiteren Kontext der Aussage wird zunächst noch deutlich, dass *kleinkariert* in diesem Kontext negativ konnotiert ist. Welche negativen Charakteristika also, die zu dem Lexem *Bursche* passen, können zugleich mit *kleinkariert* eine assoziative Verbindung eingehen, damit ein Sinnzusammenhang hergestellt werden kann? Es muss sich um eine Eigenschaft handeln, die auf Menschen zutrifft. Kontextuell in Frage kämen hier Bedeutungsaspekte wie etwa 'kleinlich', 'engstirnig', 'nicht großzügig über etwas hinwegsehend'. In der Verbindung von *kleinkariert* und *Bursche* ändert sich die Bedeutung von *kleinkariert*, insofern das Adjektiv nun auf menschliche Eigenschaften bezogen wird. Es entsteht eine erweiterte Bedeutung von *kleinkariert*.

Verstehen bedeutet somit – um mit Hörmann zu sprechen – ein Hineinstellen der sprachlichen Äußerung in einen für den Rezipienten sinnvollen Zusammenhang, also eine Verankerung im Welt- und Erfahrungswissen des Rezipienten:

Metaphern als Gelenkstück 267

Wenn Verstehen ein ‚Sinn-Verleihen durch Hineinstellen in einen Zusammenhang' ist, so gewinnt es einen konstruktiven Aspekt: es ist mehr als Rezeption. Der Hörer konstruiert aus dem, was die Äußerung anregt und möglich macht, aus seiner Kenntnis der Situation, aus seiner Welterkenntnis und aus seiner Motivation einen sinnvollen Zusammenhang. Das Erreichthaben eines solchen Zusammenhangs geht einher mit dem subjektiven Gefühl ‚jetzt habe ich es verstanden' und der damit gekoppelten Überzeugung, wenn es erforderlich wäre, adäquat handeln zu können.

Hörmann (1994: 137)

Der Akt des Verstehens ist weder unidirektional noch statisch, vielmehr handelt es sich um einen vielschichtigen, dynamischen Prozess, da an dieser Stelle neben dem sprachlichen Wissen auch das Weltwissen des Rezipienten aktiviert wird, das die Deutung des Sprachmaterials an den jeweiligen Kontext und die jeweilige Situation bindet. Mit der Veränderung des Weltwissens seitens des Rezipienten kann auch eine veränderte Deutung des jeweiligen Sprachmaterials einhergehen. Im Hinblick auf den Verstehensprozess bedeutet das, dass mit jedem Schritt des Verstehens sogleich eine neue Interpretation des sprachlichen Materials vorgenommen werden kann. Es findet somit ein permanentes De- und Neukontextualisieren statt.

2.6 Zur Komplexität von Metaphern

Metaphern können noch weitaus komplexer sein als bisher dargestellt. Jede Metapher kann erneut Ausgangspunkt für neue Metaphorisierungen sein, es kann also Ketten von Metaphorisierungsprozessen geben, die sich im Sinne Lakoffscher radialer Kategorien abbilden lassen. Das herangezogene Farbbeispiel *grün* (vgl. Abb. 1), das von Ulrich (2011) stammt, soll die Komplexität verdeutlichen. Dabei ist das aus Ulrich (2011: 184f.) stammende sprachliche Material nicht als ‚Bedeutungsstern', sondern als radiale Kategorie dargestellt und geringfügig modifiziert.

Dieser Prozess, der keineswegs linear verlaufen muss, ist folgendermaßen zu denken: Im Kern der Kategorie steht die Bedeutung der Farbe *grün*. Im Zusammenhang mit Früchten oder Obst wird *grün* um die Bedeutung 'unreif' angereichert, im Kontext mit Pflanzen, Holz oder der Jahreszeit treten dann die Aspekte 'frisch und saftig', in Verbindung von Nahrungsmitteln wie Speck und Hering die Aspekte 'frisch und roh' hinzu. Dass ein Zusammenhang zwischen der Farbe und den Lebensmitteln und Pflanzen hergestellt werden kann, hängt mit der Bedeutungsgeschichte von *grün* zusammen. Das Adjektiv *grün* ist ursprünglich die Bezeichnung für *grasfarben*. Die Farbe wird somit mit der Farbe von frischem Gras in Verbindung gebracht. Das wurde dann in einem ersten Schritt auf Pflanzen im Sinne von 'wachsend, sprießend' bezogen (vgl. Duden 2006). Sodann wird *grün* im Kontext des

Wachsens und Sprießens mit dem Aspekt 'unreif' auf Früchte von Pflanzen bezogen, z.B. *grüne Tomaten, grüne Bananen*. Der Bezug von *grün* auf Ereignisse oder Sachverhalte, die einen Beginn kennzeichnen, kann über die Bedeutungsaspekte 'frisch' im Sinne von 'neu' hergeleitet werden.

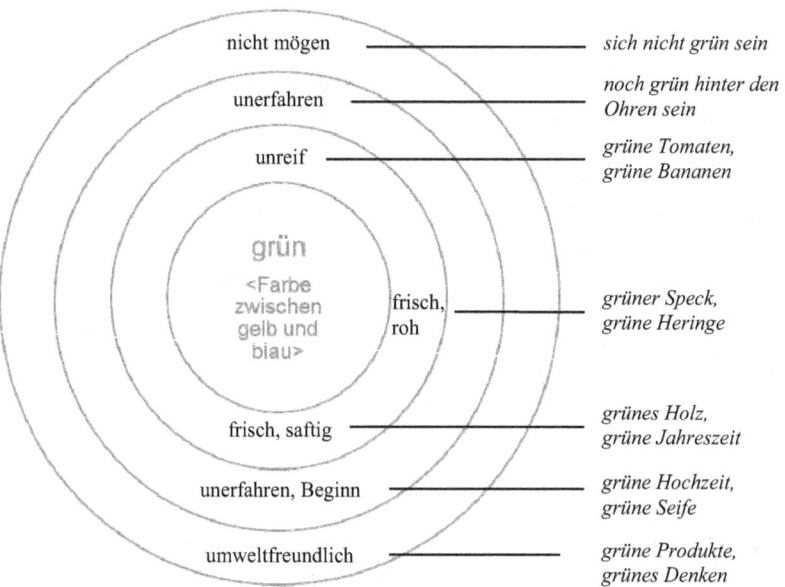

Abb. 1: Radiale Kategorie von *grün*

In einem weiteren Schritt wurde die Bedeutung von *grün* auf Eigenschaften von Menschen ausgeweitet und mit den Aspekten 'unerfahren' und 'jung' in Verbindung gebracht. Der Bezug ist hier nur über die beiden Aspekte 'wachsend' im Sinne von 'heranwachsend' und 'unreif' möglich. Im Hinblick auf die Bedeutungsaspekte 'unerfahren' und 'jung' hat *grün* nun nichts mehr mit der wörtlichen Bedeutung gemein, sondern es wird metaphorisierend interpretiert. Darüber ist nun auch die Bedeutung von *sich nicht grün sein* zu erklären. *Grün* wird hier mit der ursprünglichen Bedeutung 'wachsend' und 'gedeihen' auf ein zwischenmenschliches Verhalten bezogen im Sinne von 'jemandem gedeihlich' sein.[13] Ähnlich verhält es sich mit der metaphorischen Bedeutung von *grün* im Sinne von 'umweltfreundlich', 'ökologisch' oder 'Lebensstil'. Hier spielt der Bezug der Aspekte 'wachsend', 'grasfarben' von kon-

---

[13] Dabei übernimmt *sich nicht grün sein* die grammatische Struktur von *sich nicht mögen* und wird ebenfalls als reflexives Prädikativum verwendet.

kreten Pflanzen auf die allgemeine Natur eine Rolle. Dies wird auf eine bestimmte politische Richtung, den persönlichen Lebensstil oder allgemeiner auf menschliches Verhalten ausgeweitet. Diese Bedeutungsaspekte machen deutlich, wie sehr die gesellschaftliche Dimension mit Sprache vernetzt ist. Änderungen im sozialen Zusammenleben, technische Innovationen, Änderungen in der Bewertung von Gegenständen und Sachverhalten manifestieren sich immer auch sprachlich. Betrachtet man die Ausweitung der Bedeutung von *grün*, so ist eine bestimmte Metaphorisierungsrichtung – vom Konkreten (wahrnehmbare Farbe) zum Abstrakten (Politik, Lebensstil) – festzustellen. Dabei wird zudem deutlich, dass eine Metapher wieder Grundlage für eine erneute Metaphorisierung (und damit Bedeutungsausweitung) sein kann.

Die Bedeutungsaspekte werden je nach Kontext zur Geltung gebracht, in irgendeiner Art und Weise hängen sie aufgrund von Ähnlichkeit bzw. von Analogien, die durch radiale Kategorien dargestellt werden können, miteinander zusammen, die in der jeweiligen Kommunikationssituation untereinander vernetzt werden. Die an der Peripherie liegenden Bedeutungen lassen sich nur über die zwischen Kern und Peripherie liegenden Schritte oder auch Links erklären. Nicht nur die einzelnen Bedeutungsaspekte einer Metapher hängen zusammen, vielmehr können auch Relationen zwischen Metaphern hergestellt werden, was wiederum zur Komplexitätssteigerung führt. Die miteinander in Verbindung tretenden semantischen Aspekte aus unterschiedlichen Metaphernkonzeptbereichen führen dann zu neuen Bedeutungen. Ein Beispiel aus den Printmedien soll diesen Mechanismus veranschaulichen:

Der Verfassungsschutz Mecklenburg-Vorpommern registriert mit Sorge, dass der Einfluss der NPD in den Kommunen **wächst**. [...] Das ist der **Nährboden**, auf dem **braune Propaganda Früchte trägt**.

Berliner Kurier (09.01.2011: 29, Hervorh. durch die Autoren)

Hier liegt die Wachstumsmetapher vor, die auf das Abstraktum *Einfluss* der politischen Organisation NPD projiziert wird. *Nährboden* metaphorisiert *Einfluss* ebenfalls, es stammt aus demselben Konzeptbereich wie *wachsen* und *Früchte tragen*. Die Wachstumsmetapher aus dem Konzeptbereich Agrarwirtschaft/Landbau wird mit der Farbmetaphorik *braun* in Verbindung gebracht, *braun* passt einerseits zum Boden bzw. Nährboden, wird aber als Attribuierung mit der abstrakten Handlung PROPAGANDA verknüpft, so dass durch *braun Propaganda* näher bestimmt wird. *Braun* mit der metaphorischen Bedeutung 'nationalsozialistisch' metaphorisiert *Propaganda*. *Braune Propaganda* kann dann als nationalsozialistische bzw. rechtsextreme Weltanschauung interpretiert werden. Der Konzeptbereich der Farben steht für eine sinnliche Wahrnehmung, die auf Nicht-Sinnliches projiziert wird. Es entstehen Metaphernnetze, die die Metaphernbereiche zueinander in Beziehung setzen; dabei ist ein Metaphernbereich nur durch einen anderen zu verstehen.

3. Die Metapher in Bildungsstandards, Lehrplänen und Schulbüchern

Bevor nun die didaktischen Perspektiven im Hinblick auf die Stellung der Metapher im Unterricht dargelegt werden sollen, wollen wir kurz die Kompetenzbereiche der Bildungsstandards und die Lehrpläne betrachten, um zu zeigen, an welchen Stellen die Metapher erwähnt wird. Der Deutschunterricht ist in den Bildungsstandards (vgl. KMK 2004) in vier Großbereiche gegliedert: 1. Sprechen und Zuhören, 2. Schreiben, 3. Lesen – mit Texten und Medien umgehen und 4. Sprache und Sprachgebrauch untersuchen. Der vierte Bereich liegt dabei quer zu den drei anderen Bereichen (vgl. ebd.: 8).

In den Bildungsstandards wird die Metapher genau an zwei Stellen erwähnt, und zwar in Teilkapitel 3.3 unter dem Punkt „literarische Texte verstehen und nutzen". Hier wird darauf verwiesen, dass die Schülerinnen und Schüler (SuS) „wesentliche Fachbegriffe zur Erschließung von Literatur kennen und anwenden, insbesondere Erzähler, Erzählperspektive, Monolog, Dialog, sprachliche Bilder, Metapher, Reim, lyrisches Ich" können müssen. Darüber hinaus sollen sie „sprachliche Gestaltungsmittel in ihren Wirkungszusammenhängen und in ihrer historischen Bedingtheit erkennen: z.B. Wort-, Satz- und Gedankenfiguren, Bildsprache (Metaphern)" (ebd.: 14). Daneben wird im Kontext kommentierter Aufgabenstellungen bei der Erschließung von lyrischen Texten auf die Erarbeitung zentraler Bilder auf Metaphernkonzepte, die im vorgestellten Gedicht vorkommen, verwiesen.

Damit verbleibt die Thematisierung von Metaphorik im Literaturunterricht, zentrale Funktionen und Leistungen von Metaphern, die sich gerade im Kontext von Alltagssprache und im Hinblick auf sprachliche Strukturen reflektieren ließen, sind nicht erwähnt.

Exemplarisch wollen wir nachfolgend uns mit den Lehrplänen der Sekundarstufe I und II des Landes Nordrhein-Westfalen befassen und hieran zeigen, wie literaturzentriert der Gegenstand Metaphern thematisiert wird. Die Lehrpläne für Deutsch gehen hinsichtlich der Thematisierung von Metaphorik etwas über die Bildungsstandards hinaus:[14] Im Zusammenhang des Bereichs *Sprechen* wird formuliert, dass die SuS in den Jahrgangsstufen 7/8 „intentional, situations- und adressatengerecht [...] erzählerische Formen als Darstellungsmittel bewusst einsetzen [können] (z.B. Argumentationen veranschaulichen; eigene und fremde Erlebnisse und Erfahrungen darstellen – Metaphern, Vergleiche, schildernde Passagen)" (Ministerium für Schule und Weiterbildung 2007: 23).

---

[14] Z.T. werden die Bildungsstandards im Kernlehrplan aber auch wortwörtlich wiedergegeben (vgl. Ministerium für Schule und Weiterbildung 2007: 18).

Im Bereich *Reflexion über Sprache*, wird von den SuS in der Jahrgangsstufe 7/8 verlangt, metaphorischen Sprachgebrauch verstehen zu können (vgl. ebd.: 49). Die SuS der Jahrgangsstufe 9 sollen schließlich im Bereich *Lesen – Umgang mit Texten und Medien* Metaphern im Kontext des Erschließens literarischer Texte erkennen (vgl. ebd.: 41). Insgesamt wird die Metapher nur selten zum zentralen Thema oder auch zu einem Thema, das die Kompetenzbereiche miteinander verbindet.

Der Kernlehrplan der Sek II aus dem Jahre 1999, also noch aus der Zeit vor den Bildungsstandards[15], thematisiert immerhin im Bereich *Reflexion über Sprache* die Metapher als Gegenstand der poetischen Sprache, der Fachsprache und der Mediensprache im Kontext der Darstellung einer Kurssequenz (vgl. ebd.: 56). Aber auch hier verbleiben die Ausführungen und Vorschläge im Bereich des literarischen und poetischen Sprechens und Schreibens. Im Kontext des fachübergreifenden bzw. fächerverbindenden Arbeitens wird die Metapher als Merkmal poetischen Sprachgebrauchs den fachsprachlichen Begriffen und damit der Fachsprache gegenüber gestellt (vgl. ebd.: 46).

Die Lehrwerke führen zum großen Teil das fort, was die Bildungsstandards und die Lehrpläne vorgeben. So wird in Lehrwerken meist die Metapher im Kontext von Literaturunterricht als Stil- und Gestaltungsmittel betrachtet,[16] ganz selten wird auf die Alltagsfunktion von Metaphorik hingewiesen. Zunächst sollen typische Belege einen Eindruck über die gegenwärtig geltende Definitionspraxis von Metaphorik in verschiedenen Lehrwerken geben:

---

[15] Die Bildungsstandards gibt es nur für die Primarstufe, den Hauptschul- und den Mittleren Abschluss.

[16] Es wurden verschiedene gegenwärtig zugelassene Lehrwerke im Hinblick auf die Thematisierung und Behandlung von Metaphern im Unterricht gesichtet. Folgende Lehrwerke wurden untersucht: *Tandem, deutsch.punkt, Duo Deutsch, Kombi-Buch Deutsch, Kombi KOMPAKT, Praxis: Sprache & Literatur, deutsch.ideen, Doppelklick, Deutschbuch, Texte, Themen und Strukturen. Deutschbuch für die Oberstufe*. Zu einem ähnlichen Ergebnis kommt Katthage (2004, 2006).

> Eine Metapher ist ein sprachliches Bild. Sie macht auf etwas besonders aufmerksam.
>
> Ninnemann (2010: 9)

> Bei einer Metapher findet eine Übertragung eines Begriffs aus einem bestimmten Vorstellungsbereich, d.i. der Bildspender […], in einen anderen Vorstellungs- bzw. Bedeutungsbereich ohne Vergleichswort (z.B. ‚wie') statt, d.i. der Bildempfänger […]. Die beiden verglichenen Gegenstände oder Bereiche haben dabei mindestens eine Eigenschaft gemeinsam, die diesen Vergleich erst ermöglicht, das Tertium Comparationis […].
>
> Schurf/Wagener (2009: 47)

> […] eine Art verkürzter Vergleich ohne ‚wie', bei dem eine Vorstellung in einen anderen Bedeutungsbereich übertragen wird.
>
> Biesmann (2009: 135)

> Eine Metapher ist ein sprachliches Bild, das zwei Begriffe oder Gedanken miteinander verbindet, die eigentlich nichts miteinander zu tun haben. Dabei wird etwas aus einem Bildbereich auf einen anderen übertragen. […] In Gedichten werden diese sprachlichen Bilder besonders oft verwendet. Dadurch wird der Inhalt sehr anschaulich oder es werden neue Gedanken bei der Leserin oder dem Leser erzeugt. Manchmal kann man Metaphern wie abgekürzte Vergleiche verstehen […].
>
> Schmitz/Sondershaus (2006: 315)

Insgesamt machen die genannten Belege aus den Lehrwerken deutlich, dass die Metapher in äußerst reduzierter Form behandelt wird. Als theoretische Basis wird die Vergleichstheorie herangezogen. Der Metaphorisierungsprozess wird als Übertragung von Bedeutungen und Vorstellungen oder Verbindungen von Begriffen charakterisiert. Auf die vielfältigen Leistungen von Metaphorik, auf die komplexen Prozesse des Metaphorisierens und Verstehens sowie auf die unterschiedlichen Erscheinungsformen von Metaphern wird nicht hingewiesen. Eine systematische linguistische Auseinandersetzung, die auf die vielfältigen Leistungen der Metapher, auf sprachliche Strukturen, die unterschiedlichen Erscheinungsweisen und letztlich auf den Sprachbegriff selbst eingeht, ist im schulischen Kontext offenbar nicht vorgesehen.

4. Metapher im Sprachunterricht – ein Vorschlag

In der Metapher laufen die linguistischen Bereiche Semantik, Grammatik und Pragmatik zusammen. Dementsprechend eignet sich die Metapher als Gegenstand des Sprachunterrichts in besonderer Weise dazu, Grundfragen der sprachlichen Struktur, der Sprachfunktionen und der Semantik in vernetzter Form zu thematisieren. So konstatiert Bremerich-Vos, der die Metapher für die Thematisierung semantischer Grundfragen als einen geeigneten Gegenstand des Sprachunterrichts ansieht:

> Für das Projekt eines integrativen Deutschunterrichts ist die Metapher nicht nur als ‚klassisches' Thema des Literaturunterrichts von besonderem Interesse, sondern auch deshalb, weil man von hier aus zwanglos auf Grundfragen der Semantik stößt, die in die Domäne dessen fallen, was man in den Lehrplänen als ‚Reflexion über Sprache' etikettiert.
>
> Bremerich-Vos (2000: 159)

Setzt man die genannten linguistischen Merkmale in Bezug zu den Kompetenzbereichen, kommt man zu dem Schluss, dass die Metapher in allen Kompetenzbereichen eine Rolle spielt: Da unser Sprechen metaphorisch strukturiert ist, spielen Metaphern beim Sprechen und Zuhören, beim Schreiben, beim Umgang mit Texten und Medien eine wichtige Rolle. Ihre Analyse erfolgt im Kontext des Kompetenzbereiches *Sprache und Sprachgebrauch untersuchen*.

Mittels der Thematisierung des Phänomens *Metapher* kann nicht nur eine Vernetzung der Kompetenzbereiche innerhalb des Deutschunterrichts erreicht werden, vielmehr eröffnet sich damit auch eine Vernetzung der verschiedenen Fächer. Die Metapher ist ja nicht nur ein Phänomen der Literatur, sondern eben ein Strukturprinzip von Sprache schlechthin und spielt insofern beispielsweise auch in naturwissenschaftlichen Fächern, in Geschichte, Politik, Wirtschaft, Kunst, Religion sowie im Alltag eine relevante Rolle.

Ausgehend von den Mechanismen der metaphorischen Projektion, den Metaphernstrukturen, den Funktionen von Metaphern sowie ausgehend von den grammatischen Erscheinungsformen wird deutlich, dass die Metapher zentral für die Einsicht in sprachliche Strukturen ist und demnach einen prominenteren Platz und vor allem systematischeren Platz im Unterricht verdient hätte.

Im Deutschunterricht sollte es zunächst darum gehen, dass die SuS lernen, Metaphern anhand spezifischer Merkmale zu identifizieren. Ein erster Schritt stellt hier die Thematisierung grammatischer Erscheinungsweisen und einer Arbeitsdefinition von *Metaphorik* dar. An Beispielen ließen sich hier verschiedene Merkmale herausarbeiten und zu einem Begriff von *Metaphorik* zusammenführen (vgl. hierzu Kap. 2). Dem Schritt der Identifikation folgt der Schritt des Entschlüsselns und damit des Verstehens. In diesem Zusammenhang werden die Prozesse der Metaphorisierung zentral. Die Frage, was sprachlich bei diesen Prozessen passiert, kann an dieser Stelle diskutiert werden. Am Ende stehen das produktive Verwenden von Metaphern und die Reflexion über die eigene Metaphernverwendung.[17]

Geschult werden kann mittels dieses dreischrittigen Verfahrens:

- Klassifikation von Metaphern in semantischer, funktionaler und formaler Hinsicht: Welche konkreten Metaphern gehören zu einem Konzept? Welche Konzepte bilden einen Bereich? Welche Funktionen haben Metaphern in verschiedenen Kommunikationsbereichen? Welche Formen von Metaphern gibt es überhaupt?
- Erstellung von Metaphernnetzen und radialen Kategorien: Wie hängen die unterschiedlichen Metaphern zusammen? Welche Metaphern sind bereits metaphorisierte Konzepte?
- Wie werden ganze Wissensbereiche durch Metaphern strukturiert?
- Welche Metaphern sind bereits konventionalisiert?

In methodischer Hinsicht sollte u.E. mit authentischen Sprachdaten gearbeitet werden, u.a. mit Texten aus den Printmedien, aus den neuen Medien (Blogs, Chats etc.), literarischen Texten oder Texten der Alltagssprache. Zum Einsatz kann dabei auch die Wörterbucharbeit kommen, um in Erfahrung zu bringen, welche Metaphern bereits lexikalisiert und konventionalisiert sind. Die Mechanismen und Funktionen von Metaphern sollten im Kontext verschiedener Kommunikationsbereiche im Vergleich erörtert werden. Herauszuarbeiten ist auch, dass Metaphern nur kontextabhängig und auf der Basis von Welt- und Erfahrungswissen verstanden und schließlich auch verwendet werden. Im Vergleich der unterschiedlichen Kommunikationsbereiche stellt sich in besonderer Weise heraus, dass Metaphern auf die Kontexte angewiesen sind, aber auch, dass Metaphern Kontexte produzieren. Es sollte deutlich werden, dass Metaphern eben nicht bloß ein stilistisches oder rhetorisches Schmuckstück darstellen, sondern viel weitreichender sind: Metaphern erschließen, konstituieren und deuten Welt.

---

[17] Hier könnten didaktische Ansätze aus dem Bereich der Wortschatzarbeit zum Einsatz gebracht werden bzw. als Ideengeber fungieren. Stein (2011) hat im Kontext der Arbeit mit Phraseologismen ein Dreischrittverfahren vorgeschlagen, das u.E. sehr gut für die Arbeit mit dem Gegenstand der Metapher im Sprachunterricht angewendet werden könnte (vgl. Stein 2011).

Im Folgenden soll es wieder um Farbmetaphorik gehen – zum einen um Farbmetaphorik in der Lyrik und zum anderen um Farbmetaphorik im Kontext öffentlicher Kommunikation. Farben eignen sich besonders gut, metaphorisch verwendet zu werden. Die eigentliche Bedeutung der Farben, die sich auf die konkrete Farbwahrnehmung bezieht, wird mit anderen Bereichen, in der Regel zumeist Abstrakta, in Verbindung gebracht, wie bereits am Beispiel ‚grün' deutlich wurde.[18]

Analysieren wir zunächst ein Beispiel zur Farbmetaphorik in dem lyrischen Werk Trakls. Vorwegschicken möchten wir, dass es hier nicht um eine literaturwissenschaftliche Ausdeutung der Lyrik Trakls gehen kann. Im Fokus unseres Interesses stehen vielmehr zunächst der Umgang mit dem sprachlichen Material und dessen funktionale Aufladung.

Die Bauern

Vorm Fenster tönendes **Grün** und **Rot**.
Im **schwarzverräucherten**, niederen Saal
Sitzen die Knechte und Mägde beim Mahl;
Und sie schenken den Wein und sie brechen das Brot.

Im tiefen Schweigen der Mittagszeit
Fällt bisweilen ein karges Wort.
Die Äcker **flimmern** in einem fort
Und der Himmel **bleiern** und weit.

Fratzenhaft **flackert** im Herd die **Glut**
Und ein Schwarm von Fliegen summt.
Die Mägde lauschen blöd und verstummt
Und ihre Schläfen hämmert das **Blut**.

Und manchmal treffen die Blicke voll Gier,
Wenn tierischer Dunst die Stube durchweht.
Eintönig spricht ein Knecht das Gebet
Und ein Hahn kräht unter der Tür.

Und wieder ins Feld. Ein Grauen packt
Sie oft im tosenden Ährengebraus
Und klirrend schwingen ein und aus
Die Sensen geisterhaft im Takt.

Trakl (1998, Hervorh. durch die Autoren)

---

[18] Das kann an allen Farben beobachtet werden. Die Farbbedeutungen werden symbolisch aufgeladen und erlangen gerade dadurch auch in nicht-sprachlichen Kontexten wie z.B. der Malerei oder der Religion durch die damit verbundene Metaphorik eine kommunikative Relevanz. Vgl. hier z.B. die Farbsymbolik bei Mariendarstellungen des Mittelalters.

Betrachtet man das Trakl-Gedicht *Die Bauern*, liegt zunächst die Funktion der Farbmetaphorik auf der oberflächenstrukturellen Ebene darin, eine semantische Divergenz aufzubauen, die sich gegen übliche Deutungen und Bedeutungen der Farben stellt. Der Rezipient wird in einem wörtlichen Sinne irritiert. Gemäß dem Streben nach Sinnkonstanz kommt es zu einer Neusemantisierung der Farben, die sich ausschließlich aus dem engeren Textkontext und dem weiteren Kontext der Lyrik Trakls ergibt. Man kann behaupten, dass Trakl eine eigene Systematik der Farbbedeutungen konstruiert, die aber bewusst ambig bleibt (vgl. Spoerri 1954; Schneider 1968). Der Text baut durch die Bedeutungsdivergenzen Spannungen und Ambivalenzen auf, die nicht einfach zu lösen sind, denn die Farben bedeuten nicht in allen Gedichten Trakls jeweils das Gleiche, sondern entfalten ihre spezifische Bedeutung erst im konkreten Gedicht (vgl. hierzu Kaes 1998: 259). Hinzu kommt, dass es sich häufig auch um synästhetische Metaphern handelt, die zwei Sinnesformen miteinander verbinden (*tönendes Grün und Rot*). Um die Divergenzen zu schließen, bedarf es seitens des Rezipienten einer deutlichen Interpretations- und Deutungsleistung (vgl. Kritsch 1962).

Die Farbsemantik von Grün, Rot und Schwarz wird im Gedicht *Die Bauern* mit den semantischen Aspekten 'Verfall', 'Tod' und 'Vergänglichkeit' in Verbindung gebracht. Für die Bedeutungsspezifikation der Farben spielt hier der Bezug auf religiöses Wissen (Wissensframe) um die Leidens- und Heilsgeschichte Jesu eine große Rolle. So wird auf das letzte Abendmahl (*und sie schenken den Wein und sie brechen das Brot*), den Verrat Jesu durch Petrus (*und ein Hahn kräht unter der Tür*) und den Tod Jesu, genauer die Sterbestunde Jesu, verwiesen (*und der Himmel bleiern und weit*). Rot erhält darüber hinaus eine zerstörende Bedeutung (*Fratzenhaft flackert im Herd die Glut, Und ihre Schläfen hämmert das Blut*) und wird mit Blut und Gier in Verbindung gebracht. Gier wiederum verweist im Kontext auf Triebhaftigkeit (*Und manchmal treffen sich Blicke voll Gier, Wenn tierischer Dunst die Stube durchweht*). Eine komplexe semantische Struktur liegt hier insofern vor, als sich zwei Metaphernbereiche überschneiden: Die religiöse Metaphorik und die Gewaltmetaphorik, die im religiösen Wissensframe zusammentreffen (Jesus hat durch sein Blut die Menschheit erlöst) und die beide durch die Farbmetaphorik von Rot ('Sünde', 'Gewalt', 'Triebhaftigkeit') zusammengeführt werden. Die Bedeutungsebene des Todes wird durch die vernichtende Kraft der Glut, durch die Farbe schwarz und den Bezug auf die Sense als Symbol des Todes noch verstärkt.[19] Auffallend in der ersten Zeile ist die synästhetische Metapher *tönendes Grün und Rot*, die die Sinnesbereiche des Hörens und Sehens verbindet und für eine semantische Ambiguität sorgt, denn es bleibt unklar, worauf Grün und Rot referieren.

---

[19] Vgl. dazu Wetzel (1972), Spoerri (1954), Kaes (1998).

Anders wird die Farbmetaphorik in öffentlichen Diskursen und in der Alltagssprache verwendet. Hier soll es nun um die Farbmetaphorik im Kontext der Diskussion um rechtsextreme Terrornetzwerke gehen. Ein Einblick in verschiedene sprachliche Äußerungen soll zunächst verdeutlichen, wie hier Metaphorik verwendet wird:

> Die Demonstranten forderten: „**Braune Soße** nur auf Knödel" oder „Nazis braucht hier niemand".
>
> DA-imNetz.de (01.05.2012)

> Von den drei Verhafteten ist der eine 20 Jahre alt, die beiden anderen sind 18. Die drei sollen führende Köpfe der Gruppe sein. Der nordrhein-westfälische Innenminister Ralf Jäger (SPD) sagte in Düsseldorf, der erfolgreiche Schlag zeige, dass die Regierung konsequent gegen den **braunen Sumpf** vorgehe. „Der Ermittlungsdruck auf die Neonazis wurde deutlich erhöht, kriminelle Aktivitäten rechtsextremistischer Straftäter werden entschlossen geahndet."
>
> N24 (25.04.2012)

> Der Verfassungsschutz Mecklenburg-Vorpommern registriert mit Sorge, dass der Einfluss der NPD in den Kommunen wächst. [...] Das ist der Nährboden, auf dem **braune Propaganda** Früchte trägt.
>
> Berliner Kurier (09.01.2011: 29)

Die in den Belegen verwendeten Tokens der Farbmetaphorik erscheinen in der Form der Attributsmetapher. An den Sprachbelegen wird deutlich, dass hier keine Ambiguitäten durch Farbmetaphorik erzeugt werden. Vielmehr wird die Farbbedeutung von *braun* in den genannten Belegen durch den Kontext monosemiert und in unterschiedlicher Weise auf eine rechtsextremistische politische Ideologie bzw. Gruppe bezogen. Durch die Projektion aus einer Sourcedomain (Farbe *braun*) auf die Targetdomain (politische Ideologie/politische Gruppierung) erhält *braun* eine weitere Bedeutung, wobei es sich bei dem hier erwähnten Farbadjektiv *braun* um eine metaphorisierte Metonymie handelt.[20] Erst in der Kombination mit den Lexemen *Soße* oder *Sumpf* wird *braun* metaphorisch verwendet, weil diese Lexeme aus anderen Konzeptbereichen stammen und mit braun eine semantische Verbindung eingehen. Ohne Kontext würden diese lexikalischen Einheiten auch in ihrer wörtlichen Bedeutung einen Sinn ergeben: Es gibt braune Soße und Sümpfe sind ebenfalls häufig braun. Erst das Zusammentreffen zweier Konzeptbereiche, nämlich der Bereich *Lebensmittel* bzw. *Natur* mit dem Bereich *Politik*

---

[20] Die Nationalsozialisten trugen im dritten Reich braune Uniformen. *Braun* als Teil der Uniform steht zugleich für die Gesinnung und ist somit als Metonymie für Anhänger dieser politischen Gruppe aufzufassen.

zusammen mit dem Farbadjektiv ermöglichen den Metaphorisierungsprozess. Mit dem Farbadjektiv *braun* wird durch den Kontext ein Bezug zum Wissen um den Nationalsozialismus und rechtsextreme Gesinnung/Ideologie hergestellt (vgl. auch Kap. 2.6).

In allen drei angeführten Textbelegen wird Textkohärenz dadurch erzeugt, dass die metaphorisch verwendete lexikalische Einheit durch Nomen wie *Nazis* (Beleg 1), *Neonazis, kriminelle Aktivitäten rechtsextremistischer Straftäter* (Beleg 2) und *NPD* (Beleg 3) wiederaufgenommen wird. Mittels der genannten Metaphern werden zugleich sprachliche Handlungen vollzogen, die als Abwertungshandlungen klassifiziert werden können, denn sowohl *braune Soße* als auch *brauner Sumpf* werden in negativ bewertete Kontexte gestellt.

Metaphorik, insbesondere Farbmetaphorik, kann also kommunikationsbereichsspezifische Funktionen und damit unterschiedliche Bedeutungen annehmen. Im ästhetischen Bereich kann damit das Sinnpotenzial von Sprache in Frage gestellt werden. Durch diese spezifische Verwendung werden neue, ungewöhnliche Sinnhorizonte eröffnet, die eindeutige Zuschreibungen kaum zulassen. Dadurch tritt das Moment der Sprachskepsis zu Tage, das dazu anleiten kann, über Sprache zu reflektieren. Im öffentlichen Kommunikationsbereich dient Farbmetaphorik dazu, Bedeutungen zu vereindeutigen und Aussagen zu perspektivieren.

5. Resümee – Perspektiven für den Deutschunterricht

Die Beispiele aus den verschiedenen Kommunikationsbereichen bieten gerade im Vergleich einen Anlass, Sprache und deren Funktionalität im Deutschunterricht (der Sek. II) zu reflektieren. Die Reflexion sollte sich dabei auf verschiedene sprachliche Ebenen beziehen und das Zusammenspiel von Semantik, Pragmatik und Grammatik hervorheben. Durch die Thematisierung von Farbmetaphorik in verschiedenen Handlungskontexten sollen die SuS in Erfahrung bringen, dass Bedeutungen pragmatisch und kontextuell spezifiziert werden und je nach Kontext divergieren sowie unterschiedliche Funktionen haben können. Ebenso kann in diesem Zusammenhang thematisiert werden, dass Metaphern nicht isoliert stehen, sondern in ein Netz weiterer Metaphern eingebunden sind, die sich durch den Gebrauch verändern können oder aber bereits so konventionalisiert sind, dass sie als Metaphern kaum noch zu erkennen sind. Die metaphorische Bedeutung wäre im Falle konventionalisierter Metaphern dann nur aus der Arbeit mit Wörterbüchern in Erfahrung zu bringen. Im Unterricht könnte anhand eines Vergleichs der

Metaphern den Fragen nachgegangen werden, welche konkreten Bedeutungsaspekte mit der Source- und der Targetdomain verbunden sind, welche Aspekte durch den Metaphorisierungsprozess in den spezifischen Kommunikationsbereichen hervorgehoben werden, welche im Hintergrund verbleiben und welche Bedeutungen neu hervorgebracht werden, ob Blending-Strukturen vorliegen oder nicht etc. Es ließe sich an den konkreten Beispielen herausarbeiten, welche Funktionen mit Metaphorisierungsprozessen verbunden sind.

Die Vernetzung verschiedener Arbeitsweisen und Arbeitsbereiche scheint uns gerade im Hinblick auf die Thematisierung von Metaphern fruchtbar zu sein. So werden verschiedene Medien (Printmedien, ästhetische Texte, Wörterbücher) und dementsprechend auch unterschiedliche Textsorten zur Analyse herangezogen, es werden unterschiedliche Zugriffsweisen auf Metaphern (Wörterbucharbeit, Textarbeit) und Analysemethoden für Bedeutungen (Darstellung radialer Kategorien, Klassifikation von Bedeutungsaspekten, Kontextanalyse, Zugriff auf und Reflexion von Welt- und Erfahrungswissens) erprobt.

Deutlich sollte den SuS dabei werden, dass sprachliche Phänomene komplex sind und nicht nur grammatisch, funktional oder semantisch beschrieben werden können, sondern dass diese drei Betrachtungsperspektiven wesentlich zusammenhängen. Ebenso sollte deutlich werden, dass das menschliche Kategorisierungsvermögen entlang radialer Kategorien strukturiert ist. Sowohl im Falle des Trakl-Gedichts als auch in den Belegen öffentlicher Kommunikation wären die Farbbedeutungen nicht im Kern der jeweiligen radialen Kategorie zu finden, sondern in der Peripherie anzusiedeln. Der Unterschied zwischen dem ästhetischen Bereich und dem Bereich öffentlicher Kommunikation besteht jedoch darin, dass unterschiedliche Funktionen mit der Verwendung der Farbmetaphorik verbunden sind und unterschiedliche Grade der Verfestigung von Metaphorik vorliegen.

Am Beispiel der Metapher lassen sich u.E. insbesondere Perspektiven für einen integrativen Sprachunterricht aufzeigen, der ausgehend von einem Vergleich sprachlicher Phänomene in literarischen Texten und Alltagstexten Bezug nimmt auf sprachliche Strukturen und auf die Reflexion von Sprachgebrauch.

Quellen

Aachener Nachrichten online: Windpark Münsterwald: „Das Thema in die Stadt Aachen tragen", 10.04.2011 [Online-Version: http://www.aachener-nachrichten. de/artikel/1645909] Letzter Zugriff: 28.06.2012.

Berliner Kurier: Nährboden für braune Propaganda, 09.01.2011, 29.

Coolibri: Vital im Tal: So grün isst das Tal, 17.08.2011 [Online-Version: http://www. coolibri.de/redaktion/911/vital-im-tal-so-gruen-isst-das-tal.html] Letzter Zugriff: 28.06.2012

DA-imNetz.de: Großdemo gegen Neonazis, 01.05.2012 [Online-Version: http://www.da-imnetz.de/nachrichten/politik/tausende-demonstrieren-gegen-neonazis-2299526.html] Letzter Zugriff: 28.06.2012

Frankfurter Rundschau online: Die Union ergrünt, 20.06.2009 [Online-Version: http://www.fr-online.de/politik/wahlkampf-die-union-ergruent,1472596,3366688.html] Letzter Zugriff: 28.06.2012

Frankfurter Rundschau: Zwei Persönlichkeiten – ein Befund. Nach langer Moderation empfehlen Margot von Renesse und Spiros Simitis den begrenzten Import von Stammzellen, 30.01.2002, 3.

Greenpeace Magazin 4/2009 [Online-Version: http://www.greenpeace-magazin.de/index.php?id=4-09] Letzter Zugriff: 28.06.2012

Krone.at-Forum: Grüne Politik in Graz, 22.08.2011. [Online-Version: http://www.krone.at/forum/board11-nachrichten/board15-%C3%B6sterreich/1081580-gr%C3%BCne-politik-in-graz/] Letzter Zugriff: 28.06.2012.

N24: Großrazzia bei Rechtsextremen in NRW, 25.04.2012 [Online-Version: http://www.n24.de/news/newsitem_7873138.html] Letzter Zugriff: 28.06.2012

Neue Osnabrücker Zeitung (online-Ausgabe): Tour 08: Mal ins Blaue fahren!, 11.04.2011 [Online-Version: http://www.noz.de/artikel/61690318/tour-08-mal-ins-blaue-fahren] Letzter Zugriff: 28.06.2012

Trakl, Georg (1998): Werke. Entwürfe. Briefe. Herausgegeben von Hans-Georg Kemper und Frank Rainer Max. Nachw. und Bibliogr. von Hans-Georg Kemper. Bibliogr. erg. Aufl. 1995, Nachdruck. – Stuttgart: Reclam (Universalbibliothek 8251).

Lehrwerke

Biesmann, Jutta u.a. (2009): deutsch.punkt – Sprach-, Lese- und Selbstlernbuch. – Stuttgart/Leipzig: Klett.

Biesmann, Jutta u.a. (2009): deutsch.punkt – Zugänge zur Oberstufe. – Stuttgart/Leipzig: Klett.

Dambach, Kerstin/Andreas Ramin (Hgg.) (2009): KombiKOMPAKT. Deutsch in der Oberstufe. – Bamberg: Buchner.

Gaiser, Gottlieb/Karla Müller (Hgg.) (2008): Kombi-Buch Deutsch. Lese- und Sprachbuch. – Bamberg: Buchner.
Graf, Günter/Hans Stammel (Hgg.) (2006): deutsch.ideen – Sprach- und Lesebuch. – Frankfurt/Main: Schroedel.
Huneke, Hans-Werner u.a. (2007): deutsch.kombi – Sprach- und Lesebuch. – Stuttgart/Leipzig: Klett.
Menzel, Wolfgang (Hg.) (2007): Praxis: Sprache & Literatur. – Düsseldorf: Westermann.
Ninnemann, Ekhard u.a. (Hgg.) (2010): Doppel-Klick. Das Sprach- und Lesebuch. – Berlin: Cornelsen.
Ossner, Jakob u.a. (Hgg.): Tandem. Ein Deutschbuch für die Jahrgangsstufen 5-10 an Realschulen. – Paderborn: Schöningh.
Schmitz, Ulrich/Christian Sondershaus (Hgg.) (2006): Duo Deutsch. Sprach- und Lesebuch. – München u.a.: Oldenbourg.
Schurf, Bernd/Andrea Wagner (Hgg.) (2007): Deutschbuch. Sprach- und Lesebuch. Neue Ausgabe. – Berlin: Cornelsen.
– (Hgg.) (2009): Texte, Themen und Strukturen. Deutschbuch für die Oberstufe. – Berlin: Cornelsen.

Literatur

Anttila, Raimo (1989): Historical and Comparative Linguistics. 2., überarb. Aufl. – Amsterdam/Philadelphia: Benjamins (Amsterdam studies in the theory and history of linguistic science 4, Current issues in linguistic theory 6).
Baldauf, Christa (1997): Metapher und Kognition. Grundlagen einer neuen Theorie der Alltagsmetapher. – Frankfurt a.M. u.a.: Lang (Sprache in der Gesellschaft 24).
Black, Max (1983a): Die Metapher. – In: Anselm Haverkamp (Hg.): Theorie der Metapher. – Darmstadt: Wissenschaftliche Buchgesellschaft (Wege der Forschung 389), 55-79.
– (1983b): Mehr über die Metapher. – In: Anselm Haverkamp (Hg.): Theorie der Metapher. – Darmstadt: Wissenschaftliche Buchgesellschaft (Wege der Forschung 389), 379-413.
Blank, Andreas (1997): Prinzipien des lexikalischen Bedeutungswandels am Beispiel der romanischen Sprachen. – Tübingen: Niemeyer (Beihefte zur Zeitschrift für romanische Philologie 285).
Bölker, Michael/Mathias Gutmann/Wolfgang Hesse (Hgg.) (2010): Menschenbilder und Metaphern im Informationszeitalter. – Münster: LIT (Hermeneutik and Anthropologie 1).
Braun, Christian (2009): Die Metapher im Koordinatenfeld ihrer Merkmale. Eine syntaktische Klassifikation. – In: Sprachwissenschaft 34, 31-72.

Bremerich-Vos, Albert (2000): Schwere Geschütze im Streit um die Metapher: „Integrativer" Deutschunterricht in der Sekundarstufe II. – In: Regina Nussbaum (Hg): Wege des Lernens im Deutschunterricht. Phantasie entfalten – Erkenntnisse gewinnen – Sprache vervollkommnen. [Festschrift für Wolfgang Menzel] – Braunschweig: Westermann (Praxis Pädagogik), 157-175.

Bußmann, Hadumod (1990): Lexikon der Sprachwissenschaft. 2., völlig neu bearb. Aufl. Stuttgart: Kröner (Kröners Taschenausgabe 452).

Duden (2006): Das große Wörterbuch der deutschen Sprache in 10 Bänden. Hrsg. vom Bibliographischen Institut. Mannheim: Bibliographisches Institut F.A. Brockhaus. [CD-Rom]

Fauconnier, Gilles/Mark Turner (1998): Conceptual Integration Networks. – In: Cognitive Science 22/2, 133-187.

– (2002): The Way We Think: Conceptual Blending and the Mind's Hidden Complexities. – New York: Basic Books.

– (2003): Polysemy and Conceptual Blending. – In: Brigitte Nerlich u.a. (Hgg.): Polysemy. Flexible Patterns of Meaning in Mind and Language. – Berlin/New York: de Gruyter (Trends in linguistics, Studies and monographs 142), 79–94.

– (2008): Rethinking Metaphor. – In: Ray Gibbs (Hg.): Cambridge Handbook of Metaphor and Thought. – Cambridge u.a.: Cambridge University Press.

Fox Keller, Evelyn (1998): Das Leben neu denken. Metaphern der Biologie im 20. Jahrhundert. – München: Kunstmann.

Gansen, Peter (2010): Metaphorisches Denken von Kindern. Theoretische und empirische Studien zu einer Pädagogischen Metaphorologie. – Würzburg: Ergon (Erziehung, Schule, Gesellschaft 56).

Gebhard, Ulrich (1999): Alltagsmythen und Metaphern – Phantasien von Jugendlichen zur Gentechnik. – In: Michael Schallies/Klaus Wachlin (Hgg.): Biotechnologie und Gentechnik. Neue Technologien verstehen und beurteilen. Unter der Mitarb. von Ulrike Hafner. – Heidelberg u.a.: Springer, 99-115.

Grice, Herman P. (1989): Logic and Conversation. – In: Herman P.Grice: Studies in the Way of Word. – Cambridge, MA/London: Harvard University Press, 22-40.

Hörmann, Hans (1994): Meinen und Verstehen. Grundzüge einer psychologischen Semantik. 4. Aufl. – Frankfurt a.M.: Suhrkamp (Suhrkamp-Taschenbuch Wissenschaft 230).

Humboldt, Wilhelm von (1836): Über die Verschiedenheit des menschlichen Sprachbaues und ihren Einfluß auf die geistige Entwicklung des Menschengeschlechts. 2. Nachdruck – Berlin: Dümmler.

Hülzer-Vogt, Heike (1987): Die Metapher. Kommunikationssemantische Überlegungen zu einer rhetorischen Kategorie. – Münster: Nodus.

Junge, Mattias (2010): Metaphern in Wissenskulturen. – Wiesbaden: VS Verlag für Sozialwissenschaften.

Kaes, Anton (1998): Vom Expressionismus zum Exil. – In: Ehrhard Bahr (Hg.): Geschichte der deutschen Literatur. Band 3: Vom Realismus zur Gegenwartsliteratur. 2. Aufl. – Tübingen/Basel: Francke, 233-326.

Katthage, Gerd (2004): Didaktik der Metapher. Perspektiven für den Deutschunterricht. – Baltmannsweiler: Schneider.

– (2006): Mit Metaphern lernen. Gedichte lesen – Sprache reflektieren – Vorstellungen bilden. – Baltmannsweiler: Schneider (Deutschdidaktik aktuell 23).

Köller, Wilhelm (2004): Perspektivität und Sprache. Zur Struktur von Objektivierungsformen in Bildern, im Denken und in der Sprache. – Berlin/New York: de Gruyter.
Kritsch, Erna (1962): The Synesthetic Metaphors in the Poetry of Georg Trakl. – In: Monatshefte 54/2, 69-77.
KMK = Sekretariat der Ständigen Konferenz der Kultusminister der Länder in der Bundesrepublik Deutschland (Hg.) (2004): Beschlüsse der Kultusministerkonferenz. Bildungsstandards im Fach Deutsch für den Mittleren Schulabschluss. Beschluss vom 4.12.2003. – Köln: Luchterhand.
Lakoff, George/Mark Johnson (1980): Metaphors We Live by. – Chicago: Chicago University Press.
Liebert, Wolf-Andreas (1992): Metaphernbereiche der deutschen Alltagssprache. Kognitive Linguistik und die Perspektiven einer kognitiven Lexikographie. – Frankfurt a.M. u.a.: Lang (Europäische Hochschulschriften 1: Deutsche Sprache und Literatur 1355).
– (2002): Metaphorik und Wissenstransfer. – In: Der Deutschunterricht 5/2002, 63-74.
Liebert, Wolf-Andreas/Susan Geideck (2003): Sinnformeln: Linguistische und soziologische Analysen von Leitbildern, Metaphern und anderen kollektiven Orientierungsmustern. – Berlin/New York: de Gruyter (Linguistik – Impulse & Tendenzen 2).
Ministerium für Schule und Weiterbildung des Landes Nordrhein-Westfalen (Hg.) (1999): Richtlinien und Lehrpläne für die Sekundarstufe II Gymnasium/Gesamtschule in Nordrhein-Westfalen. Deutsch. Frechen: Ritterbach.
– (Hg.) (2007): Kernlehrplan für den verkürzten Bildungsgang des Gymnasiums – Sekundarstufe I (G8) in Nordrhein-Westfalen. Deutsch. Frechen: Ritterbach.
Musolff, Andreas (2007): Popular science concepts and their use in creative metaphors in media discourse. – In: Metaphorik.de 13, 67-86. [Online-Version: http://www.metaphorik.de/13/musolff.pdf] Letzter Zugriff: 27.06.2012.
Nerlich, Brigitte (2005): ‚A River Runs Through it': How the discourse metaphor crossing the Rubicon structured the debate human embryonic stem cells in Germany and (not) the UK. – In: Metaphorik.de 8, 71–104. [Online-Version: http://www.metaphorik.de/08/nerlich.pdf] Letzter Zugriff: 27.06.2012.
Nerlich, Brigitte/David D. Clarke (2003): Blending the past and the present: Conceptual and linguistic integration, 1800-2000. – In: René Dirven/Ralf Pörings (Hgg.): Metaphor and Metonymie in Comparison and Contrast. – Berlin/New York: de Gruyter, 555-593.
Oksaar, Els (1969): Zur Frage der grammatischen Metapher. – In: Ulrich Engel/Paul Grebe/Heinz Rupp (Hgg.): Festschrift für Hugo Moser zum 60. Geburtstag am 19. Juni 1969. Düsseldorf: Schwann, 131-145.
Panther, Klaus-U./Linda Thornburg (2003): Metonymy and Pragmatic Inferencing. – Amsterdam: Benjamins (Pragmatics & beyond N.S. 113).
– (2004): The Role of Conceptual Metonymy in Meaning Construction. – In: Metaphorik.de 6, 91-116. [Online unter: http://www.metaphorik.de/06/pantherthornburg.pdf] Letzter Zugriff: 27.06.2012.
Paul, Hermann (1909): Prinzipien der Sprachgeschichte. 4. Aufl. – Halle a.S.: Niemeyer.

Pielenz, Michael (1993): Argumentation und Metapher. – Tübingen: Narr (Tübinger Beiträge zur Linguistik 381).
Pohl, Inge/Winfried Ulrich (Hg.) (2011): Wortschatzarbeit. – Hohengehren: Schneider (Deutschunterricht in Theorie und Praxis 7).
Radden, Günter u.a. (Hgg.) (2007): Aspects of Meaning Construction. – Amsterdam: Benjamins.
Rolf, Eckard (2005): Metaphertheorien. Typologie, Darstellung, Bibliographie. – Berlin/New York: de Gruyter (De-Gruyter-Lexikon).
Schneider, Karl Ludwig (1968): Der bildhafte Ausdruck in den Dichtungen Georg Heyms, Georg Trakls und Ernst Stadlers. Studien zum lyrischen Sprachstil des deutschen Expressionismus. 3., unveränderte Aufl. – Heidelberg: Winter (Probleme der Dichtung 2).
Schwarke, Christian (2000): Die Kultur der Gene. Eine theologische Hermeneutik der Gentechnik. – Stuttgart/Berlin/Köln: Kohlhammer.
Silverstein, Michael (1976): Hierarchy of features and ergativity. – In: Robert M.W. Dixon (Hg.): Grammatical Categories in Australian Languages. – Canberra: Australian Institute of Aboriginal Studies (Australian aboriginal studies: Linguistic series 22), 112-171.
Skirl, Helge (2009): Emergenz als Phänomen der Semantik am Beispiel des Metaphernverstehens. Emergente konzeptuelle Merkmale an der Schnittstelle von Semantik und Pragmatik. – Tübingen: Narr (Tübinger Beiträge zur Linguistik 515).
Spieß, Constanze (2011): Diskurshandlungen. Theorie und Methode linguistischer Diskursanalyse am Beispiel der Bioethikdebatte. – Berlin/Boston: de Gruyter (Sprache und Wissen 7).
Spoerri, Theodor (1954): Georg Trakl. Strukturen in Persönlichkeit und Werk. Eine psychiatrisch-anthropographische Untersuchung. – Bern: Francke.
Stein, Stephan (2011): Phraseme und Phrasemsemantik. – In: Inge Pohl/Winfried Ulrich (Hgg.): Wortschatzarbeit. – Baltmannsweiler: Schneider (Deutschunterricht in Theorie und Praxis 7), 256-279.
Stolz, Thomas (1991): Von der Grammatikalisierbarkeit des Körpers. I. Vorbereitung. – Essen: Universitätsverlag (Arbeitspapiere des Projektes „Prinzipien des Sprachwandels" 2).
– (1992): Von der Grammatikalisierbarkeit des Körpers. II. Einleitung, I: Kritik der ‚Grammatik mit Augen und Ohren, Händen und Füßen'. ProPrins. Arbeitspapier Nr. 7. – FB Sprach- und Literaturwissenschaften an der Universität GH Essen.
Sugiyama, Akane (2007): Wanderer unter dem Regenbogen – die Rückenfigur Caspar David Friedrichs. – Dissertation Freie Universität Berlin. [Online-Version: http://www.diss.fu-berlin.de/diss/servlets/MCRFileNodeServlet/FUDISS_derivate _000000005636/1_AkaneSugiyama_CDF_Dissertation_Heft_I.pdf?hosts=] Letzter Zugriff: 27.06.2012.
Ulrich, Winfried (2011): Bewusstmachung semantischer Strukturen des mentalen Lexikons und darauf aufbauende Wortschatzarbeit. – In: Klaus-Michael Köpcke/ Christina Noack (Hgg.): Sprachliche Strukturen thematisieren. Sprachunterricht in Zeiten der Bildungsstandards. – Baltmannsweiler: Schneider (Diskussionsforum Deutsch 28), 178-195.

Wang, Rong (2012): Bunte Welt im Verfall. Farben in der Lyrik Georg Trakls. – Dissertation Universität Heidelberg. [Online unter: http://archiv.ub.uni-heidelberg.de/volltextserver/volltexte/2012/13213/pdf/Dissertation_Rong_Wang_2012.pdf] Letzter Zugriff: 27.06.2012.

Weinrich, Harald (2010): Art. Metapher. – In: Joachim Ritter u.a. (Hgg.): Historisches Wörterbuch der Philosophie. Volltext CD-Rom des Gesamtwerkes. – Basel: Schwabe

Wetzel, Heinz (1972): Klang und Bild in den Dichtungen Georg Trakls. 2., durchges. und erg. Auflage. – Göttingen: Vandenhoeck & Ruprecht (Palaestra 248).

Ziem, Alexander (2008): Frames und sprachliches Wissen. Kognitive Aspekte der semantischen Kompetenz. – Berlin/New York: de Gruyter (Sprache und Wissen 2).

Arne Ziegler & Melanie Lenzhofer-Glantschnig

Jugendsprache(n) und Grammatikunterricht

Blinde Flecken auf der Landkarte – Jugendsprachforschung in Österreich als Chance für die Schulgrammatik?

1. Einleitung

Wer die bisherige Diskussion um eine zeitgemäße Konzeption des Grammatikunterrichts in den vergangenen Jahren verfolgt hat, weiß, dass von verschiedenen Seiten in der Vergangenheit wiederholt eine dezidiert varietäten- und variationslinguistische Fundamentierung des Grammatikunterrichts thematisiert worden ist, indem entgegen der üblichen Praxis verstärkt sprachliche Variation als Ausgangspunkt und Gegenstand grammatischer Unterrichtsdiskurse eingefordert worden ist (vgl. u.a. Boettcher 2009; Hennig/Müller 2009; Köpcke/Ziegler 2007; 2011). Damit verbunden ist stets gleichermaßen eine Orientierung des Grammatikunterrichts an real existierenden sprachlichen Varianten, am Sprachgebrauch, gegenüber einem vermeintlich einzig ‚richtigen' Sprachkonstrukt, der Standardsprache, postuliert. Sprache wird also keinesfalls als gegebener homogener Gegenstand aufgefasst, sondern als eine komplexe Menge von sprachlichen Varietäten, die das Varietätenspektrum einer Gesamtsprache bilden. Den Rahmen für diese Überlegungen bildet dabei eine funktionale – und wenn man so will instrumentelle – Sprachauffassung, die in erster Linie darin begründet ist, dass komplexe grammatische Einheiten als Werkzeuge der Kommunikation, als Mittel zur Lösung kommunikativer Aufgaben angesehen werden.

Einer solchen, hier nur knapp skizzierten Perspektivierung schließt sich auch der vorliegende Beitrag an, so dass sämtliche der nachfolgenden Überlegungen in diese Zusammenhänge einzuordnen sein werden.

Wurden bisher allerdings in erster Linie diatopische, d.h. regionale und dialektale Variation als Gegenstand behandelt, wenden wir uns mit diesem Beitrag dem Phänomen *Jugendsprache* als quasi Kulminationspunkt sprachlicher Variation zu. Kulminationspunkt insofern, als sich unter dem Phänomenbereich *Jugendsprache* ganz unterschiedliche Facetten sprachlicher Variation erfassen lassen.[1] Hier begegnen diatopische, diastratische, diasituative Varianten in geradezu symbiotischer Eintracht, so dass dieser Gegenstand – so unsere These – besonders geeignet scheint, einerseits sprachliche Variation zu reflektieren und andererseits gerade vor dieser Folie zu einer vertiefenden grammatischen Reflexion in unterrichtlichen Zusammenhängen anzuregen. Dies freilich nur dann, wenn man der Auffassung folgt, dass gerade nicht der wie auch immer definierte ‚Normalfall' sprachlicher Äußerungen zum Gegenstand des Grammatikunterrichts erhoben werden sollte, sondern – wie an anderer Stelle mehrfach postuliert – die sprachliche Ausnahme, vermeintliche Fehler und Abweichungen von der wie auch immer definierten standardsprachlichen Norm.

Der Beitrag ist wie folgt aufgebaut: Nach einigen Überlegungen zum Gegenstand *Jugendsprache(n) und Deutschunterricht* folgt eine Darstellung der Situation der Jugendsprachforschung und der Jugendsprachen in Österreich. Danach wird in einem nächsten Schritt an ausgewählten Beispielen vorgeführt, warum eine intensivere Erforschung jugendlichen Sprachgebrauchs auch für den österreichischen Sprachraum linguistisch und didaktisch fruchtbar sein kann. Im Anschluss wird aufgezeigt, welche Konsequenzen für uns aus den Befunden erwachsen. Ein kurzes Fazit samt Ausblick beschließen unsere Überlegungen.

2. Jugendsprache(n) und Deutschunterricht

Jugendsprachen und ihre potentielle Integration in den Deutschunterricht waren in vergangenen Jahren schon häufig Thema der fachwissenschaftlichen wie fachdidaktischen Diskussion. Dabei hielt sich bis Mitte der 80er-Jahre und teilweise noch bis in die Gegenwart in der Öffentlichkeit ein verbreiteter Diskurs, der in erster Linie dadurch gekennzeichnet ist, dass der jugendliche Sprachgebrauch immer wieder für die berühmte Klage vom Verfall der deutschen Sprache herhalten musste. Die Sprache der Jugend sei schlechtes, d.h. ungrammatisches Deutsch, charakterisiert durch eine Vielfalt anglo-amerikanischer Entlehnungen, durchsetzt mit Vulgarismen und insgesamt vollständig verroht. Dass dies allerdings nicht nur eine in der Öffentlichkeit, sondern auch in der Wissenschaft vertretene Meinung darstellt, darauf machen Äuße-

---

[1] Ungeachtet der Tatsache, dass wir davon ausgehen, dass es *die* Jugendsprache nicht gibt, verwenden wir im Weiteren den Begriff *Jugendsprache* quasi als genus proximum aller unter diesem Konstrukt zu subsummierenden Auffassungen zu heuristischen Zwecken.

rungen wie jene von Klaus Bayer überdeutlich aufmerksam, wenn er etwa schreibt:

> Der Gebrauch von Jugendsprache kann negative Auswirkungen haben: Der ausschließlich auf seine Peergroup fixierte Jugendliche hat wenig Gelegenheit, eine starke Identität zu entwickeln. […] Zudem verlieren wir die Möglichkeit der Sprache, beliebige Inhalte unabhängig von den Umständen der aktuellen Sprachsituation mitzuteilen […].
>
> Bayer (1984: 455)

Abgesehen von dem mehr als dubiosen im Zitat unterstellten Kausalzusammenhang zwischen Sprachgebrauch und Persönlichkeitsentwicklung ist die hier zum Ausdruck kommende Auffassung offensichtlich durch das Leitbild einer homogenen standardsprachlichen Prestigevarietät geprägt, die einzig imstande ist, funktionale und kommunikative Adäquatheit zu leisten und die es selbstverständlich auch im unterrichtlichen Handeln um jeden Preis zu verteidigen gilt. Eine solche Auffassung übersieht dabei vollständig, dass sprachliche Phänomene uns schließlich immer *natürlich* im Kontext sprachlicher Kommunikation begegnen und nicht als isolierte Elemente eines grammatischen Systems, gleichwohl dieses natürlich stets dahinter steht (vgl. Einecke 1998: 38; Köpcke/Ziegler 2007: 3). Sie übersieht aber nicht nur die Tatsache, dass es *die* Sprache nicht gibt, sondern daneben auch, dass es *die* Jugendsprache ebenso wenig gibt, wie es *die* Jugend als einheitliche soziale Gruppe gibt.

Mittlerweile können allerdings solche und ähnliche Positionen als weitgehend überwunden angesehen werden und in der wissenschaftlichen Diskussion herrscht im Grunde Einigkeit darüber, dass eine Berücksichtigung von Jugendsprachen im Deutschunterricht sehr wohl positive Effekte evozieren kann (vgl. z.B. Dürscheid 2008). Allein die Frage, welchen theoretischen Status Jugendsprachen haben, bietet gegenwärtig immer wieder Anlass zur Diskussion. Während etwa Androutsopoulos (1998) für die Annahme jugendsprachlicher Varietäten plädiert, die wiederum je nach konkreter Gruppe unterschiedliche Register ausprägen können, spricht sich Neuland (2003) explizit gegen eine solche Annahme aus und schlägt anstelle dessen vor, den Gegenstand mit dem pragmatischen Begriff der „subkulturellen Stile" zu erfassen, da dieser sowohl Ausdrucksformen sprachlichen als auch nichtsprachlichen Handelns in sich vereine. Dennoch, trotz dieser semasiologischen Spitzfindigkeiten, sind die unterschiedlichen Positionen durchaus darüber einig, dass Jugendsprachen im Unterricht berücksichtigt werden sollen, da der Gegenstand im hohen Maße für weitere Themen der Sprachreflexion anschlussfähig ist. Eva Neuland (vgl. Neuland 2003: 451ff.) führt in diesem Zusammenhang verschiedene solcher Themen höherer Ordnung an, die für eine Integration des Unterrichtsgegenstandes Jugendsprache sprechen. Sie nennt ohne Anspruch auf Vollständigkeit:

- Sprachvariation (Auseinandersetzung mit der normativen Standardsprache und den Varietäten des Deutschen)
- Sprachvergleiche (Kontrastierung des Deutschen mit Fremdsprachen)
- Sprachgeschichte und Kulturgeschichte
- Sprachwandel in der deutschen Gegenwartssprache (gemeint ist vermutlich synchrone Variation)
- Sprachkritik (Fragen der sprachlichen Norm und Sprachbewertungen)
- Gesprochene Sprache und mündliche Kommunikation im Kontrast zu geschriebener Sprache
- Medienanalysen und Medienkritik

Darüber hinaus ist Jugendsprache natürlich keinesfalls lediglich ein Unterrichtsgegenstand, sondern stets auch sprachliches Mittel der unterrichtlichen Interaktion, sowohl in der Haupt- als auch – wesentlich ausgeprägter – in der Nebenkommunikation (vgl. Neuland/Balsliemke/Baradaranossadat 2010).

Wie auch immer – die Forderung, den Sprachgebrauch selbst ins Zentrum der unterrichtlichen Auseinandersetzung zu stellen, ist also keinesfalls eine Einzelmeinung. Auch zahlreiche jüngere Arbeiten weisen explizit in diese Richtung und votieren aus unterschiedlichen Perspektiven für ein Umdenken (vgl. u.a. Dürscheid 2009; 2011; Hennig 2009; Peschel 2009; Ziegler 2010b). Allen diesen Arbeiten ist gemeinsam, dass sie eine Perspektive auf Sprache einnehmen, die von der Überzeugung getragen ist, dass jeder Mensch in seiner Sprachgemeinschaft und im Rahmen seiner ontogenetischen Entwicklung mehrere Varietäten nutzt – und auch mehr oder weniger beherrscht – und insofern von einer inneren Mehrsprachigkeit einerseits sowie natürlich von einer gesellschaftlichen andererseits auszugehen ist (vgl. Hennig 2009: 32). Für die im Deutschunterricht zu vermittelnde Grammatik bedeutet dies, dass aufgrund des permanenten sowohl internen als auch externen Varietätenkontaktes „die empirische Isolierung des Systems und der Normen einer bestimmten funktionellen Sprache [etwa der Standardvarietät] mitunter sehr schwer" (Ágel 2008: 66) zu leisten ist und – was ins Didaktische gewendet wesentlich schwerer wiegt – in Lehr-Lern-Diskursen wohl auch nur mühselig zu vermitteln ist.

Als erstes Zwischenfazit kann also cum grano salis festgehalten werden: Sowohl die Fachwissenschaft als auch die Fachdidaktik befürwortet eine Auseinandersetzung mit dem Unterrichtsthema *Jugendsprache* im Deutschunterricht. Aber gibt es für eine solche Auseinandersetzung mit Jugendsprachen im Unterricht überhaupt Spielräume in den curricularen Vorgaben? Ein Blick in die jeweiligen Lehrpläne kann Auskunft geben. Für unsere Fragestellung ist dabei z.B. der Lehrplan für den Unterrichtsgegenstand *Deutsch* für die AHS (2004) in Österreich maßgeblich.² Dort ist etwa im Kapitel zur Bildungs- und Lehraufgabe zu lesen:

> **Die Identifizierung des eigenen Sprechens und damit die Reflexion der eigenen Rolle und Identität** [Hervorhebung ML/AZ] schaffen auch Platz für die Akzeptanz und das Verstehen anderen Sprechens und sind tragende Elemente für den Umgang mit Sprachvarietäten und Mehrsprachigkeit.
>
> AHS Lehrpläne (2004: 1)

Und weiter unten im Kapitel zu den didaktischen Grundsätzen ist zu lesen:

> Mündliche Kompetenz ist eine grundlegende Voraussetzung und ein Ziel jeder Bildung. Über Gesprächserziehung ist die Entwicklung der Persönlichkeit und die Sprachhandlungskompetenz im privaten und im öffentlichen Bereich zu fördern. **In diesem Zusammenhang ist es notwendig, Schülerinnen und Schüler in die unterschiedlichen Bedingungen und Prozesse mündlicher Kommunikation Einblick gewinnen und situations-, personen- und sachgerecht agieren** [Hervorhebung ML/AZ] sowie die Möglichkeiten verschiedener Gesprächs- und Redeformen ausloten zu lassen.
>
> AHS Lehrpläne (2004: 2)

Und schließlich steht im Abschnitt zur Sprachreflexion geschrieben:

> Sprachreflexion [...] soll den schriftlichen und mündlichen Texterstellungsprozess und die Textkompetenz sowie die Orientierung in den Systemen anderer Sprachen fördern und zur kritischen Analyse von sprachlichen Erscheinungen befähigen. **Auszugehen ist von Themen aus der Realität der Schülerinnen und Schüler** [Hervorhebung ML/AZ]. Situationen der Sprachaufmerksamkeit sind zu nützen, um mit Wissen über Sprache eigene und andere sprachliche Handlungen besser verstehen und einordnen zu können und mit Sprachvarietäten und Mehrsprachigkeit umgehen zu können.
>
> AHS Lehrpläne (2004: 3)

Mit Blick auf diese Vorgaben in den Curricula kann somit für den Sprachunterricht im Fach *Deutsch* in Österreich festgehalten werden, dass eindeutig Möglichkeiten für das Unterrichtsthema *Jugendsprache* eröffnet werden, auch wenn die Thematik an keiner Stelle expliziert wird. Eine Beobachtung, die in ähnlicher Weise auch für bundesdeutsche Lehrpläne zutrifft (vgl. Bekes/Neuland 2006; Neuland 2008: 171). Dabei ist allerdings grundsätzlich, wie das letzte Zitat eindeutig besagt, von Themen aus der die Schüler umgebenden Realität, also wohl auch der sprachlichen Realität auszugehen. Was aber kann denn mehr sprachliche Realität für die Schülerinnen und Schüler

---

² AHS ist die im österreichischen Bildungssystem gängige Abkürzung für *allgemeinbildende höhere Schulen*, die zur Matura (Abitur) führen und damit automatisch einen uneingeschränkten Hochschulzugang garantieren.

haben, als das eigene Sprechen, die eigene Sprache als Teil ihrer eigenen Identität? Unsere Forderung einer Integration des Themas *Jugendsprache* in den Grammatikunterricht lässt sich somit, nimmt man die Lehrpläne ernst, – was allerdings nicht an jeder Stelle gelingt (vgl. Ziegler 2011: 256f.) – unmittelbar aus den curricularen Vorgaben ableiten.

Wie sieht es aber mit Unterrichtsmaterialien aus und was wissen wir eigentlich über Jugendsprachen in Österreich? Um es kurz zu machen: Es sieht schlecht aus und wir wissen eigentlich nur sehr wenig bis gar nichts. Bis heute gibt es keine größeren systematischen oder gar korpusbasierten Untersuchungen zu Jugendsprachen in Österreich, die hier fundierte Aussagen erlauben würden oder die Möglichkeit eröffnen könnten, authentische Lehrmaterialien für den Deutschunterricht zu entwickeln. Dies wäre aus unserer Sicht aber dringend erforderlich, was im Folgenden kurz anhand empirischer Belege vorgeführt werden soll.

3. Jugendsprache(n) in Österreich – Ein empirischer Befund

Zwei Fallbeispiele sollen im Weiteren verdeutlichen, dass die Auseinandersetzung mit authentischem Sprachmaterial aus der mündlichen Kommunikation Jugendlicher in Österreich die notwendige Grundlage einer sprachdidaktischen Umsetzung sein muss. Die Belege sind aus zwei Gesprächskorpora entnommen, die im Sommer 2010 bzw. Frühjahr 2011 in Jugendzentren und Schulen in Osttirol erhoben wurden.

Das erste Teilkorpus (jugendliche DialektsprecherInnen – JD) besteht aus Transkriptionen im Umfang von rund 5 Stunden transkribierter Zeit und wurde aus einem größeren Jugendsprache-Korpus im Umfang von rund acht Stunden entnommen. Es enthält Transkriptionen von Alltagsgesprächen unter Jugendlichen in Gruppen bis zu 5 Personen. Bei den TeilnehmerInnen handelt es sich um junge OsttirolerInnen im Alter zwischen 13 und 17 Jahren, allesamt SprecherInnen des südbairischen Dialekts. Um feststellen zu können, ob und inwiefern sich die Gespräche unter den jugendlichen OsttirolerInnen von denen erwachsener DialektsprecherInnen derselben Region unterscheiden, wurde ein Kontrollkorpus (Teilkorpus ED) im Umfang von rund 4½ Stunden erstellt.[3] Auch hierbei handelt es sich um Gruppengespräche in

---

[3] Um die beiden Teilkorpora für quantitative Analysen nutzbar zu machen, wurde eine Angleichung im Umfang anhand der Gesamtwortanzahl (Teilkorpus JD enthält 89.422, Teilkorpus ED 89.002 Wörter) vorgenommen.

informellen Gesprächssituationen, allerdings unter Erwachsenen im Alter von 35 bis 65 Jahren.

Daraus sollen nachstehend exemplarisch empirische Befunde zu zwei Phänomenbereichen der Grammatik vorgestellt werden:

a) zum Nicht-Realisieren von Präpositionen nach richtungsweisenden Verben. Hierbei handelt es sich um ein Phänomen, das in der bundesdeutschen Jugendsprachforschung im Kontext des ethnolektalen Deutsch verortet wurde und von dem angenommen wird, dass es auch von deutschstämmigen Jugendlichen im Sinne eines „tertiären Ethnolekts" (Auer 2003) übernommen und als charakteristisches Stilmittel der Jugendkommunikation eingesetzt wird (z.B. *ich fahre ∅ Bahnhof; ich gehe ∅ Kino*) und

b) zur Häufigkeit verschiedener (mehr oder weniger dialektaler bzw. standardnaher) Varianten der Konjunktiv-II-Bildung[4] unter den Jugendlichen in Österreich: Für den Sprachgebrauch Jugendlicher in Wien wurde bereits die Präferenz der analytischen Konjunktivbildung (*würde*-Konjunktiv) festgestellt (vgl. Glauninger 2008). Dieser Befund soll in Bezug auf die Osttiroler DialektsprecherInnen überprüft werden.

3.1 Fallbeispiel 1 – Präpositionsgebrauch nach richtungsweisenden Verben

Das Nicht-Realisieren der Präposition nach richtungsweisenden Verben wird in der bundesdeutschen Fachliteratur als syntaktische Besonderheit des Sprachgebrauchs Jugendlicher im Zusammenhang mit Ethnolekten gesehen.[5] Zunächst bei Jugendlichen mit Migrationshintergrund, die in der zweiten

---

[4] Den Jugendlichen stehen hier mehrere Variantentypen zur Verfügung: z.B. *geben: i gab – i gebat/gabat – i tat geben – i würd geben – ich gäbe* (vgl. 3.2).

[5] Wir sind uns dessen bewusst, dass die Präposition in der gesprochenen Sprache raum- und gruppenübergreifend in bestimmten Kontexten wegfallen kann, v.a. in handlungsanweisenden Wegbeschreibungen der Art *Da müssen Sie ∅ Jakob-Kaiser-Platz umsteigen*. Das Nicht-Realisieren der Präposition geht in der ethnolektalen Sprechweise jedoch über diesen Kontext hinaus und kann neben der Richtungs- auch die Zeitkodierung betreffen. Beispiele dafür finden sich z.B. im Infoportal „kiezdeutsch. Ein Infoportal zu Jugendsprache in urbanen Wohngebieten mit hohem Migrantenanteil" des Lehrstuhls für Deutsche Sprache der Gegenwart der Universität Potsdam (betreut von Heike Wiese). [Online-Version: http://www.kiezdeutsch.de/sprachlicheneuerungen.html#ortsundzeit] Letzter Zugriff: 20.01.2012.

oder dritten Generation in Deutschland leben, als Mittel zur „Selbst-Stilisierung" als ethnische Gruppe (Auer 2003: 256) beobachtet, wird die ethnolektale Sprechweise über die Medien verbreitet (man denke etwa an das Comedy-Duo *Mundstuhl* oder den Kabarettisten Kaya Yanar) und von den jugendlichen RezipientInnen – MuttersprachlerInnen ohne Migrationshintergrund – schließlich imitiert, um zum gemeinsamen Verhandeln von Medienwissen innerhalb der Peergroup beitragen zu können (vgl. Androutsopoulos 2001). Es stellt sich die Frage, ob der direkte Anschluss ohne Präposition auch bei Jugendlichen in Österreich vorkommt und inwiefern die eben skizzierte Argumentationslinie hierorts greift. Ein Blick auf die Gespräche in Teilkorpus JD zeigt, dass auch unter Osttiroler Jugendlichen der Wegfall der Präposition – v.a. nach richtungsweisenden Verben – häufig vorkommt; folgende Belege sollen beispielhaft genannt werden:

(1) *also im sommer wea i we_ma wieder Ø BERGwoche foahn,* (Korpus JD 1, Z. 17) – 'Also, im Sommer werde ich wieder zur Bergwoche fahren [an der Bergwoche teilnehmen]'.

(2) *de will jo nägschts joah Ø KUNSCHTborg gehen;=ge?* (Korpus JD 2, Z. 1099) – 'Die will ja nächstes Jahr ins Kunstborg gehen, oder?'

(3) *a FILM;=jo he waar ECHT cool; (---) hem kemmen olle Ø KIno.* (Korpus JD 4, Z. 517ff.) – '[…] Dann kommen alle ins Kino.'

Daraus könnte man schließen, dass sich die Jugendlichen Osttirols über den Medienkonsum ethnolektale Sprechweisen im Sinne eines tertiären Ethnolekts angeeignet hätten und diese nun als Kennzeichen ihrer Jugendkommunikation nutzten.[6] Die Analyse der Gespräche zwischen erwachsenen OsttirolerInnen lässt dies jedoch zweifelhaft erscheinen, begegnen uns doch auch im Korpus der erwachsenen DialektsprecherInnen (ED) zahlreiche Belege für präpositionslose Richtungskodierung, sogar ein Beleg für den Wegfall der Präposition bei Zeitangaben ist zu finden:

---

[6] Ein Einfluss auf die Jugendkommunikation durch direkten Sprachkontakt mit Migrantensprachen kann aufgrund der niedrigen Migrationsrate in Osttirol weitgehend ausgeschlossen werden. Der Bezirk weist tirolweit den geringsten Anteil an AusländerInnen (3,5 %) in der Bevölkerung auf (vgl. Demographische Daten Tirol des Amtes der Tiroler Landesregierung für Raumordnung-Statistik 2010: 18 und 22). Zum Vergleich: Für das Bundesland Tirol ist ein durchschnittlicher Ausländeranteil von 10 % und für das Bundesland Wien ein durchschnittlicher Ausländeranteil von 19 % dokumentiert, wobei einige Wiener Bezirke über 25 % Ausländeranteil aufweisen (vgl. die Angaben zum Bevölkerungsstand der Statistik Austria 2007).

(4) *oa woche foah i jo mit da chrischta obe Ø PORtoroz;* (Korpus ED1, Z. 525) – 'Für eine Woche fahre ich ja mit Christa nach Portoroz hinunter.'

(5) *hetz geh i noch_amol Ø rentnerparadies (.) merAN-* (Korpus ED 2, Z. 553) – 'Heuer gehe [fahre] ich noch einmal ins Rentnerparadies Meran.'

(6) *schunscht hom se Ø erschten mai ONgfongen;=ge-* (Korpus ED 3, Z. 1274f.) – 'Normalerweise haben sie am ersten Mai angefangen, oder?'

Hat in Osttirol also bereits ein Übergreifen dieses syntaktischen Phänomens von jungen auf ältere SprecherInnen stattgefunden, in der Art wie sich auch lexikalische Besonderheiten (z.B. *cool*) auf den allgemeinen Sprachgebrauch ausbreiten? Diese Frage lässt sich unter Einbezug der dialektologischen Fachliteratur näher beleuchten. Heinz-Dieter Pohl (1989: 64) schreibt in seiner *Kleinen Kärntner Mundartkunde* von 1989:

> Die präpositionslose Richtungskodierung ist vom gemischtsprachigen Gebiet[7] ausgegangen und in Klagenfurt, Villach und in Unterkärnten die vorherrschende; sie hat sich in jüngerer Zeit über ganz Kärnten verbreitet, reicht bis nach Osttirol (Lienz) und ist auch in Graz und Innsbruck nicht ganz fremd.[8]
>
> Pohl (1989: 64)

Das Nicht-Realisieren der Präposition nach richtungsweisenden Verben ist demnach im Hinblick auf die Osttiroler SprecherInnen als nicht alterspräferentiell zu sehen, vielmehr handelt es sich hierbei um ein diatopisch markiertes Phänomen. Inwiefern Sprachkontaktprozesse mit dem Slowenischen dabei eine Rolle spielen könnten, bleibt in weiterführenden Studien zu klären, bisher besteht darüber Ungewissheit. Pohl hält in einem Beitrag zum *Sprachkontakt in Kärnten* (2009) diesbezüglich fest:[9]

---

[7] Das gemischtsprachige Gebiet (mit Deutsch- und SlowenischsprecherInnen) betrifft den südöstlichen Teil Kärntens, die Gemeinden mit dem größten slowenischen Bevölkerungsanteil befinden sich im Jauntal, Rosental und im unteren Gailtal (vgl. Pohl 1989: 17).

[8] Für das Kärntner Unterland hält Pohl (1989: 64) neben der präpositionslosen Richtungs- auch eine präpositionslose Lokalkodierung fest, z.B. *i wo:n Fölkermårkht* 'ich wohne in Völkermarkt' oder *i årbait Khlå:gnfurt* 'ich arbeite in Klagenfurt'. Vergleichbare Belege aus Osttirol liegen bisher nicht vor.

[9] Informationen zu slowenisch-deutschen (bzw. genauer: slowenisch-bairischen) Interferenzen finden sich u.a. auch bei Prunč (1979) und Neweklowsky (1985). In Bezug auf den Einfluss des Slowenischen als Ursache des Präpositionenwegfalls sind sich die genannten Autoren uneinig: Während Prunč ihn als „slowenisch-deutsche Interferenz" (1979: 7) einstuft, findet sich das Nicht-Realisieren der Präposition in der Aufzählung grammatischer Interferenzen durch das Slowenische in Neweklowskys Beitrag nicht.

> Ob die im südlichen Kärnten weit verbreitete präpositionslose Richtungskodierung ein Sprachkontaktphänomen durch Inkompatibilität der verwendeten Präpositionen ist (im Slowenischen *v* bzw. *na* + Akkusativ auf die Frage ‚wohin?', Lokativ auf ‚wo?'), kann nicht entschieden werden.
>
> Pohl (2009: 127)

Ungeachtet der Unsicherheit bezüglich des sprachhistorischen Ursprungs des Präpositionswegfalls in Osttirols in der Richtungs- (und teilweise auch Zeit-) Kodierung, lässt die Analyse der authentischen diskursiven Daten aus Osttirol erkennen, dass Ergebnisse soziolinguistischer Analysen der Situation, wie wir sie v.a. in urbanen Ballungsräumen in Deutschland vorfinden, nicht umstandslos auf österreichische Verhältnisse übertragen werden können.[10]

3.2 Fallbeispiel 2 – Konjunktivgebrauch

Das zweite Beispiel betrifft die Variationsbreite in Bezug auf jugendliches Sprechen innerhalb Österreichs. Wir gehen von einer der wenigen Studien aus, in denen morphosyntaktische Phänomene von Jugendsprachen in Österreich berücksichtigt werden, nämlich jener zu *Synthetischen und analytischen Konjunktiv-2-Formen im Wiener Nonstandard-Deutsch* von Manfred Glauninger (2008). In seiner Studie stellt Glauninger fest:

> Sowohl in spontaner Rede als auch bei gezielter Abfrage bzw. im Rahmen von motivierten/stimulierten Paraphrasierungen verwendeten die Jugendlichen praktisch durchgehend analytische K2-Formen. Und: Einer der Formtypen kann dabei als klar präferiert identifiziert werden, nämlich T3 (*würde* + Inf.).
>
> Glauninger (2008: 239)

Bevor der Konjunktivgebrauch unter den Wiener Jugendlichen mit dem der Osttiroler Jugendlichen verglichen wird, sollen zunächst die verschiedenen Möglichkeiten der Konjunktiv-II-Bildung[11] im Bairischen in aller Kürze am

---

[10] Es gibt allerdings auch Merkmale, die bei deutschen und bei österreichischen Jugendlichen gleichermaßen auffallend häufig vorkommen, z.B. die externe Intensivierung der definiten Nominalphrase in Form von: *voll der Hammer, absolut die Frechheit*, wie sie Jannis Androutsopoulos in seiner Arbeit *Deutsche Jugendsprache. Untersuchungen zu ihren Strukturen und Funktionen* (1998: 351ff.) dokumentiert hat. Diese Art der Serialisierung der Nominalphrase findet sich unter den Osttiroler ProbandInnen ausschließlich bei den jugendlichen SprecherInnen.

[11] Da die Verbreitung des Konjunktivs I in den bairischen Dialekten bis auf formelhafte Wendungen wie *Gott sei Dank* gänzlich verschwunden ist (vgl. z.B. Zehetner 1985: 102f.), wird im Folgenden der Gebrauch der Konjunktiv-II-Formen fokussiert, der unter Bairisch-Sprechenden eine breite Verwendung findet (vgl. König/Renn 2005: 79).

Beispiel des Vollverbs *geben* in seinen Konjunktivformen der 1.Pers.Sg. skizziert werden (vgl. Tab. 1 und Glantschnig 2011: 232ff.):[12]

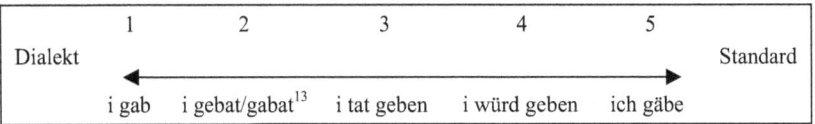

Tab. 1: Mögliche Konjunktiv-II-Formen zwischen Dialekt und Standard

Typ 1 bezeichnet eine alte Form der Konjunktivbildung der starken Verben mit Ablaut im Bairischen (z.B. *i gab*), dessen Vorkommen in den vergangen Jahrzehnten stetig abgenommen hat (vgl. Merkle 1993: 70ff.). Dennoch gibt es einige wenige Verben, für die diese Form als gegenwärtig in Verwendung angenommen wird, z.B. bei *gehen – i gang*.[14] Für alle Verben, egal ob schwach oder stark, kann eine synthetische Form mit Präsensstamm + Infix *-at* + Personalendung (in manchen Fällen auch mit einem Präteritumstamm) gebildet werden, z.B. *i gebat* oder *gabat* (Typ 2). Eine weit verbreitete analytische Konjunktivform im Bairischen stellt Typ 3 dar: eine periphrastische Konjunktivbildung durch die Konjunktivformen von *tun* mit entsprechender Personalendung + Infinitiv (z.B. *i tat geben*). Darüber hinaus steht den BairischsprecherInnen natürlich auch die überregional in der gesprochenen Sprache vorkommende Variante des *würde*-Konjunktivs (*ich würde geben*, Typ 4) zur Verfügung. Dies gilt theoretisch auch für den synthetischen Konjunktiv II der Standardsprache (*ich gäbe*, Typ 5), auch wenn dessen Verwendung in der spontanen Rede in informellen Kontexten unwahrscheinlich ist.[15] Die verschiedenen mehr oder weniger stark dialektal oder standardsprachlich ge-

---

[12] Die bairischen Konjunktiv-II-Formen jenen der deutschen Standardvarietät gegenüberzustellen und einen Beitrag zur Position des Konjunktivs im Deutschen zwischen Synthese und Analyse zu leisten würde den Rahmen des Aufsatzes sprengen, dafür sei an dieser Stelle auf die Publikation von Bittner/Köpcke (2010) verwiesen.

[13] Bei einigen ablautenden Verben kann das Suffix sowohl an den Präsens- als auch an den Präteritumstamm angehängt werden; z.B. *i gebat/gabat* oder *kennat/kannat* 'könnte' (vgl. Zehetner 1985: 103).

[14] Eine umfangreichere Aufstellung der starken Konjunktiv II-Formen (beispielsweise *essen – i aaß, gehen – i gang, nehmen – i nahm(p)*) und ihrer Entsprechungen in der schwachen (*i essad, gäad, nehmad*) und gemischten Konjunktiv-II-Bildung (*i aaßad, gangad, nahmad*) findet sich in Merkle (1993).

[15] Standardsprachliche Konjunktivformen können aber sehr wohl in Redeteilen vorkommen, in denen die Jugendlichen anhand von verfremdenden (Quasi-)Zitaten ihnen bekannte Personen nachahmen bzw. karikieren. Dieses „Spiel mit fremden Stimmen" hat Johannes Schwitalla bereits 1988 beschrieben, neuere Beispiele zur Verwendung von Stilen und Varietäten unter verschiedenen kommunikativen Absichten finden sich u.a. bei Androutsopoulos/Spreckels (2010) und Schwitalla (2010).

prägten Typen können daher wie in Tabelle 1 dargestellt in einem Dialekt-Standard-Kontinuum verortet werden.

Unter den eben vorgestellten Belegtypen stellt Glauninger eine Präferenz des *würde*-Konjunktivs bei den Wiener Jugendlichen fest. Diese bestätigt sich bei den Osttiroler Jugendlichen jedoch nicht. Die folgende Grafik (vgl. Abb. 1) zur Häufigkeitsverteilung der Konjunktiv-II-Formen[16] inklusive einer Übersichtstabelle zu den belegten Typen (vgl. Tab. 2) zeigt, dass die Jugendlichen in Osttirol den Konjunktiv zwar häufiger analytisch bilden als die Erwachsenen (Zeilen 3 und 4: rund 38 % *tat* + Infinitiv und rund 16 % *würde* + Infinitiv), die dialektale synthetische Bildung mit Infix *-at* (Zeile 2: z.B. *i gebat*) mit rund 38 % zusammen mit den Belegen der synthetischen dialektalen Konjunktiv-II-Bildung mit Ablaut (z.B. *i gang* 'ich ginge', Zeile 1) mit rund 7 % jedoch immer noch stattliche 45 Prozent an synthetisch gebildeten Konjunktiv-II-Varianten bildet.

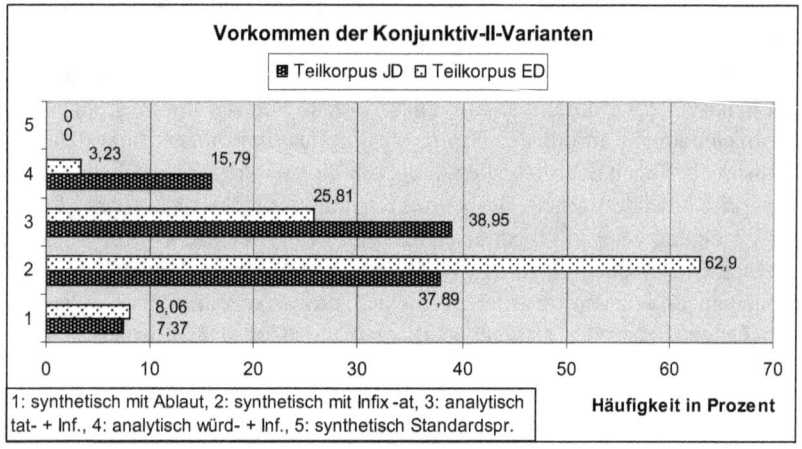

Abb. 1: Vorkommen der Konjunktiv-II-Varianten in Freizeitgesprächen jugendlicher (Teilkorpus JD) und erwachsener (Teilkorpus ED) OsttirolerInnen

---

[16] Gezählt wurden hier lediglich Belege der Konjunktiv-II-Bildung bei Vollverben, da diese Belege in allen geschilderten Typen aufweisen können. Von der Auswertung ausgeklammert wurden also die Konjunktivformen von *sein* in ihrer Verwendung als Kopula- oder Hilfsverb, die Konjunktivformen von *werden* (als Kopulaverb), von *haben* (als Hilfsverb) und die Konjunktiv-II-Formen der Modalverben *dürfen, können, müssen, wollen, sollen, mögen* + Infinitiv eines Vollverbs, sowie modal verwendetes *brauchen* + Infinitiv des Vollverbs (z.B. *er denkt, er brauchat nit zohlen* 'er denkt, er bräuchte nicht (zu) zahlen').

	Korpus JD		Korpus ED	
Belegtyp	Häufigkeit der Belege absolut	Häufigkeit der Belege in %	Häufigkeit der Belege absolut	Häufigkeit der Belege in %
1: synth. dialektal mit Ablaut	7[17]	7,37 %	5[18]	8,06 %
2: synth. mit Infix -at	36	37,89 %	39	62,90 %
3: analyt. *tat-* + Infinitiv	37	38,95 %	16	25,81 %
4: analyt. *würd-* + Infinitiv	15	15,79 %	2	3,23 %
5: synth. standardsprachlich	0	0 %	0	0 %
Gesamt	95	100 %	62	100 %

Tab. 2: Vorkommen der Konjunktiv-II-Varianten – Häufigkeit absolut und in Prozent

Auch wenn die analytischen Konjunktiv-II-Formen von den jugendlichen OsttirolerInnen häufiger verwendet werden als von den erwachsenen DialektsprecherInnen (hier sind nur rund 3 % der Belege als *würde-* und 26 % als *tat*-Konjunktiv auszuweisen), so ist bei den Jugendlichen in Osttirol im Vergleich mit den anderen Belegtypen dennoch keine eindeutige Präferenz der analytischen Konjunktiv-II-Bildung mit *würde* erkennbar. Dass sie wie die Wiener Jugendlichen gar „praktisch durchgehend analytische K2-Formen" (Glauninger 2008: 239) verwendeten, muss deutlich verneint werden.

Ob die deutlich häufigere Verwendung der analytischen Konjunktiv-II-Bildung mit *tat* + Personalendung + Infinitiv bei den Jugendlichen im Vergleich zu den Erwachsenen (vgl. Abb. 1) daher rührt, dass sie in vermehrter Weise auf die *tun*-Periphrase zurückgreifen, sei es, um der kognitiven Herausforderung der Konjugation starker Verben aus dem Weg zu gehen oder aber pragmatisch funktionalisiert zentrale, wichtige Redeteile in ihren Äußerungen hervorzuheben, bleibt in nachfolgenden Studien zu beleuchten. In jedem Fall kann die Thematisierung dieses unter den jugendlichen DialektsprecherInnen anscheinend häufig vorkommenden Typs der Konjunktiv-II-Bildung zur Auseinandersetzung mit grammatischen Phänomenen der gesprochenen Sprache – zu denen die *tun*-Periphrase zweifellos zählt – und

---

[17] Davon 3-mal Konjunktivformen von *tun* als Vollverb (z.B. *Wos tasch du?* 'Was tätest du?'), 1-mal *nammp* 'nähme', 1-mal *gang* 'ginge', 1-mal *mitgang* 'mitginge', 1-mal *bracht* 'brächte'.

[18] Davon 3-mal Konjunktivformen von *tun* als Vollverb (z.B. *Des tat se nit* 'Das täte sie nicht'), 1-mal *kammp* 'käme', 1-mal *gab* 'gäbe'.

ihren (soziokommunikativen und pragmatischen) Funktionen im Unterricht anregen.

Ungeachtet weiterer Anknüpfungsmöglichkeiten an die eben gezeigten Daten zeigt die Kontrastierung des Konjunktivgebrauchs bei den Wiener mit dem der Osttiroler Jugendlichen, dass es auch innerhalb Österreichs Unterschiede im Sprachgebrauch der Jugendlichen gibt und dass sie v.a. im Vergleich urbaner mit ruralen Regionen mitunter gewichtig sein können.

Was können wir nun aus den zwei Fallbeispielen schlussfolgern? Erstens: die Ergebnisse zu grammatischen Besonderheiten jugendlichen Sprechens aus der Deutschschweizer und der bundesdeutschen Jugendsprachforschung können nicht ohne weiteres auf die österreichischen Verhältnisse übertragen werden – dies wurde am vermeintlich alterspräferentiellen Wegfall der Präpositionen nach richtungsweisenden Verben deutlich. Und zweitens: Wir wissen kaum etwas über den Sprachgebrauch Jugendlicher in Österreich und verfügen über keine empirisch abgesicherten Ergebnisse zum Zusammenspiel von Dialekt und Jugendsprachen, was wiederum anhand des Beispiels der Konjunktiv-II-Bildung bei den Jugendlichen veranschaulicht werden sollte. Diese Ergebnisse wären jedoch wiederum eine notwendige Grundlage für eine sprachdidaktische Umsetzung der Thematik im Grammatikunterricht an österreichischen Schulen. Denn wie aus den dargestellten Fallbeispielen klar ersichtlich wird, können über Varianten jugendlichen Sprechens sehr wohl Wege zur Auseinandersetzung mit den sprachsystematischen Paradigmen, etwa des Konjunktivs, in unterrichtlichen Zusammenhängen eröffnet– wenn nicht gar erleichtert – werden. Darüber hinaus bietet sich die Möglichkeit, in der Auseinandersetzung mit dem Zusammenspiel von Dialekt und Jugendsprache(n) auch Anknüpfungspunkte an dialektal bedingte Unsicherheiten beim Verfassen schriftlicher Texte zu klären. Glantschnig (2011) zeigt, dass u.a. die Bildung des Konjunktivs II in Schülertexten zu Normabweichungen führen kann, die von der Verwendung dialektaler Varianten im mündlichen Sprachgebrauch herrühren. Von der Betrachtung alterspräferentieller Varianten und deren Verhältnis zum Dialekt ausgehend kann so ein Einstieg in orthographie- und grammatikrelevante Themen ermöglicht werden.

4. Schlussfolgerungen und Ausblick

Aus den Vorüberlegungen zur Forschungslage und den oben vorgestellten empirischen Befunden wird ein dringendes Desideratum ersichtlich: ein Forschungsprojekt zur mündlichen Kommunikation Jugendlicher in Österreich. Im Folgenden soll daher skizziert werden, wie ein derartiges Projekt konzipiert sein könnte, welche Ziele es verfolgen sollte und worin der didaktische Nutzen für den Grammatikunterricht liegen könnte. Als Untersuchungsgrundlage sollten Transkriptionen von Gruppengesprächen unter Jugendlichen einerseits im urbanen Raum (in den österreichischen Landeshauptstädten) sowie andererseits in kleineren Gemeinden des ruralen Raums dienen. Als Kontrollkorpus müsste es daneben pro Aufnahmeort je ein Korpus mit Gesprächen unter Erwachsenen geben.

Das von uns angedachte Projekt sollte drei zentrale Ziele verfolgen: Erstens sollen erstmalig in diatopischer Gewichtung Freizeitgespräche unter Jugendlichen sowie als Vergleichskorpus Gespräche unter Erwachsenen in Österreich erfasst und als Korpus dokumentiert werden. Nach Abschluss des Projekts sollen die Aufnahmen und Transkriptionen in anonymisierter Form der wissenschaftlichen Öffentlichkeit über ein Datenbanksystem – ähnlich der Datenbank Gesprochenes Deutsch (DGD) des Instituts für Deutsche Sprache (IDS) in Mannheim – zugänglich gemacht werden. Jedes Gespräch wird über eine umfassende Metadaten-Dokumentation von Gesprächsumständen und soziodemographischen Sprecherdaten verfügen. Diese werden, wie auch die Transkripte, nach verschiedensten Parametern zu recherchieren sein.

Zweitens wird als linguistisches Ziel die Erfassung und Beschreibung alterspräferentieller Varianten hinsichtlich des Zusammenspiels verschiedener Sprechstile, Varietäten und (Fremd-)Sprachen mit besonderem Fokus auf dem Zusammenhang von Jugendsprache und Dialekt verfolgt. Aufbauend auf der Korpusanalyse sind umfassende Publikationen zur Interaktion von Dialekt und jugendlichem Sprechen in Österreich geplant. Im Zentrum der ergebnissichernden Publikationen stehen dabei Fragen der Relevanz soziokommunikativer Bedingungen der konkreten Äußerungssituationen auf grammatische, prosodische und pragmatische Variablen in diatopischer Gewichtung sowie Fragen des Sprachkontakts unter Berücksichtigung dialektaler Merkmale in ethnisch gemischten Gruppen.

Drittens hat das Projekt ein didaktisches Ziel. Durch die bildungspolitischen Entwicklungen der letzten Jahre hat das Thema *Gesprächskompetenz* einen zentralen Stellenwert in den Curricula eingenommen. In die österreichischen Lehrpläne für den Unterrichtsgegenstand *Deutsch* sind verstärkt Lerninhalte im Zusammenhang mit mündlicher Kommunikation aufgenommen worden. Wie eingangs erwähnt wurde, ist zugleich allerdings feststellbar, dass das Angebot an Unterrichtskonzeptionen und -materialien nach wie vor ausgesprochen schmal ist, gerade in Bezug auf dialogische Gesprächsformen. Hier will das geplante Projekt ansetzen, indem die diskursiven Daten, Analysen und Ergebnisse didaktisch aufbereitet und in Auszügen als Materialien für den DaM-, DaZ- und DaF-Unterricht angeboten werden sollen.

Geplant ist einerseits eine elektronische Ressource, die neben Audiomaterial die entsprechenden Transkripte in unterschiedlichen Annotationstiefen präsentieren und auch prosodische Verläufe darstellen wird sowie andererseits eine Unterrichtsreihe, die auf Basis der elektronischen Ressource gestalterische Möglichkeiten für den Deutschunterricht anbietet.

Dabei sollen auch die Daten der Vergleichskorpora mit erwachsenen ProbandInnen berücksichtigt werden, so dass alterspräferentielle Unterschiede deutlich werden können. Gleichzeitig können die SchülerInnen über das geplante Material Einblicke in die Variationsbreite von Sprache selbst innerhalb eines nationalen Sprachraums gewinnen und auf diese Weise das eigene Sprechen weniger als defizitär denn vielmehr als eine Variante erfahren, deren Beurteilung nicht vor der Folie einer ‚Richtig-falsch-Opposition', sondern vielmehr vor dem Hintergrund der situativen Angemessenheit getroffen werden kann.

Ziel einer fachdidaktischen bzw. -wissenschaftlichen Auseinandersetzung mit Zukunftsperspektiven des Grammatikunterrichts ist es, Nutzen und Notwendigkeit von Sprachreflexion im Unterricht zu hinterfragen, zentrale Ziele des modernen Grammatikunterrichts zu formulieren und Impulse für deren Umsetzung im Unterricht zu bieten. *Ein* Ziel des modernen Grammatikunterrichts besteht darin, Sprachdifferenzbewusstsein und den adäquaten Einsatz verschiedener Varietäten und Stile zu unterstützen und den Unterschied zwischen orthographisch-grammatikalischer Korrektheit im Sinne einer Schriftnorm und Angemessenheit im Sinne einer situationsangepassten Sprachverwendung deutlich zu machen.

Wenn eingangs daher eine varietätenlinguistische Fundamentierung des Grammatikunterrichts – hier vorgeführt am Beispiel Jugendsprache – postuliert wurde, dann mit dem Ziel, auf diese Weise in unterrichtlichen Zusammenhängen begreiflich zu machen, dass Funktionen sprachlicher Äußerungen durch außersprachliche Faktoren bestimmt und – in Anlehnung an Freges Begriff *Verwendungssinn* – dadurch gekennzeichnet sind, dass sie mit den Verwendungskontexten der konkreten sprachlichen Interaktion variieren können (vgl. Frege 1980). Eine solche Konzeption des Grammatikunterrichts berücksichtigt somit ganz zentral den Aspekt der kommunikativen Verwendung von grammatischen Einheiten und sieht in den Wohlgeformtheitsbedingungen lediglich Reflexe der grammatischen Konventionalität. Grammatische Konventionen – man könnte auch sagen Normen – stehen aber nur indirekt mit kommunikativen Erfordernissen in Verbindung. Tatsache ist vielmehr, dass sprechakttaugliche Äußerungsformen nicht immer grammatischen Status haben, was über eine Integration des Gegenstandes Jugendsprache in den Grammatikunterricht auch für Schülerinnen und Schüler evident werden kann (vgl. Ziegler 2010a: 165; Hundsnurscher 2002: 87). Ein Ziel eines derart basierten Grammatikunterrichts wäre darin zu sehen, die verschiedenen

Illokutionstypen, die mit einer grammatischen Konstruktion geleistet werden können, herauszuarbeiten sowie zum anderen auch die verschiedenen grammatischen Konstruktionstypen, die ein und denselben Illokutionstyp realisieren, zu erfassen.

In der Auseinandersetzung mit authentischem gesprochenem Gesprächsmaterial ihrer eigenen Peergroup würden die Jugendlichen im Grammatikunterricht über Material verfügen,[19] an dem sich grammatikalische Besonderheiten der gesprochenen gegenüber der geschriebenen Sprache zeigen sowie situationsabhängige Verwendungsweisen zur Ausbildung von Kriterien der Angemessenheit sprachlicher Äußerungen herausbilden ließen. Für den Grammatikunterricht wären beide Aspekte von nicht zu unterschätzender Bedeutung, da über die Thematisierung altersbedingter Variation zu einer vertieften Reflexion über Sprache und das Grammatische an Sprache angeregt werden kann. Ein Projekt, wie es oben vorgestellt wurde, soll dies auch für den Deutschunterricht an österreichischen Schulen möglich machen.

Transkriptionskonventionen

Orientiert an GAT 2 (vgl. Selting u.a. 2009):

Akzentuierung

akZENT	Fokusakzent
ak!ZENT!	extra starker Akzent

Tonhöhenbewegung am Ende von Intonationsphrasen

?	hoch steigend
,	mittel steigend
-	gleichbleibend
;	mittel fallend
.	tief fallend

---

[19] In Anlehnung an das zur Verfügung gestellte Projekt-Material könnten in höheren Schulstufen auch selbst Aufnahmen aus der eigenen Freizeitkommunikation gemacht und diese anschließend im Unterricht transkribiert werden. Durch den Prozess der Verschriftung können grundlegende Unterschiede zwischen gesprochener und geschriebener Sprache erfahrbar werden, die SchülerInnen ‚stolpern' dabei über auffällige Konstruktionen und lernen, diese zu identifizieren und zu reflektieren.

Sequenzielle Struktur/Verlaufsstruktur

= schneller, unmittelbarer Anschluss neuer Sprecherbeiträge oder Segmente (latching)

Sonstige segmentale Konventionen

und_äh Verschleifungen innerhalb von Einheiten
äh öh ähm Verzögerungssignale

Literatur

Ágel, Vilmos (2008): Bastian Sick und die Grammatik. Ein ungleiches Duell. – In: Info DaF 35, 64-84.
Androutsopoulos, Jannis (1998): Deutsche Jugendsprache. Untersuchungen zu ihren Strukturen und Funktionen. – Frankfurt a.M. u.a.: Lang (VarioLingua 6).
– (2001): „Ultra korregd Alder!" Zur medialen Stilisierung und Popularisierung von ‚Türkendeutsch'. – In: Deutsche Sprache 4, 321-339.
Androutsopoulos, Jannis/Janet Spreckels (2010): Varietät und Stil: Zwei Integrationsvorschläge. – In: Evelyn Ziegler/Joachim Scharloth/Peter Gilles (Hgg.): Variatio delectat. Empirische Evidenzen und theoretische Passungen sprachlicher Variation. – Frankfurt a.M. u.a.: Lang (VarioLingua 37), 197-214.
Auer, Peter (2003): ‚Türkenslang' – ein jugendsprachlicher Ethnolekt des Deutschen und seine Transformationen. – In: Annelies Häcki-Buhofer (Hg.): Spracherwerb und Lebensalter. – Tübingen/Basel: Francke (Basler Studien zur deutschen Sprache und Literatur 83), 255-264.
Bayer, Klaus (1984): Veränderungen im Sprachverhalten von Jugendlichen. Ursachen im sozialen und pädagogischen Bereich. – In: Wirkendes Wort 6, 453-467.
Bekes, Peter/Eva Neuland (2006): Norm und Variation in Lehrwerken und im muttersprachlichen Unterricht. – In: Eva Neuland (Hg.): Variation im heutigen Deutsch: Perspektiven für den Sprachunterricht. – Frankfurt a.M. u.a.: Lang (Sprache – Kommunikation – Kultur: Soziolinguistische Beiträge 4), 507-524.
Bittner, Andreas/Klaus-Michael Köpcke (2010): Ich würde, wenn ich wüsste, dass ich könnte... – In: Dagmar Bittner/Livio Gaeta (Hgg.): Kodierungstechniken im Wandel. Das Zusammenspiel von Analytik und Synthese im Gegenwartsdeutschen. – Berlin/New York: de Gruyter (Linguistik – Impulse und Tendenzen 34), 23-46.
Boettcher, Wolfgang (2009): Grammatik verstehen. 3 Bde. – Tübingen: Niemeyer (Niemeyer-Studienbuch).
Demographische Daten Tirol (2010). Hg. v. Amt der Tiroler Landesregierung, Raumordnung Statistik, Landesstatistik Tirol. – Innsbruck. [Online-Version: http://www.tirol.gv.at/themen/zahlen-und-fakten/statistik/publikationen] Letzter Zugriff: 31.07.2012.
Dürscheid, Christa (2008): Welchen Stellenwert hat Jugendsprache im Unterricht? – In: Markus Denkler u.a. (Hgg.): Frischwärts und unkaputtbar. Sprachverfall oder Sprachwandel im Deutschen. – Münster: Aschendorff, 181-202.

- (2009): Variatio delectat? Die Plurizentrizität des Deutschen als Unterrichtsgegenstand. – In: Monika Clalüna/Barbara Etterich (Hgg.): Deutsch unterrichten zwischen DaF, DaZ und DaM. Sondernummer Rundbrief AkdAF. – Stallikon: Käser, 59-69.
- (2011): Zweifeln als Chance? Zweifeln als Problem? Sprachliche Zweifelsfälle im Deutschunterricht. – In: Klaus-Michael Köpcke/Arne Ziegler (Hgg.): Grammatik – Lehren, Lernen, Verstehen. Zugänge zur Grammatik der deutschen Gegenwartssprache an der Schnittstelle von Fachwissenschaft und Fachdidaktik. – Berlin/Boston: de Gruyter (RGL 293), 155-173.

Einecke, Günther (1998): Unterrichtsideen. Integrierter Grammatikunterricht. Textproduktion und Grammatik 5. – 10. Schuljahr. – Stuttgart u.a.: Klett.

Frege, Gottlob (1980): Über Sinn und Bedeutung. – In: Gottlob Frege: Funktion, Begriff, Bedeutung. Fünf logische Studien. Hg. v. Günther Patzig. 5. Aufl. – Göttingen: Vandenhoeck & Ruprecht, 40-65.

Glantschnig, Melanie (2011): Möglichkeiten und Grenzen eines dialektorientierten Grammatikunterrichts. – In: Klaus-Michael Köpcke/Arne Ziegler (Hgg.): Grammatik – Lehren, Lernen, Verstehen. Zugänge zur Grammatik des Gegenwartsdeutschen. – Berlin/Boston: de Gruyter (RGL 293), 223-244.

Glauninger, Manfred (2008): Synthetische und analytische „Konjunktiv 2"-Formen im Wiener Nonstandard-Deutsch. – In: Franz Patocka/Guido Seiler (Hgg.): Dialektale Morphologie, dialektale Syntax. Beiträge zum 2. Kongress der Internationalen Gesellschaft für Dialektologie des Deutschen, Wien, 20.-23. September 2006. – Wien: Praesens Verlag, 233-247.

Hennig, Mathilde (2009): Nähe und Distanzierung. Verschriftlichung und Reorganisation des Nähebereichs. – Kassel: University Press.

Hennig, Mathilde/Christoph Müller (2009) (Hgg.): Wie normal ist die Norm? Sprachliche Normen im Spannungsfeld von Sprachwissenschaft, Sprachöffentlichkeit und Sprachdidaktik. – Kassel: University Press.

Hundsnurscher, Franz (2002): Der linguistische Zusammenhang. – In: Ezawa Kennosuke u.a. (Hgg.): Linguistik jenseits des Strukturalismus. Akten des II. Ost-West Kolloquiums. – Tübingen: Narr, 73-94.

König, Werner/Manfred Renn (2006): Kleiner Bayerischer Sprachatlas. Mit 121 Abbildungen in Farbe. – München: Dt. Taschenbuchverlag (dtv 3328).

Köpcke, Klaus-Michael/Arne Ziegler (2007): Zur Einleitung. – In: Klaus-Michael Köpcke/Arne Ziegler (Hgg.): Grammatik in der Universität und für die Schule. Theorie, Empirie und Modellbildung. – Tübingen: Niemeyer (RGL 277), 1-5.

- (Hgg.). (2011): Grammatik – Lehren, Lernen, Verstehen. Zugänge zur Grammatik des Gegenwartsdeutschen. – Berlin/Boston: de Gruyter (RGL 293).

Lehrpläne der AHS-Oberstufe (2004): Lehrplan für den Pflichtgegenstand Deutsch. Hg. vom Bundesministerium für Unterricht, Kunst und Kultur. – Wien. [Online-Version: http://www.bmukk.gv.at/schulen/unterricht/lp/lp_ahs_oberstufe.xml] Letzter Zugriff: 31.07.2012.

Merkle, Ludwig (1993): Bairische Grammatik. 5. Aufl. – München: Hugendubel.

Neuland, Eva (2003): Jugendsprachen – Perspektiven für den Unterricht Deutsch als Muttersprache und Deutsch als Fremdsprache. – In: Eva Neuland (Hg.): Jugendsprachen – Spiegel der Zeit. Internationale Fachkonferenz 2001 an der Bergischen Universität Wuppertal. Frankfurt a.M. u.a.: Lang, 447-461.

- (2008): Jugendsprache. Eine Einführung. – Tübingen/Basel: Francke (UTB 2397).

Neuland, Eva/Petra Balsliemke/Anka Baradaranossadat (2010): Schülersprache – Schulsprache – Unterrichtssprache. – In: J. Normann Jorgensen (Hg.): Vallah, Gurkensalat 4 U & me! – Frankfurt a.M. u.a.: Lang (Sprache- Kommunikation – Kultur: Sozilinguistische Beiträge 8), 165-185.

Neweklowsky, Gerhard (1985): Slowenische Elemente im Kärntner Deutsch. – In: Die Brücke 3, 33-38.

Peschel, Corinna (2009): Grammatische Zweifelsfälle als Thema des Deutschunterrichts? Das Beispiel der ‚schwachen Maskulina'. – In: Mathilde Hennig/Christoph Müller (Hgg.). Wie normal ist die Norm? Sprachliche Normen im Spannungsfeld von Sprachwissenschaft, Sprachdidaktik und Sprachöffentlichkeit. – Kassel: kassel university press, 39-59.

Pohl, Heinz-Dieter (1989): Kleine Kärntner Mundartkunde. Mit Wörterbuch. – Klagenfurt: Heyn.

– (2009): Sprachkontakt in Kärnten. – In: Michael Elmentaler (Hg.): Deutsch und seine Nachbarn. – Frankfurt a.M. u.a.: Lang (Kieler Forschungen zur Sprachwissenschaft 1), 117-132.

Prunč, Erich (1979): Zum Problem sprachlicher Interferenzen im bilingualen Gebiet in Kärnten. 2., verb. Auflage. – Klagenfurt: Slovenski informacijski center (SIC) (Studia Carinthiaca Slovenica 1).

Schwitalla, Johannes (1988): Die vielen Sprachen der Jugendlichen. – In: Norbert Gutenberg (Hg.): Kann man Kommunikation lehren? Konzepte mündlicher Kommunikation und ihrer Vermittlung. – Frankfurt a.M.: Scriptor (Sprache und Sprechen 19), 167-176.

– (2010): Sprachvariation als Ressource für unterschiedliche Stimmen des Ichs. – In: Evelyn Ziegler/Joachim Scharloth/Peter Gilles (Hgg.): Variatio delectat: empirische Evidenzen und theoretische Passungen sprachlicher Variation. – Frankfurt a.M. u.a.: Lang (VarioLingua 37), 215-238.

Selting, Margret u.a. (2009): Gesprächsanalytisches Transkriptionssystem 2 (GAT 2). In: Gesprächsforschung – Online-Zeitschrift zur verbalen Interaktion 10, 353-402. [Online-Version: http://www.gespraechsforschung-ozs.de/heft2009/px-gat2.pdf] Letzter Zugriff: 28.08.2012.

Statistik Austria (2007): Bevölkerungsstruktur. Hg. von der Bundesanstalt Statistik Österreich. – Wien. [Online-Version: http://www.statistik.at/web_de/statistiken/ bevoelkerung/bevoelkerungsstruktur/index.html] Letzter Zugriff: 31.07.2012.

Zehetner, Ludwig (1985): Das bairische Dialektbuch. – München: Beck.

Ziegler, Arne (2010a): Grammatik und Neue Medien – Ein pragmatischer Zugang. – In: Mechthild Habermann (Hg.): Grammatik wozu? Vom Nutzen des Grammatikwissens in Alltag und Schule. – Mannheim u.a.: Dudenverlag (Thema Deutsch 11), 150-172.

– (2010b): Grammatik als Science-Fiction. Zu einer varietätenlinguistischen Fundamentierung des Grammatikunterrichts. – In: ide – Informationen zur Deutschdidaktik. Zeitschrift für den Deutschunterricht in Wissenschaft und Schule 2: Grammatik und Textgestaltung, 13-21.

– (2011): Standardsprachliche Variation als Ausgangspunkt grammatischer Reflexion. – In: Klaus-Michael Köpcke/Arne Ziegler (Hgg.): Grammatik – Lehren, Lernen, Verstehen. Zugänge zur Grammatik des Gegenwartsdeutschen, – Berlin/Boston: de Gruyter (RGL 293), 245-264.

Angelika Redder

Produktivität der Diskontinuität

Verbalkomplex und komplexe Verben in der Bildungssprache

1.   Vorbemerkungen

Die folgenden Ausführungen widmen sich einem sprachlichen Gegenstand, der theoriegeschichtlich als widerspenstig einzuordnen ist, da er sich morphosyntaktisch wie sprachpsychologisch als komplex erweist. Zugleich ist er jedoch für das Deutsche charakteristisch, so dass er auch für die Frage nach den vieldiskutierten bildungssprachlichen Kompetenzen eine nicht unwesentliche Rolle spielt. Es geht um sogenannte diskontinuierliche Prädikatstrukturen.

An empirischen Beispielen aus authentischem Unterrichtsdiskurs sollen folgende Fragen näher diskutiert werden:

- Wie sind nicht-adjazente, diskontinuierliche Elemente einer Einheit sprachtheoretisch zu werten?
- Bieten funktionale Herangehensweisen an Morphologie und Syntax konsistente Beschreibungsmöglichkeiten, die mit semantischen und pragmatischen Bestimmungen kompatibel sind?
- Wie lassen sich empirische Belege im Unterrichtsdiskurs daraufhin rekonstruieren, welche Interrelationen von sprachlichen Qualifikationen gefordert und zu fördern sind?

2.   Diskontinuierliche Konstituenten

Theoriegeschichtlich gilt der thematisierte Untersuchungsgegenstand vielfältig als Problem. Die graphentheoretische Grundlage generativer Grammatikbeschreibungen bedingt eine Ausgrenzung sich kreuzender Kanten, so dass die Devaluierung diskontinuierlicher Konstituenten mindestens einer Marginalisierung im grammatischen System gleichkommt. Eisenberg greift in der ersten Auflage von seinem „Grundriß" (1986) bereits einleitend derart inkommensurable Strukturformate auf und lässt explizit – seinerseits oberflächensyntaktisch verfahrend – nicht-binäre und gekreuzte Konstituentenstrukturen zu. Gleichwohl dauert es noch eine Weile, bis er die Verbalparadigmen des Deutschen einer neuen Wertung unterzieht und die „analytisch" genannten Prädikate differenziert (Eisenberg 2005), indem er flexionsgeschichtliche und wortbildungssystematische Argumente gegeneinander abwägt. Perfekt- und Passivformen werden dadurch z.B. konstituentengrammatisch unterschiedlich verrechnet. Des Weiteren sind Prädikationen mittels „trennbarer Verben" (Eichinger 1989) als Phänomene der komplexen Wortbildung zumeist von Verbgefügen oder Verbalkomplexen, wie Engel (1988) sie behandelt, separiert worden. Die klassische Dependenzgrammatik rekonstruiert die Prädikatstruktur von der adjazenten Endposition im deutschen Nebensatz her, so dass in der französischen Germanistik bis hin zu Zemb (1978/1984) noch heute serialisierte Strukturen den Vorrang haben. Etwas anders argumentiert Eroms in seiner Grammatik (2000), indem er die Ausführungen von Weinrich aufgreift.

Weinrich (1986) bricht mit seinem Motto „Klammersprache Deutsch" einem grundsätzlichen Umdenken Bahn. Das Deutsche werde im verbalen wie auch im nominalen Bereich durch klammernde Strukturen gekennzeichnet und erweise sich so, über die am Aussagesatz entwickelten frühen Einsichten des Sprachlehrforschers Drach (1937) hinaus, insgesamt typologisch als eine Klammersprache. Darin liegt ein grundsätzlicher Unterschied beispielsweise zum Französischen, so dass Weinrichs Textgrammatik des Französischen von 1982 konzeptuell stark umzuarbeiten ist, um ihr eine Textgrammatik des Deutschen zur Seite zu stellen (1993). Die Klammerstrukturen wertet Weinrich zugleich zeichen- und gedächtnispsychologisch aus, so dass Rezeptionsprozesse im Kontext des Deutschen als Fremd- und Zweitsprache gezielt umzuorganisieren sind (vgl. Thurmair 1991; Eichinger 1995). Unabhängig von konstituentengrammatischen Systematisierungen des Prädikats stellen gegenwärtige Lehrwerke für DaF/DaZ die Satzklammer oder Verbalklammer als topologischen Ausgangspunkt der Satzlehre zentral. Dementsprechend formuliert Wöllstein (2010) ihre Einführung in das „topologische Satzmodell" mit Blick auf komparative Studien und hebt Tracy (2008) die deutsche Verbalklammer als Angelpunkt des Spracherwerbs relativ etwa zum Englischen hervor.

3. Funktionale Grammatik und Semantik

Wie sind die unterschiedlichen Ausfüllungen in der linken und rechten Verbklammer des Deutschen konstituentengrammatisch zu bestimmen? Sind sie einheitlich zu behandeln? Und wenn ja: Gelten sie als Einheiten des Verbalparadigmas, als Syntagmen oder als Konstruktionen im Sinne der Construction Grammar?

Im Rahmen einer funktional-pragmatischen Grammatik habe ich vor einer Reihe von Jahren einen Vorschlag zur Reanalyse der Prädikationsstruktur des Deutschen im Verbund mit einer handlungsanalytischen Rekonstruktion des Verbsystems vorgelegt (vgl. Redder 1992). Sie erfolgte in der seinerzeit klassischen Darstellungsform der X-bar-Theorie, vor Etablierung der IP-Struktur mit der spezifisch deutschen ‚Verb-Anhebung'. Demnach wurden vier Prädikationstypen im Deutschen differenziert, welche sich auf eine gemeinsame abstrakte Grundstruktur zurückführen lassen. Diese grundlegende Prädikationsstruktur setzt sich auf mittlerer Ableitungsstufe (V') aus einem finiten verbalen Element V [+ INFL] und einer ‚neutralen' Konstituente K_0 zusammen, d.h. einer Konstituente, die für jegliche kategoriale Füllung in jeweiliger Neutralisationsform auftritt; V' wird für die maximale verbale Projektion V" komplementiert durch eine optionale Nominalphrase (als mögliches Argument). So ergibt sich abstrakt:

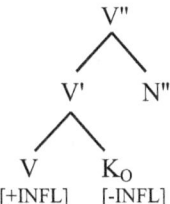

Abb. 1: Grundstruktur der deutschen Prädikation (Redder 1992: 143)

Die Konstituente in kategorialer Neutralisationsform, kurz: die neutrale Konstituente K_0 kann im Deutschen systematisch leer sein (mit *e* als empty category) oder eine trennbare Partikel enthalten, sie kann durch eine infinite Verbform gebildet werden (Infinitiv oder Partizip Perfekt) oder durch eine nicht-maximale Projektion eines Nomens (N' als Prädikativum). Die vier Prädikationstypen – tituliert nach den traditionellen Namen der Verben in der linken, finit geformten Klammer - sind:

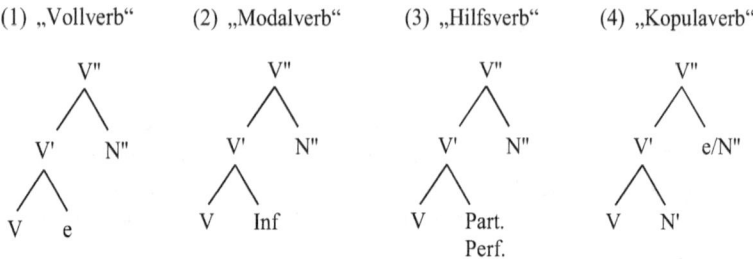

V ist [+INFL]; {e, Inf., Part. Perf, N'} sind [-INFL], d.h. in Neutralisationsform

Abb. 2: Prädikationstypen (Redder 1992: 144)

Unabhängig davon, dass die Darstellung gegenwärtig ein anderes Format erhalten könnte, bleibt die entsprechende Strukturanalyse bis heute unberührt. Die Prädikation mittels Vollverb erweist sich demgemäß für das Deutsche als ein besonderer Fall – eben der Fall mit einem leeren Element in der rechten Klammer. Darin liegt eine Umwertung der prädikativen Erwartungen auf der Basis traditioneller, am griechisch-lateinischen Paradigma orientierter Darlegungen. Prädikationen mit breit anwendbaren, da semantisch abstrakten Verben – ich nenne sie *Basisverben* – funktionieren demgegenüber primär nach dem Muster der Modalverben (z.B. *gehen, kommen, tun*); Prädikationen aus sog. Funktionsverbgefügen werden nach dem Typ 4 gebildet. Die im Deutschen grundsätzlich analytischen – gemäß synthetischer Erwartungsstruktur auch *periphrastisch* genannten – Passivformen werden nach dem Vorbild der sogenannten Hilfsverben konstruiert; die frühe Kritik von Adelung (1782) an dieser auxiliaren Kategorisierung hat sich bis heute kaum durchgesetzt (vgl. zu *werden* Redder 1999). Beurteilt nach den Flexionsformen hat das Deutsche weder Paradigmen für Vorgangs- oder Zustandspassiv (vgl. Redder 1995), noch auch – mit Grimm und Engel (1988) gesprochen – mehr als zwei Tempora, nämlich das Präteritum und das neutrale Präsens.

Ich werte alle Prädikationsformen des Deutschen demnach nicht als Paradigmen, sondern als Syntagmen – als klammerstrukturelle Syntagmen. Im Lernprozess haben sie nach allen Kenntnissen aus dem Spracherwerb erst vergleichsweise spät die Qualität einer Ganzheit und insofern Konstruktionscharakter. Insbesondere als produktive und damit analytisch aufzubrechende Struktureinheit für fach- oder bildungssprachliche Prädikationen im Deutschen imponieren sie m.E. durch einen Syntagmencharakter, wobei das prädikative Syntagma freilich als solches eine Form-Funktions-Einheit darstellt. In dieser Grundlegung grammatischer Bestimmungen (vgl. Zifonun/Hoffmann/Strecker 1997) konvergieren Construction Grammar und FP-Grammatik.

Das klammerstrukturelle Syntagma lässt sich auch in der gewohnten satztopologischen Weise darstellen. Die Klammerung selbst werte ich als ein eigenes sprachliches Mittel, welches dem operativen Feld von Sprache zugehört. Im Rahmen der funktionalen Pragmatik gehören zu dieser funktionalen Klasse alle Mittel, die dem Vollzug einer operativen Prozedur dienen und somit der Verarbeitung des Propositionalen im weiten Sinne (vgl. Redder 2005). Durch die operative Abschließung der Struktureinheit in der rechten Verbklammer wird der verbale Zugriff in der linken Klammer genauer typisiert.

Verbale Prädikation im Deutschen

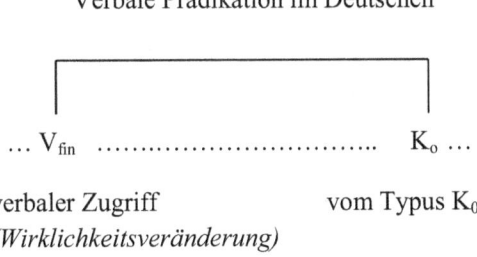

verbaler Zugriff   vom Typus K_0
(Wirklichkeitsveränderung)

Klammerstruktur: operatives sprachliches Mittel

Abb. 3:   Verbale Prädikation im Deutschen

Für wortbildungsbedingt komplexe Verben ist Prädikationstyp 1 (vgl. Abb. 2) besonders von Interesse. Sogenannte nicht-trennbare Verben evozieren (bei synthetischer Flexionsform) eine leere rechte Verbklammer, während die trennbaren Verben genau dort die Partikeln bzw. abgetrennten Präpositionen stranden lassen, um es metaphorisch auszudrücken. Der verbale Zugriff wird insofern durch die Konstituente in K_0 nicht selten relational typisiert: z.B. *schneiden* vom relationalen Typus *ab* oder *auf* oder *weg* etc. Graphisch lassen sich ausgewählte Beispiele folgendermaßen erfassen:

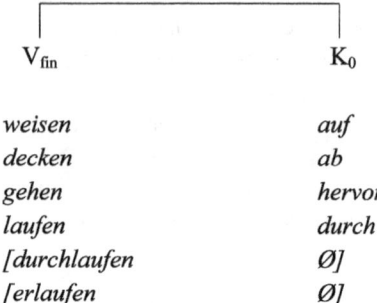

Abb. 4. Verbklammer von trennbaren und nicht-trennbaren Verben

Die beiden letzten Beispiele in Abb. 4 dokumentieren zugleich die prädikative Struktur bei nicht-trennbaren Verben. Die prozedurale Rekonstruktion der Prädikation mittels trennbarer Verben lautet demnach im Einzelnen: Ein Symbolfeldausdruck operiert mittels Klammerung über einem anderen Symbolfeldausdruck.

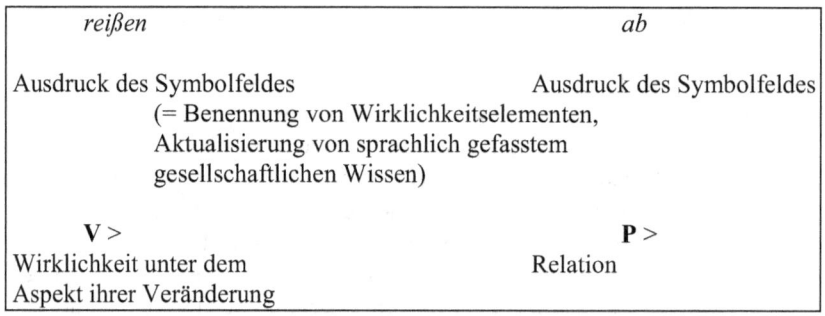

Abb. 5:   Operation des Symbolfelds (V=Verb, P=Präposition)

Was passiert auf diese Weise bei der Bedeutungsverarbeitung bzw. bei der verbalen Planung? Dazu möchte ich zeichenpsychologische[1] Überlegungen von de Saussure in Erinnerung rufen. In seinen Ausführungen zu den Verhältnissen des Wortschatzes weist er insbesondere darauf hin, dass sich in Sprache konkret, d.h. bei ihrer einzelsprachlichen Anlage auf mögliche Äußerungen hin, zwei Richtungen der sprachpsychologischen Prozesse kreuzen:

---

[1] Ludwig Jäger gebührt das Verdienst, diese in der Rezeptionsgeschichte weitgehend unterschlagene psychologische Besonderheit der Semiologie von de Saussure durch seine Editionen und Lektüren endlich zur Geltung gebracht zu haben.

diejenige der im strikten Sinne assoziativen und diejenige der syntagmatischen Beziehungen. Dazu bietet er folgendes bekanntes Beispiel:

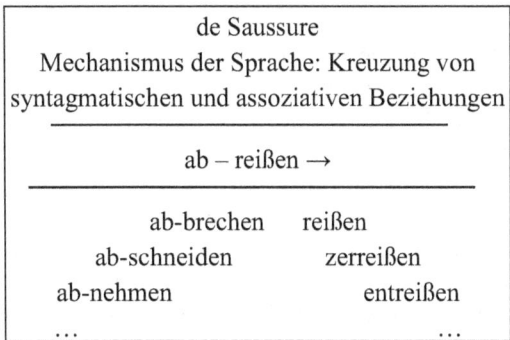

Abb. 6: Mechanismus der Sprache (aus: de Saussure 1967: 154)

Der von de Saussure so genannte „Mechanismus der Sprache" ist grundsätzlich bei jeder Bildung eines „gesprochenen Satzes", wie es in der Lommel-Übersetzung heißt, wirksam; vom konkret ausgewählten Ausdruck in einem Syntagma aus ist das für die Wahl aktivierte doppelt gerichtete System zu aktualisieren – und analytisch zu rekonstruieren, können wir heute sagen. Die lexikologischen Wortfeldanalysen von Porzig, Trier oder Weisgerber, die jüngere Aufbereitung der kulturgeschichtlich zu interpretierenden onomasiologischen Vernetzung des Wortschatzes (vgl. Reichmann 2004) oder der Wortfamilie mit Blick auf eine etymologische Kompetenz (vgl. August 1998) für das Deutsche sowie aktuelle kognitionsgrammatische Diskussionen zur „semantic map" (vgl. Haspelmath 2003) greifen in unterschiedlichem Maße und mit verschiedener Konsistenz die wechselseitige Wirksamkeit der beiden psychologischen Beziehungen auf. Hier ist nicht der Ort, die semantischen Modellierungen im Einzelnen zu diskutieren. Vielmehr möchte ich diesen Komplex für die Einschätzung von Bedeutungswissen individueller Sprecher im Hintergrund halten und nun der Produktivität der Diskontinuität empirisch etwas genauer nachgehen.

4. Formulierungen und verbale Planungen von Schülern

Für die empirischen Analysen greife ich auf Korpora zurück, die im Rahmen meiner BMBF-Projekte in der FiSS (Forschungsinitiative zu Sprachdiagnostik und Sprachförderung) erstellt wurden. Insbesondere beziehe ich mich auf

Materialien aus dem linguistischen Teilprojekt[2] des Verbundes BiSpra (Bildungssprachliche Kompetenzen; geleitet von Weinert, Stanat, Redder). Neben Videographien von authentischem Unterrichtsdiskurs in der 4. und 5. Jahrgangsstufe haben wir Daten aus quasi-empirischen Experimenten (mündliche und schriftliche Verbalisierungen stummer Videoclips) sowie darauf basierte Testhefte zu bildungssprachverdächtigen Ausdrucksmitteln erhoben. Auf die bislang rein deskriptive und höchst vage Kategorie der Bildungssprache will ich hier vorerst nicht weiter eingehen, sondern erst in Abschnitt 4 evidenzbasierte kritische Überlegungen anschließen. Für die folgenden Analysen reicht es, die wortbildungsmäßige, semantische und grammatische Komplexität bestimmter Verben als Auswahlkriterium anzuführen. Diese Verben sind zudem bereits als Elemente der „alltäglichen Wissenschaftssprache" im Sinne von Ehlich (1999) diskutiert worden (vgl. Uesseler 2011): Es handelt sich um unauffällige, der Alltagssprache entnommene Ausdrücke, denen im Zusammenhang mit wissenschaftlichem Wissen eine besondere, abstraktive Bedeutung zukommt. Für eine linguistische Analyse des produktiven wie rezeptiven Umgangs mit derartigen Ausdrucksmitteln greife ich auf das Konzept der sprachlichen (Basis-)Qualifikationen gemäß Ehlich (2005) zurück, wie es auch im Referenzrahmen zentral steht (vgl. Ehlich/Bredel/Reich 2008): Demnach ist analytisch ein ‚Qualifikationsfächer' von phonischen, semantischen, diskursiven, morphologisch-syntaktischen, pragmatischen I + II und literalen Basisqualifikationen I + II zu differenzieren. In der Realität des sprachlichen Handelns stehen diese Qualifikationen in einem komplexen Wechselverhältnis zueinander. Diese vielfältigen Interaktionen der Qualifikationen gilt es bei der empirischen Analyse mit Blick auf konkrete sprachliche Handlungskompetenzen zu rekonstruieren. Dazu dient eine Matrix, die ich *sprachliches Kompetenzgitter* nenne (vgl. Grasser/Redder 2011).

Zunächst diskutiere ich Ergebnisse zur Rezeptionsfähigkeit anhand der Testhefte, sodann authentische Diskursbeispiele mit Blick auf produktive Verwendungen und rekonstruierbare verbale Planungen. Die Analyse setzt aus methodischen Gründen vor allem an problematischen Stellen an.

4.1 Rezeptionsfähigkeit – Testergebnisse

Die Testhefte im Projekt BiSpra, TP Linguistik, sind a) als Lückentests und b) durch kohäsive Item-Anlage als kleine Geschichten vom Typ eines Sachtextes angelegt. Bezogen auf komplexe Verben konzentriere ich mich

---

[2] Wissenschaftliche Mitarbeiterinnen sind Dr. Anna Komor (verheiratete Runge) und Stella Uesseler, M.A.

hier auf die Auswertung zu trennbaren Verben, bei denen die Lücke in der Prädikation stets beim finiten Teil angelegt ist. Die rechte Klammer ist also durch eine Präposition oder eine Partikel im Text erhalten. Im Folgenden sei ein Ausschnitt von zwei Items aus dem Testheft dokumentiert:

(1) [...]
Die Tulpe gehört zur Familie der Liliengewächse. Liliengewächse _:eine Besonderheit auf: sie haben außer den Wurzeln auch eine Zwiebel.

- besitzen
- haben
- zählen
- weisen

[...]
Die Niederlande _ 80% der Tulpenproduktion auf der Welt ab.

- haben
- decken
- räumen
- erzeugen

(Testheft 4. Jg., © BiSpra, TP-Hamburg)

Die Auswertung ergab, dass von den 60 Schülerinnen der 4. Jahrgangsstufe vergleichsweise wenige einzelne Aufgaben nicht lösten; die trennbaren Verben, bei denen in diesem Sinne Lösungsprobleme auftraten, sind (in Klammern die Prozentzahl der Nicht-/Falschlösungen):

aufweisen (8%)
sich fortsetzen (18%)
abdecken (20%)
herauslösen (25%)
ausstatten (35%)
sich zusammensetzen (35%)
hervorgehen (37%)

Die beiden in (1) dokumentierten Aufgaben bereiten demnach gewisse Schwierigkeiten. Abgesehen davon, dass durch einen Lesetest noch abzusichern wäre, ob beispielsweise lediglich unvollständig oder kursiv gelesen wurde, könnte man versucht sein, daraus eine mangelnde rezeptive Aufmerksamkeit auf die Diskontinuierlichkeit der deutschen Prädikation abzuleiten. Dies würde im Einklang stehen mit Kenntnissen zur produktiven Fähigkeit in DaF/DaZ, denen gemäß die rechte Verbklammer bei L2-Sprechern des Deutschen oft unausgeführt bleibt. Im Kontrast dazu weist Jasny (2001) anhand von universitären Vorlesungen in verschiedenen Disziplinen nach, dass beim freien Reden zumindest professionelle Sprecher so gut wie keine Probleme mit dem Arbeitsgedächtnis haben, auch wenn das Mittelfeld reich gestaltet ist; die rezeptiven Anforderungen in der Hochschulkommunikation sind dementsprechend für deutschsprachige wie nicht-deutschsprachige Studierende ebenso hoch wie produktiv ausgeprägt. Da die Prozentangaben in unseren Schülertests noch nicht nach den Erstsprachen der Schüler differenziert sind, kann derzeit keine Vermutung sprachvergleichender Art angestellt werden.

Die betreffenden Verben sind unterschiedlich komplex gebildet. *Aufweisen* und *abdecken* sind, ebenso wie *ausstatten*, biprozedural fusioniert. Das verbale Simplex *statten* ist allerdings nicht mehr suffizient, d.h. nicht mehr eigenständig nutzbar (vgl. Grimm 1984: 1016ff.), sondern etwa seit dem 16. Jh. lediglich in Zusammensetzungen (*gestatten, erstatten, abstatten* etc.), so dass der Stamm *statt-* gegenwärtig als „purer Symbolfeldausdruck" vor einer Wortartenklassifikation (Redder 2007), v.a. vor einer nominalen, verbalen oder präpositionalen Differenzierung, produktiv ist. *Herauslösen* und *hervorgehen* sind triprozedural, wobei insbesondere der richtungsdeiktische Ausdrucksanteil (*her*) markant ist.

Aus den Prozentangaben in der Liste ist allerdings ersichtlich, dass weder die Art noch der Umfang der prozeduralen Kombination für die Schwierigkeit verantwortlich sein dürfte (die beiden reflexiven Konstruktionen untermauern das), noch auch die Qualität des Grundverbs (*gehen* ist gewiss an sich unproblematisch, *setzen* ist divergent bearbeitet). Woran setzen also die rezeptiven Verarbeitungen an und was bedingt dann Probleme oder Irritationen?

Bezogen auf die sprachlichen Qualifikationen ist zu fragen: Wie sind die reale und die erforderliche Interaktion zwischen semantischen, morphologisch-syntaktischen und pragmatischen Qualifikationen einzuschätzen?

Um diese Fragen fallanalytisch zu beantworten, betrachte ich nun vier authentische Diskursausschnitte aus dem Unterricht einer 4. Klasse. Ich präsentiere die segmentierte Form des Transkripts.

4.2 Produktionsfähigkeit – Authentische Schüleräußerungen

(2)
(s1)	HN	*Damit ähm die Glühlampe leuchtet, musste ich die Kontakte und die Plus- und Minuspolen zusammen machen.*
(s2)	LM	((2 sec))
(s3)		*Zusammen machen?*
(s4)	HN	*Zusammensetzen* (*oder so*).
(s5)	LM	*Den Plus- und Minuspol zusammensetzen?*
(s6a)	HN	*Nein. ...*
(s6b)		((legt verlegen den Kopf auf den Tisch))
(s7)	CL	*Die ähm Kontakte und die Pole müssen verbunden werden.*

(s8) LM ((2 s))
(s9) *Ja, das ist mir n bisschen zu allgemein.*

HN: Erstsprache Deutsch; Mutter Kroatin
LM: Lehrer
Aufgabe: „Wie bastelt man einen Stromkreislauf?"
Ziel: Sprachliche Darlegung nach erfolgreicher praktischer Ausführung

(BiSpra/HH/05032010/GS/TDS/4c)

Schüler HN verbalisiert in (s1) aus eigener Perspektive (*musste ich*) den wesentlichen (*damit* + *müssen*) Handlungsschritt der Kontaktherstellung zwischen den Kabelenden[3] (*Kontakten*) und den Polen einer Batterie (*Plus- und Minuspolen*) mittels *zusammen machen*. Die Relation des Kontaktes wird durch den Symbolfeldausdruck *zusammen* wiedergegeben, also durch einen für konvergente Wirksamkeit geeigneten Ausdruck. Die Tätigkeit selbst wird durch das Archi-Verb *machen* benannt. Beides äußert HN, wie die Getrenntschreibung im Transkript dokumentiert, intonatorisch eingeständig. Aufgrund der modalen Prädikation (vgl. Typ 2 in Abb. 2) besetzen beide Ausdrücke die rechte Verbklammer. Insofern stehen beide Elemente des infiniten Prädikatsteils an der Äußerungsoberfläche nebeneinander.

Nach kurzer Pause stellt der Lehrer LM eine reparativ angelegte Rückfrage (s3). HN quittiert sie in (s4) mit einer Modifikation der Tätigkeitsbenennung, unter Beibehaltung der wichtigen Konvergenzbeziehung *zusammen*: Das komplexe trennbare Verb *zusammensetzen* wird als Alternative aus dem Wortfeld um die Relationsbenennung herum angeboten. Die anschließende aspektdeiktische Verweisung in die alternative Leere (*oder so*) ist zwar nicht sehr gut akustisch wahrnehmbar, deshalb in Klammern transkribiert, entspricht jedoch auch meinem Höreindruck. Sie unterstreicht die Konzentration der verbalen Planung auf das mittels *zusammen* relational Begriffene und stellt demgegenüber die Benennung der Tätigkeit zur Disposition.

Der Lehrer gibt sich mit dieser Revision jedoch nicht zufrieden und appliziert, zwecks erneuter schülerseitiger Reparatur, das alternativ gebotene Prädikat fragend auf die entsprechenden Objekte (s5: *Den Plus- und Minuspol zusammensetzen?*). HN lehnt diese Formulierung explizit ab, schweigt dann jedoch (s6a: *Nein. ...*) und vollzieht mit nonverbalen Mitteln eine Art von Selbstdiskreditierung (s6b) (vgl. Ehlich/Rehbein 1977).

Es ist offensichtlich, dass HN an der sachlich korrekt begriffenen Relation festhält, diese jedoch zugleich durch die verbale Fixiertheit auf *zusammen*

---

[3] Die Schüler mussten die Gummierung an den Kabelenden teilweise selbst noch abschaben, um sie für die Kontaktherstellung geeignet zu machen; damit dürfte sich die metonymische Mittel-Zweck-Verschiebung in der Benennung erklären – vgl. weiter unten (3).

nicht trefflich auszudrücken versteht, da ihm das passende Basisverb fehlt. Es böte sich etwa *bringen* (→ *zusammenbringen*) an. HN denkt richtig, handelt pragmatisch angemessen und ist auch diskursiv völlig kompetent – bis hin zur diskreditierenden Einschätzung seiner Formulierungsfähigkeit. Das Problem besteht nach meiner Einschätzung in einer angemessenen Verknüpfung zweier wissensmäßig inkongruenter Konzepte und somit in der semantischen Qualifikation. Man kann mit Bezug auf die Kollokation von einer Kategorienmischung oder mit Bezug auf die Realisierungsform einer Sprechhandlung von der Mischung der Stillage sprechen.

Der Ausdruck *zusammen* trifft zwar die sachliche Relation einer konvergenten Wirkrichtung gut, tut dies jedoch auf mittlerer Abstraktionsstufe und in funktionaler, auf praktische Aktion orientierter Weise. *Machen* ist ein hoch abstraktes Handlungsverb, was die Kombinatorik mit *zusammen* gewöhnlich ausschließt,[4] während das aktional spezifischere *setzen* eine funktional besondere Relationierung ermöglicht und insofern sprachlich angemessener, allerdings zugleich begrenzter prädikativ applizierbar ist. Die Selbstreparatur von HN stellt also innerhalb der Prädikation durchaus eine Verbesserung dar, nicht aber bezogen auf den gesamten propositionalen Gehalt.

Schüler HN hat die Gegenstände der Stromkreis-Bastelei derart benannt, dass man sie kaum einfachen praktischen Aktionen unterziehen kann. Vielmehr evoziert deren Benennung die Angabe von Methoden für die Einleitung physikalischer Abläufe. Sprachlich ist somit innerhalb möglicher Handlungsverben zwischen methodischen und nicht-methodischen Tätigkeiten zur Konvergenzherstellung zu differenzieren. Mit dieser propositionalen Anlage verschiebt sich auch die mögliche Illokution: Statt einer handlungspraktischen Beschreibung im Bastelkontext wird durch die Gegenstandsbenennung eine methodisch reflektierte experimentelle Beschreibung angesteuert. Insofern ist im Wechselverhältnis zur semantischen auch die pragmatische (Basis-)Qualifikation tangiert.

HN aktiviert für die elementare propositionale Basis[5] seiner Äußerung neu gewonnenes, naturwissenschaftliches Wissen, so dass er mit der epB <*Kontaktmittel + elektrischer Pol +* KONVERGENZRELATION> ein fachspezifisches Begreifen des zu schließenden Ganzen namens Stromkreislauf plant. Durch die sprachliche Umsetzung der Relation als *zusammen* ergibt sich jedoch eine Schieflage im verbalen Zugriff. Solange HN beim Wortfeld des Kompositionselements *zusammen* verbleibt, manövriert er sich beim Formu-

---

[4] Im Grimmschen Wörterbuch ist das Verb *zusammenmachen* durchaus aufgeführt (1984: 756f.), allerdings auf das Zusammenfügen von Bestandteilen konzentriert.

[5] Die elementare propositionale Basis (epB) schlägt Ehlich (2007: G3) als Kategorie für das gedankliche Substrat des propositionalen Gehaltes einer Äußerung vor. Kennzeichnend ist, dass es im Allgemeinen mindestens einen Symbolfeldausdruck enthält.

Produktivität der Diskontinuität 319

lierungsprozess der Tätigkeit syntagmatisch in eine Sackgasse. Seine verbale Planung ist auf die sachrelevante Relation konzentriert, unabhängig von der adjazenten Position in der rechten Verbklammer, welche prinzipiell eine gesamte Substitution durch ein anderes komplexes Verb erleichtert. Die verbale Planung von HN ist nicht nur, dem Deutschen gemäß, auf die rechte Verbklammer orientiert, sondern gleichsam mikroskopisch darauf feinjustiert.

HN schwankt offenkundig noch zwischen verschiedenen Qualitäten des Wissens über den Sachzusammenhang – und auch über die entsprechende Bedeutungsreichweite der sprachlichen Ausdrücke. Dies ist, wie Diskursanalysen zur gleichen Fachthematik in anderen Klassen zeigen (vgl. Redder 2012b), für den vierten Jahrgang recht normal. Sprache und Wissen müssen in neuer Weise aufeinander bezogen und gegeneinander differenziert werden, wenn Symbolfeldausdrücke mit fachlichem, womöglich begrifflichem Wissen angereichert oder neu in den Wortschatz integriert werden. Mit de Saussure gesprochen: Die Kreuzung von assoziativen und syntagmatischen Beziehungen ist neu zu organisieren. Genau darin besteht die Herausforderung hinsichtlich der semantischen Basisqualifikation und ihrem Stellenwert für die sogenannte Bildungssprache.

Mitschüler CL gelingt in (s7) ein Umstieg des prädikativen Zugriffs; er nutzt das methodisch treffende komplexe, nicht trennbare Präfixverb *verbinden*. Damit ist zwar die Formulierung des experimentellen Gesamtsettings gelungen, jedoch noch nicht die Verbalisierung des sachlich relevanten propositionalen Gehaltes für die Beschreibung einer Versuchsanordnung; es fehlen die methodischen Einzelschritte. Daher wird – nach kleiner Einschätzungspause – von LM wiederum keine positive Bewertung realisiert, sondern der Musterdurchlauf durch die Aufgabenstellung mit dem Hinweis auf eine erforderliche Detaillierung („zu allgemein", s9) erneut angestoßen. Daran wird ersichtlich, dass mit der Verbalisierungsanforderung beschreibenden Typs nunmehr ein Transfer von praktischem zu methodischem Wissen angestrebt wird, wie es experimentellen Kenntnissen über den Stromkreislauf gemäß ist.

Im folgenden Beispiel wird die Produktivität der Diskontinuität in der Prädikation ein wenig zu weit getrieben:

(3)
(s1)   AE   *Also, man nimmt auch so eine Batterie wie im Film,*
(s2)   *hat auch zwei Drähte, ähm*
(s3)   *am einen Ende macht man das Rote ab und macht es am/*

(s4) befestigt es am/ an der Batterie an.
(s5) VL Hmhm

Aufgabe: Wie kann man sich denn einen Stromkreislauf bauen?
AE: Deutsch und Russisch als Erstsprachen

(BiSpra/HH/05032010/GS/TDS/4c)

Schüler AE nimmt mit (s1) neben der eigenen Bauerfahrung auch Bezug auf ein Videoclip über das Basteln einer Lampe. Er startet mit (s1) und (s2) die Auflistung der notwendigen Utensilien für einen Bau. Illokutiv steuert er also eine Bauanleitung oder Instruktion an, und zwar in verallgemeinerter Weise, mittels generellen Aktantenausdrucks *man*. In (s3) wird eine Detailausführung angefügt (vgl. Fn. 3): Die rote Ummantelung des Kabels (AE benennt es in s2 überspezifiziert als *Draht*) muss beseitigt werden, damit Kontaktfähigkeit hergestellt ist.[6] Diese Handlung wird durch das Archi-Verb *machen* und die typisierende Relation *ab* charakterisiert. Das Basisverb behält AE im nächsten Konjunkt unter phorischer Fokuskontinuierung des *Endes* bei (*und macht es*) und wiederholt auch die präpositionale Anlage des Bezugsgegenstandes (*am/*), ehe er abbricht. Mit (s4) wird der Äußerungsakt modifiziert und eine semantisch spezifischere prädikative Formulierung angeboten: *befestigt es am/*. In (s3) ist der propositionale Gehalt so verbalisiert, dass er praktisch und konkret, ja fast konkretistisch (*macht man das Rote ab*) qualifiziert ist. Die Arbeit an der Formulierung im Sinne einer wissensrelevanten Umformulierung (vgl. Bührig 1996), die AE durch zweimalige Reparatur zur Geltung bringt, ist offenkundig auf eine andere Kenntnislage gerichtet.

Das nicht-trennbare Präfixverb *befestigen* lässt die Kontingenz der praktischen Aktion *abmachen* hinter sich und aktiviert – wie schon im Falle von (2, s7) – methodisches Wissen und somit experimentelle Zusammenhänge. Offenkundig wird die verbale Planung nun auch mit Blick auf die Gegenstandsbenennung modifiziert – und erfordert eine genusspezifische Adaptierung: *am/an der Batterie an*. Anstelle der einzelnen Drähte bzw. Kabelenden und Pole steuert AE nun eine allgemeine Formulierung an, die auf einer ganzheitlichen Instrumentenbezeichnung beruht (*Batterie*). Dabei bleibt allerdings die Adaptierung der prädikativen Struktur – der syntagmatischen Beziehung im Saussureschen Sinne – auf der Strecke, so dass die rechte Verbklammer redundant mit der Relationsbenennung gefüllt wird: (*befestigt es*) *an der Batterie an*.

AE perseveriert die Ausführung in einer mittels *machen* anfänglich aufgemachten Struktur. Zwar hätte sich da kollokativ *fest* statt *an* nahegelegt, jedenfalls aber kein leeres Element, wie *befestigen* dies aufgrund der Prä-

---

[6] In Bastelanleitungen ist zuweilen vom *blanken Ende* des Kabels die Rede, was wiederum Irritierungen auslösen kann (vgl. Redder 2012b).

fixbildung induziert. Offenbar ist die relationale Typisierung in der verbalen Planung derart dominant, dass zwar – parallel zur ergänzenden Präpositionalphrase – die lexikalische Wahl angepasst, die strukturelle jedoch beibehalten wird. Die typisch deutsche Klammerkonstruktion wird expliziert – aufgrund der prädikativen Umformulierung allerdings in pleonastischer Weise. Das Wechselverhältnis von semantischer und morphologisch-syntaktischer Qualifikation gerät in eine Schieflage, da innerhalb der Äußerung pragmatisch auf eine experimentelle statt einer aktionalen Beschreibung umgesteuert wird.

Es erweist sich an diesem durch mehrfache Reparaturen gekennzeichneten Beispiel (3) sehr deutlich, dass sowohl die Interrelation der drei Akte einer Spechhandlung (Äußerungs-, propositionaler und illokutiver Akt) als auch der verschiedenen (Basis-)Qualifikationen für eine konsistente Qualität sprachlichen Handelns wesentlich ist. Diesbezüglich ein Gleichgewicht herzustellen, ist ein eigener sprachlicher Lernprozess, dem eine entsprechend sensible Rezeptionstätigkeit gegenüberzustellen ist.

(4)
(s1)   UU   *Ich hab's.*
(s2)   *Wir müssen von hier verbinden und dann zum Plus machen!*
(s3a)   *Und diese Seite, die andere Seite muss v/. . von/ ((1s)) muss von der/*
(s3b)   ((zeigt dabei im Arbeitsblatt herum))
UU: Deutsch + Türkisch

(BiSpra/HH/02032010/GS/TDS/4c)

Schülerin UU formuliert ihre – außerhalb der Turnzuteilung hineingerufene – Einsicht (s1: *ich hab's*) in die praktische Ausführung des Stromkreislaufbaus (s2, s3) bemerkenswert *kunterbunt*. Im Modus einer für die Gruppe verbindlichen Instruktion (*wir müssen*) wird in (s2) einerseits verbal der konkrete Wahrnehmungsraum lokal- und temporaldeiktisch in Anspruch genommen (*hier*, *dann*), werden andererseits Relationen benannt (*von*, *zu(m)*), die zwischen wissensmäßig heterogen verbalisierten Gegenständen der Wahrnehmung relevant sind (Sprechortnähe, *Plus*, *Seite*), und werden mit *verbinden* einerseits und *machen* andererseits Handlungen von extrem unterschiedlicher Allgemeinheit und semantischer Qualität unter die gleiche Modalität des Müssens subsumiert (Prädikationstyp 2). Die konjunktional angeschlossene Weiterführung (s3) bleibt darin (*muss*) und im verbalen (*diese*) wie gestischen (s3b) Zeigen im Wahrnehmungsraum stecken – was zu tun ist, wird noch gesucht.

Es wäre unzureichend, diesen Beitrag, vor allem die strukturell ausgeführte Äußerung (s2), als stilistisch unangemessen zu disqualifizieren. Vielmehr ist das Verhältnis zwischen Wahrnehmung, Wissen und Sprache genauer zu rekonstruieren, um das Problem zu identifizieren, an dem UU sprachlich zu knacken hat. Die elementare propositionale Basis (epB) von (s2) ist mit <Relation *Überbrückung* + *Notwendigkeit*> sachlich angemessen erfasst und wahrnehmungsmäßig an materialen wie abgebildeten Gegenständen verankert. UU identifiziert nicht nur wichtige Konstellationselemente für das instruktive Handeln, sondern insbesondere deren Beziehung zueinander. Die sprachlichen Mittel *müssen, von* und *zu* sind dazu grundsätzlich geeignet.

Bezogen auf ein dem Fachwissen angemessenes Verbalisieren gerät die Schülerin allerdings in eine Phase, die für den Spracherwerb als eine des systematischen „Ausprobierens" charakterisiert wurde (vgl. Redder/Martens 1983; Garlin 2008). Das Präfixverb *verbinden* aktiviert, als ein Symbolfeldausdruck, methodengeleitetes Wissen, wie bereits zu (2) angemerkt. UU versucht es geltend zu machen und formuliert dementsprechend den Ausgangspunkt des instruktiven Handelns. Die Relation wird jedoch nicht vom methodischen, sondern vom wahrnehmungsbasierten Wissen her verbalisiert und zugleich in Einzelpartien zerlegt. Daraus entsteht die erste Dissonanz: *verbinden* tut man 'X mit Y' oder, komplexer vermittelt, 'von Z (aus) X mit Y'; die *Überbrückung* ist demgemäß im Sinne einer Konvergenzrelation zu verbalisieren. Eine Relationsverbalisierung mittels *von – zu* impliziert demgegenüber eine am Einzelnen orientierte Handlung – was *machen* als Archi-Verb durchaus auszudrücken vermag. UU probiert das fachspezifische, methodisch angemessene Handlungsverb *verbinden* also im semantisch – und im Effekt dann auch grammatisch - unangemessenen Kontext.

Es ist nur konsequent, dass sie dann auf eine elementarere Verbalisierung zurückfällt, die ihr die wichtige Relationsformulierung in den ergänzenden Präpositionalphrasen beizubehalten erlaubt. Die Äußerung *Wir müssen von hier verbinden und zum Plus machen* enthält eine weitere ‚Insel' fachlichen Wissens, wie ich die vereinzelten Verbalisierungen im Modus des Ausprobierens nennen möchte: *Plus* als Kurzform zu *Pluspol*. Mit dem nähedeiktischen *hier* ist das Gegenstück, der Minuspol, in den Blick genommen. Ungenannt bleibt das Kabel als Überbrückungsinstrument.

UU formuliert einerseits ganzheitlich und methodisch, andererseits vereinzelnd und konkretistisch – und dies innerhalb der gleichen prädikativen Konstruktion. Sachliches Wissen, Wahrnehmung der experimentellen Gegenstände und sprachliches Wissen befinden sich noch nicht im Gleichgewicht, sondern – zumindest bezogen auf die konkrete Äußerung – in heterogenen Entfaltungsstadien. Dass dies möglicherweise kein grundsätzliches Formulierungsproblem darstellt, belegt ein weiteres Beispiel von UU:

(5)
  (s1) UU   *Ich habe herausgefunden, dass* ((2 sec))
  (s2) *wenn man zwei Drahte zu einer Glühbirne und zu einer Flachbatterie verbindet, . . dann leuchtet die Lampe.*

(BiSpra/HH/02032010/GS/TDS/4c)

Im Sinne des entdeckenden Lernens bringt UU weitere Einsichten plenar zur Geltung (s1). Die begonnene Matrixkonstruktion wird nach einer Planungspause von 2 Sekunden – einer langen Zeit für gesprochene Sprache – nicht fortgeführt, sondern in (s2) durch eine ebenfalls komplexe hypotaktische Struktur ersetzt, nämlich eine konditionale (*wenn – dann*). Wie schon in (4), s2 hält UU auch in (5), s2 die grammatische Konstruktion, insbesondere die prädikative Struktur, völlig angemessen durch – dort als modale Prädikation, hier als Prädikationstyp 1 mit synthetischer Verbform in der linken Verbklammer bzw., im subordinierten Satz, in korrekter Endposition.

Markant ist wieder die durchgehende Konzentration der verbalen Planung auf eine Relation; sie ist diesmal durch *zu* als Gerichtetheit verbalisiert. Diese sachlich wichtige Konzipierung dominiert die Verbalisierung der beteiligten Gegenstände und ihrer tätigen Verknüpfung. Mit *Glühbirne* und *Flachbatterie*, in gewissem Maße auch mit *Draht* (statt *Kabelende*) sind fachadäquate Gegenstandsbenennungen[7] gewählt, mit *verbinden* das geeignete methodische Handlungsverb. Insofern tritt hier keine Dissonanz hinsichtlich der beanspruchten Wissensqualitäten auf. Die Formulierung des Äußerungsaktes ist mithin dem propositionalen Gehalt angemessen. Dieser Beitrag von UU – nun im Zuge eines zugeteilten turns geäußert – ist also deutlich homogener.

Inkonsistent sind aber die Relationsangaben, welche lexikalisch in der Präposition *zu* und morphologisch im Präfix *ver-* zum Ausdruck gebracht werden. Diesbezüglich ist noch eine Umorganisation im Wortfeld erforderlich. Offensichtlich ist das komplexe, nicht-trennbare Verb zwar als fusionierte Einheit semantisch erfasst, nicht jedoch in seiner Bildung zerlegt, im Wortfeld komplexer Verben positioniert und mit syntagmatischer Implikation verknüpft. Die Erfassung des Stromkreislaufs als Ganzes bleibt stark durch ein Konzept des einzelnen In-Beziehung-Setzens geprägt – hier vermöge einer gerichteten Relation (*zu*), im obigen (2) vermöge einer Konvergenzrelation (*zusammen*). Man kann von einem analytischen verbalen Zugriff sprechen statt von einem synthetischen, wie er vom komplexen Verb *verbinden* aus geschieht. Zugleich erfordert dieses Verb eine funktionale Differenzierung der Utensilien in Mittel und Objekte, so man denn, wie in (5), s2, beides anführt. *Wenn man eine Glühbirne und eine Flachbatterie verbindet* hätte als

---

[7] Der Plural von *Draht* scheint noch nicht sicher verfügbar zu sein; für die Frage nach der Ausdruckswahl ist das jedoch unerheblich.

Conditio genügt. Demgegenüber bedingt die dominant relationale Konzipierung von UU eine gleichordnende Orientierung an den verfügbaren Gegenständen und wird so propositional undifferenziert.

5. Bildungssprachliche Fähigkeiten

Anhand der authentischen Äußerungsbeispiele hat sich gezeigt, wie aufschlussreich die Bestimmung des Wechselverhältnisses sprachlicher (Basis-) Qualifikationen zueinander ist und wie komplex die sprachlichen Gegenstände als Exemplare einer einzelnen Qualifikation miteinander vernetzt konfiguriert sind.

Die diskontinuierliche Prädikationsstruktur des Deutschen gehört als sprachliches Einzelphänomen in formaler Hinsicht der morphologisch-syntaktischen Basisqualifikation zu. Als solches wird es von Schülern der 4. Jahrgangsstufe nicht nur in allen Typen beherrscht, sondern in besonderer Weise produktiv gemacht, wie es scheint. Die analytische Entfaltung in linke und rechte Verbklammer wird insbesondere im rechten Klammerteil für Typisierung und vor allem Relationsbestimmung von Konstellationselementen genutzt. Semantisch gewendet, kann man diese Nutzung der rechten Klammerposition auch als Relationsbestimmung – nicht Relationierung, wie dies partiell durch die operativen Prozeduren der Kasusmorphologie geschieht – von Elementen eines „Frames" rekonstruieren (vgl. Ziem 2008). Eine solche Bestimmung erfolgt mittels nennender Prozeduren, also mithilfe von Symbolfeldausdrücken, die speziell relationale Beziehungen benennen. Dazu dienen im Deutschen Präpositionen und einige sog. Partikeln (z.B. *weg, zusammen*); Richtungsdeixis (*hin, her*) benennen nicht, sondern zeigen (Bewegungs-)Relationen sprachlich. Über Relationsbenennungen hinaus sind Eigenschaften oder Arten benennbar wie durch *fort, fest, er-*. Während das letztgenannte Morphem nicht suffizient und insofern nicht monoprozedural, alleinstehend nutzbar ist, können alle anderen Mittel genau in der rechten Verbklammer die Position der neutralen Konstituente einnehmen. Mit Blick auf die Schnittstelle zur Verb-Wortbildung handelt es sich also um trennbare Elemente; mit Blick auf nominale Phrasenbildung manifestieren die Präpositionen Schnittstellen zu präpositional angeschlossenen Argumenten.

Es hat sich gezeigt, dass diese sprachlichen Strukturen in grammatischer wie semantischer Hinsicht prägnant werden, wenn Schüler neu gewonnenes Wissen über Wirklichkeitsverhältnisse verbalisieren. Dies geschieht vor allem in wissenstransferierenden Sprechhandlungen bzw. Sprechhandlungsfolgen wie Beschreibung, Erklärung, Instruktion. Erstens rücken Relationsbeziehungen dominant in die elementare propositionale Basis ein. Zweitens werden sie zum Ankerpunkt der verbalen Planung und Formulierungsarbeit. Drittens treten sie gleichsam in Konkurrenz zu komplexeren Wissensinhalten, die durch neu gewonnene sprachliche Ausdrücke des Symbolfeldes – als Verben oder Substantive – aktiviert werden können, die also an neues semantisches bzw. Bedeutungs-Wissen gekoppelt sind. Viertens erlauben differenziertere relationale Einsichten und entsprechende Verbalisierungsmöglichkeiten qualitativ präzisere Sprechhandlungen – in propositionaler wie illokutiver Hinsicht, d.h. in der pragmatischen Dimension.

Insofern hat sich anhand produktiver – auch reparativer und ausprobierender – Nutzungen der rechten Verbklammer durch einfache Relationsausdrücke oder ‚trennbare' Verbpartikeln ein Fenster zur sprachlichen Umorganisation relativ zur Wissensentfaltung öffnen lassen. Sprache und Wissen, so wurde gesagt, müssen vom Sprecher (produktiv wie rezeptiv) in neuer Weise aufeinander bezogen und gegeneinander differenziert werden. Die in den Symbolfeldmitteln abgebundenen Wissensqualitäten müssen assoziativ im Wortfeld eingebunden und durch Umbau positioniert werden; zugleich erfordern sie in der syntagmatischen Beziehung eine bewusste Ausbalancierung in Richtung konsistenter, homogener Formulierungsarbeit, die zugleich dem propositionalen Gehalt kommunikativ angemessen ist.

Nicht einzelne Ausdrücke oder gar Wortlisten – ebenso wenig bestimmte grammatische Strukturen – sind es also, die als solche die abstrakteren und auf Einsicht und Erkenntnis zielenden Bildungsanforderungen bedienen und insofern als ‚bildungssprachlich' zu identifizieren sein können (vgl. Redder 2012a). Vielmehr sind die einzelnen sprachlichen Phänomene darauf hin zu befragen, (a) ob und wie sie zu einer Umorganisation von sprachlichem relativ zu außersprachlichem Wissen beitragen, (b) ob sie quasi als methodischer Schlüssel zur qualitativen Weiterentwicklung sprachlich vermittelter Wissensgewinnung beitragen und (c) inwieweit sie den bildungsinstitutionellen Handlungsbedingungen genügen. Die Fragen (a) und (c) sind nicht mit Hinweisen auf Kontextualisierungen zu behandeln, Frage (c) erfordert sprachpsychologische Rekonstruktionen. Alle drei Fragen machen detaillierte sprachliche Analysen im Zuge reflektierter Empirie und theoretischer Rekonstruktion erforderlich, welche systematisch geeignet sind, die Interaktion der lediglich analytisch getrennten Basisqualifikationen aufzuzeigen und im Gesamtsystem des sprachlichen Handelns zu verorten.

Mit Blick auf die grammatischen Strukturen und ihre funktionale Bestimmung fordert dies zu universitären und schulischen Vermittlungen heraus, die grundsätzlich den Form-Funktions-Nexus im Auge haben und produktiver wie rezeptiver Mündlichkeit und Schriftlichkeit kommunikativ und sprachpsychologisch gerecht werden.

Literatur

Adelung, Johann Christoph (1782): Umständliches Lehrgebäude der deutschen Sprache. Zur Erläuterung der Deutschen Sprachlehre für Schulen. 2 Bde. – Leipzig: Breitkopf.
Augst, Gerhard (1998): Wortfamilienwörterbuch der deutschen Gegenwartssprache. In Zusammenarbeit mit Karin Müller, Heidemarie Langner, Anja Reichmann. – Tübingen: Niemeyer.
Bührig, Kristin (1996): Reformulierende Handlungen. Zur Analyse sprachlicher Adaptierungsprozesse in interkultureller Kommunikation. – Tübingen: Narr (Kommunikation und Institution 23).
Drach, Erich (1937): Grundgedanken der deutschen Satzlehre. – Frankfurt a.M.: Diesterweg.
Ehlich, Konrad (1999): Alltägliche Wissenschaftssprache. – In: Info DaF 26, 3-24.
– (2007): Linguistisches Feld und poetischer Fall – Eichendorffs „Lockung" (G3). – In: Konrad Ehlich: Sprache und sprachliches Handeln. Bd. II: Prozeduren des sprachlichen Handelns. – Berlin/New York: de Gruyter, 369-397.
Ehlich, Konrad/Ursula Bredel/Hans H. Reich (Hgg.) (2008): Referenzrahmen zur altersspezifischen Sprachaneignung. Bd. 2: Forschungsgrundlagen. – Bonn/Berlin: Bundesministerium für Bildung und Forschung (BMBF) (Bildungsforschung Band 29/II.).
Ehlich, Konrad/Jochen Rehbein (1977): Wissen, kommunikatives Handeln und die Schule. – In: Herma C. Göppert (Hg.): Sprachverhalten im Unterricht. Zur Kommunikation von Lehrer und Schüler in der Unterrichtssituation. – München: Fink (Uni-Taschenbücher 642), 36-114.
Eichinger, Ludwig M. (1989): Raum und Zeit im Verbwortschatz des Deutschen. – Tübingen: Niemeyer (Linguistische Arbeiten 224).
– (1995): Unter anderem Abhängigkeiten. Texte, Sätze, Klammern und der Ort von Valenz und Dependenz in einer grammatischen Beschreibung des Deutschen. – In: Jahrbuch Deutsch als Fremdsprache 21, 209-234.
Eisenberg, Peter (1986): Grundriss der deutschen Grammatik. – Stuttgart: Metzler.
– (2005): Das Verb als Wortkategorie des Deutschen. Zum Verhältnis von synthetischen und analytischen Formen. – In: Clemens Knobloch/Burkhard Schaeder (Hgg.): Wortarten und Grammatikalisierung. Perspektiven in System und Erwerb. – Berlin/New York: de Gruyter (Linguistik – Impulse & Tendenzen 12), 21-42.
Engel, Ulrich (1988): Deutsche Grammatik. – Heidelberg: Groos.
Eroms, Hans-Werner (2000): Syntax der deutschen Sprache. – Berlin/New York: de Gruyter (de-Gruyter Studienbuch).
Garlin, Edgardis (2008): Bilingualer Erstspracherwerb. Sprachlich handeln – Sprachprobieren – Sprachreflexion. Eine Langzeitstudie eines deutsch-spanisch aufwachsenden Geschwisterpaares. 2. erweit. Auflage. – Münster: Waxmann (Mehrsprachigkeit 19).
Grasser, Barbara/Angelika Redder (2011): Schüler auf dem Weg zum Erklären – eine funktional-pragmatische Fallanalyse. – In: Petra Hüttis-Graff/Petra Wieler (Hgg.): Übergänge zwischen Mündlichkeit und Schriftlichkeit. - Freiburg: Fillibach, 57-78.

Grimm, Jacob u.a. (1984): Deutsches Wörterbuch von Jacob und Wilhelm Grimm. – München: Deutscher Taschenbuch Verlag.

Haspelmath, Martin (1998): The geometry of grammatical meaning: Semantic maps and cross-linguistic comparison. – In: Michael Tomasello (Hg.): The new psychology of language: cognitive and functional approaches to language structure. – Mahwah, N.J.: Erlbaum, 211-242.

Jasny, Sabine (2001): Trennbare Verben in der gesprochenen Wissenschaftssprache und die Konsequenzen für ihre Behandlung im Unterricht für Deutsch als fremde Wissenschaftssprache. – Regensburg: Fachverband DaF (Materialien Deutsch als Fremdsprache 64).

Redder, Angelika (1992): Funktional-grammatischer Aufbau des Verb-Systems im Deutschen. – In: Ludger Hoffmann (Hg.): Deutsche Syntax. Ansichten und Aussichten (IdS-Jahrestagung 1991). – Berlin/New York: de Gruyter (IDS Jahrbuch), 128-154.

– (1995) Handlungstheoretische Grammatik für DaF – am Beispiel des sogenannten „Zustandspassivs". – In: Norbert Dittmar/Martina Rost-Roth (Hgg.): Deutsch als Zweit- und Fremdsprache: Methoden und Perspektiven einer akademischen Disziplin. – Frankfurt a.M.: Lang (Werkstattreihe Deutsch als Fremdsprache 52), 53-74.

– (1999) 'werden' – funktional-grammatische Bestimmungen. – In: Angelika Redder/Jochen Rehbein (Hgg.) Grammatik und mentale Prozesse. – Tübingen: Stauffenburg (Stauffenburg Linguistik 7), 295-336.

– (2005): Wortarten oder sprachliche Felder, Wortartenwechsel oder Feldtransposition? – In: Clemens Knobloch/Burkhard Schaeder (Hg.): Wortarten und Grammatikalisierung. Perspektiven in System und Erwerb. – Berlin/New York: de Gruyter (Linguistik – Impulse und Tendenzen 12), 43-66.

– (2007): Wortarten als Grundlage der Grammatikvermittlung? – In: Klaus-Michael Köpcke/Arne Ziegler (Hg.): Grammatik in der Universität und für die Schule. – Tübingen: Niemeyer (Germanistische Linguistik 277), 129-146.

– (2012a): Prozedurale Re-Analyse von elementaren Wortarten und Wortbildung. – In: Jahrbuch Deutsch als Fremdsprache 2011, 125-141.

– (2012b): Wissen, Erklären und Verstehen im Sachunterricht. – In: Heike Roll/Andrea Schilling (Hgg.): Mehrsprachiges Handeln im Fokus von Linguistik und Didaktik. (Willi Grießhaber zum 65. Geburtstag). – Duisburg: Universitätsverlag, 117-134.

Redder, Angelika/Karin Martens (1983): Modalverben ausprobieren – wie Kinder mit Modalverben handeln. – In: Dietrich Boueke/Wolfgang Klein (Hgg.): Dialogfähigkeit im Vorschulalter. – Tübingen: Narr, 163-181.

Reichmann, Oskar (2004): Die weltbildende Kraft der Sprache. – In: Hans Gebhardt/Helmuth Kiesel (Hgg.): Weltbilder. – Berlin u.a.: Springer (Heidelberger Jahrbücher 47), 285-328.

Saussure, Ferdinand de (1967): Grundfragen der Allgemeinen Sprachwissenschaft. Hg. v. Charles Bally/Albert Sechehaye. Übers. v. Herman Lommel. 2. Aufl., mit neuem Reg. und einem Nachwort von Peter v. Polenz. – Berlin: de Gruyter.

Thurmair, Maria (1991): Warten auf das Verb. Die Gedächtnisrelevanz der Verbklammer im Deutschen. – In: Jahrbuch Deutsch als Fremdsprache 19, 174-202.

Tracy, Rosemarie (2008): Wie Kinder Sprachen lernen und wie wir sie dabei unterstützen können. 2., überarb. Auflage. – Tübingen: Francke.

Uesseler, Stella (2011): Alltägliche Wissenschaftssprache im Unterricht – eine Fallanalyse. – In: Ulrike Behrens/Birgit Eriksson (Hgg.): Sprachliches Lernen zwischen Mündlichkeit und Schriftlichkeit. – Bern: hep (Mündlichkeit 1), 55-74.
Weinrich, Harald (1986): Klammersprache Deutsch. Sprachnormen in der Diskussion. – In: Sprachnormen in der Diskussion. Vorgelegt von Sprachfreunden (Günter Drosdowski zum 15.10.1986). – Berlin/New York: de Gruyter, 116-145.
– (1993): Textgrammatik der deutschen Sprache. – Mannheim u.a.: Dudenverlag.
Wöllstein, Angelika (2010): Topologisches Satzmodell. – Heidelberg: Winter (Kurze Einführungen in die germanistische Linguistik 8).
Zemb, Jean-Marie (1978): Vergleichende Grammatik Französisch-Deutsch. Bd. 1: Comparaison de deux systèmes. – Mannheim: Bibliographisches Institut (Duden-Sonderreihe vergleichende Grammatiken 1).
– (1984): Vergleichende Grammatik Französisch-Deutsch. Bd. 2: L'économie de la langue et le jeu de la parole. – Mannheim: Bibliographisches Institut (Duden-Sonderreihe vergleichende Grammatiken 1).
Ziem, Alexander (2008): Frames und sprachliches Wissen, Kognitive Aspekte der semantischen Kompetenz. – Berlin/New York: de Gruyter.
Zifonun, Gisela/Ludger Hoffmann/Bruno Strecker (Hgg.) (1997): Grammatik der deutschen Sprache. 3 Bde. – Berlin/New York: de Gruyter.

Maria Thurmair

Von schwer zu schließenden Lücken und erweiterten Kompetenzen

Attribute mit Partizip und Modalpartizip

1. Grammatikunterricht: warum und wie?

In Diskussionen zum Thema *Zukunft der Schulgrammatik* bzw. *Grammatikunterricht* kann derzeit als Konsens gelten, dass Grammatikunterricht niemals Selbstzweck haben sollte – weder im Bereich Deutsch als Fremd- oder Zweitsprache noch im Muttersprachunterricht –, sondern der Kompetenzförderung dienen soll. Die Adressaten sollen lernen, die Möglichkeiten und die Grenzen von grammatischen Strukturen zu verstehen, und mit diesen entsprechend umgehen zu können, eine register- und funktionsadäquate Auswahl treffen und beurteilen zu können; zu wissen, wie bestimmte Strukturen im Kontext wirken. Aus der reflexiven Beschäftigung mit der (deutschen) Sprache soll auch sprachanalytische Fähigkeit und Kompetenz entstehen. Nun lässt sich das Verständnis für Grammatik bzw. das Verstehen von Grammatik sicher am besten am tatsächlichen Sprachgebrauch entwickeln und besonders ergiebig ist hier meiner Ansicht nach ein textsortenbezogener Ansatz in der Grammatikarbeit. Was ich darunter verstehe, habe ich an anderer Stelle schon ausführlicher gezeigt – insbesondere auch in Publikationen mit Christian Fandrych (vgl. Fandrych/Thurmair 2011a; 2011b; Thurmair 2011), deshalb hier nur ganz kurz: Grundsätzlich kann man davon ausgehen, dass sich grammatische Strukturen und Mittel besser und nachhaltiger erklären und verstehen lassen, wenn sie kontextbezogen behandelt werden. Dies gilt grundsätzlich für alle Bereiche: Deutsch als Fremd-/Zweitsprache wie Muttersprachunterricht, für Schule wie Hochschule. Kontextbezogener Grammatikunterricht soll nun nicht heißen, dass man Kontexte bzw. Texte nur wegen der Frequenz einer bestimmten Struktur heranzieht und sie quasi als Steinbruch benutzt, sondern dass man Kontexte wählt, in denen bestimmte Strukturen spezifisch funktional sind. Textsorten eignen sich als Basis für eine derartige Art der Grammatikarbeit besonders gut, denn die sprachliche Ausgestaltung einer Textsorte lässt sich funktional gut erklären, indem Parameter der Kommunikationssituation und die Textfunktion zur Erklärung systematisch und strukturiert herangezogen werden. D.h. Textsorten in ihrer

Musterhaftigkeit schaffen einen kommunikativen Rahmen, innerhalb dessen grammatische Strukturen ihre spezifische Wirkung entfalten. Was gibt es besseres, als an empirisch adäquat ausgesuchten Textsorten die Funktion grammatischer Strukturen verstehen zu lernen?[1]

2. Was hier behandelt wird und warum

Der vorliegende Beitrag widmet sich exemplarisch einem grammatischen Phänomen, sogenannten erweiterten Partizipialattributen und der sogenannten Gerundivkonstruktion (im Folgenden *Modalpartizip*) vom Typ 1-3:

(1) der hell erleuchtete Saal (Partizip II)
(2) der tropfende Wasserhahn (Partizip I)
(3) die zu schließende Lücke (Modalpartizip)

Dabei möchte ich in der stärker formalen Analyse insbesondere auf den Typ 3 eingehen, der in der linguistischen Literatur noch recht stiefmütterlich behandelt wird (vgl. Kap. 3.3). Daran schließen sich in Kap. 4 für alle drei Typen grundsätzliche Überlegungen zu einer textsortenbezogenen Grammatikarbeit an und am Ende soll noch ein kritischer Blick auf vorliegende Übungsformen geworfen werden.

Zur Auswahl der behandelten Phänomene: Es handelt sich in allen Fällen um komplexe schriftsprachliche Strukturen; aus der Sicht des Nicht-Muttersprachlers sind das typisch deutsche Konstruktionen, die sich nur schlecht in dieser Form in andere Sprachen übersetzen lassen (vgl. dazu jüngst Fabricius-Hansen 2010 für Englisch und Norwegisch). Das macht sie auf jeden Fall zu einem relevanten grammatischen Gegenstand in DaF- und DaZ-Kontexten. Ausgewählt habe ich diese Strukturen auch, weil sie nachweislich nicht nur Nicht-Muttersprachlern Probleme machen und damit ein hervorragendes Grammatikthema für hochschulischen wie schulischen kompetenzorientierten Grammatikunterricht sind. Relevant sind diese Strukturen aber für alle, da sie in einer Reihe von verschiedenen durchaus allgemein wichtigen Textsorten typischerweise auftreten und nicht nur rezeptiv verstanden werden müssen, sondern auch produktiv beherrscht werden sollten, gera-

---

[1] Mit meinem Vorschlag folge ich auch den Forderungen nach einer stärkeren Berücksichtigung text- und diskursbezogener sprachlicher Phänomene in der Sprachdidaktik, die in den letzten Jahren vielfach erhoben wurden (davon zeugen verschiedene Tagungen und Publikationen; vgl. etwa Foschi/Hepp/Neuland 2006; Adamzik/Krause 2005; Scherner/Ziegler 2006 etc.).

de angesichts der Tatsache, dass vielfältige Schriftlichkeit für die unterschiedlichsten Sprachbenutzer immer wichtiger wird. Damit sind sie Thema nicht nur für einen DaF-/DaZ-Unterricht, sondern auch für den Muttersprachunterricht. Auf einige typische Textsorten komme ich in Kap. 4 zurück.

Die Probleme mit Attributen mit Partizipien bzw. Modalpartizip in mannigfaltigen Kontexten möchte ich mit folgenden vier recht unterschiedlichen Beispielen belegen:

Beispiel I: Sprachberatung

partizipialattribut / geschrieben von: nour
Hallo ,
Bitte wie kann man den satz in partizipialattribut Form umwandeln :
Neben der Erweiterung von Fremdsprachenkenntnissen, die für den europäischen und internationalen Arbeitsmarkt wichtig sind, kann ein Auslandsaufenthalt dazu beitragen, ...
Danke Schön .

Re: partizipialattribut / geschrieben von: Karsten Fink
Hallo,
vielleicht: neben erweiterten Fremdsprachenkenntnissen, die ...
Gruß / Karsten Fink

Re: partizipialattribut / geschrieben von: jülirö
[...]
Als Partizipialattribut wäre es so:
Neben der Erweiterung von für den europäischen und internationalen Arbeitsmarkt wichtigen Fremdsprachenkenntnissen kann ein Auslandsaufenthalt dazu beitragen,...
Schöne Grüße! / Jürgen

Re: partizipialattribut / geschrieben von: jero
Hallo Jürgen!
[...] Aber: Wo sind denn hier die Partizipialattribute?
jero (www.cafe-deutsch.de)

Re: partizipialattribut / geschrieben von: ich
oh mann, ich BIN deutsche (sogar mit Abitur), aber ich werde wohl nie wissen, was ein Partizipialattribut ist..:)

Re: partizipialattribut / geschrieben von: Camilla23
Ein Deutsche (sogar mit Abitur) weiß nicht, was ein Partizipialattribut ist und wir arme Studenten aus Polen müssen eine Proseminararbeit über Partizipialattribute schreiben...ist das nicht ungerecht ???? Ich werde sowieso nur Deutschlehrerin sein :)

(http://www.deutsch-als-fremdsprache.de/austausch/forum/read.php?4,21010,331 09,quote=1 [Letzter Zugriff: 25.06.2012])

Beispiel II:

Autor: gutes_deutsch
Hallo!
Ich lese in letzter Zeit immer wieder etwas von „zu sehenden Bildern". In der Schule habe ich mal gelernt, dass es nur „zu sehene Bilder" gibt. Hat sich da irgendetwas geändert?
Danke für Eure Antworten!

Autor: Antonia
Antwort auf: „zu sehende Bilder" oder „zu sehene Bilder"? (gutes_deutsch)
Nein, nein, deine Schulbildung hat dich nicht im Stich gelassen!
Das „d" schleicht sich wohl häufiger in die Umgangssprache ein, warum auch immer [...]
Gruß / Antonia

(http://www.korrekturen.de/forum.pl/md/read/id/36181/sbj/zu-sehende-bilder-oder-zu-sehene-bilder [Letzter Zugriff:14.2.2012])

Beispiel III: Auf einer Homepage im Internet

Über uns
Innere eines Gebäudes
    Die Zimmer
    Die Yogasporthalle
    Der zu essende Saal[2]
Äussere
Datum von Seminar
Sie finden uns
Kontakt

(http://www.semidicrescita.it/DE/interni.asp?menu=5
[Letzter Zugriff: 14.02.2012])

Beispiel IV:

Im Rahmen einer in Regensburg entstandenen Magisterarbeit zum Thema „Verständlichkeit der Bachelorprüfungs- und Studienordnung aus der Perspektive von Nicht-Muttersprachlern" hat Antonia Knittel bestimmte einschlägige Strukturen und deren Verständnis überprüft – im Wesentlichen musste man aus Alternativformulierungen die richtige auswählen. Als Kontrollgruppe fungierten muttersprachliche Studierende; dabei stellte sich heraus, dass auch die Muttersprachler mit einigen Strukturen Probleme hatten,

---

[2] Der „zu essende Saal" tritt auch häufig in Anzeigen für Ferienwohnungen u.ä. in Italien und Frankreich auf, ist also wohl auf fehlerhafte Übersetzungen zurückzuführen; vgl. etwa www.ferienhaus-mieten-in-frankreich.info; www.gaestezimmer.la-france.org; www.corsicasa.com/pages/page_9pag.html [Letzter Zugriff: 25.06.2012].

d.h. bei der Verständnisüberprüfung keine 100% erreichten. Die Schwierigkeiten der Muttersprachler betrafen an erster Stelle den uneingeleiteten Konditionalsatz, an zweiter Stelle das Partizipialattribut und an dritter Stelle das Modalpartizipattribut (d.h. Gerundiv), wohingegen z.B. der modale Infinitiv zu 100% verstanden wurde (vgl. Knittel 2010: 106).

Die vier angeführten Beispiele belegen deutlich, dass sowohl Muttersprachler als auch Nicht-Muttersprachler Probleme mit Partizipialattributen und mit dem Modalpartizip haben, was sicherlich vor allem an deren hoher Komplexität liegt. Ein zweiter Problemkreis mit diesen Strukturen, der dann wohl eher die Nicht-Muttersprachler betrifft, beruht meines Erachtens auf den üblichen ihrerseits komplexen und bisweilen fast kontraproduktiven Übungsformen (worauf auch Beispiel I hindeutet). Darauf komme ich in Kap. 5 kurz zurück.

3. Die Attribute im Einzelnen

Bei den hier behandelten Konstruktionen mit Partizip und Modalpartizip handelt es sich um Attribute. Attribution ganz generell ist eine syntaktische Funktion, durch die Substantive näher bestimmt werden können. Dies kann grundsätzlich mit kategorial sehr unterschiedlichen Mitteln geschehen, es gibt also eine Reihe formaler Möglichkeiten, nämlich: Adjektive, Partizipien, Nominalphrasen im Genitiv, Präpositionalphrasen, Relativsätze, Infinitive oder Konjunktionalsätze. Topologisch gesehen lassen sich die pränuklearen (also vorangestellten) von den postnuklearen, den nachgestellten Attributen, unterscheiden. Die einzelnen Attributsformen können auch kombiniert auftreten.
   Die verschiedenen formal charakterisierten Attributstypen unterscheiden sich natürlich auch funktional, indem sie typischerweise ganz unterschiedliche ‚nähere Bestimmungen' bzw. Spezifikationen liefern (vgl. Fabricius-Hansen 2010 und weitere dort angegebene Literatur); auch deshalb machen verschiedene Textsorten sehr unterschiedlichen Gebrauch der einzelnen Attributsformen (dazu genauer Thurmair 2007: 2011).
   Im Folgenden greife ich nur die Gruppe der Attribute mit Partizip heraus – denen wiederum aufgrund des partizipialen Kerns eine bestimmte funktionale

Spezifik eigen ist.³ Charakteristisch für alle zu besprechenden Partizipialattribute ist, dass sie als pränominale bzw. pränukleare Attribute linksdeterminierend sind und durch weitere ebenfalls linksdeterminierende Elemente ‚erweitert' (zur Problematik dieses Begriffes s.u.) sein können und auch häufig sind; sie sind – stilistisch wertend gesprochen – ‚verschachtelt'; vgl.:

(4) **Die** mit einem scharfen Messer unter fließendem Wasser abgeschälten **Schwarzwurzeln** in kochendes Salzwasser legen. (Partizip II)
(5) **Die** seit Jahren unerkannt im Untergrund operierende **Terrorgruppe** bringt den Verfassungsschutz in arge Bedrängnis. (Partizip I)
(6) **Der** einfach durch das abnehmbare Dach einzufüllende **Futtervorrat** ist vor Feuchtigkeit geschützt. (Modalpartizip)

Diese oft sehr komplexe Linkserweiterung führt zu einer typisch deutschen Konstruktion, die Weinrich (2003: 355ff.) etwa als Nominalklammer bezeichnet und von der Fabricius-Hansen (2010: 179) anmerkt, sie führe zu einem „Warten auf das Substantiv", parallel zum Warten auf das Verb.⁴ Dass dies an sich schwierige Konstruktionen sind, die rezeptiv wie produktiv besondere Strategien brauchen, steht wohl außer Frage. Weil sie linksdeterminierend sind und häufig in andere linksdeterminierende Strukturen eingebettet sind, verweigern sie sich einer linearen Leserichtung und in ihrer ‚Verschachtelung' geben sie sich oft zunächst gar nicht zu erkennen, insbesondere, wenn der Artikel fehlt (wie in (7)) oder wenn der öffnende Artikel mit einem anderen Element zufällig kongruiert. Die Tatsache, dass hier typisch deutsche Konstruktionen ohne Entsprechungen in anderen Sprachen vorliegen, ist sicher als zusätzliche Schwierigkeit im nicht-muttersprachlichen Bereich zu sehen.

(7) [Bericht über einen Diavortrag] Während Bilder im spanischen Kolonialstil erbauter Kirchen, goldener Klosteraltäre und aus dem Urwald herausragender Erdölrohrleitungen an das Schicksal der Indios erinnerten, erhielt das Publikum [...] einen ersten Eindruck (Cosmas)

---

[3] Auf die in der einschlägigen Literatur (vgl. etwa Faucher 1994; Marillier 1994; Eisenberg 1994; Zifonun et al. 1997: 205ff.; Weber 2000; Fuhrhop/Teuber 2000) breit diskutierte Frage der Einordnung von Partizipien kann ich hier nicht eingehen; aus didaktischer Sicht scheint es mir am vernünftigsten, die Mittelstellung zwischen Verb und Adjektiv hervorzuheben.

[4] Man muss hier allerdings konstatieren, dass die sogenannte Nominalklammer im Unterschied zur Verbklammer nicht mit dem Auftreten des Substantivs beendet ist, da ja postnominal weitere Attribute stehen können; hierin unterscheiden sich nominaler und verbaler Bereich doch deutlich.

3.1 Attribute mit Partizip II

Die Attribute mit Partizip II werden einmal von transitiven Verben gebildet, dann sind sie passivisch zu verstehen und signalisieren Vorzeitigkeit bzw. vielleicht treffender Abgeschlossenheit (vgl. (8)). Vorzeitigkeit bzw. Abgeschlossenheit gilt auch für die aktivisch zu verstehenden Partizipien II von intransitiven Verben (vgl. (9)):[5]

(8) Wohlhabende Bürger konnten sich an den bunten oder den smaragdgrünen Reliefkacheln wärmen – auch Fürstabt Joachim Opser in seiner Residenz zu Wil. In seinem mit Intarsien aus 18 verschiedenen Hölzern ausgelegten Gemach steht ein um 1670 erbauter Prunkofen, jede Kachel ein biblisches Motiv. (Cosmas)

(9) Die bereits 1996 untergetauchten Terroristen konnten jahrelang unerkannt in Zwickau leben.

Die geläufige Bezeichnung *erweitertes Partizipialattribut* für die angeführten Konstruktionen ist – darauf hat auch Fandrych (2011) hingewiesen – in den meisten Fälllen jedenfalls in pragmatischer Hinsicht irreführend, denn sie könnte suggerieren, dass das Partizip auch ohne Erweiterung als Attribut dienen kann, was häufig nicht der Fall ist:

(8)' * in seinem ausgelegten Gemach

3.2 Attribute mit Partizip I

Partizipien I sind immer aktivisch und vom Tempus her neutral, können also alle relativen Zeitstufen (Vorzeitigkeit, Nachzeitigkeit und Gleichzeitigkeit) anzeigen; vgl.:

(10) Das hat eine früher/jahrelang/in fünf Jahren/gerade/künftig in Freiburg erscheinende Zeitung gemeldet. (Weber 2000: 120)

---

[5] Zur Diskussion um Abgeschlossenheit und Vorzeitigkeit vgl. z.B. Dupuy-Engelhardt (1994) oder auch Weber (2000), der kritische Stimmen dazu anführt, so etwa Rapp (1997) mit (nicht unproblematischen) Beispielen, die auch Gleichzeitigkeit und Nachzeitigkeit belegen sollen; vgl. auch Marillier (1994), der für eine Aspektopposition zwischen Partizip I und Partizip II plädiert.

Auch hier sind gegebenenfalls auftretende Erweiterungen oft nicht weglassbar:

(11) Elegante Kokospalmen beschatten die seit Jahrhunderten auf Stelzen stehenden Häuser der Bauern. (Cosmas)
→ *die stehenden Häuser der Bauern
(12) Die in den Himmel strebenden Tannenspitzen nehmen die schlanke Form der Ruinenarchitektur auf und lenken unseren Blick nach oben. (Antenna Audio 2001)
→ *die strebenden Tannenspitzen
(13) An zahlreichen Häusern der Stadt sind in Niederdeutsch Gedenktafeln angebracht, die an einst hier wohnende und in Reuters Werken eine Rolle spielende Personen erinnern. (DuMont, Mecklenburg-Vorpommern)
→ *an wohnende und (eine Rolle) spielende Personen erinnern

3.3 Attribute mit Modalpartizip

Es handelt sich bei diesen Konstruktionen um die Verbindung von *zu* + Partizip I (und möglichen Erweiterungen), die ausschließlich in attributiver Funktion vorkommt; etwa:

(14) Er hinterlässt eine schwer zu schließende Lücke.

Für diese – bisher in der einschlägigen Literatur wenig behandelte – Konstruktion werden verschiedene Begriffe (und damit verbunden auch verschiedene Herleitungen) verwendet; traditionell spricht man vom Gerundiv(um) (etwa die Grammatiken von Helbig/Buscha 2001; Engel 2004; Hentschel/Weydt 2003; aber auch Pakkanen-Kilpiä 2006), daneben auch vom *zu*-Partizip (Duden 2005), attributiven *zu*-Infinitiv (Demske-Neumann 1994), attributiven modalen Infinitiv (Fuhrhop/Teuber 2000) und schließlich auch vom Modalpartizip/modalen Partizip (Leys 1977; Weinrich 2003). Ich werde – ohne dies hier im Einzelnen begründen zu können – im Folgenden den Begriff *Modalpartizip* verwenden und *zu* + Partizip I damit bezeichnen. Das Modalpartizip tritt nur attributiv auf und ist dann durch passivische und modale Bedeutung gekennzeichnet (vgl. (14a)). Häufig wird diese Konstruktion mit der *ist-zu*-Infinitiv-Konstruktion parallelisiert (vgl. (14b)).

(14a) eine schwer zu schließende Lücke
→ eine Lücke, die schwer geschlossen werden kann
(14b) eine schwer zu schließende Lücke
→ eine Lücke, die schwer zu schließen ist

Das attributive Modalpartizip wird nur[6] von transitiven Verben gebildet. Zum Tempus des Modalpartizips finden sich in der Literatur erstaunlicherweise kaum direkte Aussagen; offensichtlich können mit dem Modalpartizip (wie auch mit dem Partizip I) alle relativen Zeitstufen ausgedrückt werden, d.h. das Modalpartizip ist neutral gegenüber der Zeitstufe (im Unterschied zum Partizip II); vgl.:

(15a) die (heute noch) zu besichtigende Höhle (Gleichzeitigkeit)
(15b) die (gestern im Stadtanzeiger) zu lesende Stellungnahme (Vergangenheit)
(15c) die (künftig noch) zu lesenden Leserbriefe (Zukunft)

3.3.1 Modalpartizip und Modalität

Zentrales strukturelles Kennzeichen der Modalpartizipattribute gerade auch im Vergleich mit den beiden anderen Partizipialattributen ist die Tatsache, dass sie eine bestimmte Modalität ausdrücken. Möglich sind dabei die Modalitäten KÖNNEN, also Möglichkeit, Disposition wie in (16), MÜSSEN, also Notwendigkeit wie in (17), oder SOLLEN wie in (18):

(16) Umso schöner ist der seit kurzem zu beobachtende Trend, dass in Restaurants zunehmend wieder flambiert wird. (Cosmas)
(17) Mit viel auswendig zu lernendem Text und aufwändig genähten Kostümen präsentierten die Kinder und Jugendlichen die Weihnachtsgeschichte aus Sicht der Gelehrten Caspar, Melchior und Balthasar. (Cosmas)
(18) Die Immersion («Eintauchen») gilt weltweit als die derzeit erfolgreichste Methode zur Vermittlung einer Fremdsprache. Bei diesem Verfahren wird die zu lernende Sprache nicht als Lehrgegenstand, sondern als Unterrichtsmedium über den eigentlichen Fremdsprachenunterricht hinaus auch im Fachunterricht eingesetzt. (Cosmas)

Woran die je intendierte Modalität konkret zu erkennen ist, wird in der Literatur recht unspezifisch mit einem Verweis auf den Kontext beschrieben. Die Rolle des Kontextes bei der Bestimmung der konkreten Modalität lässt sich allerdings wie folgt etwas genauer eingrenzen:

---

[6] Als Ausnahmen hiervon sind lediglich zu nennen die „hin und wieder zu begegnende Langeweile", „die noch zu erfolgende Abstimmung" (vgl. dazu Pakkanen-Kilpiä 2006) sowie „die auszusteigenden Fahrgäste" – alles Konstruktionen am Rande der Norm.

- Entsprechende Erweiterungen können die Modalität mehr oder weniger eindeutig festlegen; so führen z.B. Erweiterungen, die eine Notwendigkeit ausdrücken, also etwa *unbedingt, in jedem Fall* zu einer Interpretation als MÜSSEN-Modaliät (wie in (19)), Erweiterungen mit vor allem modalen Adverbialen dagegen deuten auf KÖNNEN-Modalität hin (wie etwa (20)); vgl. auch (21):

(19) Als eine solche <u>unbedingt zu befolgende</u> Anordnung gilt das berühmte Schild mit dem weißen Fahrrad auf blauem Hintergrund. (MÜSSEN)
(20) <u>gut/leicht/einfach/schwer zu lesende</u> Texte (KÖNNEN)
(21) eine <u>unbedingt</u> zu befolgende Anordnung (MÜSSEN) vs.
eine <u>leicht/einfach</u> zu befolgende Anordnung (KÖNNEN)

- Offensichtlich können auch die entsprechenden Bezugssubstantive einen Einfluss auf die intendierte Modalität haben; vgl.:

(22) der <u>zu beobachtende Trend/Preisrückgang</u> (KÖNNEN) vs.
<u>zu beobachtende Staaten</u> (MÜSSEN)
(23) ein <u>nachzuweisender Stoff</u> (SOLLEN) vs.
<u>nachzuweisende Kosten</u> (MÜSSEN)

- Die intendierte Modalität lässt sich auch an der entsprechenden Textsorte erkennen: ein Modalpartizipattribut in einem direktiven Text (wie etwa einer Prüfungsordnung) hat qua Textsorte eine andere Modalität als etwa in einem deskriptiven Text (mehr vgl. Kap. 4.3).

Bei der SOLLEN-Modalität kann der Modalitätsaspekt nach meinen Beobachtungen in entsprechenden Kontexten auch etwas hinter eine eher temporale Zukunftsbedeutung zurücktreten; dies wird besonders bei Koordinationen deutlich:

(24) Das Buch [...] ist lesbar gestaltet. Das Layout ist einladend, stützend, bietet Erinnerungsbrücken zwischen schon <u>gelesenem und noch zu lesendem Stoff</u>, macht Texte bildhaft und in den Bildern die Texte sichtbar. (Cosmas)

3.3.2 Erweiterungen des Modalpartizipattributs

Auffallend ist, dass die Mehrzahl der Modalpartizipkonstruktionen nicht nur das Partizip, sondern auch unterschiedliche Erweiterungen enthalten. Als Erweiterungen kommen dabei vor allem Adverbiale in Frage (modale wie in (25), lokale oder temporale wie unter (26)), vereinzelt auch *von*-Phrasen (wie in (27)); Objekte sind eher selten.

(25a) Der Besucher betritt das Gebäude [...] über das kostenlos zu besichtigende „Bayerische Limes-Informationszentrum Weißenburg" (http://www.weissenburg.info/poi/roemermuseum-2266 [Letzter Zugriff: 27.07.2012])
(25b) Die letzten „Zivis" hinterlassen schwer zu schließende Lücke
(26a) Diese Pläne bedeuteten eine „ernste Gefährdung des an allen Orten zu gewährleistenden Zeitungsangebots sowie eine Bedrohung der Pressevielfalt". (Cosmas)
(26b) Merkel setzt ihren seit dem Sommer zu beobachtenden angriffslustigen Kurs fort. Mit geballten Fäusten und schwingenden Armen verteidigt sie ihren Kurs der Finanzmarktregulierung [...] (Cosmas)
(27a) Soziale Systeme, die die Grenze der Finanzierbarkeit sprengen, schaffen Reformzwang. Das gilt insbesondere für die von den Kommunen zu tragende Sozialhilfe. (Cosmas)
(27b) Die übermäßigen Kostensteigerungen in den letzten drei Jahren seien vor allem durch die hohen, überwiegend von öffentlichen Trägern zu verantwortenden Krankenhauskosten [...] entstanden. (Cosmas)

Interessant im Zusammenhang mit den Erweiterungen sind die Fälle, in denen die Erweiterung obligatorisch ist: das hängt einmal mit der syntaktischen Struktur (a) und zum anderen mit dem Verb und der entsprechenden Modalität (b) zusammen.

a) Wenn mittels *von*-Phrase das Agens genannt wird, dann ist dieses pragmatisch gesehen in den seltensten Fällen weglassbar:

(27a)' Das gilt insbesondere für die *zu tragende Sozialhilfe.
(27b)' ...die hohen, *zu verantwortenden Krankenhauskosten

Systematisch obligatorisch scheinen z.B. auch modale Adverbiale, die oft alleine für die intendierte KÖNNEN-Modalität verantwortlich sind:

(28) Für Neueinsteiger eignen sich einfach zu lernende Sportarten mit hohem Gesundheitseffekt. (Cosmas)
→ ... eignen sich *zu lernende Sportarten
(29) Vor allem landestypische Kost kommt hier auf den Tisch: Kaninchen in scharfer Sauce, ungeschält zu essende Kartoffeln, Fisch und Meeresfrüchte. (Cosmas)
→ ... Kaninchen in scharfer Sauce, *zu essende Kartoffeln, Fisch und Meeresfrüchte

b) Generell scheinen sich bestimmte Verben einer Modalpartizipkonstruktion ohne Erweiterung quasi zu verschließen. Exemplarisch sei hierzu eine Analyse zum Fall des Verbs *lesen* angeführt, also zur attributiven Konstruktion *zu lesend-*.[7] Im Cosmas-Korpus haben von insgesamt 619 Treffern lediglich 24 (knapp 4%) keine Erweiterung; das ist fast vernachlässigbar, denn umgekehrt sind 96% der Konstruktionen erweitert, weisen also mindestens eine weitere Linksdetermination auf. Als mögliche Typen der Erweiterung erscheinen folgende:

- modal im engeren Sinne: *x ist eine leicht/süffig/fesselnd/spannend/einfach/nicht einfach/akribisch und spannend/mit Gewinn/nur mit Schaudern zu lesende Geschichte*
- adverbial (lokal/temporal): *die kürzlich/hier/in der Zeitung/ursprünglich/ auf der Homepage zu lesenden Artikel*
- modal im weiteren Sinne: *selbständig/auf Deutsch/als Kinderbuch/autobiographisch/ausnahmsweise gratis zu lesende Texte/Artikel*

Die Erweiterung kann im Allgemeinen, insbesondere in den hier textsortenspezifisch sehr häufigen Rezensionen, nicht weggelassen werden (vgl. ein *gut zu lesendes Werk* → *ein *zu lesendes Werk*). Das klassische Erklärungsbeispiel geht also im Grunde am tatsächlichen Sprachgebrauch vorbei.

Im Zusammenhang mit Erweiterungen durch modale Adverbiale ist darüber hinaus auffällig, dass in vielen Fällen die Modalität das eigentlich textuell Fokussierte ist, wie z.B. in folgenden Überschriften oder Anzeigen deutlich wird:

(30a) 5 Regeln für <u>einfach zu lesenden</u> Text
(30b) <u>Schwer zu Lesende</u> Schriften und <u>Schwer zu Lesende</u> Fonts auf MyFont.de.
(30c) Suche <u>leicht zu waschende</u> Trinkflaschen für den Sport

In allen diesen Fällen ist die Erweiterung (pragmatisch) obligatorisch.

4. Partizipialattribute textuell – textsortenbezogene Grammatik

Textuelles Charakteristikum aller hier behandelten komplexen Partizipialattribute ist zunächst, dass es linksdeterminierende bzw. linksverzweigende Konstruktionen sind, die sehr häufig in andere linksverzweigende Konstruk-

---

[7] Die Wahl fiel auch deshalb auf dieses Verb, weil es gerne in schul- bzw. lernergrammatischen Beispielen angeführt wird, mit denen die Konstruktion an sich erklärt werden soll: *der zu lesende Text* → *der Text, der zu lesen ist*.

tionen eingebettet sind. Ihre grundsätzliche Leistung ist die Attribution komplexer, oft satzwertiger Informationen, die beiläufig erfolgt. Dabei ist diese Information meist neue Information. D.h. gerade die komplexen Partizipialattribute bieten die Möglichkeit, beiläufig komplexe, eventuell neue Informationen unterzubringen. Welche genau und mit welchem spezifischen Fokus, ist für die einzelnen Attributstypen unterschiedlich.

Die Partizipialattribute haben – darauf ist in der Literatur verschiedentlich hingewiesen worden (z.B. Weber 1994) und das bestätigen auch meine Analysen – ihre Domäne in einer konzeptuellen Schriftlichkeit.[8] Oft werden sie spezifischer als typisch fachsprachlich eingestuft, was nicht ganz zutreffend ist, da auch Mediensprache oder Zeitungssprache, aber auch literarische Texte diese Strukturen in nicht unerheblichem Umfang aufweisen. Was nun die komplexen Partizipialattribute betrifft, so sind auch diese textsortenspezifisch – aufgrund ihrer spezifischen Funktion. Im Folgenden soll dies kurz erläutert und das Auftreten und die Funktion der verschiedenen Attributstypen in verschiedenen Textsorten[9] gezeigt werden.

4.1 Attribute mit Partizip II im Text

Bei Partizipialattributen mit Partizip II, das in den allermeisten Fällen Abgeschlossenheit signalisiert, dienen die Attribute dazu, komplexe, oft satzwertige Informationen beiläufig in eine Attributskette einzubetten, wobei die komplexen Informationen z.B. Vorgeschichten, Entstehungsgeschichten oder bestimmte Szenarien im Hinblick auf das mit dem Bezugssubstantiv bezeichnete Referenz-Objekt beinhalten. Damit sind solche Attribute besonders funktional und auch häufig in sogenannten wissensbereitstellenden, oft auch

---

[8] Anhand einer diesbezüglichen Analyse in gesprochener, mündlich konzipierter Sprache (speziell in Talkshows) zeigt Weber (1994): wenn dort Attribute auftauchen, deren Erweiterung mehr als ein Adverb umfasst, dann haben sie den Charakter von Zitaten aus einer anderen Sprache bzw. Varietät. Hier könnten Untersuchungen ansetzen, die genauer erforschen, was genau in bestimmten Kontexten oder Umgebungen quasi zitathaft verwendet wird. Das könnte meine Hypothese bestätigen, dass in einigen Fällen bei den erweiterten Modalpartizipien festere Konstruktionen bzw. bestimmte Muster vorliegen, etwa: *kaum zu glaubende Behauptungen, nicht ernstzunehmende Vorwürfe, schwer zu schließende Lücken* u.ä.
[9] Aus Platzgründen können die Textsorten hier nicht eingehender analysiert werden, genaueres dazu in Fandrych/Thurmair (2011a). Die Auswahl der Textsorten hinsichtlich der vorkommenden Attribute ist exemplarisch zu verstehen: Die meisten der hier vorgestellten Textsorten sind für Lerner-Kontexte allgemein von Interesse; würde Grammatikunterricht für spezifischere Zielgruppen geplant, etwa DaZ-Lerner, so können auch andere Textsorten hier einschlägig sein – etwa Arbeitsanweisungen.

im weiteren Sinne didaktisch orientierten Textsorten, wie etwa Reiseführer, zu finden; z.B.:

(31) [...] das frisch renovierte Brandenburger Tor (1). Ein Schicksalstor [...] Jahrzehntelang, seit 1961, stand das <u>von Langhans entworfene und 1791 eröffnete</u> Tor – als eines von 14 Stadttoren jener Zeit – einsam auf öder Flur, hinter der Mauer von Westen, vor der Mauer von Osten aus gesehen. (DuMont, Berlin)
(32) Auch aus der Marienkirche kamen Kunstwerke nach St. Nikolai: der sogenannte Krämeraltar, eine <u>um 1420 geschaffene</u> Meisterleistung spätgotischer Schnitzkunst, der eine Muttergottes mit Kind im Strahlenkranz, flankiert von den Heiligen Michael und Mauritius, zeigt; der <u>1335 in der Lübecker Werkstatt von Johan Spengeter angefertigte</u> bronzene Taufkessel, den ein schmiedeeisernes Gitter aus dem 16. Jahrhundert umgibt. (DuMont, Mecklenburg-Vorpommern)

Hier werden die komplexen Partizipialattribute eingesetzt, um beiläufig, sozusagen nebenbei, die komplexen Vorgeschichten als besondere Merkmale des beschriebenen nominalen Konzepts (des Bezugssubstantivs) verfügbar zu machen; sie stellen eingebettete Mini-Exkurse dar (vgl. dazu auch Fandrych 2011). Vom Informationsgehalt her gesehen handelt es sich um textuell neue Information. Wenn man versucht wie in (31)' und (32)', die Erweiterungen der sogenannten ‚erweiterten Partizipialattribute' wegzulassen, wird die kommunikative Funktion, kondensierte Sachverhaltsbeschreibungen oder Elemente der Vorgeschichte der Bezugsobjekte zu liefern, besonders deutlich (vgl. Fandrych 2011):

(31)' stand das <u>*entworfene und *eröffnete</u> Tor
(32)' eine <u>*geschaffene</u> Meisterleistung; der <u>*angefertigte</u> bronzene Taufkessel

Neben der Funktion, komplexe Vorgeschichten einzubetten, wie gerade als typisch für Reiseführer gezeigt, ist eine weitere wichtige Funktion (passivisch) erweiterter Partizipialattribute die Einbettung komplexerer Merkmale, die der intensiven Charakterisierung, manchmal auch der räumlichen oder anderweitigen Einordnung der Bezugssubstantive dienen. In dieser Funktion sind sie z.B. in Audio-Guides, aber auch in literarischen Texten häufig, wie die folgenden Belege zeigen:

(33) Dieses <u>von Licht durchflutete, von sommerlichem Treiben bestimmte</u> Bild gehört nicht zu der Art von Gemälden, die Adolph Menzel zu Lebzeiten berühmt gemacht hatten. (Antenna Audio 2001, Audio Guide)

(34) Es war ein <u>tief mit Wolken verhangener</u> Tag, als ich, im August 1992, mit dem alten, <u>bis an die Fensterscheiben hinauf mit Ruß und Öl verschmierten</u> Dieseltriebwagen, der damals zwischen Norwich und Lowestoft verkehrte, an die Küste hinunterfuhr. (Sebald, Saturn, übernommen von Fandrych 2011)

(35) Christian zog die <u>feucht gewordenen, an den wollenen Innenseiten mit Eiskügelchen bedeckten</u> Fäustlinge aus und rieb die <u>vor Kälte fast taub gewordenen</u> Finger rasch gegeneinander, hauchte sie an – der Atem verging als Nebelstreif vor dem <u>finster liegenden, in den Fels gehauenen</u> Buchensteig, der hinauf zu Arbogasts Instituten führte. (Tellkamp, Der Turm, übernommen von Fabricius-Hansen 2010)

Schließlich können in instruktiven Textsorten die komplexen Partizipialattribute wiederum insofern eine Art ‚Vorgeschichte' einbringen, indem auf vorher erfolgt zu habende Handlungen verwiesen werden kann; damit durchbrechen die komplexen Partizipialattribute die üblicherweise chronologische Anordnung von Arbeitsanweisungen; man vergleiche (36) mit chronologischer Anordnung mit (37):

(36) die Zwiebel in Würfel schneiden, in Fett anbraten, langsam mit Wein aufgießen, auf kleiner Flamme schmoren lassen

(37) die <u>gewaschenen und drei Tage marinierten</u> Koteletts in die <u>gefettete</u> Auflaufform geben, die <u>gekochten</u> Eier fein hacken

In (37) werden Handlungen bezeichnet, die schon vollzogen sein müssen – auch dies aber relativ beiläufig, jedenfalls beiläufiger, als es satzwertige Strukturen bzw. Infinitive leisten.

In allen Fällen dieser Partizipialattribute finden sich also mehr oder weniger komplexe Szenarien, die attributiv eingebettet und damit beiläufig verbalisiert werden.[10]

4.2 Attribute mit Partizip I im Text

Partizipialattribute mit Partizip I finden sich gehäuft und mit eigener Funktion in ähnlichen Textsorten wie die Partizip-II-Attribute, also Reiseführer, Audioguides oder literarische Texte, wie folgende Beispiele zeigen:

(38) Die monumentale blockhafte Baukonzeption erdrückt förmlich die feinen Schmuckdetails, wie den <u>in 35 m Höhe an der Westfront des</u>

---

[10] Ähnlich spricht Fabricius-Hansen (2010: 190) bei den erweiterten Partizipialattributen von kontextuell neuer Information, die aber als erklärender Hintergrund für andere Dinge im Matrixsatz gesehen wird.

gedrungenen Turms verlaufenden Fries aus dem 13. Jahrhundert. (DuMont, Mecklenburg-Vorpommern)

(39) Auf diesem kleinen Bild zeigt uns Caspar David Friedrich keine grünende und blühende Natur. Überall sehen wir Zeichen des Verfalls, alles spricht von Vergänglichkeit: die hochaufragende Ruine, die an einen verfallenen Kirchenbau denken läßt - die umgestürzte, absterbende Eiche, die quer ins Bild ragt - die abgeschlagenen Baumstümpfe im Vordergrund. Eine niedrige Hütte aus roh zusammengezimmerten Brettern ist in das Ruinengemäuer hineingestellt und betont die einstige Größe des Bauwerks. [...] Fast drohend ragt die Ruine über dieser Vordergrundszene auf.

Kein Blick öffnet sich in die Ferne, vielmehr ragt hinter der Ruine ein dichter Tannenwald wie eine geschlossene Wand auf. Die in den Himmel strebenden Tannenspitzen nehmen die schlanke Form der Ruinenarchitektur auf und lenken unseren Blick nach oben. Hier oben herrscht eine Helligkeit, von der nichts in die tiefverschattete Vordergrundzone zu dringen vermag. (Antenna Audio 2001, Audio Guide)

(40) Die meiste Zeit rollte der unsicher auf den Schienen schwankende Wagen im Leerlauf dahin, denn es geht dem Meer zu fast immer leicht bergab. Nur zwischendurch, wenn mit einem das ganze Gehäuse erschütternden Schlag das Triebwerk in Gang gesetzt wurde, war eine Weile das Mahlen der Zahnräder zu hören, ehe wir unter gleichmäßigem Pochen weiterrollten wie zuvor, an Hinterhöfen und Schrebergartenkolonien und Schutthalden vorbei in das vor der östlichen Vorstadt sich ausdehnende Marschland hinaus. (Sebald, Saturn, übernommen von Fandrych 2011)

Im Unterschied zu den Partizipien II versprachlichen die Partizipien I keine Vorgeschichten und Vorprägungen des Bezugssubstantivs, sondern aktuelle bzw. zeitgleiche Vorgänge und Handlungen (*in 35 m Höhe an der Westfornt ... verlaufen, fast drohen, in den Himmel streben, unsicher auf den Schienen schwanken*), Handlungskonsequenzen (*das ganze Gehäuse erschüttern*) oder Zustände (*vor der östlichen Vorstadt sich ausdehnen*), an denen das Bezugssubstantiv aktuell beteiligt ist. Fandrych (2011) fasst dies treffend als *Dynamisierung* der Beschreibung, indem die Partizip-I-Attribute eine verbale Szene, die sich aktuell bzw. zeitgleich realisiert, in eine pränukleare Attributsposition einbetten.

Attribute mit Partizip und Modalpartizip 345

4.3 Attribute mit Modalpartizip im Text

Textsorten, in denen Modalpartizipattribute gehäuft und in spezifischer Funktion vorkommen, sind u.a.

- Beschreibungen, insbesondere von verschiedenen Objekten wie z.B. in Verkaufsanzeigen oder in Berichten über neue Produkte (siehe Autobeschreibung unten (41c), (41d)):

(41a) Bar aus Mercedes W123 200D/ „das Taxi" – <u>original zu öffende</u> Kofferraumklappe – abschließbar, automatische Innenbeleuchtung, Innenwand verspiegelt, Blinker und Rücklichter beleuchtet, Multiplex-Böden, Chromfüße mit arretierbaren Rollen (http://www.automoebel design.de/page4.php [Letzter Zugriff: 27.07.2012])

(41b) Die <u>einfach zu schließende und zu öffende</u> Schnalle sichert Ihre Kamera und erlaubt gleichzeitig den schnellen Zugriff. Damit Ihre Kamera immer gut geschützt ist, während Sie all Ihre Abenteuer bestehen (shop.kodak.de/store/ekconseu/de_DE/pd/.../productID.223435900 [Letzter Zugriff: 27.07.2012])

(41c) Selbst fünf Passagiere kommen im Micra gut unter. [...] Einmal Platz genommen, schauen wir auf ein rundliches Cockpit mit gut durchdachtem dreiteiligem Kombiinstrument und übersichtlichen, <u>nicht nur bei Nacht gut abzulesende</u> Analog- und Digitalanzeigen. (Cosmas)

(41d) Die Lehnen können mithilfe zweier Hebel im Gepäckraum problemlos umgeklappt werden, die Laderaumabdeckung senkt sich beim Schließen der Heckklappe automatisch ab. Ein Novum ist die <u>separat zu öffnende</u> Heckscheibe, die selbstständig auf Tastendruck nach oben öffnet. (Cosmas)

- Ordnungen (hier Prüfungsordnung)

(42) (8) Vor dem erstmaligen Besuch von Lehrveranstaltungen aus <u>dem zu wählenden</u> Schwerpunkt (vgl. Absatz 2) ist mit dem bzw. der Modulverantwortlichen im angestrebten Schwerpunkt ein Beratungsgespräch durchzuführen. Ein späterer Wechsel des Schwerpunkts bedarf der Genehmigung durch den Prüfungsausschuss. Dieser setzt gegebenenfalls die dafür noch erforderlichen und <u>von dem/der Studierenden zu erbringenden</u> Leistungen fest.

- andere juristische Texte

(43) § 7 Sonderregelungen für Baugebiete mit eigenen Festsetzungsinhalten
(1) In Baugebieten mit rechtsverbindlichen Bebauungsplänen, in denen abweichende Regelungen über Beschaffenheit, Gestaltung, Größe oder Zahl der <u>nachzuweisenden</u> Stellplätze, Garagen sowie Abstellplätze für Fahrräder festgesetzt sind, gelten diese besonderen Regelungen. Bisher in Bebauungsplänen enthaltene, bauordnungsrechtliche Festsetzungen hinsichtlich der Stellplätze gelten als nach § 87 Abs. 4 HBO festgesetzt weiter.

- Abstracts

(44) [...] Durch einen Verzicht auf die Beschäftigung mit dem Sprachwandel und der historischen Dimension sprachlicher Entwicklungen in Schule und Studium werden somit Einsichten in den Charakter und in die Bauprinzipien und das Verständnis für <u>die zu beobachtenden sprachlichen Strukturen</u> erschwert. Davon ist auch die Beschreibung ihres Gebrauchs betroffen, nicht zuletzt im Grammatikunterricht. Der Vortrag diskutiert Beispiele historischer und aktueller sprachlicher Wandelprozesse in der Flexionsmorphologie des Deutschen. Dabei soll auf das Potential <u>der zu gewinnenden Erkenntnisse</u> über sprachliche Teilsysteme und über die Folgen sprachlichen Gebrauchs für die synchrone Beschreibung und Vermittlung sprachlicher Erscheinungen verwiesen werden. (Abstract A. Bittner)

- Anweisungstexte

(45a) Das müssen Sie beachten wenn wir bei Ihnen häckseln:
Das <u>zu hackende</u> Material darf keine Verunreinigungen durch Sand, Steine, Kunststoff oder Metallgegenstände enthalten, da dadurch die Messer schneller verschleißen oder sogar Schäden am Häcksler entstehen können. Das <u>zu hackende</u> Material sollte min. 0,5 m und max. 8 m lang sein, um mit dem Kran manipuliert werden zu können. (http://lu-mutzbauer.de/leistungen/forst..htm [Letzter Zugriff: 25.06.2012])

(45b) Beim Runden von Dezimalzahlen gibt man statt des genauen Werts meist die nächstgelegene Einer-, Zehntel- oder Hundertstelzahl usw. an. Vor dem Runden muss man entscheiden, wie viele Dezimalen das Ergebnis haben soll. Ist dann die erste <u>wegzulassende</u> Ziffer 0, 1, 2, 3 oder 4, so wird abgerundet; ist die erste <u>wegzulassende</u> Ziffer 5, 6, 7, 8 oder 9, so wird aufgerundet. (delta 6: Mathematik für Gymnasien)

In allen Fällen dienen die Modalpartizipattribute ebenfalls einer beiläufigen Attribution; ihre zentrale spezifische Funktion möchte ich als *Modalisierung* bezeichnen; das heißt, für das mit dem Bezugssubstantiv bezeichnete Referenzobjekt wird ein mehr oder weniger komplexes modales Szenario attributiv eingebettet: Es wird also zum Ausdruck gebracht, was mit dem Referenzobjekt irgendwie gemacht werden kann/soll/muss. Dass diese Modalisierungen überhaupt angegeben werden und welche spezifische Modalität gemeint ist, lässt sich oft aufgrund der jeweiligen Textsorte gut erklären:

Im Kontext beschreibender Texte (wie unter (41)) handelt es sich um potentielle Modalitäten, also um Möglichkeiten: etwas kann geöffnet/geschlossen/abgelesen werden etc. Hier können dann weitgehend funktionsgleich Wortbildungen mit *-bar* verwendet werden; vgl. noch einmal:

(41a) Bar aus Mercedes W123 200D/ „das Taxi" – original zu öffnde Kofferraumklappe – <u>abschließbar</u>, automatische Innenbeleuchtung, Innenwand verspiegelt, Blinker und Rücklichter beleuchtet, Multiplex-Böden, Chromfüße mit <u>arretierbaren</u> Rollen

Im Kontext von Prüfungsordnungen oder anderen juristischen Texten handelt es sich um Modalisierungsszenarien, die eine Notwendigkeit ausdrücken; *zu erbringende Leistungen*: Leistungen sind durch die Modalität der Notwendigkeit näher bestimmt, genauso wie die *Stellplätze* in (43) durch die Notwendigkeit des Nachweisens.

Im Kontext planender Textsorten, wie etwa den Abstracts oder anderen direktiven Textsorten, handelt es sich eher um eine Modalität des Sollens, eine Art Absichtserklärung.

Zusammenfassend bleibt festzuhalten: Alle Partizipialattribute sind beiläufige Attributionen, die sehr komplexe Szenarien im Nominalen einbetten, dabei können Partizipien II *Vorgeschichten* oder *Vorprägungen*, Partizipien I *Dynamisierungen* und Modalpartizipien die *Modalisierungsszenarien* angeben.

5. Partizipialattribute in sprachdidaktischen Zusammenhängen

Im Folgenden sollen kurz einige Gedanken zum Umgang mit den verschiedenen Typen von Attributen mit Partizip in sprachdidaktischen Zusammenhängen angesprochen werden. Die Beobachtungen stammen aus dem DaF-Kontext, wo die Partizipialattribute eine durchaus zentralere Rolle spielen als etwa in der Grammatikographie. Die Anforderungen, Schwierigkeiten und

Probleme sind aber durchaus auf andere sprachreflexive Kontexte übertragbar.

Was im didaktischen Kontext bei Partizipialattributen berücksichtigt werden sollte (aber in vielen Vorschlägen fehlt):

- Es sollte systematischer zwischen rezeptiven und produktiven Fertigkeiten unterschieden werden und es sollten unterschiedliche Strategien, insbesondere für die Rezeption, vermittelt werden; Vorschläge gibt es hier nur sehr vereinzelt, etwa Rall/Rall (1983), Rösler (1998, 2000) oder Stephani (1997).

- Partizipialattribute sollten in den Kontext von Attribution generell eingebettet werden und das Konzept der Attribution als solches mit seinen vielfältigen formalen Möglichkeiten sollte geklärt werden.

- Das Prinzip der Linksorientierung sollte stärker betont werden, was dann wiederum die Rezeption erleichtert; darauf hat jüngst Fandrych (2011) hingewiesen, der deutlich macht, dass die Linksorientierung (zu der das Deutsche generell (auch) neigt) auch im verbalen Bereich in Verb-Letzt-Strukturen zu finden ist, z.B. in infinitivischen Anweisungen (*die Kanne bitte mit lauwarmem Wasser gut ausspülen und reinigen*) oder auch in elliptischen Partizip-II-Sätzen wie im Tagebuch (*9h aufgestanden, gefrühstückt, nach U. gefahren, Fahrrad ausgeladen*), in anderen elliptischen Alltagstextsorten wie etwa to-do-Listen (*Katzenfutter kaufen, Arzttermin vereinbaren, Wäsche von der Reinigung abholen*) oder auch auf Verbotsschildern (*Müll abladen verboten*).

- Schließlich sind die Partizipialattribute andererseits auch eine gute Gelegenheit, auf das im Deutschen wirkende Klammerprinzip hinzuweisen: Neben der Verbklammer als grundlegendem syntaktischen Strukturmerkmal im verbalen Bereich zeigen gerade diese Attribute eine mindestens teilweise vergleichbare Struktur im nominalen Bereich (vgl. dazu schon Weinrich (1986) mit der These von der „Klammersprache Deutsch").

- Für die produktive Seite im Zusammenhang mit der Vermittlung von Partizipialattributen könnte man neben die Sprachproduktion fördernden Übungen (s.u.) möglicherweise auch verstärkt mit Konstruktionen bzw. Mustern arbeiten; insbesondere bei den attributiven Modalpartizipien scheinen sich hier doch gängigere Muster herausgebildet zu haben, die für Sprachproduktionen genutzt werden könnten.

- Was die Übungen betrifft, so sollten vielfältigere Übungstypen für die Produktion verwendet werden; in der Mehrzahl aller Übungsvorschläge werden Umformungsübungen eingesetzt, bei denen die Partizipialattribute im Allgemeinen mit Relativsätzen parallelisiert werden. Das erste Problem dabei ist, dass – und darauf hat u.a. Rösler (1998; 2000) wiederholt hingewiesen – diese Umformulierungen Gleichwertigkeit zwischen Partizipialattribut und Relativsatzattribut suggerieren, was textuell gesehen nicht zutrifft, da hier – wie gezeigt – eine beiläufige Attribution einer expliziten Prädikation im Relativsatz gegenübergestellt wird, die deutlich höheres informationelles Gewicht trägt. Das wird noch dadurch verstärkt (und dies stellt das zweite Problem der klassischen Umformungsübungen dar), dass in den meisten Übungen nur die NP steht – oft ließe sich in entsprechenden vollständigen Sätzen eine solche Umformung in Relativsätze gar nicht mehr sinnvoll durchführen; vgl. von oben (35), das z.B. wie (35a) umgeformt werden müsste:

(35) Christian zog die feucht gewordenen, an den wollenen Innenseiten mit Eiskügelchen bedeckten Fäustlinge aus und rieb die vor Kälte fast taub gewordenen Finger rasch gegeneinander, hauchte sie an – der Atem verging als Nebelstreif vor dem finster liegenden, in den Fels gehauenen Buchensteig, der hinauf zu Arbogasts Instituten führte.

(35a) Christian zog die Fäustlinge aus, die feucht geworden (waren) und an den wollenen Innenseiten mit Eiskügelchen bedeckt waren, und rieb die Finger, die vor Kälte fast taub geworden waren, rasch gegeneinander, hauchte sie an – der Atem verging als Nebelstreif vor dem Buchensteig, der finster lag und in den Fels gehauen war, der [...][11]

Hinzu kommt, dass bei der Parallelisierung in der Mehrzahl der Fälle aus einem vorgegebenen Relativsatz ein Partizipialattribut gebildet werden muss, was eher sprachakrobatisch zu sehen ist (vgl. die Klagen im Anfangsbeispiel I) und nicht so sehr umgekehrt das Potential genutzt würde, dass vom Attribut in den Relativsatz gewandelt würde, was ja wenigstens dem Verständnis diente.

- Schließlich wäre für Produktion wie Rezeption von Partizipialattributen auch zu wünschen, dass inhaltlich einschlägige und plausible Übungen angeboten würden. Klagen über inhaltlich nicht adäquate Übungen sind im DaF-Bereich natürlich schon alt, und hier hat sich auch viel getan, aber dennoch findet sich besonders im Bereich der Partizipialattribute sehr viel empirisch inadäquates und unauthentisches Material – vielleicht auch, weil gerade das Modalpartizip kaum adäquat erforscht ist. Diese inhaltliche Indadäquatheit ist meines Erachtens bei diesen so komplexen Konstruktionen besonders misslich, weil sich mit derartig unpassendem

---

[11] Vgl. dazu genauer Fabricius-Hansen (2010: 190f.), die hieran die Probleme der Übersetzungen in Sprachen ohne vergleichbare Partizipialattribute aufzeigt.

Beispielmaterial Konstruktion und ihre Funktion dem Lerner in keiner Weise über den Inhalt erschließt. Ein Beleg dafür sei die Einführung der Modalpartizipkonstruktion (dort als Gerundiv) mit folgendem Beispiel:

(46) ein zu sehender Berg, das ist ein Berg ...
(aktivisch) den man sehen kann
(passivisch) der gesehen werden kann
(http://www.dsporto.de/ubungen/partizip14.htm [letzter Zugriff: 15.02.2012])

Abgesehen von der funktional unglücklichen Kategorisierung „aktivisch" (für eine *man*-Konstruktion, die im Allgemeinen ja als Passiv-Ersatzform geführt wird) ist *sehen* sicher kein gutes und überzeugendes Modalisierungsszenario für das Referenzobjekt *Berg*: Hier würden sich doch andere Verben, etwa *besteigen*, vielleicht verbunden mit einem Modaladverbial, eher anbieten – damit würde auch die Funktion der Struktur einsichtiger.

Um solche Übungen zu entwerfen, müsste man aber über das Modalpartizipattribut etwas mehr wissen – der vorliegende Beitrag hat hoffentlich ein wenig dazu beigetragen.

Literatur

Adamzik, Kirsten/Wolf-Dieter Krause (Hgg.) (2005): Text-Arbeiten. Textsorten im fremd- und muttersprachlichen Unterricht an Schule und Hochschule. – Tübingen: Narr (Europäische Studien zur Textlinguistik 1).
Bresson, Daniel/ Martine Dalmas (Hgg.) (1994): Partizip und Partizipialgruppen im Deutschen. – Tübingen: Narr (Eurogermanistik 5).
Demske-Neumann, Ulrike (1994): Modales Passiv und *Tough Movement*. Zur strukturellen Kausalität eines syntaktischen Wandels im Deutschen und Englischen. – Tübingen: Niemeyer (Linguistische Arbeiten 326).
Duden (2005): Grammatik der deutschen Gegenwartssprache. – Mannheim: Bibliographisches Institut.
Dupuy-Engelhardt, Hiltraud (1994): Das syntaktische Verhalten des zweiten Partizips. Ein Beitrag zur lexikalischen Semantik. – In: Daniel Bresson/Martine Dalmas (Hgg.): Partizip und Partizipialgruppen im Deutschen. – Tübingen: Narr (Eurogermanistik 5), 121-132.
Eisenberg, Peter (1994): Die Syntax des Mittelwortes: Läßt sich die Kategorisierung der Partizipien einzelsprachlich rechtfertigen? – In: Daniel Bresson/Martine Dalmas (Hgg.): Partizip und Partizipialgruppen im Deutschen. – Tübingen: Narr (Eurogermanistik 5), 69-90.
Engel, Ulrich (2004): Deutsche Grammatik. Neubearbeitung. – München: iudicium.

Fabricius-Hansen, Cathrine (2010): Adjektiv-/Partizipialattribute im diskursbezogenen Kontrast (Deutsch – Englisch/Norwegisch). – In: Deutsche Sprache 38/2, 175-192.

Fandrych, Christian (2011): *... die auf Sockeln stehenden Monumentalfiguren*: Verschachtelung und Entschachtelung im DaF-Unterricht. – In: Barbara Schmenk/ Nicola Würffel (Hgg.): Drei Schritte vor und manchmal auch sechs zurück. Internationale Perspektiven auf Entwicklungslinien im Bereich Deutsch als Fremdsprache. Festschrift für Dietmar Rösler zum 60. Geburtstag. – Tübingen: Narr (Giessener Beiträge zur Fremdsprachendidaktik), 49-58.

Fandrych, Christian/Maria Thurmair (2011a): Textsorten im Deutschen. Linguistische Analysen aus sprachdidaktischer Sicht. – Tübingen: Stauffenburg (Stauffenburg Linguistik 57).

– (2011b): Plädoyer für eine textsortenbezogene Sprachdidaktik. – In: DaF 2, 84-93.

Faucher, Eugène (1994): Partizip oder Adjektiv? Partizip oder Infinitiv? Benennungs- und Abgrenzungsfragen. – In: Daniel Bresson/Martine Dalmas (Hgg.): Partizip und Partizipialgruppen im Deutschen. – Tübingen: Narr (Eurogermanistik 5), 1-18.

Foschi Albert, Marina/Marianne Hepp/Eva Neuland (Hgg.) (2006): Texte in Sprachforschung und Sprachunterricht. Pisaner Fachtagung zu neuen Wegen der italienisch-deutschen Kooperation. – München: iudicium.

Fuhrhop, Nanna/Oliver Teuber (2000): Das Partizip I im Deutschen. – In: ZAS Papers in Linguistics 16, 100-114.

Helbig, Gerhard/Joachim Buscha (2001): Deutsche Grammatik. Ein Handbuch für den Ausländerunterricht. – Berlin u.a.: Langenscheidt.

Hentschel, Elke/Harald Weydt (2003): Handbuch der deutschen Grammatik. 3., völlig neu bearb. Auflage. – Berlin: de Gruyter (de Gruyter Studienbuch).

Knittel, Antonia (2010): Verständlichkeit der Bachelorprüfungs- und Studienordnung aus der Perspektive von Nicht-Muttersprachlern. – MA-Arbeit Regensburg.

Leys, Odo (1977): Gerundiv und modales Partizip. – In: Deutsche Sprache 5, 119-125.

Marillier, Jean-François (1994): Was sind Partizipien? – In: Daniel Bresson/Martine Dalmas (Hgg.): Partizip und Partizipialgruppen im Deutschen. – Tübingen: Narr (Eurogermanistik 5), 19-32.

Pakkanen-Kilpiä, Kirsi (2006): Zum Wesen des deutschen Gerundivs – eine korpuslinguistische Analyse. – In: Neuphilologische Mitteilungen 2, 131-167.

Rall, Dietrich/Marlene Rall (1983): Gegen den Strich lesen: Das erweiterte Partizipialattribut als Lernschwierigkeit für Hispanophone. – In: Jahrbuch Deutsch als Fremdsprache 9, 132-146.

Rapp, Irene (1997): Partizipien und semantische Struktur. Zu passivischen Konstruktionen mit dem 3. Status. – Tübingen: Stauffenburg (Studien zur deutschen Grammatik 54).

Rösler, Dietmar (1998): Die Form zum Sprechen bringen? Universitäre Grammatikarbeit mit Übungsbüchern für Fortgeschrittene. – In: Theo Harden/Elke Hentschel (Hgg.): Particulae Particularum. Festschrift zum 60. Geburtstag von Harald Weydt. – Tübingen: Stauffenburg (Stauffenburg Festschriften), 251-260.

– (2000): Zur Beschreibung und Vermittlung erweiterter Partizipialattribute. – In: Rolf Thieroff (Hg.): Deutsche Grammatik in Theorie und Praxis. – Tübingen: Niemeyer, 263-274.

Scherner, Maximilan/Arne Ziegler (Hgg.) (2006): Angewandte Textlinguistik: Perspektiven für den Deutsch- und Fremdsprachenunterricht. – Tübingen: Narr (Europäische Studien zur Textlinguistik 2).
Stephani, Christiane (1997): Über das Partizipialattribut. – In: InfoDaF 24, 771-779.
Thurmair, Maria (2007): *Ihre katzengrünen Augen blickten auf das mit edlem Buchenholz getäfelte Parkett.* Zur Textsortenspezifik von Attributen. – In: Joachim Buscha/Renate Freudenberg-Findeisen (Hgg.): Feldergrammatik in der Diskussion. Funktionaler Grammatikansatz in Sprachbeschreibung und Sprachvermittlung. – Frankfurt a. M. u.a.: Lang (Sprache 56), 165-183.
– (2011): Grammatik verstehen lernen – mithilfe von Textsorten. – In: Klaus-Michael Köpcke/Arne Ziegler (Hgg.): Grammatik – Lehren, Lernen, Verstehen. Zugänge zur Grammatik des Gegenwartsdeutschen. – Berlin/Boston: de Gruyter (RGL 293), 411-431.
Weber, Heinrich (1994): Erweiterte Partizipialattribute: Nur eine schriftsprachliche Konstruktion? – In: Daniel Bresson/Martine Dalmas (Hgg.): Partizip und Partizipialgruppen im Deutschen. – Tübingen: Narr (Eurogermanistik 5), 149-162.
– (2000): Partizip Präsens und Partizip Perfekt im Deutschen – eine Aspektopposition? – In: Andrzej Katny (Hg.): Aspektualität in germanischen und slawischen Sprachen. – Poznan: Wydawn (Seria filologia germańska 46), 109-123.
Weinrich, Harald (1986): Klammersprache Deutsch. – In: Helmut Henne (Hg.): Sprachnormen in der Diskussion. Beiträge vorgelegt von Sprachfreunden. – Berlin/New York: de Gruyter, 116-145.
– (2003): Textgrammatik der deutschen Sprache. Unter Mitarbeit von Maria Thurmair, Eva Breindl und Eva-Maria Willkop. 2., rev. Aufl. – Hildesheim u.a.: Olms.
Zifonun, Gisela/Ludger Hoffmann/Bruno Strecker (1997): Grammatik der deutschen Sprache. 3 Bände. – Berlin/New York: de Gruyter (Schriften des Instituts für Deutsche Sprache 7).

Anja Binanzer, Jana Gamper & Verena Wecker

Kasus als Unterrichtsgegenstand in sprachlich heterogenen Grundschulklassen

1. Einleitung

Die Auseinandersetzung mit dem Erwerb des Deutschen als Zweitsprache (DaZ) durch Kinder und Jugendliche mit Zuwanderungsgeschichte und die Konzeption entsprechender Fördermaßnahmen hat in den letzten Jahren stetig an Aktualität zugenommen. Die gängige Vorgehensweise zum Umgang mit sprachlichen Problemen der DaZ-Lerner ist es, sie außerhalb des Regelunterrichts in gesonderten Fördergruppen zu unterrichten und im Rahmen dieser Förderstunden DaZ-spezifische sprachliche Bereiche anwendungsbezogen aufzuarbeiten. In diesem Beitrag wird dafür argumentiert, dass der überwiegend monolingual ausgerichtete Deutschunterricht große Nachteile vor allem für die DaZ-Lerner mit sich bringt und die Lernchancen, die die sprachliche Heterogenität innerhalb einer Klasse auch für monolingual deutschsprachige Kinder in sich birgt, nicht genutzt werden. Es wird deshalb ein Ansatz für einen gemeinsamen sprachintegrativen Deutschunterricht vorgestellt, von dem nicht nur die DaZ-Lerner, sondern auch die monolingual deutschsprachigen Schüler profitieren können. Als Gegenstand dieses sprachintegrativen Unterrichts bietet sich u.E. die Nominalflexion an. Diese stellt eine der zentralen Fehlerquellen im DaZ-Erwerb dar und wird auch bei Kindern mit der Erstsprache Deutsch in bestimmten Kontexten (z.B. bei Dialektsprechern) als Stolperstein identifiziert. Dieser Unterrichtsgegenstand sollte deshalb insgesamt einen höheren Stellenwert im grundschulischen Deutschunterricht einnehmen, als es bisher der Fall ist. Am Beispiel des Kasussystems im Deutschen und Russischen soll schließlich ein Didaktisierungsvorschlag entwickelt werden, der exemplarisch aufzeigt, wie diese Forderungen in die Praxis umgesetzt werden können.

2. Mehrsprachigkeit in den Bildungsstandards und Lehrplänen

Mit dem Runderlass der Kultusminister des Landes Nordrhein-Westfalen vom 23.03.1982, dass Kinder mit Migrationshintergrund und damit in vielen Fällen mit anderen Ausgangssprachen als dem Deutschen gemeinsam mit monolingual deutschsprachigen Kindern Regelklassen besuchen sollten, ist von ministerieller Seite vor dreißig Jahren ein erster offizieller Beschluss zum Umgang mit der mehrsprachigen Schülerschaft in der BRD gefasst worden. In diesem Beschluss wurde festgehalten, dass Deutsch die gemeinsame Unterrichtssprache sein sollte, womit de jure auch ein „monolingualer Habitus" (vgl. Gogolin 1994) festgelegt wurde, da den Herkunftssprachen der Schüler im Regelunterricht zunächst noch keine gesonderte Aufmerksamkeit eingeräumt wurde (vgl. Zellerhoff 2009: 57). Im Erlass des Ministeriums für Schule und Weiterbildung des Landes Nordrhein-Westfalen zum „Unterricht für Schülerinnen und Schüler mit Zuwanderungsgeschichte, insbesondere im Bereich der Sprachen" vom 21.12.2009 wird auch fast dreißig Jahre später noch immer betont, dass der gemeinsame Unterricht

> [...] von Schülerinnen und Schülern mit und ohne Zuwanderungsgeschichte gegenseitiges Verständnis [schafft] und einen besonderen Beitrag für die schulische und gesellschaftliche Integration der Schülerinnen und Schüler mit Zuwanderungsgeschichte [leistet]. Darum hat gemeinsamer Unterricht Vorrang vor jeder getrennten Form.
>
> Ministerium für Schule und Weiterbildung des Landes NRW (2009: 2)

Hier wird jedoch darauf verwiesen, dass der gemeinsame Regelunterricht der Integration förderlich sei. Der Erlass regelt zudem die Anerkennung der Herkunftssprachen der Kinder, wobei bestimmt wird, dass einerseits die Förderung in DaZ außerhalb des Regelunterrichts erfolgt und es andererseits Unterricht in den Herkunftssprachen als zusätzliches Angebot geben muss; für beide Bestimmungen gilt, dass sie nicht in unserem Sinne eines sprachintegrativen Ansatzes zu deuten sind. Als positiv hervorzuheben bleibt jedoch, dass in diesem Erlass der Unterricht in den Herkunftssprachen in der Sekundarstufe I auch anstelle einer zweiten oder dritten Pflichtfremdsprache anerkannt wird (vgl. ebd.: 5).

In der Literatur sind insbesondere seit den PISA-, VERA-, DESI- und IGLU-Studien des vergangenen Jahrzehnts viele Forderungen nach einer Mehrsprachigkeitsdidaktik zu finden, die die Ausgangssprachen und -kulturen der Kinder mit Zuwanderungsgeschichte nicht nur anerkennt, sondern auch als bereichernd für alle Schüler, d.h. auch für monolingual deutschsprachige, im Unterricht zu berücksichtigen weiß (vgl. Gogolin 1994; Wieland

1998; Oomen-Welke 2003; Rösch 2004; Zellerhoff 2009; Dirim/Döll 2010; Rothstein 2011). Die verschiedenen Bildungsstudien legten offen, dass in Deutschland insbesondere Kinder mit Migrationshintergrund aufgrund sozioökonomischer, aber auch sprachlicher Benachteiligung nicht die gleichen Bildungschancen wie monolingual deutschsprachige Kinder haben (vgl. KMK 2006). Im Bericht *Zuwanderung* der Kultusministerkonferenz (vgl. ebd.) wurde bereits 2002 die „Notwendigkeit der Entwicklung einer Didaktik der Mehrsprachigkeit" formuliert. Es wurde gefordert,

> die Bildungsressource Zwei- und Mehrsprachigkeit und die sprachliche Bildung als Gesamtheit aller Bestandteile (muttersprachliche Bildung, herkunftssprachliche Bildung, fremdsprachliche Bildung) stärker in allen Bildungsgängen aufzugreifen, zu verzahnen und curricular zu verankern. Die Förderung von Zwei- bzw. Mehrsprachigkeit ist auf die Vermittlung von fundierten Deutschkenntnissen angewiesen und nutzt das Sprachenpotenzial der Schülerinnen und Schüler zum Aufbau der interkulturellen Kompetenz.
>
> KMK (2006: 11)

Die KMK reagierte schließlich mit der Ausgabe von Bildungsstandards für alle Unterrichtsfächer, in denen Bildungsziele formuliert und die multilingualen Schüler explizit berücksichtigt wurden. Dirim/Döll (2010) prüften sowohl die deutschen als auch die österreichischen Bildungsstandards (2004 bzw. 2008) im Hinblick auf den Einbezug von Mehrsprachigkeit und Deutsch als Zweitsprache. In den Erlässen beider Länder wird zunächst der hohe Stellenwert des Beherrschens der deutschen Sprache für den schulischen Erfolg hervorgehoben, und zwar für alle Unterrichtsfächer und nicht nur den Deutschunterricht, da, wie es beispielsweise in den deutschen Bildungsstandards für den Primarbereich heißt, „Sprache [...] in allen Fächern Medium des Lernens [ist]" (KMK 2004: 6). Ebenso wird in beiden Fassungen der Tatsache Rechnung getragen, dass Schüler mit anderen Herkunftssprachen nicht über die gleichen sprachlichen Voraussetzungen verfügen und deshalb besonderer Fördermaßnahmen bedürfen:

> Für viele Kinder ist die deutsche Sprache nicht die erste und nicht die Familiensprache. Sie verfügen dadurch z.T. über andere sprachliche Erfahrungen und Kompetenzen als einsprachige Kinder. Der Deutschunterricht sollte dies auch für eine interkulturelle Erziehung aller Kinder nutzen. Bei manchen Kindern mit anderer Herkunftssprache müssen durch entsprechende Fördermaßnahmen Grundlagen für schulisches Lernen in der Unterrichtssprache Deutsch erst gesichert werden.
>
> KMK (2004: 6)

Die Festschreibung der Tatsache, dass Kinder mit DaZ speziell gefördert werden müssen, beweist die offizielle Forderung nach Berücksichtigung der besonderen (sprachlichen) Bedürfnisse dieses Teils der Schülerschaft im

Hinblick auf Deutsch als Unterrichtssprache. Wie aber werden die Herkunftssprachen der Schüler bzw. deren Mehrsprachigkeit berücksichtigt? Der Blick in die Bildungsstandards zeigt deutlich, wie wenig und lediglich implizit auf die Herkunftssprachen verwiesen wird. In der Beschreibung des Kompetenzbereichs *Sprache und Sprachgebrauch untersuchen* wird als Bildungsziel „Gemeinsamkeiten und Unterschiede von Sprachen entdecken" (KMK 2004: 7) formuliert, das an späterer Stelle (vgl. ebd.: 13) näher durch folgende Stichwörter präzisiert wird:

- Deutsch – Fremdsprache, Dialekt – Standardsprache;
- Deutsch – Muttersprachen der Kinder mit Migrationshintergrund; Deutsch – Nachbarsprachen;
- gebräuchliche Fremdwörter untersuchen.

KMK (2004: 13)

Hier werden die Herkunftssprachen neben Dialekten und Fremdsprachen erwähnt, aber es wird nicht näher erläutert, inwiefern sie für alle Kinder im Regelunterricht nutzbar gemacht werden könnten. Für Dirim/Döll (2010) wird damit die Hoffnung, dass Mehrsprachigkeit als Ressource für sprachliches und kulturelles Lernen für alle Kinder wahrgenommen wird, enttäuscht:

> Dieses, die Erwartungen enttäuschende Ergebnis zeigt, dass die Bildungsstandards für das Fach Deutsch die Anpassung des Deutschunterrichts an die Verhältnisse der migrationsspezifischen Mehrsprachigkeit verfehlen.

Dirim/Döll (2010: 9)

Die Bildungsstandards wollen als Leitlernziele aufgefasst sein; entsprechend ist es Aufgabe der Länder, die in den Bildungsstandards formulierten Lernziele in den jeweiligen Lehrplänen der Bundesländer zu konkretisieren, da diese verbindlich „Aufgaben, Ziele und Inhalte der Bildungs- und Erziehungsarbeit [...] fest[legen]" (Ministerium für Schule und Weiterbildung des Landes Nordrhein-Westfalen 2008: 11), wie hier beispielhaft aus den grundschulischen Richtlinien des Landes Nordrhein-Westfalen zitiert sei. Ein exemplarischer Blick in die allgemeinen grundschulischen Richtlinien von NRW sowie den Lehrplan für das Unterrichtsfach Deutsch in der Primarstufe zeigt ein etwas differenzierteres Bild in Bezug auf die Integration der Herkunftssprachen, als es in den Bildungsstandards festzustellen ist. In Kapitel 3, *Vielfalt als Chance und Herausforderung*, wird auf die individuellen Bedürfnisse und Ausgangspositionen aller Kinder verwiesen, wobei auch auf die unterschiedliche „ethnische Herkunft" (ebd.: 12) hingewiesen wird; die oftmals damit verbundenen unterschiedlichen sprachlichen Voraussetzungen, die zu Benachteiligungen führen können, werden in dem Folgeabsatz explizit ausgeführt:

> Kinder, die bis zum Eintritt in die Grundschule noch keine ausreichende deutsche Sprachkompetenz entwickeln konnten, werden durch schulische Fördermaßnahmen soweit unterstützt, dass sie im Unterricht mitarbeiten können. Das betrifft Kinder, die in einer spracharmen Umgebung aufwachsen und vor allem jene Kinder, deren Muttersprache oder Herkunftssprache nicht Deutsch ist. Ihnen wird im Rahmen der Vorgaben des Landes auch muttersprachlicher Unterricht angeboten.
>
> Ministerium für Schule und Weiterbildung des Landes NRW (2008: 12)

In Kapitel 4 der allgemeinen Richtlinien gibt es einen mit *Deutsch als Zweitsprache* überschriebenen Abschnitt, der sehr klar und eindeutig eine besondere sprachliche Förderung der Kinder mit anderen Herkunftssprachen fordert und dies „nicht nur im Deutschunterricht oder im Förderunterricht" (ebd.: 14). Nachfolgend wird gefordert, den deutschen Sprachunterricht mit dem Unterricht aller Fächer einschließlich des Unterrichts in der Herkunftssprache zu koordinieren, wobei zudem erstmals explizit von einer „kontrastiven Spracharbeit" (ebd.) die Rede ist. Diese betrifft bis zu dieser Stelle allerdings nur die Kinder mit DaZ, die monolingual deutschsprachigen Kinder sowie deren Einbezug in kontrastive Spracharbeit werden hier noch nicht erwähnt. Dafür wird im Folgeabsatz auf die Rolle der Lehrer und der deutschsprachigen Kinder verwiesen:

> Die Lehrkräfte bringen den Kompetenzen in den Herkunftssprachen und den kulturellen Erfahrungen der Kinder **Interesse** und **Wertschätzung** entgegen. Dies **stärkt das Selbstbewusstsein** der Kinder und **stellt eine Bereicherung für alle dar**. **Wo immer es möglich ist, sollte auf die Herkunftssprache(n) eingegangen werden**, um die Entwicklung einer ausgebildeten und sprachbewussten Zweisprachigkeit zu fördern, um Vermittlungshilfen zu schaffen und um vorhandene Sprachfähigkeiten auch als Basis für das Deutschlernen zu aktivieren.
>
> ebd. (2008: 14; Hervorhebung durch d. V.)

Die Schlagwörter „Interesse", „Wertschätzung" und „Stärkung des Selbstbewusstseins" zeigen, dass die Integration der Herkunftssprachen und -kulturen durch die Lehrer und monolingual deutschsprachigen Kinder in diesen Ausführungen jedoch eher auf der affektiven Ebene angesiedelt ist; der Gewinn auf sprachlicher Ebene wird nur den DaZ-Lernern zugeschrieben, deren Zweisprachigkeit durch den Einbezug ihrer Herkunftssprachen gefördert werden könne.

Im Lehrplan für das Unterrichtsfach Deutsch (Ministerium für Schule und Weiterbildung des Landes Nordrhein-Westfalen 2008) werden Schwerpunkte und Kompetenzerwartungen für den Bereich *Sprache und Sprachgebrauch untersuchen* formuliert. Schon in den allgemeinen vorangestellten Ausführungen zur Bedeutung des Deutschunterrichts heißt es bezüglich der Kinder mit DaZ, dass diese

[...] im Deutschunterricht besondere Unterstützung beim Lernen [erfahren]. Ihre kulturellen Erfahrungen und **sprachlichen Kompetenzen werden als eine Bereicherung des Deutschunterrichts aufgegriffen** und – ebenso wie der Vergleich mit der englischen Sprache – **als Anlass zur vergleichenden Sprachbetrachtung genutzt.**

ebd. (2008: 23; Hervorhebung durch d. V.)

Hier wird der Mehrwert der sprachlichen Vielfalt für alle Kinder, nicht nur für die Kinder mit DaZ, betont sowie auf gemeinsame sprachkontrastive Arbeit im Deutschunterricht verwiesen. Im sich anschließenden Kapitel *Deutsch als Zweitsprache* werden explizit Lernfelder definiert, in denen für Kinder mit anderen Herkunftssprachen besonderer Förderbedarf postuliert wird: Wortschatzarbeit und die Erarbeitung bestimmter grammatischer Phänomene wie Partizipialkonstruktionen, Nebensätze oder Passivkonstruktionen, die als strukturelle Besonderheiten der deutschen Sprache aufgezählt werden. Auch die Nominalflexion, die insbesondere für DaZ-Lerner als Stolperstein zu werten ist, findet mit der Benennung der komplexen Pluralbildung, der verschiedenen Deklinationstypen sowie der Kongruenz zwischen Artikel, Adjektiv und Nomen Erwähnung (vgl. ebd.: 24). Außerdem wird auf Interferenzfehler verwiesen, die von den unterschiedlichen Herkunftssprachen herrühren können. Damit wird an dieser Stelle im Lehrplan der Vorschlag begründet, sprachvergleichende Betrachtungen und Darstellungen vorzunehmen, da diese „das Verständnis und die Bearbeitung manchmal scheinbar unerklärlicher Fehler erleichtern" (ebd.) könnten. Auch hier beziehen sich Sprachfördermaßnahmen in den genannten grammatischen Bereichen nur auf die Kinder mit DaZ, ein Einbezug der monolingual deutschsprachigen Kinder wird nicht benannt. Als sprachintegrativer Ansatz kann allerdings das konkrete Beispiele für sprachvergleichende Arbeit im Kompetenzziel, „das [B]enennen von Gemeinsamkeiten und Unterschieden von Sprachen (z.B. die unterschiedliche Verbstellung des Deutschen im Vergleich zu anderen Herkunftssprachen)" (ebd.: 34) interpretiert werden, da dieses für alle Kinder als Lernziel formuliert wird. Zudem handelt es sich dabei sogar um einen grammatischen Gegenstand für die sprachkontrastive Arbeit und damit um einen sprachsystematisch vergleichenden Zugang. Dieser Vorschlag unterscheidet sich von den oft vorzufindenden Empfehlungen zu vergleichender Wortschatzarbeit (vgl. z.B. Rothstein 2011), mit der kein sprachsystematischer Vergleich grammatischer Strukturen abgedeckt werden kann.

Für die grundschulischen Richtlinien und den Lehrplan Deutsch des Landes NRW lässt sich also festhalten, dass erstens die sprachliche Förderung von Kindern mit DaZ eine besondere Berücksichtigung findet, da eine gesonderte Förderung dieser Schülergruppe gefordert wird. Zweitens sollen aber auch die Herkunftssprachen zur kontrastiven Spracharbeit für alle Kinder als Ressource (nicht nur) im Deutschunterricht nutzbar gemacht werden, womit deutlich wird, dass neben der vom Regelunterricht ausgelagerten speziellen Förderung der DaZ-Kinder deren Herkunftssprachen durch einen integrativen Ansatz auch im Regelunterricht berücksichtigt werden sollen. Damit sind die grundschulischen Lehrpläne von NRW im Hinblick auf die Implementierung einer Mehrsprachigkeitsdidaktik expliziter und fordernder als die Bildungsstandards. Trotz der z.T. klaren Forderungen und Vorgaben in den Lehrplänen ist die Umsetzung in der Praxis jedoch nach wie vor kaum gegeben.[1] Sprachkontrastive Arbeit unter Einbeziehung grammatischer Phänomene wie z.B. der Nominalflexion findet selten statt, was darauf zurückzuführen ist, dass den Lehrkräften konkrete Umsetzungsvorschläge und praktische Handreichungen nicht zur Verfügung stehen. Die Forderung, dass sich die jeweiligen Lehrpersonen das Wissen zu den Herkunftssprachen selbstständig aneignen und anschließend angemessen didaktisieren, ist in der schulischen Realität kaum umsetzbar. Es ist also notwendig, die in der Theorie festgelegten Forderungen in die Praxis zu überführen und Möglichkeiten anzubieten, punktuell sprachkontrastive Einheiten, die häufige sprachliche Stolpersteine der Lerner aufgreifen, in den Unterricht einzubinden.

3. Sprachintegrativer Deutschunterricht

Ein didaktisches Modell, das diesen Forderungen entgegenkommt, ist das Modell des sprachintegrativen Deutschunterrichts. *Sprachintegrativer Deutschunterricht* wird im Folgenden als ein Deutschunterricht verstanden, in dem die grammatischen Strukturen der Herkunftssprachen der DaZ-Lerner systematisch als Unterrichtsgegenstände Berücksichtigung finden und zum Zweck des Sprachvergleichs herangezogen werden. Im Deutschunterricht sollen also nicht nur Strukturen der deutschen Sprache, sondern auch anderer Sprachen wie Türkisch, Russisch etc. betrachtet und kontrastiv zum Deutschen behandelt werden.

Konzepte für einen sprachintegrativen und sprachvergleichenden Deutschunterricht haben z.B. Gnutzmann/Köpcke (1988) und daran anknüpfend Rothstein (2010, 2011) vorgeschlagen. In diesen Ansätzen liegt der Schwerpunkt auf dem Vergleich der deutschen mit einer schulischen Fremdsprache, wobei Rothstein (2011) darüber hinausgehend in einem weiteren Schritt auch die Einbeziehung der Herkunftssprachen vorschlägt. Der Ansatz zur Vielsprachigkeitsdidaktik von Oomen-Welke (2000) dagegen bezieht sich konkret auf

---

[1] Jeuk (2008: 29) verweist sogar auf das Verbot der Erstsprache in bestimmten schulischen Kontexten.

die Integration der Herkunftssprachen. Auch in Hoffmann/Ekinci-Kocks (2011) werden didaktische Ansätze zu einem mehrsprachig orientierten, funktionalen Sprachunterricht formuliert und Umsetzungsmöglichkeiten an konkreten Gegenständen aufgezeigt. Weitere Vorschläge zur kontrastiven Betrachtung einzelner grammatischer Strukturen finden sich vereinzelt auch bei Schader (2004).

Mit dem Fokus auf die Integration der Herkunftssprachen in den Deutschunterricht soll in diesem Ansatz gezeigt werden, dass die in einer mehrsprachigen Grundschulklasse vorhandenen Sprachkompetenzen genutzt werden können und dadurch Vorteile für alle Kinder, also sowohl für monolingual deutschsprachige als auch für Kinder mit DaZ, entstehen. Die Mehrsprachigkeit kann in dieser Konzeption aus ihrer Rolle als Störfaktor, als der sie immer noch häufig von Lehrerpersonen wahrgenommen wird, heraustreten und als Ressource für gelingenden Deutschunterricht entdeckt werden. Ein wesentlicher Vorteil dieses Ansatzes ist, dass durch die Integration der Herkunftssprachen auch die Kinder, die diese Sprachen sprechen, in den regulären Deutschunterricht integriert werden.[2]

Es scheint nun aber zunächst fraglich zu sein, was auf der Ebene des Kompetenzerwerbs im Deutschen für ein solches Vorgehen im Deutschunterricht spricht und ob tatsächlich beide Sprechergruppen davon profitieren. Der Nutzen, den monolingual deutschsprachige Kinder von einem Einblick in die türkische, russische oder eine andere Sprache im Hinblick auf ihren Kenntniszugewinn in der deutschen Sprache haben könnten, ist zunächst einmal nicht offensichtlich. Schließlich ist die Ausgangslage bei monolingual deutschsprachigen und DaZ-Kindern in Bezug auf das Wissen über und die Handlungskompetenz in der deutschen Sprache sehr unterschiedlich und dementsprechend unterscheiden sich auch die Zielsetzungen des Deutschunterrichts für beide Sprechergruppen. Topalović/Michalak (2012) zeigen, dass monolingual deutschsprachige Kinder in der Regel über ein gut ausgeprägtes implizites Wissen über die deutsche Sprache verfügen und der an dieser Gruppe ausgerichtete Deutschunterricht dementsprechend darauf abzielt „das implizite Wissen der Schüler explizit, das heißt bewusst zu machen und zu systematisieren" (Topalović/Michalak 2012: 235). Bei den Kindern mit DaZ kann hingegen nicht vorausgesetzt werden, dass dieses implizite Sprachwissen im Deutschen in gleichem Maße wie bei den monolingual deutschsprachigen Kindern vorhanden ist. Bei dieser Sprechergruppe muss es vielmehr darum gehen, einen systematischen Zugang zur deutschen Sprache zu ermöglichen, um das implizite Wissen aus- oder erst aufbauen zu können (vgl. Topalović/Michalak 2012). Darüber hinaus kann die Frage gestellt werden,

---

[2] Dies schließt eine zusätzliche Deutschförderung, die in Einzelfällen sicherlich notwendig ist, nicht aus.

ob es tatsächlich sinnvoll ist, in der knapp bemessenen Zeit des Deutschunterrichts andere Sprachen zu behandeln (vgl. Rothstein 2011: 12).

Betrachten wir zunächst die Effekte eines sprachintegrativen Deutschunterrichts im oben beschriebenen Sinne für die Kinder mit DaZ. Hier liegen die Vorteile quasi auf der Hand: Durch den direkten Vergleich mit ihren eigenen Ausgangssprachen können sie sich den deutschen, teilweise noch fremden Strukturen über vertraute Konzepte und Strukturen ihrer Ausgangssprache annähern. Ein solcher Vergleich der Ziel- mit der Ausgangssprache ist ein aus dem Fremdsprachen- oder DaF-Unterricht hinreichend bekanntes Verfahren zur Erschließung der zielsprachlichen Strukturen. Handelt es sich dabei um Sprachen, die sich in Bezug auf die thematisierten Strukturen sehr ähnlich sind, besteht die Möglichkeit, dass die Kinder Transfermöglichkeiten erkennen und nutzen. Sind die untersuchten Sprachen hingegen sehr unterschiedlich, kann die Bewusstmachung dieser Unterschiede dazu beitragen, dass die Kinder einen Transfer aus der Ausgangssprache als nicht zielführend erkennen. Ein sprachintegrativer Unterricht bietet den DaZ-Kindern damit eine wertvolle Hilfestellung für die systematische Erschließung der deutschen Sprache.

Darüber hinaus besteht für DaZ-Kinder der Vorteil eines sprachintegrativen Deutschunterrichts darin, dass sie als Experten[3] für ihre Sprache eine besondere Würdigung und Anerkennung im Deutschunterricht erfahren. Während Kinder mit DaZ ansonsten im Vergleich zu den monolingual deutschsprachigen Kindern im Deutschunterricht häufig die schlechteren Leistungen zeigen, öffnet sich ihnen durch dieses Konzept ein Bereich, in dem ihr Wissen über ihre Ausgangssprache erwünscht und gefragt ist. Diesen Vorteil hebt auch Oomen-Welke hervor, da alle Sprachen und ihre Sprecher Prestige gewönnen, weil sie berechtigte Gegenstände des Unterrichts seien (vgl. Oomen-Welke 2000: 160). Dieser emotionale Aspekt der Anerkennung ist für die Lernmotivation und den Lernerfolg nicht zu unterschätzen. Gleichzeitig kann durch die systematische Einbindung der Herkunftssprachen in den Deutschunterricht ein kleiner Beitrag zur Förderung der Kompetenz der DaZ-Lerner in der Herkunftssprache geleistet werden (vgl. Rothstein 2011: 24).

Die Vorteile liegen aber nicht nur auf Seiten der DaZ-Lerner. Auch monolingual deutschsprachige Kinder profitieren von einem sprachintegrativen Deutschunterricht, und zwar vor allem durch die Förderung sprachreflexiver Kompetenzen, die wiederum zum Aufbau von Sprachbewusstsein führen. Dürscheid (2010) differenziert den Begriff des Sprachbewusstseins in Anlehnung an Neuland (2002) in die drei Teilbereiche sprachsystematisches, kom-

---

[3] *Experte* meint hier, dass die Kinder über intuitives Wissen über ihre Ausgangssprache verfügen. Explizites Grammatikwissen kann kaum vorausgesetzt werden.

munikatives und soziokulturelles Wissen. Das sprachsystematische oder das grammatische Wissen wiederum wird in deklaratives und prozedurales Wissen unterteilt (vgl. Abbildung 1).

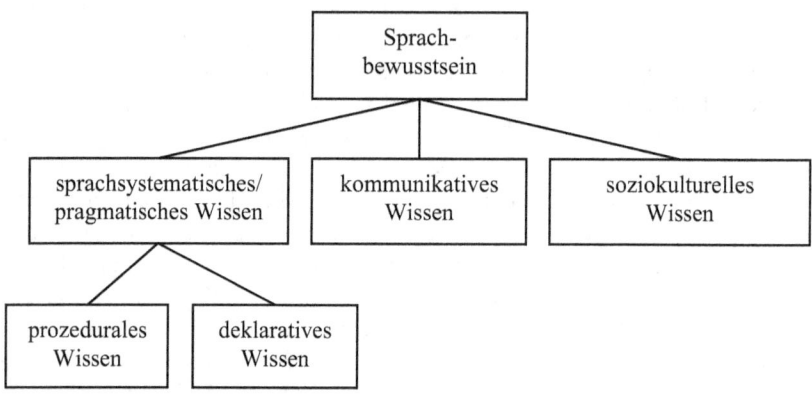

Abb. 1: Sprachbewusstsein

In dem hier vorgestellten Ansatz soll es vor allem um die Förderung des sprachsystematischen Wissens, also des grammatischen Bewusstseins gehen. Um grammatisches Bewusstsein zu fördern, ist es aber notwendig, dass die Sprecher auf die sprachlichen Strukturen, die sie normalerweise automatisiert und in diesem Sinne unreflektiert verwenden, aufmerksam werden. Diese Aufmerksamkeit kann insbesondere durch einen Moment der Irritation erzeugt werden, der z.B. durch Fehler, durch kreativen Sprachgebrauch in der Werbung etc. ausgelöst wird. Aber auch und gerade das Vergleichen der eigenen mit einer fremden Sprache ist einer der möglichen Anlässe, die dazu führen, dass bekannte Strukturen neu wahrgenommen und reflektiert werden. Sprachvergleiche bieten den Anlass, Distanz gegenüber den sprachlichen Strukturen, die automatisiert beherrscht werden, aufzubauen und aus dieser Distanz heraus eine reflexive Perspektive einzunehmen (vgl. Rothstein 2011: 12). Auch Oomen-Welke (2003: 457) nimmt an, dass „[m]etasprachliche Aufmerksamkeit, die Sprachwissen und Sprachbewusstsein fördert, [...] im mehrsprachigen Kontext vermutlich am ehesten durch Konfrontation mit einzelnen anderssprachigen Phänomenen [entsteht]". Die monolingual deutschsprachigen Kinder sehen also die Strukturen der deutschen Sprache durch den Vergleich mit anderen Sprachen aus einer neuen Perspektive und werden so zur Reflexion angeregt, die für den Aufbau und die Förderung von Grammatikbewusstsein grundlegend ist. Ein ausgeprägtes Grammatikbewusstsein ist wiederum kein Selbstzweck, sondern etwa für den Erwerb schulischer Fremdsprachen von großem Nutzen.

Das oben genannte Ziel des muttersprachlichen Deutschunterrichts, implizites Wissen in explizites Wissen zu überführen, kann also durch Sprachvergleiche ebenso erreicht werden wie das Ziel des Deutschunterrichts für DaZ-Lerner, das darin besteht, einen systematischen Zugang zur deutschen Sprache zu ermöglichen. Mit Topalović/Michalak (2012: 242) kann zusammengefasst werden: „Den DaZ-Schülern würde ihre Thematisierung [d.h. der grammatischen Strukturen im kontrastiven Vergleich; d. V.] als kognitive Hilfe in ihrem Spracherwerbsprozess dienen, den DaM-Schülern als sprachreflexives Angebot". Es gilt aber auch für die DaZ-Kinder, dass ihr Grammatikbewusstsein durch Sprachvergleiche gefördert wird. Beide Seiten sind unmittelbar miteinander verbunden.

Neben zeitlichen und organisatorischen Schwierigkeiten im Schulalltag werden auch andere, konkreter zu benennende Probleme gegen einen sprachintegrativen Deutschunterricht angeführt, wie sie z.B. Rothstein (vgl. 2011: 20) aufgreift. Zum einen bedeutet ein sprachvergleichender Deutschunterricht eine große Herausforderung für die Lehrkraft. Die jeweiligen Strukturen der Herkunftssprachen müssen erarbeitet und für den Unterricht didaktisiert werden. Dazu muss die Lehrkraft selbst über eine hohe sprachreflexive Kompetenz verfügen, da es bisher kaum geeignetes Material für einen sprachvergleichenden Unterricht gibt.[4]

Doch nicht nur auf Seiten der Lehrkraft, auch auf Seiten der Schüler droht Überforderung: Wenn die DaZ-Kinder als Experten für ihre Sprache eingesetzt werden sollen, muss berücksichtigt werden, dass sie ihre Herkunftssprache teilweise nur rudimentär beherrschen und schriftsprachliche Kenntnisse oft gar nicht vorhanden sind. So wie für die monolingual deutschsprachigen Kinder ein implizites Wissen über die deutsche Sprache konstatiert werden kann, ist das Wissen der DaZ-Kinder in ihren Herkunftssprachen ebenfalls implizit, dabei aber eventuell nicht so stark ausgeprägt wie bei monolingualen Sprechern dieser Sprache.

Diesen Schwierigkeiten kann jedoch begegnet werden, indem erstens sprachvergleichendes Material erarbeitet und für den Deutschunterricht bereitgestellt wird, um die Lehrkraft zu entlasten. Zweitens sollten nur solche Strukturen im Sprachvergleich behandelt werden, die die DaZ-Lerner mit großer Wahrscheinlichkeit zumindest passiv in ihrer Herkunftssprache beherrschen. Rothstein (2011: 20) präzisiert, dass sprachintegrativer Unterricht sich „nur bei eindeutig vergleichbaren übereinzelsprachlichen Funktionen mit klar zugeordneten Formen an[bietet], die somit ‚leicht' vom betreffenden Schüler durch Introspektion ermittelt werden können". Drittens sollten Sprachvergleiche zumindest punktuell eingesetzt werden, wenn ein sprachintegrativer Deutschunterricht nicht immer und mit allen in einer Klasse vertre-

---

[4] Als positive Ausnahme sei hier z.B. auf Schönenberg (2010) verwiesen.

tenen Herkunftssprachen durchgeführt werden kann. Um einen punktuellen Einsatz zu ermöglichen, sollten in erster Linie einzelne, überschaubare sprachliche Bereiche betrachtet werden. Wie sich diese Überlegungen im Unterricht umsetzen lassen, soll im Folgenden exemplarisch anhand der Nominalflexion am Beispiel des Kasus im Deutschen und Russischen vorgestellt werden.

4. Die Nominalflexion als Unterrichtsgegenstand

Die deutsche Nominalflexion bietet sich u.E. vor allem aus drei Gründen als Unterrichtsgegenstand für einen sprachintegrativen Unterricht an: Zum einen kann die deutsche Nominalflexion mit einer der Grundschule angemessenen didaktischen Reduktion zu einem überschaubaren Gegenstand gemacht werden, der im oben diskutierten Sinne sprachvergleichend gut zu behandeln ist.[5] Die Nominalflexion wird außerdem von den DaZ-Kindern mit großer Wahrscheinlichkeit zumindest rezeptiv in ihrer Herkunftssprache beherrscht. Deshalb werden sie in ihrem Expertenstatus nicht überfordert. Ein dritter wichtiger Punkt ist, dass die deutsche Nominalflexion eine Fehlerquelle für DaZ-Lerner, aber auch einen Stolperstein für monolingual deutschsprachige Kinder darstellt. Vor allem im schriftsprachlichen Bereich und bei Dialektsprechern häufen sich Unsicherheiten und Fehler bei der grammatisch korrekten Verwendung der Kasus (vgl. Granzow-Emden 1998: 279). Die folgenden Textbeispiele von Kindern der dritten Schulklasse illustrieren dies exemplarisch:

(I)	gaben ihm dan sein Baby brei
(II)	zu ihren Mann
(III)	ihn Wasser gegeben

Abb. 2: Beispiele Kinder mit DaZ

---

[5] Ein Vergleich von grammatischen Strukturen bietet sich natürlich nur dann an, wenn beide Sprachen ähnliche grammatische Strukturen aufweisen.

(IV)	er warf ein Ball
(V)	von den Baby
(VI)	die Mutter hate ein Tedy

Abb. 3: Beispiele Kinder mit DaM

DaZ	Abweichung	DaM	Abweichung
(I)	Deklination des Possessivpronomens nach dem neutralen Paradigma/Verwendung des neutralen Maskulinums im Nominativ statt Akkusativ	(IV)	Deklination des indefiniten Artikels nach dem neutralen Paradigma/Verwendung des Maskulinums im Nominativ statt Akkusativ
(II)	Nach dativfordernder Präposition Possessivpronomen im Akkusativ	(V)	Nach dativfordernder Präposition definiter Artikel im Akkusativ und Deklination des Artikels nach dem maskulinen Paradigma
(III)	Personalpronomen im Akkusativ statt Dativ	(VI)	Deklination des indefiniten Artikels nach dem neutralen Paradigma/Verwendung des Maskulinums im Nominativ statt Akkusativ

Tab. 1: Abweichungen in der Deklination bei Kindern mit DaM und DaZ

Wie diese Gegenüberstellung zeigt, sind nicht zielsprachengerechte Deklinationen der nominalen Elemente keinesfalls rein DaZ-spezifische Schwierigkeiten. Die Fehlerarten überschneiden sich mit den Fehlern der DaM-Kinder, wobei bei dieser Gruppe wohl vor allem der phonetische Faktor, dass im gesprochenen Deutsch zwischen der Form des indefiniten maskulinen Artikels im Akkusativ (*einen*) und des indefiniten neutralen Artikels (*ein*) oder des indefiniten maskulinen Artikels im Nominativ (*ein*) akustisch kaum ein Unterschied wahrnehmbar ist, eine Rolle spielt.

5. Didaktisierungsvorschlag am Beispiel des deutschen und russischen Kasussystems

Um sowohl DaZ-Lernern als auch monolingual deutschsprachigen Kindern einen gemeinsamen Zugang zu grammatischen Bereichen des Deutschen zu erleichtern, wird im Folgenden ein Didaktisierungsvorschlag aufgezeigt, der versucht, die zuvor formulierten Forderungen nach einem sprachintegrativ und -kontrastiv ausgerichteten Grammatikunterricht zu berücksichtigen. Dieser Unterricht sollte funktional ausgerichtet sein. Die Lerner sollen erkennen, dass grammatische Formen semantisch motiviert sein können. Die Didaktisierung erfolgt unter Einbezug des Russischen, das hier aus zwei Gründen exemplarisch für andere Herkunftssprachen steht: Zum einen ist die Anzahl russischsprachiger DaZ-Lerner in deutschen Klassenzimmern sehr hoch, sodass Russisch neben Türkisch eine der primären Migrantensprachen ist. Zum anderen weisen die Kasussysteme des Deutschen und des Russischen bei aller Verschiedenheit auch ausreichend Ähnlichkeiten auf, um für eine sprachkontrastive Betrachtung geeignet zu sein.

5.1 Gegenstandsdarstellung

Das Russische kennt neben den auch im Deutschen vorhandenen Kasus den Instrumental sowie den Präpositiv. In beiden Sprachen sind die Kasusmarkierungen abhängig vom Genus und Numerus.[6] Im Russischen ist zudem die Belebtheit ausschlaggebend: So variiert die Kasusmarkierung bei Maskulina und Neutra je nach dem Merkmal der Belebtheit. Bei unbelebten Nomina bleibt die Form des Nomens im Akkusativ unverändert zum Nominativ, bei belebten ist dies nicht der Fall[7] (vgl. Tabelle 2). Die Markierung der sechs Kasus erfolgt im Russischen am Nomen, in komplexen Nominalphrasen zudem an Adjektiven. Auch Proformen werden nach Kasus flektiert. Im Deutschen werden vorwiegend Artikel, Adjektive und Proformen markiert; Markierungen am Nomen finden sich im Singular ausschließlich bei schwachen Maskulina in allen obliquen Kasus sowie bei der Markierung des Genitiv Singular im Maskulinum und Neutrum. Dem Russischen stehen im Singular 14 Flexive zur Verfügung, dem Deutschen insgesamt acht (sechs zur Markierung der Artikel sowie zwei zur Markierung des Nomens; vgl. Tabelle 2). Da die Kasusmarkierung im Deutschen in einfachen Nominalphrasen häufiger am Artikel und seltener am Nomen zu finden ist, verzichtet der Didaktisierungsvorschlag auf Kasus bzw. Nomina, die eine synthetische Markierung erfordern.

---

[6] Um die Hinführung und Erarbeitung des Gegenstands für die Lerner überschaubar zu halten, wird ausschließlich die Flexion einfacher Nominalphrasen im Singular betrachtet. Dies ist aus unserer Sicht ausreichend, um eine punktuelle funktional ausgerichtete Betrachtung des Gegenstands zu ermöglichen.

[7] Da nicht davon ausgegangen werden kann, dass den russischsprachigen Kindern diese Unterscheidung bewusst ist, verzichtet der Didaktisierungsvorschlag auf die Differenzierung von belebten und unbelebten Nomina.

		Deutsch			Russisch	
Kasus/Genus	m	f	n	m	f	n
Nominativ	der	die	das	-ø	-a, -ja	-o, -e
Akkusativ	den			-ø, -a	-u, -ju	-o, -e
	(-(e)n)					-ogo
Dativ	dem	der	dem	-u, -ju	-e	-i
	(-(e)n)					
Genitiv	des		des	-a, -ja	-y, -i	-a, -ja,
	-s		-s			-ogo
Instrumental	-			-om, -em	-oj	-om, -em
Präpositiv	-			-e, -om	-e	-i

Tab. 2: Übersicht Kasusmarker Singular Deutsch/Russisch[8]

Aus Tabelle 2 geht hervor, dass Synkretismen sowohl im Deutschen als auch im Russischen zu finden sind. In beiden Sprachen lassen die multifunktionalen Formen keinen eindeutigen Rückschluss auf Genus oder Kasus zu (z.B. kann *der* im Deutschen Dativ und Genitiv des Femininums sowie auch Nominativ des Maskulinums sein; im Russischen kann das Flexiv *-a* sowohl Genitiv Maskulinum als auch Genitiv Neutrum sein).

Dass die morphologische Markierung der Kasus im Russischen trotz der vorhandenen Synkretismen eine höhere Validität besitzt, äußert sich vor allem auf der Ebene der Syntax, die im Russischen variabler als im Deutschen ist. Dem einfachen transitiven Aussagesatz mit zwei Nominalphrasen und einer Verbalphrase liegt im Russischen die kanonische Folge SVO zugrunde, die jedoch je nach Kontext und Aussageabsicht des Sprechers beliebig variiert werden kann. Alle sechs Kombinationsmöglichkeiten der drei Satzglieder sind möglich (vgl. Bailyn 1995), da die Kennzeichnung semantischer Rollen morphologisch weitgehend gewährleistet ist. Im Deutschen ist die Variabilität eingeschränkter: In analog konstruierten transitiven Aussagesätzen können das Subjekt und das Objekt jeweils präverbal (XV) realisiert werden, wobei die Struktur OV als markiert gewertet werden muss (z.B. *Die Schwester küsst den Bruder – Den Bruder küsst die Schwester*). Andere Varianten sind aufgrund der festen Verbzweitstellung im einfachen Aussagesatz nicht möglich.

---

[8] In der vorliegenden Übersicht werden für das Russische ausschließlich Nomina der ersten und zweiten Deklinationsklasse berücksichtigt. Feminina der dritten Deklinationsklasse (auslautend auf palatalisierten Konsonanten) werden aufgrund einer angestrebten Reduzierung des grammatischen Gegenstands hier nicht aufgeführt.

5.2 Lernziel und Rahmenbedingungen

Die Interdependenz morphologischer Validität und syntaktischer Variabilität bildet die Grundlage für den Didaktisierungsvorschlag. Ziel der Unterrichtseinheit ist es, dass die Kinder einerseits die Funktion der Kasusmarkierungen, andererseits deren unterschiedliche Realisierung in den beiden Sprachen Deutsch und Russisch induktiv erarbeiten.

Zu den Rahmenbedingungen des Vorschlags gehört zunächst, dass dieser in der vierten Jahrgangsstufe durchgeführt werden sollte. In der Schulklasse sollten unterschiedliche Migrantensprachen vertreten sein, um den Einbezug der jeweiligen Herkunftssprachen der Lerner zu ermöglichen. Im konkreten Fall sollten einige Sprecher des Russischen in der Regelklasse sein. Die Schüler benötigen kein deklaratives grammatisches Vorwissen, da die Hinführung zum Gegenstand sowie dessen Systematisierung ausschließlich am vom Lehrpersonal zur Verfügung gestellten Material erfolgt. Auch die notwendigen Kenntnisse der Lehrkraft beschränken sich auf das im Didaktisierungsvorschlag zur Verfügung gestellte Wissen und auf die entsprechenden Lehrmaterialien. Eine umfassende und detaillierte Kenntnis der jeweiligen grammatischen Kategorien der Migrantensprachen ist an dieser Stelle nicht erforderlich.

In den vorgeschlagenen Unterrichtsmaterialien geschieht die Hinführung dadurch, dass Agens und Patiens in Sätzen der Struktur SVO anhand der Kasusmarkierungen identifiziert werden sollen, z.B. *Die Schwester küsst den Bruder.* Anhand der Artikelflexion lässt sich in diesem Beispielsatz des Deutschen eindeutig identifizieren, dass *Bruder* Patiens ist.

Das Material setzt sich aus unterschiedlichen Sätzen (jeweils zwei Nominalphrasen und eine Verbalphrase) der Struktur SVO_{Akk} und Bildern zusammen, auf denen der Satzinhalt abgebildet ist. Die Sätze enthalten ein zweiwertiges transitives Verb, das in allen Sätzen identisch ist. Die Nomina sind belebt und variieren nach Genus (z.B. *Schwester, Bruder, Kind*). Die im Satz vorkommenden Aktanten treten jeweils in den ihnen zugewiesenen semantischen Rollen als Agens und als Patiens auf. Die semantischen Rollen werden nur bei den Maskulina durch die Kasusmarkierungen morphologisch angezeigt. Bei den Feminina und Neutra ist eine Interpretation der semantischen Rollen nur auf Grundlage der Wortstellung möglich. Das Verb und die Nomina sollten in den verschiedenen Sätzen nicht variieren, damit die Konzentration auf die morphologischen Merkmale im Satz gelenkt wird. Um die Anzahl der Sätze überschaubar zu halten, werden ausschließlich zwei unterschiedliche Genera kombiniert (M-F, M-N, F-N). Die zusätzliche Variation nach semantischer Rolle ergibt eine mögliche Gesamtanzahl von sechs Sätzen. Da die Kinder auf der Grundlage des Materials erkennen sollen, dass semantische Rollen im Deutschen vorwiegend am Artikel markiert werden, ist eine Reduktion auf drei Sätze sinnvoll. Dabei sollte insbesondere darauf geachtet werden, dass das Maskulinum aufgrund der formalen Unterscheidung zwischen Akkusativ und Nominativ sowohl als Agens als auch als Patiens auftritt. Um keine orthographischen Hinweise auf die Zusammensetzung der Sätze zu liefern, werden alle Wörter durchgehend in Majuskeln geschrieben.

Die drei Sätze werden den Lernern jeweils einzeln ausgehändigt. Jeder Satz wird dabei in seine Einzelteile (zwei Determinierer, zwei Nomina und ein Verb) zerschnitten (vgl. Beispiel).

DIE	SCHWESTER	KÜSST	DEN	BRUDER

Abb. 4:   Beispiel aus dem Unterrichtsmaterial

Durch die Variation der semantischen Rollen ergibt sich zum Beispielsatz das Pendant *Der Bruder küsst die Schwester*.

5.3 Durchführung

Die Aufgabe der Kinder besteht schließlich darin, diese Einzelteile zu drei einfachen Aussagesätzen zusammenzusetzen und den drei Bildern zuzuordnen. Die Lerner arbeiten im Sinne des Werkstattunterrichts in kleinen Gruppen oder Teams[9] mit dem ihnen zur Verfügung gestellten Material. Der erste Hinführungsschritt besteht demnach darin, auf bereits vorhandenes Sprachwissen im Deutschen zurückzugreifen. Es wird davon ausgegangen, dass die Aufgabenstellung sowohl von den deutsch- als auch von den russischsprachigen Kindern problemlos gelöst werden kann. Im Anschluss an diesen ersten Hinführungsschritt führen die Kinder eine ‚Umstellprobe' durch. Die Lehrkraft fragt danach, was passiert, wenn die Bilder vertauscht werden und ob diese danach immer noch zu dem passen, was in den Sätzen beschrieben ist. Die Lerner erkennen, dass die Umstellprobe nur dann nicht möglich ist, wenn der entsprechende Satz ein Maskulinum enthält. Bei Sätzen mit Neutra und Feminina ist die Umstellprobe möglich, da aufgrund der synkretischen Formen im Nominativ und Akkusativ keine formale Unterscheidung zwischen diesen Kasus vorliegt.
Bei einem von uns durchgeführten Pretest mit dem beschriebenen Material reagierte das getestete monolingual deutschsprachige Kind mit der Äußerung, dass dies bei Sätzen, die ein Maskulinum enthalten, nicht möglich sei und

---

[9]   Die Sozialform hängt von der Anzahl russischsprachiger Lerner in der Klasse/Gruppe ab. Idealerweise sollte pro Gruppe/Team mindestens ein Lerner dabei sein, der Russischkenntnisse mitbringt.

verwies als Grund auf die Artikelform *den*.[10] Durch die Umstellprobe werden die Lerner dazu angeleitet, ihre Aufmerksamkeit auf die Artikel im Satz zu lenken. Ausgehend von den Beobachtungen werden die Lerner in einem weiteren Schritt dazu aufgefordert, die Artikel aus den Sätzen zu entfernen und erneut die Umstellprobe durchzuführen. Ziel dieses Schritts ist es, dass die Lerner erkennen, dass Kasusrollen im Deutschen vorwiegend an Artikeln markiert werden und dass grammatische Formen funktional sind. Die Erkenntnis, dass die Umstellprobe durch die Tilgung der Artikel problemlos gelingen kann und dass Agens und Patiens nur durch die Hinzunahme der Artikel ermittelt werden können, konnte ebenfalls bei der Pretestdurchführung beobachtet werden. Um das Prinzip des induktiven Lernens zu vertiefen, sollten die Gruppen diese Erkenntnis schließlich in eigenen Worten als Regel oder Merksatz formulieren. Auf Grundlage dieses Übungsmaterals kann demnach durch gezieltes Fragen auf die Funktion von grammatischen Formen, hier am Beispiel der deutschen Artikelformen, aufmerksam gemacht werden, wodurch das deutsche Sprachsystem reflektiert wird. Ausgehend von der Arbeit am eigenen Sprachgebrauch erfolgt der Transfer zu und die Arbeit mit anderen Sprachen.

Im zweiten Schritt soll die Kontrastierung mit dem Russischen erfolgen. Als Material fungieren dabei analog zum Deutschen Satzteile, die hier auf Russisch dargestellt werden, sowie die bereits zuvor verwendeten Bilder. Um die russischsprachigen Kinder einzubinden, sollen diese die Wörter aus den zuvor zusammengesetzten Sätzen zunächst übersetzen. Da es sich um einfache Vokabeln handelt, die dem Alltagswortschatz der Kinder entsprechen, sollte dieser Schritt keine großen Schwierigkeiten bereiten (*Bruder – brat, Schwester – sestra, küsst – celuet*), sodass die Lerner zwar als Sprachexperten auftreten können, jedoch in der Komplexität der Aufgabe nicht überfordert werden. Bereits an dieser Stelle wird deutlich, dass eine Übersetzung der Artikel nicht möglich ist, weil das Russische keine Artikel kennt. Diese Entdeckung dient als Überleitungsschritt zum vorher formulierten Merksatz, der besagt, dass im Deutschen anhand der Artikelform Agens und Patiens im Satz identifiziert werden können. Wenn es also im Russischen keine Artikel gibt, muss danach gefragt werden, wie die Identifikation semantischer Rollen gewährleistet werden kann. Die den Kindern zur Verfügung gestellten Satz-

---

[10] Allerdings wurde bei der Durchführung ebenfalls deutlich, dass bei der Bildauswahl auf die Genauigkeit und Eindeutigkeit der Abbildungen geachtet werden muss.

teile enthalten die übersetzten Wörter in transliterierter Form:[11] *brat celuet sestru, sestra celuet brata.* An dieser Stelle müssen die russischsprachigen Kinder ihr zuvor beschriebenes Expertenwissen einbringen, indem sie die Satzteile zu Sätzen zusammensetzen, die mit den jeweiligen Bildern kombiniert werden können.[12] Auch hier werden die einzelnen möglichen Sätze getrennt zur Verfügung gestellt. Im Anschluss daran wird erneut die Umstellprobe durchgeführt.

Auch in diesem Fall wurde ein entsprechender Pretest mit einer russischsprachigen DaZ-Lernerin aus der vierten Jahrgangsstufe durchgeführt. Das Mädchen hatte weder Probleme bei der Zusammenstellung der Wörter zu Sätzen noch bei der Erklärung, warum eine Umstellung nicht möglich sei. Sie verwies dabei auf das Flexiv *-u* im Akkusativ Femininum (*sestru*) sowie auf die Endung *-a* im Akkusativ Maskulinum (*brata*). Ausgehend von der Erkenntnis, dass im Deutschen durch die Verwendung der Artikel semantische Rollen markiert werden können, sollte für das Russische herausgefunden werden, dass die Markierung der Kasus und somit der semantischen Rollen am Nomen selbst geschieht. Zur Festigung dieses Erarbeitungsschritts wird wiederum ein gemeinsamer Merksatz formuliert.

Abschließend erstellen die Gruppen eine Gegenüberstellung ihrer Erkenntnisse für das Deutsche und das Russische. Dabei werden Gemeinsamkeiten wie auch Unterschiede hinsichtlich der jeweiligen Möglichkeiten zur Markierung semantischer Rollen im Satz benannt. Die Funktionalität der Kasusmarkierung rückt hierbei erneut in den Fokus und muss von der Lehrkraft explizit hervorgehoben werden.

Die Arbeit mit Sätzen, die eine Akkusativmarkierung enthalten, kann als Grundlage für weitere Schritte zur Thematisierung des Kasussystems als solches gewertet werden. Sobald den Lernern die Funktionalität der Formen auf einer sprachkontrastiven und sprachintegrativen Basis deutlich geworden ist und weiterführende Übungen zur Vertiefung und Festigung durchgeführt wurden, können dativmarkierte Sätze betrachtet werden. Das oben beschriebene Prinzip kann wiederum aufgegriffen und fortgeführt werden. Durch die Verwendung zweiwertiger Verben, die den Dativ erfordern (z.B. *helfen, folgen*) kann zudem darauf aufmerksam gemacht werden, dass die Kasus-

---

[11] Zum einen ist nicht gewährleistet, dass die russischsprachigen Kinder über schriftsprachliche Kenntnisse in ihrer Herkunftssprache verfügen. Zum anderen sollen die monolingual deutschen Kinder in den Erarbeitungsprozess eingebunden werden, was nur auf der Grundlage einer lateinischen Schrift möglich ist. Deshalb sollte auf die Verwendung des Kyrillischen weitgehend verzichtet werden.

[12] Wie bereits erwähnt, sind dabei sechs Varianten möglich. Sollte die Lehrkraft feststellen, dass in den einzelnen Gruppen unterschiedliche Sätze entstehen, kann dies im Plenum aufgegriffen werden. Dieser Schritt verhindert, dass etwas als falsch oder richtig gewertet wird.

markierung von unterschiedlichen Elementen im Satz abhängig ist. Der kontrastive Ansatz kann als Ausgangspunkt für weiterführende Überlegungen und Systematisierungsschritte zur Verwendung der richtigen Artikelform dienen.

6. Ausblick

Der hier vorgestellte Didaktisierungsansatz für einen sprachintegrativen und sprachkontrastiven Grammatikunterricht in multilingualen Lerngruppen ist als ein erster Vorschlag zur Annäherung an die Thematik zu werten. Ziel war es, zu zeigen, dass eine sprachkontrastive Betrachtung grammatischer Teilbereiche unter funktionalen Aspekten auch in Lerngruppen der Grundschule möglich ist. Dies konnte bereits durch die exemplarisch durchgeführten Pretests belegt werden. Es ist jedoch notwendig, die vorgestellten Materialien auszubauen und zu spezifizieren, um den Einsatz in größeren Lerngruppen zu ermöglichen, und es ist notwendig zu dokumentieren, ob die jeweiligen Lernziele und Lerneffekte erreicht werden können. Die Vorteile auf Seiten der affektiven Ebene, die wir einleitend geschildert haben und die insbesondere für die Kinder mit DaZ gelten, sind u.E. für sich genommen schon Grund genug, sprachintegrative Übungen der vorgestellten Art in den Unterricht aufzunehmen.

Ob der von uns vorgestellte sprachintegrative Ansatz auch auf sprachlicher Ebene zielführender ist als der monolingual ausgerichtete Deutschunterricht, kann an dieser Stelle noch nicht abschließend beantwortet werden. *Zielführend* ist hier in dem Sinne zu verstehen, dass durch die Bewusstmachung der Funktionalität sprachlicher Strukturen im sprachkontrastiven Vergleich sowohl monolingual deutschsprachige Kinder als auch mehrsprachig aufwachsende Lerner eine sicherere Sprachbeherrschung erzielen können und ihr Grammatikbewusstsein gefördert wird. Um diesen Effekt nachweisen zu können, sind empirische Untersuchungen unter Einbezug einer entsprechenden Kontrollgruppe notwendig und werden angestrebt.

Literatur

Bailyn, John Frederick (1995): A Configurational Approach to Russian "free" Word Order. – Michigan: UMI.
Dirim, Inci/Marion Döll (2010): Mehrsprachigkeit und Deutsch als Zweitsprache in den Bildungsstandards für das Fach Deutsch. – In: Didaktik Deutsch 29, 5-14.
Dürscheid, Christa (1998): Die Kasus im Deutschen und Russischen. – In: Universität Köln/Volgogradskij Gosudarstvennyj Universitet (Hgg.): Festschrift – 5 Jahre wissenschaftliche Zusammenarbeit der Universitäten Köln und Wolgograd (1993-1998). – Nümbrecht: Kirsch, 100-111.
– (2010): Grammatik und Grammatikbewusstsein. – In: Der Deutschunterricht 6, 20-29.
Gnutzmann, Claus/Klaus-Michael Köpcke (1988): Integrativer Grammatikunterricht – Wider die Trennung von Mutter- und Fremdsprachenunterricht. – In: Neusprachliche Mitteilungen 41, 75-84.
Gogolin, Ingrid (1994): Der monolinguale Habitus der multilingualen Schule. – Münster/New York: Waxmann (Internationale Hochschulschriften).
Granzow-Emden, Matthias (1998): Die Deklination der Substantivgruppe. Didaktische Überlegungen zur tabellarischen Darstellung. – In: Katharina Kuhs/Wolfgang Steinig (Hgg.): Pfade durch Babylon. Konzepte und Beispiele für den Umgang mit sprachlicher Vielfalt in Schule und Gesellschaft. – Freiburg im Breisgau: Fillibach (Deutschdidaktik), 279-295.
Hoffmann, Ludger/Yüksel Ekinci-Kocks (2011) (Hgg.): Sprachdidaktik in mehrsprachigen Lerngruppen. Vermittlungspraxis Deutsch als Zweitsprache. – Baltmannsweiler: Schneider.
Jeuk, Stefan (2008): Die Bedeutung der Erstsprache beim Erlernen der Zweitsprache. – In: Simona Colombo-Scheffold u.a. (Hgg.): Ausländisch für Deutsche. Sprachen der Kinder – Sprachen im Klassenzimmer. – Freiburg: Fillibach, 29-42.
KMK = Konferenz der Kultusminister der Länder der Bundesrepublik Deutschland (2004): Bildungsstandards im Fach Deutsch für den Primarbereich. Beschluss vom 15.10.2004. – Köln: Luchterhand.
KMK = Konferenz der Kultusminister der Länder in der Bundesrepublik Deutschland (2006): Bericht „Zuwanderung". [Online-Version: http://www.kmk.org/fileadmin/ veroeffentlichungen_beschluesse/2002/2002_05_24-Zuwanderung.pdf] Letzter Zugriff: 26.02.2012.
Ministerium für Schule und Weiterbildung des Landes Nordrhein-Westfalen (2008): Richtlinien und Lehrpläne für die Grundschule in Nordrhein-Westfalen. – Frechen: Ritterbach.
Ministerium für Schule und Weiterbildung des Landes Nordrhein-Westfalen (2009): Erlass „Unterricht für Schülerinnen und Schüler mit Zuwanderungsgeschichte, insbesondere im Bereich der Sprachen". [Online-Version: http://www.schulministerium.nrw.de/BP/Schulrecht/Erlasse/Herkunftssprache.pdf] Letzter Zugriff: 26. 02.2012.
Neuland, Eva (2002): Sprachbewusstsein – eine zentrale Kategorie für den Sprachunterricht. – In: Der Deutschunterricht 54/3, 4-10.

Oomen-Welke, Ingelore (2000): Umgang mit Vielsprachigkeit im Deutschunterricht – Sprachen wahrnehmen und sichtbar machen. – In: Deutsch lernen 25/2, 143-163.
Oomen-Welke, Ingelore (2003): Entwicklung sprachlichen Wissens und Bewusstseins im mehrsprachigen Kontext. – In: Ursula Bredel u.a. (Hgg.): Didaktik der deutschen Sprache. Teilbd. 1. – Paderborn: Schöningh, 452-463.
Rösch, Heidi (2004): Deutsch als Zweitsprache (DaZ): Im Zentrum des Interesses? – In: Michael Kämper-van den Boogaart (Hg.): Deutschunterricht nach der PISA-Studie. Reaktionen der Deutschdidaktik. – Frankfurt a.M. u.a.: Lang (Beiträge zur Literatur- und Mediendidaktik 6), 83-97.
Rothstein, Björn (2010): Sprachintegrativer Grammatikunterricht. – Tübingen: Stauffenburg (Stauffenburg Linguistik 51).
Rothstein, Björn (2011): Deutschunterricht und Qualifikation in der Herkunftssprache? – In: Björn Rothstein (Hg.): Sprachvergleich in der Schule. – Baltmannsweiler: Schneider (Thema Sprache – Wissenschaft für den Unterricht 1), 9-26.
Schader, Basil (2004): Sprachenvielfalt als Chance. Das Handbuch. Hintergründe und 101 praktische Vorschläge für den Unterricht in mehrsprachigen Klassen. – Troisdorf: Bildungsverlag Eins.
Schönenberg, Stefanie (2010): „Wir zeigen nur einmal viele an!" Pluralbildung im deutsch-türkischen Vergleich. – In: Deutsch 23, 8-13.
Topalović, Elvira/Magdalena Michalak (2012): Sprachreflexion und Grammatik zwischen DaM und DaZ. – In: Magdalena Michalak/Michaela Kuchenreuther (Hgg.): Grundlagen der Sprachdidaktik Deutsch als Zweitsprache. – Baltmannsweiler: Schneider, 226-250.
Wieland, Regina (1998): Grammatikunterricht in mehrsprachigen Klassen: Sprachliche Formen und Funktionen entdecken und vergleichen. – In: Katharina Kuhs/Wolfgang Steinig (Hgg.): Pfade durch Babylon. Konzepte und Beispiele für den Umgang mit sprachlicher Vielfalt in Schule und Gesellschaft. – Freiburg im Breisgau: Fillibach (Deutschdidaktik), 259-277.
Zellerhoff, Rita (2009): Didaktik der Mehrsprachigkeit. Didaktische Konzepte zur Förderung der Mehrsprachigkeit bei Kindern und Jugendlichen. Schulformübergreifende Konzepte unter besonderer Berücksichtigung des Förderschwerpunktes Sprache. – Frankfurt a.M. u.a.: Lang (Europäische Hochschulschriften 11, Pädagogik 978).

Adressen der Autorinnen und Autoren

Anja Binanzer

Westfälische Wilhelms-Universität Münster
Germanistisches Institut
Stein-Haus, Schlossplatz 34
D-48143 Münster

Dr. Andreas Bittner

Westfälische Wilhelms-Universität Münster
Germanistisches Institut
Stein-Haus, Schlossplatz 34
D-48143 Münster

Prof. Dr. Wolfgang Boettcher

Ruhr-Universität Bochum
Germanistisches Institut
Universitätsstr. 150
D-44801 Bochum

Dr. Christian Braun

Karl-Franzens-Universität Graz
Institut für Germanistik
Mozartgasse 8/I
A-8010 Graz

Prof. Dr. Albert Bremerich-Vos

Universität Duisburg-Essen
Germanistik
Universitätsstr. 12
D-45117 Essen

Prof. Dr. Christa Dürscheid

Universität Zürich
Deutsches Seminar
Schönberggasse 9
CH-8001 Zürich

Prof. Dr. Peter Eisenberg

Universität Potsdam
Institut für Germanistik
Am Neuen Palais 10, Haus 05
14469 Potsdam

Jana Gamper

Westfälische Wilhelms-Universität Münster
Germanistisches Institut
Stein-Haus, Schlossplatz 34
D-48143 Münster

Prof. Dr. Mechthild Habermann

Friedrich-Alexander-Universität Erlangen-Nürnberg
Department Germanistik und Komparatistik
Bismarckstraße 1
D-91054 Erlangen

Prof. Dr. Jörg Kilian

Christian-Albrechts-Universität Kiel
Germanistisches Seminar
Olshausenstraße 40
D-24098 Kiel

Prof. Dr. Klaus-Michael Köpcke

Westfälische Wilhelms-Universität Münster
Germanistisches Institut
Stein-Haus, Schlossplatz 34
D-48143 Münster

Melanie Lenzhofer-Glantschnig

Karl-Franzens-Universität Graz
Institut für Germanistik
Mozartgasse 8/I
A-8010 Graz

Adressen der Autorinnen und Autoren

Prof. Dr. Angelika Redder

Universität Hamburg
Institut für Germanistik I
Von Melle Park 6
D-20146 Hamburg

Prof. Dr. Maximilian Scherner

Westfälische Wilhelms-Universität Münster
Germanistisches Institut
Stein-Haus, Schlossplatz 34
D-48143 Münster

Dr. Sabina Schroeter-Brauss

Westfälische Wilhelms-Universität Münster
Germanistisches Institut
Stein-Haus, Schlossplatz 34
D-48143 Münster

Dr. Constanze Spieß

Westfälische Wilhelms-Universität Münster
Germanistisches Institut
Stein-Haus, Schlossplatz 34
D-48143 Münster

Ruven Stahns

Universität Duisburg-Essen
Germanistik
Universitätsstr. 12
D-45117 Essen

Prof. Dr. Maria Thurmair

Universität Regensburg
Institut für Germanistik
Universitätsstr. 31
D-93053 Regensburg

Verena Wecker

Westfälische Wilhelms-Universität Münster
Germanistisches Institut
Stein-Haus, Schlossplatz 34
D-48143 Münster

Dr. Georg Weidacher

Karl-Franzens-Universität Graz
Institut für Germanistik
Mozartgasse 8/I
A-8010 Graz

Prof. Dr. Arne Ziegler

Karl-Franzens-Universität Graz
Institut für Germanistik
Mozartgasse 8/I
A-8010 Graz

www.ingramcontent.com/pod-product-compliance
Lightning Source LLC
Chambersburg PA
CBHW071810230426
43670CB00013B/2418